NOÇÕES FUNDAMENTAIS DE DIREITO ADMINISTRATIVO

JOSÉ EDUARDO FIGUEIREDO DIAS
Faculdade de Direito da Universidade de Coimbra

FERNANDA PAULA OLIVEIRA
Faculdade de Direito da Universidade de Coimbra

NOÇÕES FUNDAMENTAIS DE DIREITO ADMINISTRATIVO

2.ª Edição
Reimpressão

ALMEDINA

NOÇÕES FUNDAMENTAIS DE DIREITO ADMINISTRATIVO

AUTORES
JOSÉ EDUARDO FIGUEIREDO DIAS
FERNANDA PAULA OLIVEIRA

EDITOR
EDIÇÕES ALMEDINA, SA
Rua Fernandes Tomás, nºs 76, 78, 80
3000-167 Coimbra
Tel.: 239 851 904
Fax: 239 851 901
www.almedina.net
editora@almedina.net

DESIGN DE CAPA
FBA.

PRÉ-IMPRESSÃO | IMPRESSÃO | ACABAMENTO
G.C. – GRÁFICA DE COIMBRA, LDA.
Palheira – Assafarge
3001-453 Coimbra
producao@graficadecoimbra.pt

Setembro, 2011

DEPÓSITO LEGAL
317849/10

Biblioteca Nacional de Portugal – Catalogação na Publicação

DIAS, José Eduardo Figueiredo, e outro

Noções fundamentais de direito administrativo / José Eduardo Figueiredo Dias, Fernanda Paula Oliveira. - 2ª ed.- (Manuais universitários)
ISBN 978-972-40-4355-5

I – OLIVEIRA, Fernanda Paula, 1967-

CDU 342
378

Nota Prévia à primeira edição

O presente livro encontra o seu antecessor mais remoto nuns apontamentos elaborados pelos autores tendo por base objectivos exclusivamente pedagógicos – com o propósito de servir de "Guião" para aqueles que se estejam a iniciar no estudo do direito administrativo.

Desde o início que os seus objectivos são assumidamente bem modestos: na sua primeira versão não pretendíamos sequer fornecer o esboço de uma obra original, na medida em que nos limitámos a seguir alguma da doutrina do direito administrativo proposta entre nós pelos seus mais destacados cultores – em especial de dois dos nossos Mestres, os Doutores Rogério Soares e Vieira de Andrade, a quem devemos grande parte dos nossos conhecimentos neste domínio. Isso continua a ser claro ao longo da obra, nomeadamente por utilizarmos a sistemática actualmente adoptada nas aulas teóricas da disciplina de Direito Administrativo leccionadas pelo Doutor Vieira de Andrade ao 2.º ano da licenciatura em Direito da Faculdade de Direito da Universidade de Coimbra.

Por esta razão apresentamos, no final, uma lista das principais obras consultadas, sendo as fontes citadas no início dos capítulos ou dos pontos onde a proximidade é mais vincada.

A comercialização original da obra em livro – promovida pelo Centro de Estudos e Formação Autárquica (cefa) – suplantou o interesse que tínhamos imaginado, designadamente por parte dos estudantes de alguns cursos de Direito ministrados no nosso país e, mais recentemente, também da licenciatura em Administração Pública da Faculdade de Direito da Universidade de Coimbra.

Por essa razão, entendemos actualizar o texto, tomando em conta especialmente as novidades trazidas pela recente reforma do contencioso administrativo a alguns aspectos do direito administrativo "substantivo".

Apesar dos seus objectivos e pretensões modestas, temos a expectativa de que este trabalho continue a facilitar a tarefa dos alunos que se iniciam nos meandros do direito administrativo.

Coimbra, Outubro de 2005

Prefácio à 2.ª edição

Sucessivamente esgotadas as diversas reimpressões da 1.ª edição destas nossas *Noções Fundamentais de Direito Administrativo* optámos pela elaboração de uma nova edição, com a qual actualizamos aspectos dispersos do texto e, além disso, aditamos algumas partes novas que considerámos poderiam enriquecer este trabalho.

Como principais novidades em relação à 1.ª edição, em termos sistemáticos e de conteúdo, conta-se o aditamento de uma Parte IV, com referências sumárias às garantias dos administrados perante a Administração Pública, onde são tocadas as garantias administrativas e outras garantias não jurisdicionais; e a inclusão de uma Parte V, mais desenvolvida, dedicada aos meios da actividade administrativa, a qual inclui dois capítulos, um deles sobre os bens da Administração e os diferentes regimes a que podem estar sujeitos, bem como sobre a aquisição ou utilização dos bens particulares pela Administração; o outro capítulo tem por objecto o pessoal da Administração Pública e a relação jurídica de emprego público, marcando a diferença entre o regime anterior e o posterior ao ano de 2009.

Também o Capítulo sobre o contrato administrativo foi profundamente reformulado, para se levar a cabo a sua adequação ao novo regime instituído pelo Código dos Contratos Públicos. Para o efeito, contámos com a colaboração preciosa da Mestre Micaela Giestas, nossa antiga aluna tanto do primeiro como do segundo ciclo de Estudos em Direito na Faculdade de Direito de Coimbra que assumiu grande parte da responsabilidade da elaboração do novo Capítulo, merecendo aqui o facto agradecimento público.

Para além da revisão e actualização de todo o texto, merecem ainda referência os seguintes aditamentos ou reformulações mais profundas de determinados aspectos parcelares: em relação ao direito administrativo actual desenvolvemos algumas notas características da "nova ciência do direito administrativo" alemã; no que se refere à organização administrativa passam a ser tratados os temas das entidades públicas empresariais e da administração estadual indirecta privada, para além da reformulação da parte reportada às relações funcionais interorgânicas e intersubjectivas; no princípio da legalidade da Administração passam a ser objecto de tratamento os diversos princípios jurídicos que concretizam o princípio da juridicidade; quanto ao acto administrativo, é reformulada a matéria da evolução do conceito, nomeadamente no que toca aos seus contornos mais recentes; e no procedimento administrativo passam a merecer tratamento próprio os tipos de procedimentos, bem como as novas tendências procedimentais.

Com estas actualizações e aditamentos pretendemos que estas *Noções Fundamentais* continuem a constituir uma boa base de trabalho ou, pelo menos, um roteiro para aqueles que dão os primeiros passos no estudo do Direito Administrativo, seja enquanto alunos dos Cursos de Direito, Administração Pública, Gestão ou outro, seja na sua vida profissional.

Coimbra, Agosto de 2010

José Eduardo Figueiredo Dias
Fernanda Paula Oliveira

Introdução

1. Noções gerais

1.1. Noção de Administração Pública. Características típicas.

O direito administrativo é o ramo do Direito que, de um modo específico, se refere à Administração Pública. Importa, por isso, averiguar em que é que esta consiste.

Em primeiro lugar, *administrar* significa gerir um conjunto de bens para a realização de um conjunto de fins heterónomos. A administração é, pois, uma *tarefa* ou uma *actividade* que consiste na prossecução desses fins. Mas, para se prosseguir esta tarefa, é necessária uma *organização*, ou seja, um quadro institucional a quem compete prossegui-la. Deste modo, a Administração é uma organização específica a quem incumbe uma tarefa de prossecução de finalidades ou interesses.

No entanto, a administração que aqui nos interessa é a *Administração Pública*. A ideia de publicidade está ligada a um complexo de interesses que pertencem ou se referem a uma generalidade de pessoas indistintas, a um público. Dos interesses gerais ou comuns a um grupo amplo de pessoas há alguns que assumem uma importância tal que da sua satisfação resulta o equilíbrio da própria comunidade. Por isso se justifica que a comunidade politicamente organizada atribua o encargo de velar pela satisfação desses interesses a órgãos dessa comunidade. Estes interesses designam-se, agora, como *interesses públicos*, na medida em que certos órgãos da comunidade politicamente estabelecida vão avaliar a importância relativa das *necessidades comuns* e eleger algumas de entre elas para confiar a sua satisfação a serviços próprios do aparelho que dirige a vida da comunidade.

Daqui resulta que a Administração Pública existe para realizar *interesses públicos*, no sentido acabado de apontar. Pelo contrário, a administração privada tem em vista interesses pessoais ou particulares: se bem que não sejam necessariamente fins egoísticos, são interesses que se referem a pessoas (ou grupos de pessoas) determinadas.

É comum, no entanto, distinguir-se entre *interesse público primário* e *interesses públicos secundários* ou *instrumentais*. O primeiro corresponde aos valores básicos que orientam uma comunidade politicamente organizada, relacionando-se com as condições indispensáveis à sua manutenção e desenvolvimento: o *bem comum* ou a *salus pública* (Paz, Justiça, Bem-estar). A satisfação deste interesse é reservada aos órgãos políticos dessa comunidade. Por exemplo, a maior parte da função legislativa dirige-se à satisfação deste interesse público.

A satisfação deste interesse vai exigir a individualização de pretensões secundárias do aparelho de direcção da comunidade que se traduzem na atribuição aos seus órgãos do encargo de prover à realização ou satisfação de certos interesses experimentados pela generalidade das pessoas. Estes interesses vão ser prosseguidos por órgãos da máquina estadual ou de outras equivalentes, tornando-se interesses desses órgãos. Estes interesses designam-se por *interesses públicos secundários* ou *instrumentais*, não por terem uma menor importância, mas porque eles se consideram um instrumento necessário à realização do bem comum, ou seja, à afirmação do interesse público primário. São interesses públicos secundários a justiça, a saúde, a educação, os transportes, etc. Só o são, no entanto, aqueles que, de uma maneira específica, são confiados à cura de um órgão público.

O leque maior ou menor de interesses reservados a estes órgãos depende das opções fundamentais da comunidade. O ensino e os transportes, por exemplo, constituem interesses da generalidade das pessoas que integram a comunidade. A sua satisfação pode caber ao Estado ou a outros entes públicos, mas pode também ser deixada à iniciativa privada. Por outro lado, se um determinado interesse for qualificado de público e atribuído a um órgão de um ente público, isso não significa a instauração de um monopólio, uma vez que pode aceitar-se a manutenção de meios privados concorrentes ou, então, pode deixar-se aos serviços públicos uma função subsidiária, intervindo apenas onde os particulares claudiquem.[1]

Em face do afirmado, podemos desde já identificar duas características importantes da Administração Pública. Em primeiro lugar, o *fim público*, ou seja a satisfação de necessidades colectivas qualificadas

---

[1] Sobre as tarefas públicas que cabem em exclusivo ao Estado e aquelas que podem ser confiadas a privados (em complementação, concessão ou delegação) *vide* Vieira de Andrade, *Introdução ao Direito Administrativo, Sumários das Lições de Direito Administrativo I* (1.ª Turma), Coimbra – 2009/2010, p. 3.

como interesses públicos (secundários) em referência ao interesse público primário da comunidade (Paz, Justiça e Bem Estar). A prossecução desses interesses públicos é realizada por órgãos de entidades públicas. Em segundo lugar, a *subordinação política*, na medida em que não são estes órgãos que definem ou escolhem os interesses que vão prosseguir. Tais interesses são definidos num plano superior, político-legislativo.

Outra nota distintiva entre a administração pública e a administração privada prende-se com os *meios* que cada uma utiliza: ao passo que na administração privada se usam meios ou instrumentos jurídicos que reflectem a *igualdade* entre as partes (caso paradigmático do contrato), na administração pública recorre-se prioritaria ou tipicamente a *meios de autoridade*, em particular a comandos unilaterais, que se impõem autoritariamente aos seus destinatários.

1.2. **Sentidos da expressão "Administração Pública"**

1.2.1. ***Administração Pública em sentido organizatório***

Como vimos, a individualização de um sector de actividade da Administração Pública supõe a existência de uma organização dentro do aparelho público a que se comete essa tarefa.

Neste sentido, a Administração é o *sistema de órgãos, serviços e agentes do Estado, bem como das demais pessoas colectivas públicas, que asseguram, em nome da colectividade, a satisfação regular e contínua dos interesses públicos secundários.*

Em sentido organizatório, a Administração Pública aparece-nos como uma "máquina" complexa, uma aparelhagem especializada para a realização daquele encargo, da qual fazem parte, designadamente, os órgãos (centrais e locais) do Estado. Mas a administração pública não é uma actividade exclusiva do Estado. Ao lado do Estado há muitas outras entidades que com ele se não confundem uma vez que possuem personalidade própria, constituindo, por isso, entidades política, jurídica e sociologicamente distintas. É o caso dos municípios, das freguesias, das regiões autónomas, das universidades, das entidades públicas empresariais, das associações públicas e das pessoas colectivas de utilidade pública, entre outras.

De referir, porém, que os limites do conceito de Administração Pública em sentido organizatório tendem, actualmente, a ser mais fluidos, atentas as novas realidades organizatórias neste domínio, já que ao lado das tradicionais pessoas colectivas de direito público, existem, cada vez mais, entidades privadas sujeitas a regimes especiais de direito administrativo, designadamente entidades administrativas privadas de criação pública ou mista, que realizam finalidades públicas (e muitas vezes dotadas de poderes de autoridade) e sociedades concessionárias e outras entidades privadas dotadas de poderes públicos específicos delegados pela Administração.

Sobre a Administração Pública em sentido organizatório, ou seja, sobre a organização administrativa, trataremos mais desenvolvidamente na Parte I.

1.2.2. *Administração pública em sentido funcional*

A administração pública em sentido funcional refere-se ao *conjunto das actividades* que aquele esquema organizatório prossegue, correspondendo ao desenvolvimento e realização da sua *tarefa global*, independentemente de se curar de saber qual é o seu conteúdo.

A criação de um aparelho especializado resulta da suposição de que é possível individualizar um tipo de tarefas que sejam tarefas materialmente administrativas. No entanto, frequentemente, por razões muito variadas, essa aparelhagem tem de preocupar-se com a produção de actos que exorbitam dum âmbito material de administração. Ora, a administração pública em sentido funcional pretende referir-se à *actividade* dos órgãos da Administração, quer ela se traduza, como é normal, em actos de administração materiais, quer em outros comportamentos que não dizem respeito às suas tarefas *específicas,* mas antes com actividades relacionadas com outros sectores organizativos dos entes públicos ou mesmo com o domínio do direito privado.

1.2.3. *Administração pública em sentido material*

Como resulta do que foi anteriormente afirmado, é possível individualizar, de entre as várias actividades que são levadas a cabo pela Administração enquanto aparelho organizatório, um conjunto de actos que correspondem materialmente à ideia de administrar. Administração pública em sentido material corresponde, assim, à *actividade de administrar*. Neste sentido, a expressão administração pública aparece-nos com o significado de *tarefa* ou *função* do Estado.

Através deste sentido identifica-se a *actividade administrativa típica*, que se distingue de toda a actividade exercida pela administração, designadamente quando recorre a meios e instrumentos de direito privado e também de todas as actividades estaduais que se insiram em outras funções, diferentes da administrativa.

Como veremos quando estudarmos o princípio da separação dos poderes em sentido funcional ou material, ao lado da função administrativa existem também as funções *legislativa*, *jurisdicional* e *política*. Cada uma destas funções tem um conteúdo típico, que permite a sua distinção relativamente às outras.[2]

1.2.4. *Administração pública em sentido formal*

Com o sentido formal do conceito de administração pública pretende fazer-se referência às formas típicas de actuação da Administração, ou seja, aos actos levados a cabo pela Administração e que assumem determinadas características externas típicas e um valor formal próprio dos actos do complexo administrativo.

Por este aspecto formal a actividade administrativa distingue-se das restantes actividades públicas: enquanto a legislação se manifesta em actos que têm valor de lei (que se traduz na sua insindicabilidade relativa, uma vez que apenas está sujeita a controlo constitucional) e força de lei (ou seja, capacidade de alterar o direito objectivo); e a jurisdição se desenvolve através de actos típicos com valor de sentença (com a característica da sua imodificabilidade, a não ser em termos limitados) e força de caso julgado (estatuição definitiva sobre um conflito); a administração, por sua vez, caracteriza-se pela prática de actos que têm um valor formal traduzido numa consistência relativa, uma vez que só estão sujeitos, em determinados termos, à sua anulação ou revogação, e têm uma força jurídica que se caracteriza pela sua autoridade.

[2] Integra actualmente o conceito de administração pública em sentido material a actividade desenvolvida por entidades privadas sempre que implique o exercício de *poderes públicos* ou seja regulada por princípios ou disposições normativas específicas de *direito administrativo,* e exclui-se dela, em princípio, a actividade desenvolvida pelos entes públicos administrativos no *puro exercício da sua capacidade de direito privado*, por exemplo, no âmbito da celebração de negócios auxiliares, da administração do património, da administração de estabelecimentos económicos em concorrência ou da gestão de participações públicas em empresas – embora tal não signifique, pelo contrário, que aquelas entidades, nesta actividade, estejam eximidas de cumprir, por exemplo, os princípios gerais da actividade administrativa (cfr. n.º 5 do artigo 2 do Código do Procedimento Administrativo).

Claro que os actos administrativos a que nos referimos não são actualmente a única forma de actuação da Administração, que lança mão de outros instrumentos de actuação: regulamentos e contratos, mas não só, utilizando, cada vez mais, formas específicas ou complexas de actuação – o caso dos planos, enquanto forma de racionalização da sua actividade, é um exemplo relevante destas novas formas, mas também a sua actividade material (de exercício ou de execução) e, com cada vez maior relevo, algumas actuações informais.

Podemos, no entanto, afirmar que as formas típicas de actuação da Administração, correspondem à sua actuação de autoridade – o acto, o regulamento e o contrato administrativos –, sendo sobre eles que nos debruçaremos com particular atenção mais adiante.

A conclusão que podemos tirar dos vários sentidos apontados ao termo administração pública é a de que ela corresponde *ao conjunto de tarefas* (administração em sentido funcional-material), *atribuídas a um sistema de serviços organizados de acordo com princípios específicos* (Administração em sentido orgânico), *que normalmente se manifestam por actos com um valor e força jurídica próprios* (administração em sentido formal).

1.3. **Noção de direito administrativo**

É dirigido a esta realidade que vamos encontrar um ramo de direito que é o direito administrativo.

No seu núcleo essencial, este ramo de direito é constituído pelas normas que regulam a *actividade materialmente administrativa* das *entidades públicas*: identifica os *fins* (interesses públicos) que cada pessoa colectiva deve prosseguir, a *organização* e *competências* dos respectivos órgãos e as condições e meios de *controlo*.

Como afirma Freitas do Amaral, o direito administrativo deve ser definido como *o ramo do direito público constituído pelo sistema de normas jurídicas que regulam a organização e o funcionamento da Administração Pública, bem como as relações por ela estabelecidas com outros sujeitos de direito no exercício da actividade administrativa de gestão pública.*[3]

[3] Cfr. Freitas do Amaral, *Curso de Direito Administrativo*, Almedina, Coimbra, Vol. I, 3.ª Edição, 2006.

Desta noção resultam alguns traços característicos:

- o direito administrativo é um *ramo de direito público*;
- o direito administrativo é constituído por um sistema de normas jurídicas de três tipos diferentes, conforme regulem a *organização* da Administração, o seu *funcionamento*, ou as *relações* estabelecidas entre ela e outros sujeitos de direito[4];
- no seu núcleo essencial, o direito administrativo regula o exercício de poderes públicos de *autoridade*, quer das entidades administrativas públicas – o seu núcleo tradicional –, quer de pessoas colectivas privadas – entidades administrativas sob forma privada ou entidades privadas em sentido estrito –, quando actuem no exercício de prerrogativas de autoridade pública.

Fora do seu núcleo de regulamentação está a a *actividade administrativa* das entidades públicas no mero uso de capacidade privada ou aquela em que, no exercício próprio da função administrativa, aquelas entidades utilizam formas organizativas e regimes substantivos de *direito privado*. Nestes casos o direito administrativo surge misturado, em doses variáveis, com o direito privado.

2. Evolução histórica da Administração Pública

Sendo o direito administrativo um conjunto de normas que se destina a regular a organização e a actividade da Administração Pública, é importante conhecer a evolução desta última. A Administração Pública

[4] No que diz respeito às normas de direito administrativo que regulam as relações estabelecidas entre a Administração e outros sujeitos de direito, designadas de *normas relacionais*, elas abrangem não apenas aquelas que regulam as relações da Administração *com os particulares* mas, mais amplamente, todas as que regulam as relações da Administração *com outros sujeitos de direito*. Há, de facto, três tipos de relações jurídicas reguladas pelo direito administrativo: (1) as relações entre a Administração e os particulares; (2) as relações entre duas ou mais pessoas colectivas públicas (Estado e autarquia local, autarquia local e autarquia local, Estado e instituto público, etc.); (3) e as relações entre dois ou mais particulares (concessionário e utente).

As normas que regulam as relações da Administração com outros sujeitos de direito podem, por sua vez, ser de três espécies: (1) normas que conferem poderes de autoridade à Administração Pública; (2) normas que submetem a Administração a deveres, sujeições ou limitações especiais, impostas por motivos de interesse público; (3) normas que atribuem direitos subjectivos ou reconhecem interesses legítimos dos particulares face à Administração.

constitui o objecto específico do direito administrativo, sendo imperioso estudar aquela antes de nos debruçarmos sobre este.

O conceito de Administração Pública nem sempre existiu e, desde que se afirmou, com os Estados Modernos, até aos nossos dias, tem conhecido uma evolução significativa, tanto no seu aspecto organizatório, como no funcional e no material. Analisemos então os principais momentos de tal evolução.

2.1. A Época Medieval

A Época Medieval que, *grosso modo*, corresponde ao período que vai do século V ao século XV, está fortemente ligada ao *feudalismo* ou *regime senhorial*, modo de produção da vida social e económica contemporâneo dessa época e que explica grande parte das características que vamos ver de seguida.

Uma nota decisiva desta época é a *ausência de racionalização e de institucionalização da sociedade política*: devido ao regime feudal há uma enorme "pulverização" dos centros de poder e não existem órgãos incumbidos de servir um qualquer interesse "geral", razão pela qual se sente a forte descentralização política da comunidade. O poder central é muito fraco e o povoamento disperso, com algum relevo das fórmulas de governo local.

Não há qualquer sistema de serviços encarregado de promover a satisfação de interesses gerais, desempenhando a Igreja um papel de grande protagonismo; toda a organização social é ainda baseada nos laços de subordinação pessoal.

Em termos políticos vive-se numa ordem política espontânea, precisamente pela falta de racionalização e de institucionalização que começámos por referir.

A grande conclusão a tirar é a de que, nesta época, *não tem sentido falar-se em administração pública*: não há qualquer unidade que sirva de referência ao interesse público primário, nem um aparelho organizado destinado a servir a sua realização; nenhuma figura abstracta (como, mais tarde, a Nação ou o Estado) ou concreta (Rei ou Imperador) tem o encargo de representar os interesses comuns; quando se fala em administração é sempre com referência à administração directa dos interesses de pequenos grupos.

Por todas estas razões se reforça a ideia de que às formas jurídico-políticas da Idade Média são completamente estranhos os elementos de que se vai compor o mundo das preocupações da administração pública actual. Por maioria de razão, se não faz sentido falar em Administração Pública, muito menos sentido faz falar em direito administrativo, uma vez que se tratará de um ramo do Direito destinado a disciplinar especialmente aquela administração.

O que não invalida, de qualquer forma, que haja algumas excepções: foi um pouco o que se passou em Portugal, onde a gigantesca operação dos Descobrimentos (iniciada ainda na época medieval) é de iniciativa pública.

2.1.1. *A sub-época do "Estado de Justiça"*

Alguns autores, como Rogério Soares, referem uma sub-época da Época Medieval: a época do "Estado de Justiça", caracterizada por uma grande intensidade e relativa eficácia da defesa dos direitos adquiridos dos cidadãos nos tribunais.

No entanto, o que está aqui em causa ainda não é nada que tenha a ver com direito administrativo: o direito que se conhece e se faz valer em tribunal é apenas direito privado.

Mas esta defesa dos direitos em tribunal não influi no facto de não existir ainda Administração Pública. Não existindo Administração Pública, naturalmente que não existe nada que tenha a ver com direito público: vigora o princípio de que o Rei não pode ser responsabilizado pelos seus actos ("King can't do no wrong").

2.1.2. *Os embriões da Administração Pública*

É comum referir-se a existência, na época medieval, de "embriões" da Administração Pública: não com o sentido de formas que viriam a evoluir para o que no futuro será essa administração, mas pretendendo mostrar que já havia nesta época algumas formas de organização que terão funcionado como "modelos" do que viria a ser mais tarde a Administração Pública.

Costumam a este propósito ser referidos três tipos de organizações onde já havia uma certa estruturação e racionalização de serviços:

- a *administração municipal*, ou seja, a administração autónoma das cidades, dentro das quais já existiam formas incipientes de racionalização de tarefas administrativas (nomeadamente as relativas à manutenção da ordem interna);

- a *administração da Igreja*, fortemente hierarquizada, e que assumiu grande importância ao longo de toda a Época Medieval;
- a *administração militar*, na medida em que existiam exércitos profissionais que se traduziam em organizações sistemáticas de soldados.

2.2. A transição para a Época Moderna

Entre o final da Idade Média e a criação dos Estados Modernos vão-se afirmar crescentemente duas correntes fundamentais para a modificação do *status quo*:

- uma *linha racionalizadora*, em que a razão se assume como valor fundamental o que, entre outras consequências, se vai reflectir numa melhor organização;
- uma linha *centralizadora*, com a concentração crescente de poderes no rei.

Como causas para a afirmação destas novas tendências e para a concentração de poderes no rei costumam ser assinalados três tipos de motivos fundamentais:

- *motivos religiosos*: com a Reforma Protestante dá-se a autonomização do poder político em face do religioso, o que produz a importantíssima consequência da desvinculação do primeiro face ao papado. A noção de *soberania*, ligada ao pensamento e à obra de JEAN BODIN, pretende precisamente reflectir esta independência do poder político em face do religioso;
- *motivos militares*: o ciclo de guerras, principalmente religiosas, implica a criação de exércitos regulares e o estabelecimento de administrações especiais de guerra;
- *motivos económicos*: a abertura do comércio vai aproximar as cidades, as populações e os grupos anteriormente confinados aos feudos, reforçando a coesão dos reinos e o desenvolvimento do sentimento de união entre todos os indivíduos que viviam nesses mesmos reinos.

Como consequência última de todo este movimento e dos processos de concentração, territorialização, institucionalização e autonomização do político perante a religião vai emergir a figura do *Estado Moderno*, com a sua própria Administração.

2.3. **O Estado de Polícia**

Como momento extremo da evolução acabada de referir e sensivelmente entre meados do século XVII e finais do século XVIII vai surgir uma forma de Estado que ficou conhecida por "Estado-de-Polícia".

A sua principal característica, sem dúvida, é a do *absolutismo* da nova figura entretanto criada (o Estado), com uma centralização completa dos poderes no seu representante máximo – o monarca.

Esta forma de Estado tem como suporte filosófico e ideológico o *Iluminismo*: vivia-se a "época das Luzes" e o soberano ou "déspota iluminado" ou "esclarecido" era considerado o intérprete mais fiel da razão, aquele que estava em contacto com as "Luzes", tendo por isso o poder de decidir arbitrariamente o que convinha ao bem público do Estado.

No entanto, o seu interesse não era o de servir as necessidades colectivas dos seus súbditos, mas o de proceder ao desenvolvimento e engrandecimento do país, numa lógica de competição com o "clube" das "nações cultas e polidas". Vive-se uma época de grandes realizações e obras públicas, que passam pela criação de universidades e construção de templos, pelo patrocínio de academias, desenvolvimento de técnicas industriais e agrícolas, etc.

Assiste-se, por tudo isto, a um grande desenvolvimento da Administração Pública estadual, com a criação de órgãos e de um corpo crescente de funcionários na dependência do monarca, que desempenham uma actividade intensa aos mais variados níveis, nomeadamente no sector económico.

O poder discricionário da administração, que correspondia a uma verdadeira liberdade, conhecia uma extensão máxima: o Estado tinha uma importante actuação mas que não se suportava no Direito, intervindo na sociedade e na economia mas sem qualquer subordinação ao direito público. Apesar de já se poder falar, com rigor, em Administração Pública, não existe ainda direito administrativo, uma vez que ainda não há regras próprias para disciplinarem a organização e actuação da administração. Em resumo, estamos perante uma Administração Pública forte, mas que não se suporta no Direito, dependendo apenas da vontade do soberano.

Fala-se, ainda neste período, numa "dupla fisionomia" do Estado, na medida em que, ao lado desta sua actuação sem qualquer subordinação ao Direito, existia o chamado "Fisco" que não era mais que o mesmo Estado enquanto sujeito de direito privado. Na prática, o "Fisco" era uma espécie de caixa ou cofre – no fundo, o património da coroa –, que permitia aos súbditos obter indemnizações pela violação dos seus direitos privados pelo Estado, sendo ressarcidos pecuniariamente por tais violações.

2.4. A transição para a Época Liberal

Naturalmente que o despotismo e absolutismo vigentes durante o Estado-de-Polícia geraram um sentimento de mal-estar e de opressão generalizado que constituiu uma das causas directas das revoluções liberais. Formou-se e desenvolveu-se o conceito de "Nação", que pretendia significar o conjunto uniforme dos súbditos, que pouco valiam em face do poder do déspota iluminado, e que foi uma construção revolucionária.

A reacção que se vai dar relativamente ao Estado de Polícia pretende a afirmação da liberdade, quer numa perspectiva individual (contra o arbítrio e a opressão a que os cidadãos estavam sujeitos), quer social (como forma de reagir à poderosa intervenção do Estado na sociedade e economia), bem como a consagração de ideais democráticos que rebatessem a legitimidade monárquica.

Um outro factor determinante da eclosão das revoluções liberais foi o desenvolvimento da burguesia, classe social que pretendia maior liberdade e menos condicionamentos por parte do Estado. Esta classe vai aliar-se, ainda que apenas do ponto de vista estratégico, ao povo, desencadeando as revoluções liberais, de entre as quais se destaca a Revolução Francesa de 1789.

2.5. A Época Liberal (Estado de Direito Liberal)

A implantação da época histórica que ficou conhecida como a "Época Liberal" passou antes de mais pela afirmação de dois princípios, que se mostraram absolutamente decisivos para o nascimento do direito administrativo:

- o *princípio da separação dos poderes*, entendido no seu sentido organizatório, nos termos do qual o poder do Estado tinha de estar separado por diversos centros organizatórios, mas que evoluiu rapidamente para a afirmação da preponderância do Parlamento sobre os outros poderes estaduais, convertendo-se este órgão no centro do Estado;

- o *princípio da legalidade da administração*, que traduz a ideia-chave da subordinação da Administração à Lei, com o que nasce o Estado de Direito e o direito administrativo, ramo do Direito especificamente dirigido à Administração Pública e com o objectivo prioritário (praticamente único, nesta fase) de defender e proteger os direitos dos cidadãos (antes de mais, a sua liberdade, segurança e propriedade) perante as autoridades administrativas.

Com a afirmação deste último princípio e com o reconhecimento e consagração de direitos do Homem que o Estado tinha obrigatoriamente de respeitar, os cidadãos passam a ser titulares de direitos subjectivos *públicos*, invocáveis perante o próprio Estado.

Também como consequência da afirmação do princípio da legalidade e da supremacia do Parlamento, aliada ao sentimento de grande inimizade em face do poder executivo (sobrevivência do Estado-de-Polícia), a tarefa administrativa, na zona da legalidade, torna-se numa tarefa meramente executiva, desenvolvida em estrita obediência à lei.

O que não invalida que, fora desta zona – e, em geral, fora das matérias reservadas à lei – a Administração continuasse a gozar de um poder discricionário de grande amplitude, ainda para mais por se considerar que, estando fora da lei estava fora do direito, sendo um poder originário que a Administração desenvolvia livremente.

Existia um fosso claro entre as preocupações do Estado e da sociedade: são dois mundos diferentes e separados, o que explica também a política do "laissez faire, laissez passer" e a configuração do Estado como "guarda nocturno", com uma significativa redução do seu papel e do seu intervencionismo, configurando-se praticamente apenas como esquadra de polícia (com a finalidade de manter a ordem e a segurança) e repartição de finanças.

O paradigma clássico da separação Estado-sociedade supunha o monopólio estadual do poder público e da administração pública e a exclusão das forças sociais das tarefas administrativas. O Estado era o espaço da autoridade e do império do interesse geral; a sociedade era o espaço de liberdade, de diversidade, de luta pelos interesses particulares. Entre estes dois mundos não poderia haver mistura. No fundo, defendia-se um Estado mínimo e uma sociedade civil máxima.

2.6. A transição para o século XX e o Estado de Direito Social

Para além das contradições internas do modelo liberal, nomeadamente a clara falência do princípio da igualdade (uma vez que rapidamente se concluiu que, por detrás da igualdade formal, havia uma desigualdade substancial, com o constante agravamento das condições de vida do povo), alguns acontecimentos que tiveram lugar na primeira metade do século XX vieram precipitar a mudança: referimo-nos às duas Guerras Mundiais de 1914-18 e 1939-45, com as "economias de guerra" que exigiram, e à Grande Depressão americana de 1929-32.

As mudanças são reclamadas pelas populações e exigidas pelos novos tempos, sendo também consequência da crescente afirmação dos valores democráticos e determinando um movimento profundo de recíproca interpenetração do Estado e da sociedade.

Por um lado, assiste-se à "invasão" do Estado pela sociedade, com a criação dos modernos partidos políticos, o desenvolvimento do sufrágio universal, o aparecimento dos sindicatos e, em geral, de grupos de pressão com influência crescente no exercício do poder; por outro, a intervenção estadual na sociedade e na economia vai crescer exponencialmente, através de uma administração prestadora de bens e serviços, de apoio aos mais necessitados e, em geral, conformadora da vida social. Ao lado da tradicional administração de autoridade, desenvolve-se e ganha força a chamada "administração de prestação".

A separação Estado/sociedade é agora posta de lado: para além de ser prestadora e conformadora, a Administração é também participada e concertada (dois movimentos que reflectem a maior importância dos indivíduos e dos grupos sociais na sua actividade), dando-se um crescimento e uma complexificação crescente da Administração Pública.

Surgem novas entidades administrativas (caso das empresas públicas) e outras figuras institucionais que reflectem a importância dos particulares no desempenho de funções administrativas.

O modelo de repartição da esfera de acção do Estado e da sociedade deixa de ser um modelo dicotómico e passa a ser um modelo tricotómico, em que, entre a esfera do Estado e a esfera própria da sociedade se intercala uma área maior ou menor de carácter híbrido. Trata-se de uma área conjunta do Estado e da sociedade, através da qual a sociedade participa no poder público e o Estado descarrega funções administrativas em entidades particulares.

Fala-se muitas vezes num "Estado-providência" para traduzir a importância da acção social (e cultural) do Estado, que procura assegurar o direito ao trabalho, à saúde, à segurança social, à protecção no desemprego, à protecção do ambiente, etc.

Em resumo, pode dizer-se que no Estado de Direito Social a Administração Pública se caracteriza por um aumento das *tarefas públicas*, com o necessário *alargamento* e *pulverização da Administração Pública*, pela *participação* dos particulares nas tarefas daquela e ainda pelo fenómeno da *privatização* da Administração.

Como veremos mais pormenorizadamente aquando do estudo do princípio da legalidade da administração, há modificações diversas quanto à concepção de lei e às relações entre esta e a Administração:

- o Parlamento perde o monopólio da criação da lei, com a assunção de competência legislativa normal por parte do Governo;
- a lei deixa de ser apenas um limite para a Administração, passando a estar "ao seu lado", uma vez que não se limita a defender os direitos dos cidadãos, definindo e permitindo a prossecução do interesse público.

O poder judicial passa igualmente a ter um papel mais activo, fiscalizando a juridicidade da actuação administrativa e não apenas a (mera) legalidade, exercendo um controlo autónomo e não sendo somente a "boca da lei".

Nesta linha, é pacífica a ideia de que, se por um lado se exige uma esfera relativamente "livre" da administração (traduzida essencialmente no seu poder discricionário), por outro reclama-se juridicidade, transparência e participação. Ou seja: a afirmação da autoridade administrativa – nalguns casos reforçada pela emergência de critérios de *eficiência* e *eficácia* da actuação da máquina administrativa – não é posta de lado, mas exige-se *sempre* o respeito pelas garantias individuais dos cidadãos-administrados.

O direito administrativo movimenta-se hoje, claramente, no âmbito de uma relação tripolar Lei-Administração-Juiz, em que à primeira incumbe (no mínimo) a definição dos fins ou interesses públicos a prosseguir e das competências dos órgãos administrativos, à segunda a prossecução em concreto do interesse público e ao terceiro o controlo da juridicidade da actuação administrativa.

Mais, ao lado dos direitos, liberdades e garantias pessoais, aparece e desenvolve-se a categoria dos direitos económicos, sociais e culturais, tudo confluindo para o trânsito de um Estado de Direito Liberal para um *Estado de Direito Social*: é de Direito na medida em que continua subordinado a este, de uma forma até muito mais alargada; é social porque tem como seus objectivos centrais o desenvolvimento económico, o bem-estar e a justiça social.

2.7. O direito administrativo actual: rumo a um novo direito administrativo?

Sensivelmente desde meados da década de oitenta do século passado que se vive em todo o mundo ocidental um processo de acentuada transformação da realidade político-ideológica – principalmente sob o impulso das políticas neo-liberais de Ronald Reagan, nos EUA, e de Margaret Thatcher, no Reino Unido – o qual teve consequências profundas também ao nível jurídico-administrativo. Os fenómenos da *liberalização*, da *privatização*, da *desregulação*, da *maior confiança no mercado*, da *procura de maior racionalização*, *eficiência* e *eficácia* da acção administrativa, o desenvolvimento de *análises de custos-benefícios das medidas administrativas*, entre muitos outros, passaram a fazer parte do discurso do dia-a-dia das administrações públicas e, por inerência, do direito que as regula.

Especialmente na Alemanha, a análise destas transformações tem conduzido uma parte muito representativa da doutrina a aludir à emergência de um *novo direito administrativo* para cujo estudo se reclama uma *nova ciência do direito administrativo*, tudo isto em face do profundo processo de transformação sofrido pelo direito público[5]. Se bem que não pre-

---

[5] Em particular SCHMIDT-ABMANN, por intermédio da sua incontornável obra *Das Allgemeine Verwaltungsrecht als Ordnungs Idee*, Heidelberg, Springer Verlag, 1998. A este nome juntam-se os de HOFFMANN-RIEM, ANDREAS VOBKUHLE, GUNNAR FOLKE SCHUPPERT, RAINER WAHL, FRITZ OSSENBÜHL e WOLFGANG KAHL, entre muitos outros. Para além do livro citado, cfr. a colecção de obras organizadas por SCHMIDT-ABMANN e HOFFMANN-RIEM, contando já com 10 volumes, publicados entre 1993 e 2004 sob o título *Schriften zur Reform des Verwaltungsrechts*, Nomos Verlagsgesellschaft, Baden-Baden; e, mais recentemente, cfr. HOFFMANN-RIEM/ SCHMIDT-ABMANN/ VOBKUHLE (Organizadores), *Grundlagen des Verwaltungsrechts – Band I – Methoden, Maßtäbe, Aufgaben, Organisation*, Verlag C. H. Beck, München, 2006.

Para uma análise crítica actual dos desenvolvimentos da doutrina do novo direito administrativo, cfr. WOLFGANG KAHL, "Über einige Pfade und Tendenzen in Verwaltungsrecht und Verwaltungsrechtswissenschaft – ein Zwischenbericht", *Die Verwaltung*, 42. Band, Heft 4, 2009, p. 463-500.

tendamos aderir a esta perspectiva, por não acreditarmos que as profundas alterações no funcionamento, organização e actuação da Administração e no direito que regula tais matérias legitimam que se fale numa alteração de paradigma em termos tais que justificariam a referência a um *novo* direito administrativo, pensamos que a análise dogmática desta doutrina se revela de grande profundidade e acuidade como quadro explicativo das mudanças, sendo uma excelente base para ilustrar o que há de novo no direito administrativo dos últimos anos do século XX e dos primórdios do novo século[6].

A perspectiva que defendemos mostra-se especialmente pertinente quanto à principal forma de actuação da Administração, que continua a ser o *acto administrativo*, embora ele deva ser hoje entendido de forma diferente, como uma forma jurídica mais flexível, menos petrificada ou estabilizada, reclamando-se a necessidade da sua adaptação às flutuações do interesse público, não mais entendido como uma realidade estática e pacificada no momento da prática daquele acto. Tendo o acto administrativo demonstrado flexibilidade e capacidade de adaptação suficientes para continuar a constituir a principal forma jurídica de actuação da Administração, tanto em termos práticos como dogmáticos.

Desta forma, sem aderirmos à proposta doutrinal básica da "nova" ciência do direito administrativo alemão, recorreremos no fundamental a ela para mostrar, de forma tópica, algumas das principais alterações e inovações que se têm feito sentir na Administração Pública e no direito administrativo nos últimos 25 anos.

A explicação da nova realidade assenta numa série de conceitos chave que pretendem resumir as principais notas de alteração. É neste contexto que se fala na *privatização* da Administração Pública, na sua *europeização* e *internacionalização*, na *digitalização* da actividade administrativa, na *economização* da administração e do direito administrativo, na *informalização* da actividade administrativa, entre outros conceitos fundamentais.

Em língua portuguesa, cfr. Suzana Tavares da Silva, *Um Novo Direito Administrativo?*, Imprensa da Universidade de Coimbra, Coimbra, 2010.

[6] A nossa perspectiva estará, assim, mais próxima da de alguns autores que, em outras ordens jurídicas, reconhecem a força e a profundidade das alterações, sem todavia reclamarem essa alteração de paradigma a que aludimos em texto. É esse em especial o caso de Sabino Cassese, que tem desenvolvido em particular os temas da *internacionalização* e da *globalização* do direito administrativo: uma compilação de vários estudos do Autor sobre estes temas pode ser vista em Sabino Cassese, *La Globalización Jurídica*, Instituto Nacional de Administración Pública, Marcial Pons, Madrid/Barcelona, 2006.

Esta doutrina, não obstante interessar-se de sobremaneira por uma perspectiva sistemática geral da qual procura extrair uma ideia ordenadora do direito administrativo geral, dá um particular ênfase a alguns ramos do direito administrativo especial, com indiscutível destaque para o direito do ambiente, ao qual se junta o direito social, o direito económico, o direito da informação, o direito da ciência, o direito farmacêutico e ainda os direitos dos seguros e da estatística.

Procederemos de seguida a uma análise sumária e meramente tópica de alguns dos aspectos que para a respectiva doutrina alemã constituem as notas características do novo direito administrativo e que nós utilizamos como elementos que permitem demonstrar as *inovações* e *novidades* que têm sido trazidas à dogmática deste direito e à organização e funcionamento das administrações públicas nos últimos anos.

2.7.1. *Privatização*

Uma das tendências mais fortes dos últimos anos, relacionada com o ambiente geral de liberalismo, afirmação do protagonismo do mercado e diminuição do peso e do alcance da intervenção pública na economia e na sociedade é, sem dúvida, a da privatização. No que à vida da Administração e aos regimes do direito administrativo concerne, a privatização passa sobretudo pela retracção do papel do Estado e das suas responsabilidades operativas ou de execução e por uma confiança muito maior nas forças da própria sociedade e da economia – também devido às exigências do direito europeu nesta sede.

Na verdade, a privatização está directamente ligada à liberalização dos grandes serviços públicos, ao acentuar dos méritos e da importância do princípio da livre concorrência, atribuindo a realização de muitas tarefas até há pouco tempo consideradas públicas a actores privados e colocando-as na dependência das "forças" de mercado. O conceito de *privatização material* passa precisamente pela transferência da realização de tarefas do sector público para o privado, tudo conduzindo a diminuir a intervenção do Estado, em geral, e das administrações públicas, em particular, na vida económica e social. Deve em todo o caso assinalar-se que as consequências jurídico-administrativas da privatização não se reduzem à privatização de tarefas, falando-se também da privatização da organização (com consequências marcadas ao nível do sector empresarial do Estado e municipal), da privatização do património (transferência de bens públicos para os particulares), bem como da privatização financeira, funcional e procedimental. Esta última é muito relevante ao nível dos institutos clássicos do direito administrativo, responsabilizando os requerentes por partes ou sectores do procedimento ou consubstanciando-se mesmo na gestão privada do procedimento.

A diversidade e complexidade do movimento da privatização traduz-se também na emergência de novos fenómenos cujo exacto enquadramento jurídico ainda não é pacífico, como acontece com as parcerias público privadas.

Uma vez que o Estado tem, no mínimo, de gerir as consequências da privatização através da regulação e supervisão das actividades públicas privatizadas[7], verifica-se aqui o envolvimento, a colaboração, a cooperação e a partilha de responsabilidades entre a Administração Pública e os privados a que a privatização acaba por conduzir.[8]

2.7.2. *A importância da regulação*

A actividade administrativa de regulação emerge no direito administrativo dos nossos dias como uma das suas principais áreas ou domínios, traduzindo uma abordagem muito mais flexível e "suave" do que a levada a cabo por intermédio dos tradicionais meios impositivos utilizados pela Administração Pública.

A regulação traduz desde logo o facto de ao lado do Estado se afirmarem agora entidades responsáveis pelo desenvolvimento de actividades administrativas que assentam num novo modelo, menos autoritário e muito mais próximo dos administrados, com destaque, entre nós, para as autoridades administrativas independentes. Para além disso, as formas de acção administrativa diversificaram-se e modernizaram-se, com o recurso a meios mais suaves e flexíveis de exteriorização do direito, numa perspectiva de maior colaboração e proximidade com os regulados.

As raízes mais longínquas da regulação encontram-se no direito norte-americano, onde a criação da primeira agência reguladora – *The Interstate Commerce Commission*, em 1887 – é assinalada como o seu primeiro marco. Já no último quartel do século XX começou a fazer-se sentir nos Estados europeus ocidentais a criação de novas entidades administrativas mais ou menos independentes em face dos governos, numa

---

[7] Sobre este fenómeno cfr. PEDRO GONÇALVES *Entidades Privadas com Poderes Públicos*, Almedina, Coimbra, 2005, p. 151 e segs., especialmente p. 160.

[8] Ainda sobre este fenómeno *vide* infra, Parte II, 1. A Administração e o direito privado.

linha de diminuição da presença do Estado e da Administração Pública na economia e na sociedade. É neste contexto que se afirma a *regulação administrativa*, principalmente no sector económico, para fazer face às falhas e às ineficiências do mercado, mas também no campo social, pretendendo referir a ordenação ou disiciplina das actividades privadas susceptíveis de pôr em causa o funcionamento da economia, da sociedade e de alguns interesses públicos fundamentais. Assim, para além dos domínios da banca, dos seguros, do mercado de acções, a regulação alastra-se hoje ao domínio ambiental, sanitário, da assistência social, etc. A sua responsabilidade é, em grande medida, atribuída não directamente ao Estado ou aos entes e serviços na sua dependência, mas antes a agências ou autoridades reguladoras mais ou menos independentes do Governo.

Segundo Vital Moreira a regulação, no sentido intermédio do conceito – aquele mais seguido pela doutrina – corresponde ao conceito de *intervenção*, em sentido estrito, a qual é definida como a "intervenção estadual na economia por outras formas que não a participação directa na actividade económica", equivalendo "ao condicionamento, coordenação e disciplina da actividade económica privada"[9]. Intervenção esta mais suave e mais leve do que a dos meios clássicos do direito de intervenção, apontando também para formas mais participadas, negociadas, procedimentalizadas e eficientes de criação do direito.

2.7.3. *A desregulação*

Outra das realidades que mais se tem feito sentir é a da desregulação, entendida como um recuo das tarefas ordenadoras e disciplinadoras do Estado e das entidades públicas, em benefício de uma maior crença nas possibilidades e na efectividade de estruturas regulatórias que incentivam e se apoiam nos interesses próprios dos regulados – enquadrando-se perfeitamente na lógica privatizadora, liberalizadora e desestatizadora e na maior confiança no mercado e nas forças sociais para a sua auto-disciplina.

A ideia básica é a da maior libertação do Estado das actividades reguladoras, o que assenta tanto nos clamores da sociedade e dos agentes económicos privados nesse sentido como na própria concepção política e pública destas matérias. No fundo, recuo do Estado e atribuição de mais e maiores responsabilidades à sociedade e às forças económicas privadas.

[9] Cfr. *Auto-regulação profissional e administração pública*, Coimbra, Livraria Almedina, 1997, p. 34-37.

Todavia, importa assinalar aqui que a desregulação tem convivido com um fenómeno de sentido contrário, que passa pela utilização de novas formas de regulação que se traduzem num movimento de *neo-regulação*, baseado numa ordenação diferente, é certo, mas que não deixa de compreender formas jurídicas que devem ser englobadas neste direito administrativo modernizado. É aqui nomeadamente de destacar o caso da *auto-regulação privada* (publicamente) regulada, onde assumem papel de grande relevo as associações ou entidades privadas responsáveis por actividades de normalização, estandardização, acreditação, certificação, monitorização, registo, etc.

2.7.4. *A economização da actuação administrativa*

Outras das fortes tendências políticas e ideológicas que, nos últimos anos do século XX, se repercutiu com profundidade na actividade das administrações públicas e, por seu intermédio, nas análises dogmáticas e práticas do direito administrativo foi a relacionada com uma muito maior atenção aos aspectos económicos de tal actividade, em nome de uma análise muito mais cuidada dos seus custos e da sua ponderação em face dos respectivos benefícios e, nestes termos, pela eficiência e efectividade da actuação administrativa.

Esta maior atenção aos aspectos económicos da actividade administrativa relaciona-se de perto, como é fácil de ver, com as tendências de liberalização e privatização do sector público, de afirmação do protagonismo crescente do mercado e com a tentativa de aliviar um Estado assoberbado não apenas com as actividades que estava directamente incumbido de prosseguir mas também, ou talvez sobretudo, com a limitação dos recursos disponíveis e com os constrangimentos económico-financeiros que aquela prossecução exigia.

Estas exigências traduziram-se, sobretudo, na ponderação entre os custos e os benefícios das políticas e das medidas administrativas e também na exigência de racionalização, optimização, aceleração e simplificação da actividade – em especial do procedimento – administrativa, em vista da maior eficiência e eficácia possíveis no exercício dos poderes administrativos.

A esta tendência não é estranho o facto de o direito administrativo económico se assumir hoje em dia como um dos principais sectores de referência do direito administrativo especial, na análise germânica levada a cabo pela "nova" ciência do direito administrativo.

Em especial na Administração Pública norte-americana a análise custos-benefícios passou a ser um aspecto chave do controlo das decisões administrativas, antes da sua aplicação prática ou execução[10].

Em muitos outros países, designadamente europeus, nota-se sobretudo, a este nível, a afirmação – nalguns casos, a expressa consagração constitucional ou legal – do *princípio da eficiência* como princípio geral da actividade administrativa. Em Portugal salienta-se uma referência implícita ao princípio na al. *c)* do art. 81.º da CRP, a qual imclui entre as incumbências prioritárias do Estado no campo económico e social a de "assegurar a plena utilização das forças produtivas, designadamente zelando pela *eficiência do sector público*" (itálico nosso). A eficiência tem precisamente a ver com a relação entre os custos de uma determinada acção (os meios ou recursos utilizados) e o fim perseguido (o benefício esperado com a acção), procurando alcançar-se o máximo benefício com a menor quantidade possível de meios empregues. Produzindo os seus efeitos ao nível da organização, do procedimento, do pessoal e da informação utilizados. Nestes termos, deve entender-se que o princípio da eficiência faz hoje parte do "bloco da legalidade" que constitui o *princípio da juridicidade*, que exprime de uma forma mais geral a submissão da Administração à lei e ao Direito, não podendo o direito administrativo renunciar ao critério da eficiência.

A economização produz ainda efeitos muito relevantes em termos organizatórios, contribuindo para a atribuição de um carácter cada vez mais empresarial às administrações públicas, concebendo os administrados como clientes, tudo numa óptica muito mais liberal do que outrora.

2.7.5. *Os novos papéis do Estado*

Uma vez que as alterações que estamos a apreciar, como começámos por dizer, resultam em grande parte de modificações político-ideológicas verificadas sobretudo desde a década de oitenta do século XX, é natural que elas se traduzam também numa profunda modificação do papel do Estado e na assunção de novas e diferentes formas de responsabilidade

[10] Desde a conhecida Executive Order do Presidente Reagan n.º 12.291, de 17 de Fevereiro de 1981 (cfr. 46 FR 13193, 3 CFR, 1981 Comp., p. 127), a qual determinava que "na extensão permitida pela lei, a acção regulatória não deve ser levada a cabo a não ser que os seus benefícios potenciais para a sociedade sejam superiores aos seus custos potenciais".

para com a realização do interesse público, ainda hoje a meta última da actividade administrativa, considerada globalmente.

Neste âmbito, para além da passagem de um Estado interventor e prestador para um *Estado regulador*, há hoje uma série de conceitos que procuram explicar esse novo papel e essas novas funções que o Estado, entendido aqui no seu sentido jurídico-administrativo, isto é, enquanto pessoa colectiva que, sob a direcção do Governo, procura criar as condições concretas de realização de interesses públicos referidos a toda a comunidade nacional, passou a desempenhar.

Logo à cabeça, salienta-se neste contexto o facto de o Estado procurar ser cada vez mais um Estado "magro", "elegante", "mínimo" ou "limitado", por contraposição ao peso e robustez excessivos que ele havia ganho ao longo do século XX – objectivo que se tornou numa verdadeira necessidade em face da falta de capacidade financeira dos entes públicos para manterem as intervenções e as prestações estaduais nos patamares que alcançaram na segunda metade do século XX.

Para além do "emagrecimento" do Estado, há uma série de conceitos que merecem aqui referência. Desde logo o facto de o Estado ser uma entidade que actua "em rede" com outros Estados e outros centros de poder e de decisão, o que tende a relativizar ou perspectivar de maneira diferente a soberania e o poder estadual[11], tendência reforçada pelo novo protagonismo do conceito de *governança* ou *governância*, entendido como uma forma de administração em que o "governo" central perde protagonismo, sendo apenas uma organização entre outros centros que partilham o poder e o exercem de forma muito mais suave, dúctil, partilhada e de forma cooperativa[12].

Diga-se que esta forma de organização "em rede" se faz notar, de forma bem vincada, ao nível global, sendo por isso uma das marcas mais características do novo direito administrativo global, a que aludiremos *infra*.

[11] O fenómeno da *rede* pretende, antes de mais, explicar as diferentes formas de colaboração entre os diversos entes com protagonismo na nossa sociedade global as quais não se consubstanciam numa realidade unitária, mas antes numa colaboração assimétrica ou paritária, em virtude da dependência recíproca entre todos eles.

[12] O conceito de governança é particularmente válido para explicar o funcionamento das estruturas de regulação em rede, uma vez que mostra a desadequação em falar-se num único sujeito condutor ou orientador ou de destinatários de tal orientação; pelo contrário, ele reflecte a dispersão do poder, a partilha da responsabilidade e a interdependência entre diversos centros, tanto ao nível nacional como no plano transnacional, sem esquecer o papel-chave dos cidadãos e das organizações e associações privadas.

Para além destas dimensões, sobretudo a doutrina alemã tem posto em evidência a assunção de novas formas de responsabilidade do Estado: o recuo ou diminuição da importância da tradicional responsabilidade operativa ou de execução por serviços e prestações públicas directamente assumidos pelo Estado fizeram emergir formas diferentes de responsabilidade, em particular a *responsabilidade de garantia* em que o Estado assume a obrigação de disciplinar e enquadrar legalmente as estruturas de mercado, não se responsabizando pelo fornecimento de prestações à sociedade mas assegurando a sua realização por particulares. O modelo do Estado de garantia tem grande flexibilidade, sendo também mais um aspecto em que se mostra como o ente público assume as consequências da privatização.

Naturalmente que por detrás desta nova realidade tem de estar a confiança nas forças privadas para a realização destes serviços e actividades de interesse público, pressupondo a activação dos cidadãos e das forças sociais nesse sentido, o que traz à colação outra dimensão do Estado actual: a do *Estado activador*, que estabelece com os particulares relações de cooperação e de colaboração, no sentido de uma satisfação dinâmica, eficaz e eficiente do interesse público.

Também na Alemanha se refere, neste mesmo contexto, o facto de o Estado assumir por vezes uma *responsabilidade de reserva*, a qual se torna efectiva nos casos de mau desempenho dos privados responsáveis pela prestação de serviços sociais e/ou económicos com ressonância pública, garantindo nesses casos de fracasso dos prestadores privados a realização do interesse público.

2.7.6. *A europeização do direito administrativo*

Outra tendência inovadora que se tem feito sentir de forma muito vincada na vida das administrações e nos direitos administrativos dos Estados europeus é a que resulta do movimento geral da *europeização* da vida política e pública dos Estados que fazem parte da União Europeia.

O termo "europeização" é pluri-significativo, sendo usado em contextos muito diferentes. Recorrendo às palavras de SABINO CASSESE diremos que se trata de "um fenómeno complexo, que se desenvolve de formas distintas: com a integração das Administrações nacionais entre elas e com a supranacional; através do condicionamento comunitário da independência das autoridades de regulamentação; mediante a ruptura do nexo tradicional entre nacionalidade e função pública; com a regulação comunitária de algumas das principais matérias administrativas, como os contratos; mediante a afirmação dos princípios comunitários, como o da não discriminação e transparência; e com a difusão comunitária de princípios de direitos administrativos nacionais, como o da proporcionalidade"[13].

Ao nível jurídico, está sobretudo em causa a influência que o direito europeu foi exercendo sobre os seus congéneres nacionais, ao longo do processo de construção de uma integração europeia mais sólida, mas também uma série de processos que passam pela própria administração comunitária e pela afirmação de regras próprias para a disciplinar.

Nestes termos, o *direito administrativo europeu* abrange o direito administrativo comunitário, o direito administrativo próprio da administração comunitária e o conjunto de normas que regulam a cooperação administrativa entre a União e os Estados. A sua importância foi crescendo à medida que a Comunidade passou a assumir a tomada de decisões "constitucionais" básicas que se impõem em todo o espaço jurídico europeu, inclusive ao nível dos direitos e liberdades fundamentais dos cidadãos europeus. Em todo o caso, não deixa de estar inerente a toda esta matéria o protagonismo dos direitos administrativos nacionais (dos Estados membros), reconhecendo-se que este é o único estrato dos diferentes níveis do direito administrativo europeu que está desenvolvido de forma completa.

É todavia incontornável a influência das regras europeias sobre os direitos administrativos nacionais, nomeadamente por intermédio da obrigação de transposição das directivas, as quais constituem o impulso fundamental para o desenvolvimento de alguns direitos administrativos especiais, como acontece de forma absolutamente evidente no direito administrativo do ambiente. Assim, o direito administrativo europeu afigura-se-nos, antes de mais, como um direito que pretende a harmonização de normas e a adopção das medidas necessárias para a execução das metas e objectivos fixados nas fontes normativas europeias. O direito administrativo europeu é mais um fortíssimo impulso no sentido da renovação e modernização da Administração Pública e do direito administrativo, podendo entre outros aspectos mencionar-se o contributo para o reforço do princípio da cooperação administrativa – e para a estrutura "em rede" das administrações públicas e do direito que as regula –, bem como para a afirmação mais enfática da procedimentalização do direito administrativo, os reptos e desafios que lança à renovação dos conceitos, institutos e

[13] Cfr. Sabino Cassese, "Le trasformazioni del diritto amministrativo dal XIX al XXI secolo", *Rivista trimestrale di diritto publico,* 2002, n.º 1, p. 27-40 (p. 34).

formas de acção e de organização administrativas e, ainda, para sublinhar a importância da partilha do poder e do conceito de governança na realidade actual das administrações públicas.

2.7.7. *A internacionalização e globalização do direito administrativo*

Para além do contexto geral da europeização, vivemos hoje integrados num mundo de relações globais, onde se faz sentir o esbatimento das fronteiras – e, em geral, dos limites – dos Estados nacionais e onde o mundo político, económico, financeiro, social, académico e jurídico é, cada vez mais, um mundo internacionalizado e globalizado.

Também a vida, organização e funcionamento das administrações públicas e do direito que as regula não poderia ficar, de forma alguma, imune a esta nova realidade, emergindo aqui um verdadeiro *direito administrativo global*.

Uma das principais notas de ruptura com o *status quo* tradicional, que constitui uma marca que já temos vindo a explorar ao longo destas linhas em que tratamos as inovações e alterações que se fazem sentir no direito administrativo das últimas três décadas, e que está muito ligada à internacionalização e globalização, é a perda de protagonismo dos Estados nacionais e, por consequência, de um direito administrativo centralizado, baseado na supremacia e autoridade dos órgãos públicos responsáveis pelo desenvolvimento das actividades públicas, em particular da estadual. Isto na medida em que num mundo global o Estado tem de partilhar a sua autoridade com outros entes, pretendendo a noção do direito administrativo global reflectir a existência de uma pluralidade de ordenamentos jurídicos em que o direito surge num ambiente de cooperação internacional, onde a informação, os estudos, os institutos, as organizações, os procedimentos e os instrumentos jurídicos assumem cariz internacional.

O direito administrativo global aponta também para formas menos impositivas e mais suaves, partilhadas, abertas e flexíveis de ditar o direito, ocupando um lugar de destaque no seu seio a regulação privada e o desenvolvimento de actividades com contornos ou reflexos jurídico-administrativos por parte de associações e organizações privadas, as quais são incluídas nas redes administrativas internacionais. A partilha da informação e os sistemas de comunicação que se estabelecem entre os diversos actores que desenvolvem a sua acção no campo transnacional afigura-se como um meio fundamental para fazer funcionar o sistema, sendo no seio de uma organização em rede que esses agentes (os Estados, as organizações internacionais de poderes públicos, as empresas multinacionais, as associações privadas de nível internacional e os próprios cidadãos) estabelecem relações recíprocas, sem qualquer autoridade superior a servir de centro de referência – o que explica também a pertinência da utilização do conceito da *governança global*. Daí serem marcas características desta sociedade mundial a complexidade normativa e o pluralismo jurídico, mas também a afirmação de princípios jurídicos comuns e o protagonismo da defesa dos direitos fundamentais dos cidadãos.

Ao nível das formas de actuação administrativa há também especificidades relevantes a notar, em particular as levantadas pela figura do *acto administrativo transnacional*, isto é, a decisão administrativa ditada por um Estado mas cujos efeitos se produzem ou fazem sentir em ordenamentos jurídicos diferentes daquele onde ocorreu a sua prática – embora o acto administrativo transnacional o possa ser não apenas quanto aos seus efeitos, mas também em relação aos seus destinatários (quando estes se encontrem em diferentes Estados) ou às próprias autoridades administrativas (quando as autoridades nacionais podem praticar actos adminsitrativos no estrangeiro, o que se afigura muito relevante no domínio policial, em relação à perseguição e identificação de alegados criminosos).

2.7.8. *Outras alterações*

A análise feita procurou apenas centrar-se nalguns dos aspectos onde mais se tem feito sentir a pressão das alterações e que melhor evidenciam o que se tem alterado na vida das administrações públicas hodiernas e do direito que as regula.

Entre os aspectos por tratar, salienta-se desde logo a profunda renovação das *formas de acção administrativa*, a qual será em parte recuperada quando estudarmos, na segunda parte deste livro, o regulamento administrativo, o acto administrativo e o contrato administrativo.

Outra das tendências marcantes das últimas décadas é a que passa pela *informatização* ou *digitalização* da actividade administrativa, que legitima mesmo que se fale hoje em dia, com frequência, na implementação de um *e-government* ou governo electrónico. Surgindo neste contexto realidades próprias, com protagonismo para o *acto administrativo informático*[14]. Na verdade, a utilização de meios electrónicos, o reforço das técnicas

[14] O qual é definido por Pedro Gonçalves (cfr. "O acto administrativo informático (o direito administrativo português face à aplicação da informática na decisão administrativa)",

de informação e comunicação com base na *Internet* e uma série de realidades próximas modificaram e melhoraram de forma muito notória os serviços prestados pela Administração e o seu relacionamento com os cidadãos.

A este propósito é também incontornável uma referência à preponderância que hoje assume o *direito administrativo da informação*, peça fundamental no funcionamento "em rede" das administrações públicas do século XXI. A revelação, partilha e o trabalho sistemático sobre a informação é hoje uma peça fundamental, num modelo de abertura das administrações públicas e de colaboração efectiva com os cidadãos e as forças sociais em geral. Apesar do papel fundamental, em termos de revelação e partilha da informação, das estruturas de auto-regulação, não deixa de ser necessário um quadro ou estrutura garantidos pela Administração Pública, que assegura a real e efectiva auto-determinação informativa dos cidadãos.

2.7.9. *Avaliação*

Como assinalámos, não é nosso entendimento que as alterações que se têm produzido na organização, no funcionamento e na actuação das administrações públicas, bem como nas regras, institutos e instrumentos jurídicos que os regulam legimitem que se possa falar de uma alteração de paradigma e, dessa forma, num "novo" direito administrativo.

Recorremos à análise da nova ciência do direito administraivo alemão porque ela fornece um quadro reflectido, aprofundado e sistemático de algumas das principais mudanças operadas na vida da Administração Pública e na conformação e estruturação do direito administrativo nas últimas três décadas. E ainda que tenhamos deixado muitos aspectos na penumbra, julgamos que o breve e lacunoso roteiro que efectuámos por alguns dos aspectos que a referida doutrina salienta permite uma compreensão global das transformações e, simultaneamente, dos principais desafios que se colocam ao direito administrativo nos primórdios do século XXI.

Scientia Iuridica, n.º 267, 1997, p. 47-95, p. 70) como "uma *decisão proposta ou projectada por um equipamento informático, assumida oficialmente, através de uma manifestação tácita do órgão competente, como um acto administrativo*".

3. O PRINCÍPIO DA SEPARAÇÃO DE PODERES

O princípio da separação ou da divisão dos poderes é um princípio absolutamente fundamental no estudo do direito administrativo, constituindo a sua afirmação na Revolução Francesa de 1789 um dos factores decisivos para o nascimento deste ramo do direito.

Este princípio ficou plasmado no artigo 16.º da Declaração dos Direitos do Homem e do Cidadão, e o principal objectivo da sua afirmação foi o de o erigir como uma das formas de reacção ao absolutismo real vigente na época do Estado-de-Polícia, que antecedeu a Revolução.

Não obstante, o princípio da separação dos poderes é muito mais antigo do que a Revolução Francesa de 1789, estando já presente no pensamento e na obra de ARISTÓTELES e tendo como seus grandes teorizadores, em tempos mais modernos, o britânico JOHN LOCKE e o francês MONTESQUIEU.

Ainda em geral, pode-se afirmar que o princípio da separação de poderes é um rasgo característico da forma de Estado "democracia", nomeadamente pela filosofia anti-absolutista que contém: a ideia de delimitar o poder como forma de evitar a tentação para o seu exercício de forma hegemónica.

Ele desempenha funções fundamentais na estruturação da comunidade política, como as de moderação do exercício do poder e de diversificação dos centros do poder. De qualquer modo, não se pode pôr de lado a necessária interdependência que tem de existir na actividade dos diferentes poderes do Estado, nomeadamente em face de princípios essenciais como os da constitucionalidade, da legalidade e da jurisdicionalidade.

Nos tempos actuais, o princípio da separação de poderes aparece também ligado ao *princípio da competência*, nos termos do qual cada órgão público só tem as competências que lhe sejam expressamente atribuídas por lei, não podendo "invadir" as esferas de competência de outros órgãos.

Por detrás desta aparente simplicidade e uniformidade de pontos de vista esconde-se, no entanto, uma grande complexidade do princípio, que pode ser entendido em três sentidos fundamentais, que passamos a analisar.

3.1. O sentido político

O sentido político ou o problema político da separação dos poderes tem a ver com a questão da *titularidade* ou da *soberania* do poder: discute-se aqui onde reside a soberania, quem é ou quem são os titulares do poder.

Naturalmente que em sistemas monistas, nos quais se aceita uma única forma de legitimação para o poder, não existe separação dos poderes: seja ele um regime de monarquia, de aristocracia ou até de governo popular, se o poder reside apenas num titular (ainda que correspondente a toda a comunidade, como no caso do povo) não há divisão de poderes.

Pelo contrário, em sistemas dualistas ou mistos (como no chamado "Estado misto" da Idade Média), aceitam-se as pretensões de vários "candidatos" e forma-se uma comunidade com diversos centros de poder, existindo assim separação de poderes em sentido político. Isto é: se, por exemplo, ao lado da legitimidade monárquica há também uma legitimidade democrática, com o povo a exercer importantes funções, *v. g.* a de eleger os seus representantes num Parlamento, estaremos perante um sistema político com separação de poderes.

3.2. **O sentido organizatório**

Quando se discute a questão da separação organizatória dos poderes, está em causa um problema substancialmente diferente do da legitimação do poder político: trata-se apenas da divisão dos serviços dentro de uma certa organização política previamente definida.

Daí que a separação organizatória dos poderes tanto possa existir num sistema dualista ou pluralista, como num sistema monista: pode defender-se que a legitimidade do poder é una (por exemplo, por residir apenas no povo) e, não obstante, haver complexos organizatórios independentes entre si, que desempenham diversas actividades estaduais.

Agora, está em causa a existência de vários sistemas organizatórios autónomos uns em relação aos outros: a separação dos poderes é aqui apenas o arranjo técnico que permite uma mais adequada realização das tarefas do Estado.

Foi essencialmente com este sentido que o princípio da separação dos poderes foi entendido pelos revolucionários liberais em 1789, desvirtuando em parte o pensamento de MONTESQUIEU, no qual supostamente se baseavam.

3.3. **O sentido funcional ou material**

Por exclusão de partes, não está aqui em causa a separação dos poderes em termos de soberania nem em termos de organização do Estado, mas em função das principais tarefas do Estado: procura determinar-se quais são as actividades, tarefas ou *funções* do Estado e como é que elas materialmente se caracterizam.

Na sequência da Revolução Francesa de 1789 – e da obra de JOHN LOCKE –, assinalavam-se como tarefas fundamentais do Estado as de *legislar, administrar* e *julgar*. Tínhamos assim, no esquema original, as três funções do Estado: a *legislativa*, a *administrativa* ou *executiva* (na medida em que se considerava que a administração deveria ter uma tarefa de mera execução da lei) e a *jurisdicional*. Este modelo teórico original era um modelo simplificado, em que se fazia corresponder aos três poderes (legislativo, administrativo e jurisdicional) três funções distintas. A função administrativa era vista como uma actividade meramente executiva destinada a concretizar as exigências da lei na actuação concreta dos fins do Estado. Correspondia, no entanto, a uma função residual, no sentido de que as suas tarefas eram nebulosamente concebidas como tudo aquilo que não fosse legislar ou julgar.

Com a evolução dos tempos e particularmente com a afirmação do Estado de Direito Social, concluiu-se que as três formas típicas de tarefas do Estado já não eram suficientes para compreender o Estado do século XX, vindo a afirmar-se uma quarta função do Estado, ao lado das três tradicionais: a função política. Isto porque se passou a considerar que havia actos praticados pelos órgãos supremos do Estado mas que não se subsumiam em nenhuma das outras funções: apesar da sua maior proximidade, porventura, com a função administrativa (nomeadamente devido ao seu carácter concreto) a verdade é que tais actos eram praticados não apenas por órgãos administrativos (pelo Governo) mas também por outros órgãos supremos. Para além de que se lhes assinalava a nota comum da sua *primariedade*, por serem praticados em execução directa da Constituição.

Apesar de todas estas dificuldades, considera-se possível, conveniente e relevante – sem negligenciar as dificuldades de tal tarefa –, tentar levar a cabo a caracterização material das funções do Estado, tomando por base o sentido material ou funcional da separação dos poderes.

4. A SEPARAÇÃO MATERIAL DAS FUNÇÕES DO ESTADO

Numa disciplina de direito administrativo, naturalmente que um dos objectivos centrais é o de descobrir o local e o papel próprio da função administrativa, em comparação com as outras funções estaduais.

Desde logo, pode dizer-se que ela corresponde à *cura de interesses não auto-escolhidos*. Mas para que se compreenda completamente em que é que consiste esta função que designamos por função administrativa é necessário fazermos o confronto substancial entre ela e as restantes funções públicas: legislativa, política e jurisdicional.

Deve no entanto chamar-se a atenção para a circunstância de a distinção só ser actualmente possível com base na caracterização típica de cada um dos poderes, ou seja, com base num conjunto mais ou menos genérico das características que *normalmente* se verificam mas que podem estar ausentes em alguma(s) das formas de manifestação do poder em questão.

a) No que se refere à distinção entre a *função administrativa* e a *função legislativa* a dificuldade resulta, desde logo, do facto de o Governo (órgão máximo da Administração Pública) também exercer actualmente a função legislativa, através da elaboração e aprovação de decretos-lei.

Por outro lado, o Parlamento (e também o Governo, no exercício do poder legislativo) aprova leis-individuais e leis-medida com carácter concreto, que estão a meio caminho entre a norma legal (geral e abstracta) e o acto administrativo (individual e concreto). Por fim, a Administração, emite normas jurídicas gerais e abstractas (à semelhança das normas legais): os *regulamentos*, que muitas vezes assumem uma grande autonomia em face da lei (regulamentos independentes).

A distinção entre estas duas funções estaduais deve ser feita tendo em conta as suas características típicas: a função legislativa é tendencialmente geral e abstracta e a administrativa individual e concreta. Onde esta característica não permite a distinção, como é o caso da actividade regulamentar da Administração, que apesar de se enquadrar na actividade administrativa é também, tal como a lei, geral e abstracta, deve lançar-se mão das ideias de *primariedade, essencialidade* ou *novidade* da lei, cabendo, em regra, aos regulamentos a tarefa de executar ou pormenorizar a disciplina legal.

Isto significa que a função legislativa é uma função de primeiro grau, que corresponde ao desenvolvimento e aplicação directa da Constituição, falando-se a este propósito na "liberdade constitutiva do legislador" (desde que respeite o quadro constitucional). Por seu turno, a função administrativa é uma função de segundo grau, isto é, subordinada à lei.

b) A distinção entre a *função política* e a *função administrativa* apresenta-se ainda mais difícil dado que se trata, em ambos os casos, de funções com carácter normalmente concreto.

A função política caracteriza-se por ser uma actividade desenvolvida pelos órgãos supremos do Estado, ou seja, por órgãos criados directamente pela Constituição (Presidente da República, Assembleia da República, Governo, etc.) e cuja missão e competência, nos seus traços essenciais, também ela define[15]. Trata-se de uma actividade de conteúdo globalmente similar ao da actividade administrativa mas à qual, por razões de interesse público geral, deve atribuir-se valor jurídico superior àquele que corresponde à actividade administrativa normal. Tal valor implica, nomeadamente, a subtracção dos actos jurídicos em que ela se analisa ao controlo dos tribunais.

É possível, contudo, distinguir a função política da função administrativa pelo facto de aquela ter, em relação a esta, um carácter *primário,* dado se desenvolver em aplicação directa da Constituição (onde está fixada a competência e os respectivos limites) sem interposição da lei ordinária.

Uma dimensão mais recente da função política do Governo é a definição de políticas públicas, isto é, de programação e de orientação *político-estratégica* da actividade administrativa.

c) A distinção entre a *função administrativa* e a *função jurisdicional* também não é fácil. Apesar de inicialmente se poder afirmar que a função jurisdicional era mais vinculada à lei do que a função administrativa, a verdade é que também hoje a lei passou a ser considerada como pressuposto e fundamento da actividade administrativa, que surge cada vez mais vinculada ao Direito e por vezes sujeita a procedimentos complexos e formalizados. Por sua vez, reconhecem-se também hoje ao poder jurisdicional espaços de criação na aplicação da lei e do Direito. Por fim, ambas as funções actuam, tipicamente, através de decisões concretas, momentâneas e individuais.

---

[15] Como actos políticos mais típicos podem referir-se os *actos auxiliares de direito constitucional* (promulgação e referenda das leis, veto legislativo, marcação das eleições, nomeação e exoneração do Governo, declaração do estado de sítio e de emergência), os *actos diplomáticos* (negociação de convenções internacionais, nomeação e exoneração de agentes para postos diplomáticos), os *actos de defesa nacional* (requisições militares, operações de guerra) e os *actos de graça* (indultos e amnistias).

A distinção essencial entre estas duas funções situa-se no facto de a função jurisdicional ter como conteúdo e fim exclusivo a resolução de uma "questão de direito"[16], normalmente (sempre, em última instância) a cargo de um órgão "indiferente" (imparcial) e inoficioso (um tribunal) quando dirime um conflito de interesses, ao passo que a função administrativa procura criar as condições concretas para a realização do interesse público.

Da distinção que vimos de fazer da função administrativa em relação às restantes funções estaduais resulta que, nas palavras de Vieira de Andrade, ela corresponde a uma *actividade pública – abstracta e, principalmente, concreta – subordinada à lei que, não se destinando a título principal à resolução de "questões de direito", se caracteriza por uma intenção "técnico-social", (procura estratégica dos "efeitos", da "finalidade", do "útil" – Castanheira Neves), visando a criação de condições concretas de realização do Ideal de Paz, Justiça e Bem-estar, nos termos pré-definidos pelos órgãos político-legislativos*[17].

Da noção de administração em sentido material não resulta apenas a sua distinção das restantes funções públicas, mas também a exclusão, do seu âmbito, da actividade desenvolvida pela Administração no exercício da sua capacidade de direito privado.[18]

5. Os sistemas de administração

A ideia de uma Administração Pública subordinada a um ramo especial de Direito que lhe atribui poderes de autoridade e lhe estabelece deveres especiais não é comum a todos os ordenamentos jurídicos.

Com efeito, tal como sucede com os sistemas políticos e com os sis-

[16] Segundo Afonso Queiró "questão de direito" é um conflito de pretensões entre duas ou mais pessoas ou uma controvérsia sobre a verificação ou não em concreto de uma ofensa ou violação à ordem jurídica: cfr. Afonso Queiró, "A função administrativa", *Revista de Direito e Estudos Sociais*, ano XIV, p. 1 e ss.

[17] Cfr. Vieira de Andrade, *Introdução ao Direito Administrativo, Sumários das Lições de Direito Administrativo I*, cit., p. 24.

[18] Sobre a importância da distinção da função administrativa em relação às restantes funções estaduais cfr. *Vieira de Andrade, Introdução ao Direito Administrativo, Sumários das Lições de Direito Administrativo I, cit.*, p. 25-26.

temas judiciais, a estruturação da Administração Pública varia em função do espaço, tendo seguido caminhos diferentes, designadamente em Inglaterra e em França.

É comum, a este respeito, distinguir-se dois tipos tradicionais de sistemas de administração: o sistema administrativo de tipo britânico ou de *administração judiciária* e o sistema de administração francês (continental) ou de *administração executiva*.

Os sistemas de administração, na sua forma tradicional ou "pura", podem ser caracterizados da forma que veremos já de seguida.

5.1. **Sistema de administração executiva**

Do ponto de vista da estrutura administrativa, verifica-se que o aparelho administrativo é fortemente *centralizado*, com um modelo hierárquico de relações de *supra-infra ordenação*, ou seja, os órgãos são tipicamente estruturados em forma de pirâmide, com os poderes de hierarquia dos superiores sobre os inferiores, sobre quem recaiem deveres de obediência. Os poderes hierárquicos mais elevados estão localizados no Governo e nos Ministérios e Secretarias que os constituem.

A Administração encontra-se subordinada a um *ramo de direito especial* (o direito administrativo, que desde as revoluções liberais se autonomizou no âmbito do direito público), ou seja, submetida a um conjunto de regras próprias. Estas regras aplicam-se nos casos em que a Administração actua no uso dos seus poderes especiais reveladores da supremacia ou prioridade da Administração em relação aos particulares, uma vez que está proposta à satisfação do interesse público.

Essas regras próprias têm por função, por um lado, atribuir à administração *poderes "exorbitantes"* sobre os cidadãos, o que se compreende face à necessidade de se garantir o exercício das suas funções de interesse público. Com efeito, tais funções só poderão ser convenientemente prosseguidas se a Administração dispuser de poderes de autoridade que, designadamente, permitam impor as suas decisões aos particulares. Mas se isto é assim, então é também necessário, em contrapartida, que se crie um acervo de regras próprias que submetam a Administração a um conjunto de *deveres e restrições especiais* que não vigoram entre os particulares. Tudo isto é tarefa do direito administrativo.

Por a Administração se encontrar subordinada a um ramo especial de direito sentiu-se igualmente a necessidade de se criar uma *jurisdição especial*: os tribunais administrativos. Quando a Administração actua ao abrigo de normas de direito administrativo ela está sujeita aos tribunais administrativos e não aos tribunais judiciais ou comuns. Os tribunais administrativos formam, em regra, uma ordem jurisdicional própria e autónoma em relação à dos tribunais judiciais ou comuns (em Portugal há mesmo garantias de autogoverno destes tribunais, através do Conselho Superior dos Tribunais Administrativos e Fiscais, órgão de governo próprio destes tribunais previsto no n.º 2 do artigo 217.º da CRP).

Outra característica típica deste sistema traduz-se na faculdade que a Administração tem de executar as suas decisões por autoridade própria, independentemente de qualquer pronúncia judicial (o tradicionalmente designado "privilégio de execução prévia"). Este é, aliás, mais um dos poderes exorbitantes reconhecidos à Administração pelo direito administrativo. Assim, quando um órgão da Administração toma uma decisão desfavorável em relação a um administrado esta impõe-se ao seu destinatário, independentemente de qualquer outra pronúncia, e se este não acatar voluntariamente tal decisão, esse órgão poderá mesmo, em determinados casos, empregar meios coactivos para impor o respeito pela sua decisão.

Do ponto de vista da actuação dos tribunais administrativos estes, em homenagem ao princípio da separação de poderes, não gozam, em regra, de plena jurisdição face à Administração, o que tem repercussões no sistema de garantias dos particulares perante aquela: na maioria dos casos, estando em causa uma decisão unilateral tomada no exercício de poderes de autoridade, o tribunal administrativo só pode *anular* esse acto se ele for ilegal; não pode declarar as consequências dessa anulação, nem obrigar a Administração a proceder de maneira determinada, nem condená-la a tomar certa decisão ou a adoptar certo comportamento. Se os tribunais são independentes perante a Administração, esta também é independente perante aqueles.

Por fim, o Estado, bem como os restantes entes públicos, são responsáveis pelos actos dos seus funcionários ("garantia administrativa"): quando tais actos impliquem violação dos direitos de outrem e façam nascer o direito de indemnização, o Estado e os demais entes públicos assumem a obrigação de ressarcir as vítimas[19].

[19] Por isso é que a nossa Constituição continua a estabelecer, no seu artigo 22.º, que "O Estado e as demais entidades públicas são civilmente responsáveis, em forma solidária com os titulares dos seus órgãos, funcionários ou agentes, por acções ou omissões praticadas no exercício das suas funções e por causa desse exercício, de que resulte violação dos direitos, liberdades e garantias ou prejuízo para outrem".

Finalmente, deve referir-se a existência de *órgãos especiais*, dentro da própria Administração, responsáveis pelo seu *controlo*: para além do exercício de funções de controlo pelos órgãos hierarquicamente superiores em relação aos inferiores (que têm, em regra, o poder de anulação, revogação e modificação dos actos destes), existem por vezes órgãos administrativos especificamente incumbidos de exercer funções de controlo em relação às actuações dos órgãos da Administração activa.

5.2. **Sistema de administração judiciária**

A Administração Pública é caracterizada por uma forte descentralização administrativa, existindo desde cedo uma distinção entre a Administração central (*central government*) e a Administração local (*local government*). Por outro lado, reconhece-se a existência de autarquias locais (*counties, boroughs, districts*) que são encaradas como entidades independentes, verdadeiros governos locais, não sujeitos à hierarquia dos órgãos centrais (daí a designação de *local governments*).

O Parlamento é o órgão central da vida política, desconhecendo-se a noção de Estado como ente centralizador.

Existe uma subordinação da Administração ao direito comum: em consequência da *rule of law* a Administração rege-se pelo mesmo direito que rege os cidadãos anónimos (*the common law of the land*). Todos os órgãos e agentes da Administração Pública estão, pois, sujeitos ao direito comum, o que significa que, via de regra, não dispõem de privilégios ou de prerrogativas de autoridade. E se alguns poderes de decisão unilateral lhes são concedidos por lei especial, tais poderes são encarados como excepções ao princípio geral da *rule of law* e não como peças do sistema de direito administrativo.

Uma vez que a Administração se encontra subordinada ao mesmo direito que rege os particulares, não se justifica a existência de tribunais próprios para o julgamento dos litígios entre as entidades administrativas e os particulares. Desta forma, existe um único tipo de tribunais (os tribunais comuns) e o julgamento daqueles conflitos entra na jurisdição normal desses tribunais, onde são apreciados de forma idêntica à dos conflitos entre os particulares.

Uma característica típica deste sistema é a da execução judicial das decisões administrativas, o que significa que a Administração não pode executar as suas decisões por autoridade própria: os órgãos administrativos não dispõem, em regra, de privilégios ou prerrogativas de autoridade sobre os cidadãos. Assim, se um órgão da Administração toma uma decisão desfavorável a um particular (por exemplo, uma ordem de expulsão ou de demolição) e se o particular não a acata voluntariamente, esse órgão não poderá, por si só, empregar meios coactivos para impor o respeito pela sua decisão: terá de ir a tribunal (a um tribunal comum) obter deste uma sentença que torne imperativa essa decisão. Isto significa que as decisões unilaterais da Administração não têm, em princípio, força executória própria, não podendo, por isso, ser impostas pela coacção sem a prévia intervenção do poder judicial.

Os particulares dispõem de um sistema de garantias contra ilegalidades e abusos da Administração Pública. É que neste sistema os tribunais gozam de *jurisdição plena* face à Administração: tal como em relação a qualquer cidadão ou empresa privada, o juiz pode não apenas *anular* as decisões ilegais, mas também *ordenar* às autoridades administrativas que cumpram a lei, fazendo o que ela impõe ou abstendo-se de a violar. Tais mandados, ordens ou injunções são normalmente acatados pela Administração e, em caso de desobediência, dão lugar à prisão da autoridade recalcitrante. Esta maior intervenção judicial, bem como a maior importância do procedimento "compensam" a ausência de um direito especial (direito administrativo) a que a Administração se subordine.

Existe, em regra, uma responsabilidade pessoal dos titulares dos cargos públicos.

Por último, deve destacar-se a grande importância que o *procedimento administrativo* sempre assumiu neste sistema, marcando a necessidade de os órgãos administrativos exercerem a sua actuação jurídica no âmbito de um processo de formação das suas decisões juridicamente regulado.

5.3. Evolução e aproximação dos sistemas de administração executiva e judiciária

A referida descrição dos dois sistemas de administração parte das suas características originárias. Acontece, porém, que tais sistemas não pararam no tempo. A evolução ocorrida ao longo do século XX veio determinar uma aproximação relativa dos dois sistemas em alguns aspectos. Aproximação essa que determina que hoje as diferenças sejam muito menos marcantes, devido à influência recíproca que exerceram um sobre o outro.

Tal aproximação verificou-se aos vários níveis:

– Em termos de *organização administrativa*, a Administração britânica tornou-se mais centralizada do que era no final do século XIX, dado o grande crescimento da burocracia central, a criação de vários serviços locais do Estado e a transferência de tarefas e serviços antes executados a nível municipal para órgãos de nível regional, mais sujeitos do que aqueles à tutela e superintendência do Estado. As guerras e as crises reforçaram as necessidades de centralização; surgiram e desenvolveram-se os *ministérios* (que passaram a exercer controlo indirecto sobre as autarquias), dos quais dependem os serviços civis: corpos de funcionários profissionais sujeitos a uma hierarquia.

Por seu lado, a Administração continental conheceu sucessivas reformas descentralizadoras, que transferiram numerosas e importantes funções do Estado para níveis locais.

– No tocante ao *direito regulador da Administração* deu-se uma aproximação entre os dois sistemas. Por um lado, em Inglaterra, a transição para o Estado de Direito Social aumentou consideravelmente o intervencionismo económico, fazendo avolumar a função de prestação de serviços culturais, educativos, sanitários e assistenciais da Administração, dando lugar ao aparecimento de inúmeras leis administrativas.

Por outro lado, no sistema continental passou a ser frequente a utilização do direito privado pela Administração, tendo conduzido àquilo que hoje se designa por privatização da administração. Com efeito, a moderna Administração passou a socorrer-se crescentemente de formas jurídico-privadas de *organização* e de *actuação*.

– No que concerne à *execução das decisões administrativas*, a aproximação deu-se essencialmente por parte do sistema continental, sendo cada vez mais comum a defesa de que a Administração não pode executar coactivamente as suas decisões, a menos que a lei preveja expressamente essa possibilidade. Como veremos, os actos administrativos, apesar de gozarem de força executiva, podendo basear de imediato uma execução, não têm, em regra, força executória – o que implica que a utilização de meios coactivos esteja dependente da intervenção do tribunal.

– No que diz respeito às *garantias jurídicas dos particulares* face à Administração, a aproximação deu-sc também por parte do sistema continental, onde o contencioso administrativo não é hoje, apenas, um contencioso de anulação dos actos administrativos, ocorrendo um alargamento do controlo da juridicidade (onde há discricionariedade) e dos poderes dos juízes (de intimação e de condenação).[20]

Em Inglaterra surgiram os "*administrative tribunals*", órgãos administrativos independentes que fazem preceder a decisão administrativa de um "due process of law", sendo as suas decisões imediatamente obrigatórias para os particulares (não carecem de homologação judicial prévia).

Do lado continental desenvolveu-se o direito procedimental, que levou à publicação de diversos códigos do procedimento administrativo nas últimas décadas do século XX (o primeiro Código do Procedimento Administrativo português, que é aquele que está em vigor, data de 15 de Novembro de 1991).

Verifica-se, por fim, uma influência aproximadora da União Europeia.[21]

---

[20] Em Portugal o reforço dos poderes dos tribunais administrativos é particularmente saliente desde a Reforma do contencioso administrativo de 2002/2003 – traduzida na aprovação de diversos diplomas legais sobre a matéria que levaram, muito em especial, à entrada em vigor dos (novos) Código de Processo nos Tribunais Administrativos (CPTA) e Estatuto dos Tribunais Administrativos e Fiscais (ETAF). Em relação ao primeiro, cfr. a Lei n.º 15/2002, de 22 de Fevereiro (alterada pela Lei n.º 4-A/2003, de 19 de Fevereiro); no que respeita ao segundo, cfr. a Lei n.º 13/2002, de 19 de Fevereiro (alterada pela Lei n.º 107-D/2003, de 31 de Dezembro). Ambos os diplomas entraram em vigor no dia 1 de Janeiro de 2004. O CPTA foi alterado, pela última vez, pela Lei n.º 59/2008, de 11 de Setembro; e o ETAF por intermédio do Decreto-Lei n.º 166/2009, de 31 de Julho.

[21] Sobre a manutenção, não obstante a aproximação dos sistemas, das características do sistema do acto administrativo nos modelos continentais, cfr. VIEIRA DE ANDRADE, *Introdução ao Direito Administrativo, Sumários das Lições de Direito Administrativo I, cit.*, p. 29-30.

PARTE I
Organização Administrativa

A – Estrutura orgânica da Administração Pública

A organização administrativa, entendida como aparelho ou conjunto estruturado de unidades organizatórias que desempenham, a título principal, a função administrativa, tem como elementos básicos, em primeira linha, as *pessoas colectivas de direito público* que se manifestam através de *órgãos administrativos* e, em segunda linha, os *serviços públicos*, que pertencem a cada ente público e que actuam na dependência dos respectivos órgãos.

Numa perspectiva jurídico-administrativa, interessa aqui, especialmente, a organização relevante para efeitos da actividade jurídica externa da Administração e, portanto, aquela que se refere aos *entes públicos*, a quem é atribuído o encargo da satisfação de determinados interesses públicos, e aos seus *órgãos*, que constituem as figuras capazes de emitir manifestações de vontade imputáveis aos primeiros.[22]

Porém, por força de um crescente fenómeno de privatização, a função administrativa, embora continue a ser exercida essencialmente por pessoas colectivas de direito público, é também, com cada vez maior relevo, levada a cabo por pessoas colectivas de direito privado que se encontram sujeitas a regimes especiais de direito público, colocando necessariamente a questão de saber onde se encontram os limites do aparelho administrativo.

Com efeito, como reconhece a doutrina, a organização administrativa tem vindo a sofrer um processo de descaracterização: ao contrário do que sucedia tradicionalmente em que a Administração Pública era constituída apenas por pessoas colectivas públicas integralmente submetidas a um regime de direito administrativo, actualmente o exercício da função administrativa encontra-se também atribuído a pessoas colectivas, que embora de criação e/ou controlo públicos, se revestem de *forma jurídico-*

---

[22] Já o mesmo interesse não tem a organização dos *serviços públicos*, pois estes, constituindo unidades funcionais internas que actuam sob a direcção dos órgãos administrativos, limitam-se a levar a cabo actividades materiais ou tarefas auxiliares na preparação e execução de decisões dos órgãos das pessoas colectivas públicas.

-privada (sociedades anónimas) e, mesmo, a *pessoas colectivas puramente privadas* (associações e fundações), umas e outras disciplinadas, no seu essencial, pelo direito privado e sujeitas a controlos públicos substancialmente distintos dos aplicáveis às entidades públicas.

Este fenómeno (de exercício da função materialmente administrativa por privados) não pode deixar de se traduzir num alargamento da Administração Pública em sentido orgânico[23]. No entanto, e apesar disto, continua a ser possível identificar um núcleo essencial da organização administrativa constituída por pessoas colectivas de direito público (e pelos seus órgãos). É sobre este núcleo essencial que a nossa atenção, para já, incidirá.

1. As pessoas colectivas públicas

1.1. O critério da personalidade colectiva pública. Noção de pessoa colectiva pública

1.1.1. *O interesse da distinção entre pessoas colectivas públicas e pessoas colectivas privadas*

A Administração Pública é representada nas suas relações com os particulares por *pessoas colectivas públicas*: nas relações jurídico-administrativas, pelo menos um dos sujeitos é, em regra, uma pessoa colectiva pública.

Inicialmente as pessoas colectivas públicas eram o Estado e as demais colectividades públicas territoriais. Nos países da Europa continental esses entes eram distintos das entidades privadas porque estavam submetidos a um regime típico caracterizado por um conjunto de factores de entre os quais avultavam a criação por lei ou acto público, as prerrogativas de autoridade, a impossibilidade de autodissolução e a sujeição ao contencioso administrativo, entre outras.

A partir de determinada altura as entidades públicas territoriais começaram a criar entes que só parcialmente detinham os referidos predicados e, do mesmo modo, a lei começou a submeter a um regime mais ou

[23] Cfr. Marcelo Rebelo de Sousa e André Salgado Matos, *Direito Administrativo Geral, Tomo I, Introdução e Princípios Fundamentais*, Lisboa, D. Quixote, 2004, pp. 38-39.

menos publicístico entes formados por entidades privadas sem que resultasse da lei se se tratava de entidades públicas ou de entidades privadas. Tornou-se, por isso, necessário estabelecer um *critério de qualificação* de tais entidades que permitisse determinar a personalidade pública.

O interesse inicial da distinção encontrava-se no respectivo regime jurídico: as pessoas colectivas públicas actuariam sempre e apenas sob a égide do direito público, detendo capacidade jurídica pública (poderes e deveres públicos) e as pessoas colectivas privadas actuariam sob a égide do direito privado, possuindo unicamente capacidade jurídica privada (poderes e deveres privados).

Porém, a partir de certa altura, à *qualificação* como pública ou privada de uma determinada entidade passou a não corresponder, necessariamente, um regime jurídico correspectivo (público ou privado, conforme os casos). Com efeito, as pessoas colectivas públicas passaram a poder actuar, também, segundo o direito privado, e algumas instituições particulares de interesse público passaram a funcionar, muitas vezes, em termos de direito público. Daqui resulta que as entidades públicas tanto dispõem de capacidade jurídica pública como de capacidade jurídica privada, o mesmo podendo afirmar-se, de um modo geral, acerca de certas pessoas colectivas privadas.

Isto não retirou, no entanto, interesse à distinção, na medida em que, designadamente, algumas normas do ordenamento jurídico se aplicam "automaticamente" às pessoas colectivas públicas, enquanto entidades públicas.

Naturalmente que o problema do critério da publicidade não se coloca em relação às pessoas colectivas públicas *territoriais* e de *fins múltiplos*: o Estado, as Regiões Autónomas e as autarquias locais. Essas são entidades públicas de direito público *por natureza*. O problema da caracterização e da identificação da personalidade pública só se coloca para as pessoas colectivas *derivadas*, isto é, criadas e reconhecidas por uma daquelas entidades públicas primárias.

1.1.2. *O critério da personalidade pública. Noção de pessoa colectiva pública*

Como referimos, uma das grandes questões da doutrina administrativa continua a ser a distinção entre pessoas colectivas públicas e pessoas colectivas privadas. A procura de um critério de distinção não deve ser vista, porém, como a procura de um critério para a *definição* da pessoa colectiva pública mas de um critério para a sua *identificação*: o que se pretende não é propriamente saber *o que é um ente público*, mas *reconhecê-lo*, ou seja, saber quais são os sinais ou marcas decisivos para a sua identificação.

Muitos têm sido os critérios apontados para o efeito, desde o critério da iniciativa para a sua criação (são públicas as pessoas colectivas criadas por acto do Estado), da sua finalidade (são públicas as pessoas colectivas que têm por finalidade satisfazer interesses públicos), dos poderes exorbitantes (são públicas as pessoas colectivas dotadas de poderes de autoridade), etc.

A doutrina tem considerado, porém, que cada um dos critérios singularmente considerado é insuficiente, optando-se, hoje em dia, cada vez mais, por critérios mistos (isto é, que combinam dois ou mais critérios).

É nesta perspectiva que Freitas do Amaral parte de um critério que combina a *criação*, o *fim* e a *capacidade jurídica* da entidade em causa. Assim, pessoas colectivas públicas são as *pessoas colectivas criadas por iniciativa* pública[24], *para assegurar a prossecução necessária de interesses públicos e, por isso, dotadas, em nome próprio, de poderes ou deveres públicos.*

Na mesma linha de utilização de um critério misto, Vital Moreira combina os critérios da *iniciativa de criação* e dos *poderes públicos*. Assim, são pessoas colectivas públicas aquelas que *tenham sido criadas pelo Estado ou por outro ente público primário (ou seja, uma colectividade territorial) e que detenham o predicado fundamental das entidades públicas que é a posse de prerrogativas de direito público, isto é, exorbitantes do direito privado* [25].

Criação de iniciativa pública; finalidade exclusiva e necessária de prossecução de interesses qualificados como públicos; e poderes e deveres públicos são, assim, os critérios de publicização das entidades públicas.[26]

---

[24] Nesta perspectiva as pessoas colectivas públicas são sempre criadas por uma decisão pública, tomada pelo Estado, ou por comunidades regionais ou locais autónomas ou provenientes de uma ou mais pessoas colectivas públicas já existentes.

[25] Cfr. Vital Moreira, *Direito Administrativo*, texto policopiado do apoio às aulas teóricas do 2.º ano da licenciatura em Direito da Faculdade de Direito de Coimbra, Cap. 3, p. 5.

[26] A distinção destas em relação às "entidades administrativas privadas" é feita não por estes critérios, mas através da forma que estas últimas assumem (forma privada).

Os critérios referidos só valem, obviamente, na falta de qualificação legal, uma vez que devem ser consideradas como pessoas colectivas públicas aquelas que sejam, como tal, expressamente qualificadas por lei.

Da aplicação destes critérios resulta serem pessoas colectivas públicas o *Estado* e demais *entidades colectivas territoriais* – regiões autónomas e autarquias locais – (entidades públicas primárias ou por natureza), as *entidades como tal qualificadas pela lei* (entidades públicas por força da lei) e as entidades criadas pelo Estado ou por outras pessoas colectivas públicas territoriais, desde que não sejam qualificadas pela lei como privadas e desde que compartilhem dos predicados de personalidade pública (prerrogativas de direito público, nomeadamente poderes de autoridade).

1.2. **Espécies de pessoas colectivas públicas**

Interessa aqui identificar os vários tipos de pessoas colectivas públicas e agrupá-las, tendo em conta as suas características típicas.

Se utilizarmos o critério da dependência (decrescente) relativamente ao Estado (por intermédio do Governo), são pessoas colectivas públicas:

a) o Estado;
b) os institutos públicos;
c) as entidades públicas empresariais;
d) as associações públicas;
e) as autarquias locais;
f) as regiões autónomas.

– Uma forma possível de as arrumar, é distinguindo dois grandes grupos: por um lado, o *Estado*, por outro lado, os *entes públicos menores*.

O Estado é o principal ente público, tendo como órgão superior o Governo. Por sua vez, os entes públicos menores são entes exclusivamente administrativos uma vez que, ao contrário do Estado, não desempenham nenhuma das outras funções estaduais e, por outro lado, as suas atribuições administrativas têm um escopo mais restrito que as do Estado, quer do ponto de vista da matéria abrangida, quer do âmbito territorial ou pessoal. Por fim, estas entidades dependem, embora em grau diverso, do principal órgão do Estado: o Governo (superintendência e tutela administrativa).

– Outra classificação das pessoas colectivas públicas é a que distingue as *entidades públicas territoriais* (ou de população e território) das *entidades funcionais.*

São *entidades territoriais* o Estado, as regiões autónomas e as autarquias locais, uma vez que têm um substracto populacional e base territorial, tendo ainda carácter originário e necessário, generalidade de atribuições, tipificação constitucional e o poder para criar outros entes públicos e exercer controlo sobre eles.

Por sua vez, os *entes funcionais* (os institutos públicos, que não personificam colectividades e as corporações públicas, que personificam colectividades funcionalmente definidas) caracterizam-se por o território não entrar na sua definição, por terem atribuições ou finalidades especiais e por deterem um carácter atípico.

– Uma última classificação, que vale apenas para os entes públicos infra-estaduais, é a que os distingue entre *entes públicos dependentes* e *entes públicos independentes.*

As características típicas dos entes públicos independentes são as seguintes: gozam de autonomia em relação a outros, têm capacidade de definir por si mesmos a sua própria orientação podendo mesmo divergir da orientação do Estado, há uma substancial independência dos seus órgãos face ao Estado (quanto ao modo de nomeação, exoneração e acção), não estando sujeitos à sua orientação. É o caso das autarquias locais e das corporações públicas.

Por sua vez os entes públicos dependentes são entes criados por outros entes públicos autónomos por razões de agilidade e conveniência administrativa, não têm capacidade para prosseguir outros fins que não os do ente que o criou, os seus dirigentes são nomeados pelo "ente-mãe" e estão sujeitos a orientação e controlo de mérito do ente-matriz. É o caso dos institutos públicos.

1.3. **Regime jurídico**

O regime jurídico a que se encontram subordinadas, em regra, as pessoas colectivas de direito público é um regime diferenciado e não uniforme. Contudo, é possível avançar algumas ideias gerais:

– A maioria das pessoas colectivas públicas são criadas por acto do poder central, embora haja casos de criação por iniciativa pública local.

As pessoas colectivas públicas não têm o direito de se dissolver;

– As pessoas colectivas de direito público têm:
  – capacidade de direito privado e património privado, podendo prosseguir actividades de gestão privada;
  – capacidade de direito público detendo poderes (de autoridade) e deveres públicos;
  – autonomia administrativa e financeira;
  – direito de celebrar contratos administrativos;
– As pessoas colectivas públicas gozam de isenções fiscais;
– As pessoas colectivas públicas de base territorial podem ser titulares de bens públicos;

2. Órgãos, titulares e trabalhadores da Administração Pública

2.1. Noções básicas

2.1.1. *Órgão*

As pessoas colectivas são dirigidas por órgãos. A estes cabe tomar as decisões em nome da pessoa colectiva ou manifestar a vontade imputável àquela.

Os órgãos podem ser concebidos como centros institucionalizados de poderes funcionais (a que chamamos competências). Dito de outro modo, trata-se de figuras organizatórias dotadas de poderes que lhes permitem expressar as manifestações de vontade da pessoa colectiva pública.

2.1.2. *Investidura, titular ou membro e trabalhadores da Administração Pública*

Considerando os órgãos como centros institucionalizados de poderes funcionais, então temos que isolar o seu titular ou membro, ou seja, a *pessoa física que o representa*. Contudo, para que uma pessoa física possa representar o órgão, é necessário um acto formal que a ligue a ele: a *investidura*.

Contrariamente ao titular do órgão, os trabalhadores da Administração Pública (com especial relevo para o pessoal dirigente e para os funcionários nomeados) são indivíduos com uma relação especial de serviço com os entes administrativos e que desenvolvem, sob a direcção dos titulares dos órgãos, a actividade dos serviços (desempenham *tarefas* materiais de exercício ou contribuem para a preparação, conhecimento e execução dos actos jurídicos). Não têm, pois, poderes decisórios, limitando-se a preparar e a executar decisões dos órgãos.[27]

2.2. **Tipos de órgãos**

São várias as classificações que se pode fazer dos órgãos das pessoas colectivas públicas. Limitamo-nos a destacar as mais importantes:

a) *órgãos singulares e colegiais*: são órgãos singulares aqueles que têm só um titular; são órgãos colegiais aqueles que são compostos por três ou mais titulares. Os órgãos colegiais têm regras especiais de funcionamento definidas nos artigos 14.º a 28.º do CPA;

---

[27] A Lei n.º 12-A/2008, de 27 de Fevereiro, que estabelece os regimes de vinculação, de carreiras e de remunerações dos trabalhadores que exerçam funções públicas não faz qualquer alusão às categorias profissionais tradicionais de funcionários e agentes (expressão que anteriormente era utilizada para referir os trabalhadores da Administração Pública). Aquele diploma consagra como modalidades de constituição da relação jurídica de emprego público, a *nomeação* e o *contrato de trabalho em funções públicas*, cujo regime consta da Lei n.º 59/2008, de 11 de Setembro. A nomeação é apenas utilizada para o desempenho das funções descritas no artigo 10.º, podendo revestir as modalidades de nomeação definitiva e de nomeação transitória (artigo 11.º). Todos os demais trabalhadores que não devam ser nomeados passam a ser contratados, revestindo o contrato de trabalho as modalidades de contrato por tempo indeterminado ou de contrato a termo resolutivo (artigo 21.º).

Como refere Carlos Alberto Cadilha, "Mantendo-se as noções de funcionário e agente administrativo como meras categorias conceituais, a primeira deverá ser atribuída (...) a quem obtenha uma nomeação definitiva no exercício de funções públicas, aplicando-se o qualificativo de agente administrativo àqueles que devam ser objecto de nomeação transitória (...)" (*Regime da Responsabilidade Civil Extracontratual do Estado e demais Entidades Públicas, cit.* p. 44).

Assim sendo, as referências legais ainda existentes que se refiram a funcionários e agentes da Administração pública devem no futuro ser lidas tendo em conta esta nova realidade, de modo a abranger o pessoal objecto de contrato de trabalho em funções públicas.

Sobre esta matéria, desenvolvidamente, cfr. Paulo Veiga e Moura/Cátia Arrimar, *Os novos regimes de vinculação, de carreiras e de remunerações dos trabalhadores da Administração Pública – Comentário à Lei n.º 12-A/2008, de 27 de Fevereiro*, Coimbra Editora, 2.ª ed., 2010.

b) *órgãos centrais e locais*: órgãos centrais são aqueles que têm competência sobre todo o território nacional; órgãos locais são aqueles que têm a sua competência limitada a uma circunscrição administrativa;
c) *órgãos primários, secundários e vicários*: órgãos primários são aqueles que dispõem de competência própria para decidir as matérias que lhes estão confiadas; órgãos secundários são aqueles que apenas dispõem de uma competência delegada; órgãos vicários são os que só exercem competência por substituição de outros órgãos;
d) *órgãos representativos e órgãos não representativos*: órgãos representativos são aqueles cujos titulares são livremente designados por eleição; os restantes são não representativos;
e) *órgãos activos, consultivos e de controlo*: os órgãos activos são aqueles a quem compete *tomar decisões* ou *executá-las*; os órgãos consultivos são os que dão pareceres e esclarecem os órgãos activos antes de estes tomarem decisões; os órgãos de controlo são os que fiscalizam a regularidade do funcionamento de outros órgãos.

3. As atribuições, as competências e a legitimação

3.1. Noções

As pessoas colectivas existem para prosseguir determinados *fins*. Aos fins das pessoas colectivas públicas chamamos *atribuições*.

Atribuições são, assim, os *fins ou interesses que a lei incumbe as pessoas colectivas públicas de prosseguir ou realizar*.

Para o fazerem, as pessoas colectivas necessitam de poderes – são os chamados poderes funcionais. Ao conjunto de poderes funcionais chamamos *competências*.

Competência é, assim, o *conjunto de poderes funcionais que a lei confere para a prossecução das atribuições das pessoas colectivas públicas*.

Em princípio e na maior parte dos casos, as atribuições referem-se às pessoas colectivas públicas em si, enquanto a competência se reporta aos órgãos. A lei especificará, portanto, *as atribuições de cada pessoa colectiva* e, noutro plano, *a competência de cada órgão*. Daqui resulta que qualquer órgão da Administração, ao agir, conhece e encontra pela frente uma dupla limitação: por um lado, está limitado pela sua própria competência – não podendo, designadamente, invadir a esfera de competências dos outros órgãos da mesma pessoa colectiva; por outro lado, está também limitado pelas atribuições da pessoa colectiva em cujo nome actua – não podendo, nomeadamente, praticar quaisquer actos sobre a matéria estranha às atribuições da pessoa colectiva a que pertence. Atribuições e competências limitam-se reciprocamente. Nenhum órgão administrativo pode prosseguir as atribuições da pessoa colectiva a que pertence por meio de competências que não sejam as suas, mas também não pode exercer a sua competência fora das atribuições da pessoa colectiva em que se integra.

Tudo isto é assim, em geral, nas pessoas colectivas públicas. No entanto, no caso do Estado, a questão é mais complexa. Com efeito, no Estado o que separa juridicamente os Ministérios (que são órgãos) uns dos outros são as atribuições.

Enquanto, em geral, nas restantes pessoas colectivas públicas, os órgãos têm *competências diferentes* para prosseguir as *mesmas atribuições* (da pessoa colectiva pública a que pertencem)[28], no Estado os vários Ministros têm *competências idênticas* para prosseguirem *atribuições diferentes*. Aqui, são as próprias atribuições que se encontram repartidas pelos vários ministérios, pelo que cada Ministro possui atribuições específicas (finanças, saúde, educação), embora usando para isso poderes jurídicos idênticos aos seus colegas de Governo (autorizar, nomear, contratar, punir, etc.).

A distinção entre as atribuições e as competências tem importância não só para se compreender a diferença entre os *fins* que se prosseguem e os *meios jurídicos* que se usam para os prosseguir, mas também porque a lei estabelece, como veremos mais à frente, uma consequência diferente no caso de os órgãos da Administração praticarem actos estranhos às atribuições das pessoas colectivas públicas em que se integram ou fora da competência confiada a cada órgão: enquanto os actos praticados fora das atribuições são *nulos*, os actos praticados fora da competência do órgão que o pratica são, em regra, *anuláveis*.

[28] É o que se passa, designadamente, no caso dos municípios, uma vez que o que distingue a câmara municipal, a assembleia municipal e o presidente da câmara municipal é o facto de estes possuírem diferentes competências para prosseguirem as atribuições do município.

Como o que distingue os vários Ministérios entre si são, não as competências, mas sim as atribuições, isto significa que se, por exemplo, o Ministro da Defesa praticar um acto sobre matéria incluída nas atribuições do Ministério das Finanças, esse acto é *nulo* por falta de atribuições.

Mas não basta que o órgão actue dentro do domínio das atribuições da pessoa colectiva a que pertence e no âmbito das suas competências. É necessário, ainda, que o órgão tenha legitimação. A *legitimação* é a *qualificação específica do órgão para exercer a sua competência numa situação concreta.*

Existem, assim, factores de legitimação.[29] São, designadamente, factores de legitimação:

a) A *investidura do titular do órgão.* O órgão existe enquanto conjunto institucionalizado de poderes funcionais. Existindo o órgão, existe a competência. No entanto, o exercício dessa competência só pode ser feito por uma pessoa física que tenha uma ligação formal ao órgão, ou seja, que tenha sido investida (factor positivo de legitimação).
b) Os *casos de impedimento.* Trata-se de casos em que a lei impede que os titulares de um órgão pratiquem actos ou participem em actos e respectivos procedimentos que toquem os seus interesses particulares. As cláusulas de impedimento constituem uma forma de legitimação negativa, uma vez que a verificação das causas de impedimento priva de legitimação o órgão se o seu titular (ou um seu funcionário ou agente) que esteja impedido intervier no acto (artigos 44.º e segs. do CPA).
c) As situações de *falta de quórum* nos órgãos colegiais (cfr. artigo 22.º do CPA). O quórum é a fracção (percentagem) mínima do número legal de membros do órgão colegial cuja presença é necessária na reunião para que possam ser votadas as deliberações. O quórum regra corresponde à maioria, ou seja, pelo menos, a uma fracção superior à metade do número legal de membros do colégio. Quando numa reunião do órgão colegial não está constituído o quórum, não pode dizer-se, em regra, que não existe o órgão e a respectiva competência. A falta de quórum corresponde, sim, à falta de legitimação do órgão para decidir na situação

[29] Em determinadas situações, enquanto tais factores não se verificam, o órgão não pode exercer a competência (factores positivos de legitimação); noutras, a competência não pode ser exercida se esses factores se verificarem (factores negativos de legitimação).

concreta. Deste modo o quórum é um factor positivo de legitimação.

d) Também o *decurso de um determinado lapso de tempo pode ser considerado factor de legitimação.* Com efeito, por vezes, a Administração não pode praticar actos antes de decorrido um determinado período de tempo (factor positivo de legitimação). Pode também acontecer que se tenha extinguido o tempo dentro do qual a Administração está autorizada a agir (factor negativo de legitimação).

e) A *autorização para agir.* Acontece, por vezes, que um determinado órgão, não obstante ser competente para a prática de um certo acto, só pode exercer aquela sua competência depois de ter obtido, de um outro órgão, uma *autorização* que visa fazer um controlo preventivo sobre a legalidade ou o mérito do acto que vai ser praticado. Sem tal autorização o órgão em causa está privado de legitimação (factor positivo de legitimação).

3.2. **Da competência em especial**

O primeiro princípio que cumpre sublinhar no que se refere à competência é o de que ela só pode ser conferida, delimitada ou retirada por lei. Isto corresponde ao princípio da *legalidade da competência*, também expresso pela ideia de que a *competência é de ordem pública.*

Deste princípio decorrem os seguintes corolários, estabelecidos no artigo 29.º do CPA:

a) *A competência não se presume*: com isto quer significar-se que só há competência quando a lei inequivocamente a confere a um dado órgão.

b) *A competência é imodificável*: nem a Administração nem os particulares podem alterar o conteúdo ou a repartição da competência estabelecida por lei.

c) *A competência é irrenunciável e inalienável*: os órgãos administrativos não podem, em caso algum, renunciar aos seus poderes ou transmiti-los para outros órgãos da Administração ou para entidades privadas.

3.3. Critérios de repartição das competências

A repartição das competências pelos vários órgãos de uma pessoa colectiva pode obedecer aos seguintes critérios:

a) *Em razão da matéria*: a distribuição de competências entre os vários órgãos da pessoa colectiva tem em vista fazer corresponder um especial interesse ou grupo de interesses a um órgão particularmente adequado a realizá-lo pela sua estrutura ou qualidade.
b) *Em razão do território*: a distribuição é feita atribuindo a cada órgão uma determinada circunscrição ou área territorial sobre a qual actuar. É o caso da repartição de poderes por órgãos locais diferentes.[30]

B – Os sectores da organização administrativa portuguesa

Sendo complexa, diferenciada e multifacetada, a Administração Pública costuma, por razões de sistematização, ser dividida em sectores, dos quais se destacam os dois mais importantes: o das Administrações estaduais e o das Administrações autónomas.

1. Administrações estaduais

Estamos, neste âmbito, no domínio das entidades públicas que *visam prosseguir a satisfação de interesses públicos de carácter nacional.*

Dentro deste sector, é possível distinguirmos a Administração estadual directa da Administração estadual indirecta. Vejamos em que é que consiste cada uma delas.

---

[30] Tradicionalmente são ainda apontados os critérios de repartição da competência em função da hierarquia e em razão do tempo. A primeira não passa, porém, de uma forma especial de repartição em razão da matéria e a segunda não é critério de repartição da competência mas factor de legitimação, como dissemos supra.

1.1. Administração directa do Estado

Enquadra-se dentro da Administração directa do Estado toda a actividade administrativa levada a cabo *directamente* pelos *próprios serviços administrativos do Estado*, sob *direcção do Governo* (órgão complexo formado pelo Primeiro-Ministro, pelos Ministros e pelos Secretários de Estado), que é o órgão superior da Administração Pública estadual (artigo 182.º CRP), embora repartida por tantos departamentos quantos os Ministérios.

Os *serviços são organizados em forma de pirâmide*, o que significa, como veremos, que a relação que se estabelece entre as várias estruturas da administração directa é uma relação hierárquica.

Dentro da Administração (directa) do Estado vamos encontrar *órgãos centrais*, cuja competência se estende a todo o território nacional (Ministérios, Direcções-Gerais, etc.) e *órgãos locais ou periféricos*[31], que são órgãos da pessoa colectiva Estado que, na dependência directa ou *hierárquica* do Governo, exercem uma *competência limitada a uma certa circunscrição administrativa* (governador civil, directores regionais, comissões de coordenação e desenvolvimento regional, etc.).

Para efeitos da delimitação da área de competência dos órgãos locais do Estado procede-se à divisão do território em circunscrições administrativas. Existe uma *divisão administrativa geral*, em distritos e concelhos, e *divisões administrativas especiais*. Estas assumem uma grande variedade, uma vez que são definidas por sectores ou ramos de administração (v.g. para efeitos de administração hidráulica, para efeitos de administração florestal, etc.). Uma vez que as várias circunscrições administrativas especiais não coincidem entre si, o sistema das divisões administrativas do território, no nosso país, torna-se extremamente complexo, confuso e excessivo.

O principal órgão da Administração local do Estado é o Governador Civil, nomeado e exonerado pelo Conselho de Ministros sob proposta do Ministro da Administração Interna, de quem depende hierarquicamente. De entre as suas funções mais importantes consta a de representar o Governo na circunscrição distrital, de exercer os poderes de tutela administrativa e de defesa da ordem pública.

Actualmente a Administração directa do Estado é regulada pela Lei n.º 4/2004, de 15 de Janeiro (alterada pela Lei n.º 105/2007, de 3 de Abril)

---

[31] É comum designar-se por administração estadual periférica os órgãos locais do Estado.

– que estabelece os princípios e normas a que a esta deve obedecer –, para além dos diplomas específicos relativos à organização e funcionamento de cada Ministério.[32]

1.2. **Administração indirecta do Estado**

A Administração indirecta do Estado é aquela que é realizada *por conta do Estado* mas por *outros entes* que não o Estado pelos seus próprios serviços. É a prossecução de atribuições de uma entidade administrativa por intermédio de outra entidade administrativa.

A Administração indirecta do Estado é, assim, *o conjunto das entidades públicas, com personalidade jurídica própria e autonomia administrativa e financeira, que desenvolvem uma actividade administrativa destinada à realização de fins do Estado.*

O surgimento de uma Administração estadual indirecta deveu-se ao constante alargamento e complexificação da vida administrativa, o que acabou por reclamar a constituição de pessoas colectivas públicas diferentes do Estado, com vista à prossecução, em nome próprio, de certos fins deste (designadamente de carácter técnico, económico, cultural e social), na convicção de que serão melhor realizados num clima de (certa) autonomia em relação ao governo.

---

[32] Os serviços que integram a administração directa do Estado podem ser organizados segundo estruturas hierarquizadas ou estruturas matriciais. As primeiras correspondem à forma clássica de organização dos serviços públicos, constituídas por unidades orgânicas nucleares (direcções de serviços) e flexíveis (divisões). As segundas são adoptadas sempre que as áreas operativas do serviço possam desenvolver-se essencialmente por projectos, devendo agrupar-se por centros de competências ou de produto bem identificados, visando assegurar a constituição de equipas multidisciplinares com base na mobilidade funcional.

Em suma, as estruturas hierarquizadas são estruturas verticais em que a análise do processo, desde a sua entrada até à decisão, é realizada parcelarmente por cada uma das unidades orgânicas dos serviços, que realizam autonomamente os procedimentos que competem a cada uma delas, sem que tenham competência para acompanhar o processo nas suas várias fases procedimentais. Pelo contrário, uma estrutura de serviços matricial é uma estrutura horizontal em que são os serviços que se deslocam para o processo, criando para o efeito equipas multidisciplinares, acompanhando-o e seguindo-o ao longo de todo o seu *iter* procedimental.

Mesmo os serviços que optem pela constituição de estruturas hierarquizadas podem criar, com vista a aumentar a flexibilidade e eficácia na gestão, equipas de projecto temporárias e com objectivos especificados.

O que caracteriza os entes públicos que se encontram agrupados na Administração indirecta do Estado é o facto de eles não prosseguirem interesses próprios mas interesses da entidade mãe (o Estado), e não definirem, na sua actuação, a sua própria orientação. Deste modo, a administração indirecta ainda é administração estadual na medida em que as suas tarefas são tarefas do Estado, sendo estas entidades criadas, extintas e orientadas por ele.[33] Não obstante isto, estas entidades actuam através de órgãos próprios e, apesar de ser no interesse do Estado, fazem-no em nome próprio e não em nome do Estado. Têm, ainda, personalidade jurídica própria, património próprio, pessoal próprio e praticam actos próprios.

À decisão do Estado de transferir, por sua iniciativa, atribuições que lhe pertencem chama-se, em direito administrativo, *devolução de poderes*.

No direito português há várias espécies de entidades que pertencem à referida Administração estadual indirecta, de entre as quais se destacam os *institutos públicos* e as *entidades públicas empresariais*.

Todavia, e como já foi referido antes, mercê de fenómenos crescentes de privatização e complexificação da administração, para além de uma *administração indirecta pública do Estado* (constituída por pessoas colectivas públicas), é possível identificar-se, ainda, uma *administração indirecta privada* (constituída por pessoas colectivas administrativas privadas) e administrações indirectas com uma autonomia reforçada (*autoridades administrativas reguladoras*).[34]

1.2.1. ***Administração Estadual indirecta pública***

1.2.1.1. *Institutos públicos*

Os institutos públicos são pessoas colectivas públicas, de tipo institucional (assentam sobre uma organização de carácter material e não de pessoas), criadas para assegurar o desempenho de determinadas funções administrativas (fins únicos e não múltiplos) de carácter não empresarial, pertencentes ao Estado ou a outra pessoa colectiva pública.

---

[33] Justifica-se, por isso, que estas entidades sejam financiadas, no todo ou em parte, pelo Estado. Elas têm, no entanto, autonomia administrativa e financeira na medida em que tomam as suas próprias decisões, gerem, como entendem, a sua organização, cobram as suas receitas, realizam as suas próprias despesas e organizam as suas contas.

[34] Assim o afirma Vieira de Andrade, *Introdução ao Direito Administrativo, Sumários das Lições de Direito Administrativo I, cit.*, pp. 86-89.

Os institutos públicos podem ser agrupados em três categorias:

Em primeiro lugar, os *serviços personalizados*, que são serviços públicos de carácter administrativo a que a lei atribui personalidade jurídica e autonomia administrativa e financeira. São, no fundo, verdadeiros departamentos do tipo direcções gerais aos quais a lei dá personalidade jurídica e autonomia administrativa e financeira para que possam desempenhar melhor as suas funções. Exemplos típicos de serviços personalizados são os organismos de cooperação económica, como o Instituto da Vinha e do Vinho; o IGESPAR – Instituto de Gestão do Património Arquitectónico e Arqueológico; ICNB – Instituto da Conservação da Natureza e Biodiversidade, etc.

Em segundo lugar, as *fundações públicas*, ou seja, patrimónios afectados à prossecução de fins públicos especiais, como é o caso da Fundação para a Ciência e Tecnologia

Por fim, os *estabelecimentos públicos*: institutos públicos de carácter cultural ou social, organizados como serviços abertos ao público e destinados a efectuar prestações individuais à generalidade dos cidadãos que delas careçam. É o caso de alguns Hospitais Públicos, das bibliotecas e museus públicos (quando dotados de personalidade jurídica) e das Universidades Públicas, embora estas, enquanto estabelecimentos públicos, possuam hoje um regime especial que lhes confere, além da autonomia administrativa e financeira, também uma autonomia estatutária, científica e pedagógica.

De modo a superar a ausência de uma regulamentação uniforme dos institutos públicos, que determinou durante muito tempo uma multiplicidade dos respectivos regimes, foi publicada a Lei n.º 3/2004, de 15 de Janeiro (alterada pelo Decreto-Lei n.º 105/2007, de 3 de Abril), que estabelece os princípios e regras pelos quais os mesmos se regem, embora alguns estejam sujeitos a regimes especiais (cfr. artigo 48.º desta Lei).

1.2.1.2. *Entidades públicas empresariais*

As *entidades públicas empresariais* (EPEs) são pessoas colectivas de direito público, com natureza empresarial, criadas pelo Estado. Trata-se de entidades que foram autonomizadas do conceito de institutos públicos, detendo, por isso, uma base institucional e não societária.

As entidades públicas empresariais integram, nos termos do Decreto-Lei n.º 558/99, de 17 de Setembro (alterado pelo Decreto-lei n.º 300/2007, de 23 de Agosto), a noção ampla de empresa pública, que engloba, para além delas, as *sociedades privadas de capitais integralmente públicos* e as *sociedades de capitais mistos* em que o Estado exerça ou possa exercer controlo ou influência dominante sobre a sua actividade, desde logo porque detém a maioria do capital, a maioria dos direitos de voto ou o direito de designar ou de destituir a maioria dos membros dos órgãos de administração ou de fiscalização. Estas já não se integram, porém, no conceito de administração indirecta pública do Estado, mas na sua administração indirecta privada (infra, ponto 1.2.2.).[35]

Trata-se, porém, de *pessoas colectivas de direito público* que estão, de um modo geral, sujeitas ao *direito privado* (não porque este se lhes aplique automaticamente mas porque o direito administrativo o manda aplicar). Isto é assim na medida em que, dada a sua finalidade (o lucro), necessitam de grande liberdade de acção, mobilidade e flexibilidade no seu modo de funcionamento, que são facilitados pela utilização do direito privado.

No entanto, sempre que necessário, podem lançar mão do direito público, porque têm a seu cargo altos interesses públicos cuja salvaguarda pode exigir a utilização de *ius imperii*. Como a regra é, contudo, o direito privado, a gestão pública só pode ser estabelecida pelos estatutos dessas empresas para determinados aspectos do seu funcionamento.

As *Entidades Públicas Empresariais* são reguladas por diplomas específicos, bem como pelo Capítulo III do Decreto-lei n.º 558/99, de 17 de Dezembro (alterado pelo Decreto-lei n.º 300/2007, de 23 de Agosto).

---

[35] Assim, em Portugal, como de resto noutros países, vigora uma noção ampla de *empresa pública* que abrange dois tipos jurídicos distintos: os *entes públicos empresariais* cujo capital é constituído por um fundo público e que são pessoas colectivas de direito público e as *empresas de natureza societária* (sociedades de capitais públicos), cujo capital se encontra representado em partes sociais (designadamente, acções) e que são pessoas colectivas de direito privado, regidas pela lei comercial. Ao lado destas aparecem ainda as *sociedades de capitais mistos*, em que o capital é partilhado por entidades públicas e por entidades privadas.

A criação de empresas públicas deve-se a vários factores: à necessidade que por vezes o Estado tem *de intervir na economia* assumindo posições chave, isto é, estrategicamente fundamentais; à maior *eficiência da administração* ao transformar velhos serviços organizados segundo moldes burocráticos em empresas públicas modernas, geridas sob a forma comercial e industrial; à execução de um *programa ideológico*, quando se considera necessário, por razões políticas, alargar a intervenção do Estado a determinados sectores que, até aí, estavam nas mãos de particulares; à necessidade de criação de um *monopólio*, etc.

Exemplo destas entidades são a REFER, a Agência Nacional de Compras Públicas, o Teatro Nacional D. Maria II e o Teatro Nacional de S. João e alguns Hospitais, Centros Hospitalares e Unidades Locais de Saúde.

1.2.2. *Administração Estadual indirecta privada*

Integram este sector da Administração estadual indirecta, desde logo, a generalidade das *empresas públicas* – isto é, as *sociedades de capitais exclusiva ou maioritariamente públicos*, instituídas para finalidades públicas sob a forma de *sociedades comerciais* (v.g. a Estradas de Portugal, SA), as quais podem, excepcionalmente ser detentoras de poderes públicos de autoridade (o caso das Administrações Portuárias).[36]

O sector empresarial do Estado é regulado pelo Decreto-lei n.º 558/99, de 17 de Dezembro.

Na Administração estadual indirecta privada integram-se ainda as *fundações públicas de direito privado* de *criação estadual* (v.g. Fundações universitárias – U. Porto, U. Aveiro, ISCTE), e as *associações públicas de direito privado,* as quais devem ser autorizadas por diploma legal (artigo 3.º, n.º 4 da Lei n.º 3/2004).[37]

A Administração estadual pode, assim, de modo esquemático ser representada da seguinte forma:

---

[36] Nos termos do Decreto-Lei n.º 558/99, estas entidades estão sujeitas a um *regime de direito privado, com derrogações*. Cfr., ainda, o Decreto-lei n.º 71/2007, de 27 de Março, que estabelece o estatuto do gestor público e que sujeita aos princípios de direito administrativo "*o exercício de poderes próprios do exercício de funções administrativas*" (artigo 9.º).

[37] Uma parte da doutrina integra ainda na Administração estadual indirecta, não obstante a sua especificidade, as autoridades administrativas *reguladoras*, que se caracterizam por serem *administrações indirectas com autonomia acrescida* (v.g. a Autoridade da Concorrência e a ERSE – Entidade Reguladora dos Serviços Energéticos; CMVM – Comissão de Mercado de Valores Mobiliários) e *institutos públicos com funções reguladoras* (v.g. INTF, I.P. – Instituto Nacional do Transporte Ferroviário; ERSAR, I.P. – Entidade Reguladora dos Serviços de Águas e Resíduos). Estas entidades estão sujeitas a um regime específico, estabelecido nos decretos-lei da respectiva criação.

Sobre a integração destas entidades numa subespécie da Administração estadual indirecta, a par da Administração indirecta pública e privada, cfr. VIEIRA DE ANDRADE, *Introdução ao Direito Administrativo, Sumários das Lições de Direito Administrativo I, cit.*, p. 89.

2. Administrações autónomas

2.1. Noção de administração autónoma

Enquanto a administração do Estado prossegue os interesses gerais e indiferenciados de carácter nacional, a administração autónoma, como *auto-administração* de formações sociais infra-estaduais, organizadas segundo princípios *electivos e representativos*, cuida de *interesses específicos da respectiva comunidade.*

São, assim, características das entidades que pertencem à Administração autónoma a *prossecução de interesses próprios*, a *representatividade dos órgãos* e a *auto-administração* (auto-definição da sua orientação político-administrativa sem dependência de qualquer instrução ou orientação heterogénea).

Como afirma Vital Moreira, numa definição abrangente da Administração autónoma, esta consiste na administração de interesses públicos próprios de certas colectividades ou agrupamentos infra-estaduais (de natureza territorial, profissional ou outra), por meio de corporações de direito público ou de outras formas de organização representativa, dotadas de poderes administrativos que exercem sob responsabilidade própria, sem sujeição a um poder de direcção ou de superintendência do Estado (através do Governo) nem a formas de tutela de mérito[38].

[38] Cfr. Vital Moreira, *Administração Autónoma e Associações Públicas*, Coimbra, Coimbra Editora, 2003, p. 78-79.

Desta definição decorrem os principais elementos constitutivos do conceito de administração autónoma, que são *vários e cumulativos*:

Em primeiro lugar, uma *colectividade territorial ou outra dotada de especificidade dentro da colectividade nacional global*. Isto significa que a Administração autónoma é a administração dos assuntos de certa colectividade por ela mesma. Ela pressupõe um *agrupamento ou colectividade infra-estadual* (territorial, profissional, etc.), investido, através de um arranjo institucional, em funções administrativas em relação aos seus membros. A ideia de agrupamento pressupõe uma comunidade de interesses, ou seja, uma certa homogeneidade entre os seus membros, o que significa ser necessário que eles partilhem de uma característica comum relevante sob o ponto de vista das tarefas administrativas em causa (residência, profissão, etc.) que, em todo o caso, não tem de preexistir à institucionalização do agrupamento para efeitos de administração autónoma.

Deste ponto de vista, a administração autónoma significa o reconhecimento de que nas sociedades políticas contemporâneas existem colectividades ou agrupamentos sociais estruturados, dotados de interesses próprios, politicamente relevantes, que podem não encontrar satisfação adequada no quadro da administração geral do Estado e que reclamam o reconhecimento de uma esfera de acção própria.

Em segundo lugar, *a prossecução de interesses específicos dessa colectividade infra-estadual*. Está aqui implícita a ideia de uma distinção material entre as tarefas administrativas do Estado – correspondentes aos interesses gerais da colectividade nacional – e as tarefas específicas de um determinado grupo, consideradas como *interesses próprios desse grupo social*.

Tarefas próprias são aquelas que têm especificamente a ver com os interesses da colectividade em causa e que podem ser destacadas e geridas autonomamente em relação às tarefas públicas gerais que estão confiadas à administração do Estado.

Em terceiro lugar, administração autónoma quer dizer administração *pelos próprios administrados*, seja directamente, seja por intermédio de representantes seus. A isto podemos designar de *autogoverno* mediante órgãos próprios emanados dessa colectividade.

Em quarto lugar, essencial ao conceito de administração autónoma é a ideia de que os respectivos órgãos gozam de *autonomia de acção face ao Estado*, estabelecem a sua própria orientação na sua esfera de acção, livres de instruções estaduais e à margem de controlo de mérito, em suma, sob responsabilidade própria.

Na esfera da sua liberdade de acção os órgãos da administração autónoma são naturalmente responsáveis perante a respectiva colectividade, não perante o Governo e através deste perante o Parlamento como expressão da colectividade nacional. Sob pena de deixar de ser administração autónoma, ela tem de supor uma certa medida de autodeterminação e uma contenção do controlo estadual. A isto haveremos de voltar mais tarde.

2.2. **Modalidades de administração autónoma**

A administração autónoma reparte-se por dois domínios distintos: o da *administração autónoma territorial* e o da *administração autónoma não territorial*.

A principal distinção está, precisamente, no factor territorial. A Administração autónoma territorial é aquela em que o território faz parte da definição do substracto das respectivas instâncias (autarquias locais e regiões autónomas). Por sua vez, a Administração não territorial (também designada por funcional) é aquela em que o território não tem relevo específico na definição do substracto das pessoas colectivas que o integram. Isto não significa que o território seja indiferente ou irrelevante, na medida em que é possível que determinadas entidades pertencentes à administração autónoma não territorial tenham um âmbito territorialmente limitado (v.g. a Casa do Douro). O que sucede é que o território não é o único critério de delimitação do substracto pessoal da administração autónoma, nem o principal.

No quadro seguinte apresentamos as principais diferenças entre a Administração autónoma territorial e a Administração autónoma não territorial:

Administração autónoma territorial	***Administração autónoma não territorial***
Congrega todos os membros da comunidade local respectiva (residentes)	Congrega somente as pessoas integrantes de agrupamentos sociais que partilhem determinada qualidade (profissão, propriedade rural...)
É de fins múltiplos	Tem atribuições específicas – fim especial
É constitucionalmente necessária	É constitucionalmente facultativa, dependendo de decisão do legislador
Tem uma forma organizatória idêntica à do Estado (órgãos representativos, por exemplo)	Tem uma variedade de formas organizatórias
É fortemente regulada pela Constituição. A lei não pode criar outros tipos para além dos ali previstos	Atribui-se um amplo espaço de manobra ao legislador para reconhecer e erigir as estruturas que a integram
A Constituição menciona explicitamente as suas principais dimensões: autonomia regulamentar, autonomia financeira, etc.	Os seus poderes dependem do legislador

Apresentamos, de seguida, em esquema, a Administração autónoma portuguesa (Figura 2).[39]

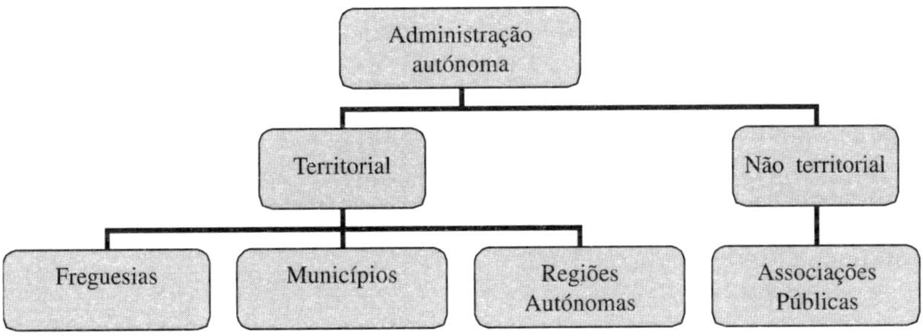

[39] Uma parte da doutrina prefere distinguir entre administração autónoma territorial e administração autónoma corporativa, reconduzindo a esta, para além das associações públicas, as *corporações territoriais* – áreas metropolitanas (cfr. a Lei n.º 46/2008, de 27 de Agosto, referente às áreas metropolitanas de Lisboa e do Porto), comunidades intermunicipais [associações de municípios de fins múltiplos, com base em NUTs III ou II (Lei n.º 45/2008, de 27 de Agosto), associações de freguesias de direito público e regiões de turismo –, e os *consórcios públicos* – por exemplo, cooperativas de interesse público e centros tecnológicos.

Cfr. VIEIRA DE ANDRADE, *Introdução ao Direito Administrativo, Sumários das Lições de Direito Administrativo I, cit.*, p. 92. Sobre a natureza jurídica das associações públicas de municípios, centrando-se em particular nas Áreas Metropolitanas de Lisboa e do Porto, cfr. JOÃO PACHECO DE AMORIM, "Breves reflexões sobre os novos regimes das Associações de Municípios e das Áreas Metropolitanas de Lisboa e Porto", *Revista de Direito Público e Regulação*, CEDIPRE (disponível "on-line": cfr. http://www.fd.uc.pt/cedipre/revista/revista_2.pdf), p. 73-102.

A autonomia que caracteriza a Administração autónoma pode assumir várias dimensões, não sendo todas elas obrigatórias e podendo, inclusive, algumas delas ser comuns à Administração indirecta do Estado.

São elas:

– *Autonomia (personalidade) jurídica*: possibilidade de cada entidade administrativa se estabelecer como um centro de imputação de relações jurídicas, de direitos e deveres, detendo património, pessoal e órgãos próprios. Pode haver administração autónoma sem personalidade jurídica (é, no entanto, uma situação excepcional);

– *Autonomia administrativa*: possibilidade de praticar actos administrativos, só susceptíveis de impugnação directa em via contenciosa. Possibilidade de decisão independente no âmbito das suas funções;

– *Autonomia financeira*: garantia de receitas próprias e capacidade de as afectar segundo um orçamento próprio a despesas decididas e aprovadas autonomamente. Decompõe-se em *autonomia patrimonial* (património próprio e/ou poder de tomar decisões relativas a ele); *autonomia orçamental* (orçamento próprio gerindo as respectivas receitas e despesas); *autonomia de tesouraria* (poder de gerir autonomamente os recursos monetários próprios, em execução ou não do orçamento); *autonomia creditícia* (poder de contrair dívidas, assumindo as respectivas responsabilidades, pelo recurso a operações financeiras de crédito); e *poderes tributários autárquicos* – artigo 238.º, n.º 4 CRP;

– *Autonomia normativa*: possibilidade de emissão de regulamentos autónomos com eficácia externa;

– *Autonomia disciplinar interna*: possibilidade de aplicação definitiva de sanções disciplinares ao seu pessoal;

– *Autonomia sancionatória*: capacidade de aplicação de sanções administrativas;

– *Autonomia de orientação*: capacidade de definir a sua própria orientação (autodeterminação), sem submissão a instruções e orientações de outrem dentro do quadro das atribuições legalmente definido;

– *Autonomia organizatória*: definição dos seus órgãos e organização dos seus serviços;

– *Autonomia estatutária*: capacidade de definição do seu estatuto. Não é essencial à administração autónoma. Via de regra os seus estatutos são hetero-estatutos (fixados por lei). A Constituição só garante autonomia estatutária às universidades;

– *Auto-governo*: governo mediante órgãos próprios, representativos, escolhidos mediante eleição e não nomeados por entidades exteriores –

aplicação do princípio democrático. Pode ser acomodado com a participação de representantes do Governo ou membros "leigos" em representação de sectores económicos ou sociais que tenham interesse na esfera administrativa em causa ou entidades oficiais ou personalizadas independentes estranhas aos interesses em questão. Se esta participação alcançar um peso considerável deixamos de ter administração autónoma e passamos a ter processos de co-decisão.

2.3. **Administração autónoma territorial: as autarquias locais e as regiões autónomas**

2.3.1. ***Administração autárquica***

a) O grosso da Administração autónoma territorial é constituído pela Administração local autárquica, ou seja, pelo conjunto das autarquias locais.

As autarquias locais são pessoas colectivas públicas, de base territorial (assentam numa fracção do território), que asseguram a prossecução de interesses próprios do respectivo agregado populacional através de órgãos próprios, por este eleitos. Por isso se diz que são pessoas colectivas públicas de *população* (visam a satisfação de interesses próprios das pessoas aí residentes) e de *território*.

A existência das autarquias locais resulta directamente da Constituição – artigo 235.º, n.º 1. Podemos dizer que são elementos essenciais da noção de autarquia local: (1) o território (uma porção do território nacional); (2) o agregado populacional (os residentes); (3) os interesses comuns diferentes dos interesses gerais (nacionais); e (4) os órgãos representativos da população.

São autarquias locais, no continente, as *freguesias*, os *municípios* e ainda as *regiões administrativas* (ainda não criadas em Portugal) e, nas Regiões Autónomas, as freguesias e os municípios. Cada uma das autarquias locais tem órgãos respectivos: na freguesia, a *junta de freguesia* e a *assembleia de freguesia*; no município, a *câmara municipal*, a *assembleia municipal* e o *presidente da câmara municipal*.

Não há hierarquia entre as autarquias locais. Trata-se de estruturas territorialmente sobrepostas independentes. Isto não significa que não exista uma certa articulação entre elas, decorrente, designadamente, da composição dos seus órgãos. Com efeito, os presidentes das juntas de freguesia integram as assembleias municipais respectivas (artigo 251.º da CRP) e o artigo 260.º da CRP prevê que membros das assembleias municipais integrem as assembleias regionais. Por sua vez, estabelece-se, na Constituição, uma hierarquia entre os regulamentos emanados pelas várias autarquias locais (artigo 241.º da CRP).

b) Uma vez que as autarquias locais são pessoas colectivas de fins múltiplos, podem, a par da sua administração directa (constituída pelos órgãos e serviços dependentes da câmara municipal), deter uma sua administração indirecta, formada por entes públicos ou por entes privados.

Assim, as autarquias locais podem criar entes públicos *indirectos* de carácter institucional (artigo 53.º, n.º 2, alínea l), da Lei das Autarquias Locais), *empresas públicas municipais*[40] e *fundações públicas municipais*; bem como criar (ou ter uma participação dominante) em *sociedades*, *associações* ou *fundações de direito privado* (artigo 53.º, n.º 2, alínea m) da Lei das Autarquias Locais).

2.3.2. *Regiões Autónomas*

Também a administração das regiões autónomas dos Açores e da Madeira configura um caso de administração autónoma territorial.

As regiões autónomas não têm autonomia apenas do ponto de vista administrativo, mas também no que respeita ao exercício da função legislativa (através de decretos legislativos regionais) e da função política.

No entanto, não é por terem mais poderes, para além dos administrativos, que deixam de ser pessoas colectivas de direito público. E, enquanto tais, elas naturalmente que são administrações autónomas (trata-se de pessoas colectivas públicas diferentes do Estado, que prosseguem com autonomia os interesses próprios das populações respectivas) territoriais (na medida em que o território faz parte da definição do substracto respectivo). Aqui, o território é não apenas determinado com base em critérios político-administrativos mas também com base em elementos naturais, uma vez que se trata de ilhas.

---

[40] O sector empresarial local é regulado pela Lei n.º 53-F/2006, de 29 de Dezembro, que exclui do respectivo objecto as tarefas que correspondam, quer a mero desempenho de funções administrativas, quer a um estrito escopo mercantil.

Sobre esta matéria, cfr. PEDRO GONÇALVES, *Regime Jurídico das Empresas Municipais*, Almedina, 2007.

2.4. A Administração autónoma não territorial: as associações públicas

As *associações públicas* são pessoas colectivas públicas, de natureza associativa, criadas como tal por acto do poder público, que desempenham tarefas administrativas próprias, relacionadas com os interesses dos próprios membros e que em princípio se governam a si mesmas mediante órgãos próprios que emanam da colectividade dos seus membros, sem dependência de ordens ou orientações governamentais, embora normalmente sujeitas a tutela administrativa estadual.

Os elementos constitutivos da noção de associações públicas são: (1) colectividade de membros; (2) criação ou reconhecimento por acto público (lei ou acto administrativo estabelecido por lei); (3) estrutura associativa (estrutura organizatória assente na colectividade dos membros); (4) autogoverno (governada por órgãos representativos dos seus membros); (5) desempenho de tarefas públicas confiadas aos próprios interessados – coabitação entre interesse público e interesse do grupo; (6) autodeterminação (esfera de decisão e responsabilidade própria).

Com as associações públicas, a lei entrega a uma associação de sujeitos privados a prossecução de um interesse público destacado de uma pessoa colectiva de fins múltiplos, o qual coincide com os interesses particulares daqueles sujeitos privados.

As associações públicas podem ser de várias espécies: associações públicas profissionais, associações públicas económicas, associações públicas culturais (especialmente academias oficiais), associações públicas de assistência e segurança social, associações públicas desportivas, associações públicas religiosas, etc.

Um dos exemplos mais típicos de associações públicas são as de carácter profissional (associações e ordens profissionais), que são associações públicas formadas por membros de certas profissões de interesse público com o fim de, por devolução de poderes do Estado, regular e disciplinar o exercício da respectiva actividade profissional.[41]

Do ponto de vista do seu regime jurídico, as associações públicas estão sujeitas a um regime dualista (direito público/direito privado), em que predomina porém o direito privado.

---

[41] É a Lei n.º 6/2008, de 13 de Fevereiro, que regula actualmente o regime das associações públicas profissionais.

Por seu lado, as associações públicas estão sujeitas a um especial estatuto constitucional. Tal regime consiste nos seguintes traços característicos: (1) a legislação que lhes respeita é reserva relativa da Assembleia da República [artigo 165.º, n.º 1 al. s)]; (2) só podem ser constituídas para a satisfação de necessidades específicas (artigo 267.º, n.º 4); (3) não podem exercer funções próprias das associações sindicais (artigo 267.º, n.º 4); (4) a sua organização interna deve basear-se no respeito dos direitos dos seus membros e na formação democrática dos seus órgãos (artigo 267.º, n.º 4).

No que concerne aos poderes que lhe são atribuídos por lei, as associações públicas gozam do *privilégio da unicidade*, que significa só poder haver uma associação pública para cada interesse a prosseguir por essa forma no país ou na circunscrição; beneficiam do princípio da *obrigatoriedade de inscrição*; podem impor *quotização obrigatória*; no caso das ordens profissionais, *controlam o acesso à profissão* do ponto de vista legal e deontológico; exercem sobre os seus membros *poderes disciplinares* que podem ir até à interdição do exercício da profissão; e todas gozam de *autonomia regulamentar*, *administrativa*, *financeira* e *disciplinar*, mas nenhuma dispõe de autonomia estatutária.

Quanto aos seus deveres e sujeições, as associações públicas têm de colaborar com o Estado em tudo o que lhes seja solicitado no âmbito das suas funções e com salvaguarda da sua independência; têm de respeitar na sua actuação os princípios gerais de direito administrativo; as decisões unilaterais que elas tomam são consideradas actos administrativos contenciosamente impugnáveis perante os tribunais administrativos; e a responsabilidade a que estão sujeitas é de direito administrativo.[41]

[41] No quadro que se segue, apresentamos os traços que distinguem as associações públicas das associações privadas:

Associações públicas	**Associações privadas**
Privilégios: isenções fiscais, etc.	Não têm este tipo de privilégios
Submetidas directamente ao CPA	Só submetidas ao CPA quando a lei o determine
São criadas e extintas por acto público	São criadas por deliberação dos seus associados
Podem ter, se necessário, filiação obrigatória	A filiação nunca é obrigatória
Podem não dispor de autonomia estatutária	Têm sempre autonomia estatutária que não lhes pode ser retirada por lei
Estão proibidas de se auto dissolverem	A possibilidade de se auto dissolverem não lhes pode ser retirada

3. Administração independente

A Administração independente é constituída por organismos criados pelo Estado, para realizarem tarefas administrativas que lhe competem (como a administração indirecta), mas que o mesmo Estado isenta de subordinação e controlo (como se se tratasse de administração autónoma).

Os órgãos da Administração independente têm normalmente as seguintes características: os seus membros são em regra nomeados pela Assembleia da República ou/e integram titulares designados por entidades privadas; os membros designados pelo Governo não o representam nem recebem instruções dele; não devem obediência a nenhum outro órgão; os titulares são inamovíveis e irresponsáveis pelas posições ou opiniões que adoptem no exercício das suas funções; não podem ser dissolvidos nem demitidos; as suas tomadas de posição são públicas; e os pareceres, recomendações e directivas emitidos por eles são, em princípio, vinculativos. Estas entidades detêm, em regra, uma função predominantemente de fiscalização da legalidade e de garantia dos direitos dos cidadãos.

Pertencem à Administração independente o Provedor de Justiça, a Comissão Nacional de Eleições, a Comissão Nacional de Protecção de Dados, a Comissão de Acesso aos Documentos Administrativos, a Entidade Reguladora da Comunicação Social, a Comissão para a Fiscalização do Segredo de Estado e a Comissão de Fiscalização dos Serviços de Informações.

Também se podem considerar entidades independentes as que detêm poderes reguladores e os júris enquanto órgãos ocasionais não sujeitos a hierarquia.

Podem ter regimes públicos de pessoal, bens públicos, contratos administrativos, obras públicas	Não podem ter aqueles regimes
Não podem ter finalidades puramente privadas	Podem ter finalidades puramente privadas
Não podem ter funções sindicais	Não estão impedidas de ter funções sindicais

4. A organização admnistrativa no âmbito das transformações da actual Administração Pública

As características actuais da organização administrativa devem ser devidamente enquadradas no âmbito das mais recentes *transformações* da Administração Pública, designadamente:

a) o fenómeno da *descentralização administrativa*, que ampliou a importância e visibilidade das administrações autónomas, quer territoriais (designadamente autarquias locais), quer de outro tipo (associações públicas). Quanto a estas, verificou-se um alargamento das associações públicas profissionais (ordens e câmaras profissionais), em relação às quais, não obstante o legislador tenha estabelecido um regime uniforme, o mesmo apenas se aplica para o futuro, não tendo influência nas já constituídas.

b) a crescente *proliferação de formas de administração indirecta do Estado*, que provocou uma proliferação da figura jurídica dos institutos públicos. E embora o legislador tenha tentado uniformizar o seu regime através do estabelecimento de regimes gerais, a sua variedade permanece, designadamente por força da definição de regimes especiais para muitos deles, o que os configura como entidades muito heterónomas;

c) o *movimento de desintervenção económica do Estado* e de *privatização de tarefas administrativas*, que fez multiplicar as parcerias entre o Estado e os particulares ("parcerias público-privadas"), para além da clássica figura da concessão;

d) a *liberalização de antigos serviços públicos*, durante muito tempo assegurados directamente pelo Estado, ou mediante concessão, por via de regra em regime de monopólio, que acarretou a necessidade de regulação e controlo público das actividades liberalizadas, agora oferecidas, em geral, em regime de concorrência, para assegurar as "obrigações de serviço público" subsistentes, mas também para garantir os direitos dos respectivos utentes;

e) o crescente recurso das entidades administrativas a *formas organizatórias de direito privado*;

f) as preocupações de *racionalização da Administração* sob o ponto de vista da relação entre recursos envolvidos e o "*output*" produzido, que fomenta fenómenos de empresarialização da Administração e de introdução de mecanismos de tipo de mercado, que obrigam a reexaminar muitos dos pressupostos da Administração Pública tradicional;

g) expansão da auto-regulação privada de interesses públicos na esfera económica (v.g. bolsas de valores) e social (federações desportivas) – regulada e fiscalizada pela Administração;

h) crescente impacte organizativo da europeização da actividade administrativa, funcionando as autoridades nacionais muitas vezes como uma *administração europeia indirecta* para aplicação a nível nacional das disposições do direito europeu, bem como a formas de *co-administração*, para assegurar a gestão integrada de regimes jurídicos europeus e nacionais (como por exemplo na gestão dos fundos estruturais).

5. Os problemas dos limites do aparelho administrativo

Devido à multiplicidade de novas entidades que assumem algumas das características daquelas que indubitavelmente pertencem à Administração Pública, podem levantar-se dúvidas em saber se tais entidades pertencem também, ou não, ao aparelho administrativo.

Antes do mais, não devem considerar-se como fazendo parte dele as pessoas colectivas privadas de criação estadual que visem de forma imediata *exclusivamente fins privados* e *não disponham, em regra, de poderes de autoridade* (o caso das *fundações de direito privado e utilidade pública* como a Casa da Música), as pessoas colectivas de mera utilidade pública (incluindo as instituições privadas de solidariedade social) nem as pessoas colectivas privadas com funções de auto regulação privada.

Mas podem nela ser integradas as referidas entidades administrativas privadas quando realizem finalidades públicas e dispõem de poderes de autoridade, bem como as sociedades concessionárias (designadamente de serviços públicos), cooperativas de interesse público e "pessoas colectivas de utilidade pública administrativa" (a Santa Casa da Misericórdia) e outras entidades privadas dotadas de poderes públicos delegados pela Administração.

Estas entidades são, *para certos efeitos*, equiparadas aos entes públicos no âmbito mais geral da *subordinação ao direito administrativo* (substancial e processual) da *gestão privada de interesses públicos*: estão sujeitas aos princípios fundamentais da actividade administrativa e aos direitos, liberdades e garantias, bem como a certas regras de procedimento administrativo, à fiscalização do Tribunal de Contas, etc..

C – Tipos de relações funcionais interorgânicas e inter-subjectivas

O que acabámos de analisar no ponto precedente foi a estrutura da organização administrativa portuguesa, o que traduz a Administração Pública de um ponto de vista *estático*. O que pretendemos ver de seguida, são as relações que se estabelecem entre os vários órgãos administrativos de uma determinada pessoa colectiva (relações intrapessoais) e as relações entre órgãos pertencentes a pessoas colectivas distintas (relações interpessoais). Isto traduzirá a Administração de um ponto de vista dinâmico, ou seja, do ponto de vista das relações administrativas.

Nos termos do artigo 199.º, alínea d) da CRP, compete ao Governo, no exercício da sua função administrativa e como órgão superior da administração pública (artigo 182.º CRP), "*Dirigir* os serviços e a actividade da Administração directa do Estado, civil e militar, *superintender* na Administração indirecta e exercer a *tutela* sobre esta e a Administração autónoma".

Deste modo, as relações de *hierarquia*, *superintendência* e *tutela* são três tipos de relações administrativas. Para além disso, faremos também referência à *delegação de poderes* ou *de competências* que, como veremos, é uma importante relação inter-orgânica que permite a desconcentração de poderes, bem como a um conjunto de outro tipo de relações que assumem uma crescente importância no âmbito da complexificação da Administração pública.

Vejamos, pois, em que consiste cada uma delas.

I. Relações inter-orgânicas

1. Hierarquia

A hierarquia é um modelo de organização administrativa vertical, constituído por dois ou mais órgãos com atribuições comuns (uma vez que integram a mesma pessoa colectiva pública), ligados por um vínculo jurídico que confere ao superior o *poder de direcção* e ao subalterno o *dever de obediência*.

A hierarquia pressupõe, portanto, a existência: (1) de dois ou mais órgãos; (2) de atribuições comuns entre os elementos da hierarquia e (3) de um vínculo jurídico chamado *relação hierárquica* constituído pelo poder de direcção e pelo dever de obediência.

O poder típico da relação hierárquica é, assim, o poder de direcção que consiste no poder de emanar comandos vinculativos a todos os órgãos subordinados. Esses comandos podem ser específicos para uma situação concreta e individualizada (*ordens*), ou podem gozar de aplicação generalizada e abstracta para situações futuras (*instruções*). O superior também não está impedido de emanar *directivas* sobre a actividade dos subalternos, conferindo-lhes uma maior liberdade na concretização dos objectivos determinados.

O poder de direcção confere ao superior hierárquico o poder de emanar comandos vinculativos sobre todas as áreas de competência do subalterno, mesmo que este goze de discricionaridade, funcionando, assim, o poder de direcção como limite da competência discricionária do subalterno. Mesmo nas situações em que o superior não tem competência para praticar actos externos sobre a matéria da competência própria do subalterno, ele tem sempre o poder de emitir ordens ou instruções sobre essa matéria.

Ao poder de direcção corresponde, por parte do subalterno, o *dever de obediência*. O dever de obediência existe sempre que se trate de ordens emanadas de *legítimo superior hierárquico*, em *matéria de serviço* e com a *forma legal* (artigo 271.º, n.º 2 CRP).

No entanto, não haverá este dever quando a ordem ou instrução implique a *prática de um crime* (artigo 271.º, n.º 3 CRP). Em todas as restantes situações haverá sempre dever de obediência, mesmo se as ordens e instruções forem ilegais.[43]

Para além do poder de direcção, o superior hierárquico detém, ainda, o *poder de supervisão* (faculdade de *revogar, anular* ou *suspender*, total ou parcialmente, os actos administrativos praticados pelos subalternos).

---

[43] Para que, nestes casos, o subalterno fique excluído de responsabilidade perante terceiros, deve *reclamar* ou *exigir a confirmação da ordem por escrito*, fazendo expressa menção de que considera a ordem ou instrução ilegal (se a ordem for dada com a menção de cumprimento imediato, basta que a reclamação com opinião sobre a ilegalidade da ordem seja enviada logo após a execução). Tratando-se de uma situação em que o interesse público possa ser prejudicado se não houver execução imediata não sendo, por isso, possível aguardar pela confirmação do superior hierárquico, o subalterno deve comunicar logo ao superior, por escrito, os termos da ordem recebida, do pedido formulado e da não satisfação deste, devendo, de seguida, executar o acto.

Este poder pode ser accionado "ex officio", isto é, por iniciativa do superior, ou mediante solicitação do interessado através de recurso hierárquico. Para além disso existem ainda o *poder de inspecção* (poder de *fiscalizar* o comportamento dos subalternos e o funcionamento dos serviços); o *poder disciplinar* (faculdade de o superior *punir* o subalterno, mediante a aplicação de *sanções* previstas na lei, em consequência das infracções à disciplina da função pública); o *poder de decidir recursos* (poder de o superior *reapreciar* os casos primeiramente decididos pelos subalternos, podendo *confirmar* ou *revogar* e, eventualmente, *substituir* os actos impugnados); e o *poder de decidir conflitos de competências* (faculdade de o superior declarar, em caso de conflito positivo ou negativo entre subalternos seus, a qual deles pertence a competência conferida por lei – artigos 42.º e 43.º CPA).

As relações de hierarquia encontram-se tipicamente no âmbito da *administração estadual directa.* Isto significa que a estrutura da Administração directa do Estado é fortemente hierarquizada.

2. Delegação de poderes ou de competências

A delegação de poderes ou de competências encontra-se prevista nos artigos 35.º e segs. do Código do Procedimento Administrativo.

Vejamos algumas questões que se suscitam a propósito deste importante instrumento de desconcentração de poderes.

2.1. Natureza jurídica e noção da delegação

Por vezes acontece que a lei, atribuindo a um órgão a competência normal para a prática de determinados actos, permite que esse órgão delegue noutro uma parte dessa competência.

Para sabermos em que é que consiste precisamente esse acto de delegação de poderes é necessário determinar previamente a respectiva natureza jurídica do instituto. Existem várias teses quanto a esta questão: em primeiro lugar a tese da *transferência* ou da *alienação da competência*; em segundo lugar, a tese da *autorização;* e, por fim, a tese da *transferência do exercício.*

Nos termos da primeira tese, a delegação de poderes é um acto de transmissão ou de alienação da competência do delegante para o delegado.

A titularidade de poderes que pertencia ao delegante passa, por força do acto de delegação e com fundamento na lei de habilitação, para a esfera de competência do delegado.

Para a tese da *autorização*, o que acontece é que a lei de habilitação (ou seja, a lei que prevê a possibilidade de delegação) confere, desde logo, uma competência condicional ao delegado sobre as matérias em que permite a delegação. Deste modo, antes da delegação, o delegado já é competente: só não pode exercer a sua competência enquanto o delegante lho não permitir. O acto de delegação visa, pois, facultar ao delegado o exercício de uma competência que, embora condicionada à obtenção de uma permissão do delegante, já é – antes da delegação – uma competência do delegado. Deste modo, a delegação será um acto pelo qual um órgão permite a outro o exercício de poderes próprios, tendo, por isso, a natureza de uma *autorização*.

Quer uma quer outra das teses avançadas não traduzem a verdadeira natureza do acto de delegação de poderes. Com efeito, se a delegação fosse uma autêntica *alienação*, os poderes delegados deixariam de pertencer ao delegante: a titularidade de tais poderes passaria, na íntegra, para o delegado, e o delegante ficaria inteiramente desligado de toda e qualquer responsabilidade quanto aos poderes delegados e quanto à matéria incluída no objecto da delegação. Como veremos daqui a pouco, não é isso que acontece na delegação, uma vez que a lei atribui ao delegante um conjunto importante de poderes que provam que ele não alienou nem se pode alhear da competência. Para além de que, nos termos do artigo 29.º do CPA, a competência não pode ser transferida por um acto da administração.

No que diz respeito à segunda tese, ela também deve ser recusada. É que na delegação de poderes a competência é exclusivamente do delegante; ela não existe ainda no delegado antes do acto de delegação. Como veremos já de seguida, o delegado exerce uma competência alheia e não uma competência própria.

Decorre do que vimos de dizer que a tese que traduz a verdadeira natureza jurídica da delegação de poderes é a que a vê como o *acto pelo qual um órgão de uma pessoa colectiva pública permite que outro órgão, em princípio da mesma pessoa colectiva, exerça uma competência que continua a ser do primeiro órgão*. Com a delegação cria-se, no delegado, uma *qualificação para o exercício, em nome próprio, de uma competência alheia*.

Com isto quer-se afirmar que a competência continua a pertencer, apesar da delegação, ao delegante. A transferir-se algo para o delegante, não é a competência mas, quanto muito, o seu exercício.

2.2. **Distinção de figuras afins**

2.2.1. *Delegação de atribuições*

O que se encontra previsto no CPA é um acto que pressupõe uma relação entre dois órgãos dentro da mesma pessoa colectiva, tratando-se, por isso, apenas de uma relação inter-orgânica. Dela se distingue a chamada delegação de atribuições, figura igualmente admissível no nosso ordenamento jurídico, desde que expressamente prevista, que se situa no âmbito de relações inter-subjectivas, ou seja, entre órgãos de diferentes pessoas colectivas públicas.

2.2.2. *Coadjuvação*

A coadjuvação é a relação que se estabelece entre dois órgãos a que a lei atribui competências iguais, que podem ser exercidas independentemente por qualquer deles. Todavia, para evitar, na prática, um atropelo das suas actividades, reserva-se ao coadjuvado a faculdade de escolher certas tarefas e de as indicar ao coadjutor como o seu campo de acção normal.

Diferentemente da delegação, o coadjutor dispõe desde o início e antes de qualquer disposição do coadjuvado de uma competência para praticar os actos.

2.2.3. *Delegação tácita*

A delegação tácita verifica-se quando a própria lei considera delegadas num determinado órgão competências que atribui a outro, mantendo neste (quando preexista entre ambos uma relação de supremacia/sujeição) o poder de revogar os actos praticados pelo "delegado" nessa matéria, bem como, em qualquer circunstância, o poder de fazer cessar a "delegação", chamando a si o exercício da competência.

Aqui o delegado também é, indiscutivelmente, titular da competência, ao contrário da delegação de poderes propriamente dita.

2.2.4. *Delegação de firma*

A delegação de firma ou de assinatura não constitui uma delegação. Neste caso, um determinado órgão permite que um outro agente da Administração (que não é titular de um órgão externo ou é titular de um outro órgão) assine em substituição do seu titular. Com isto não se afecta o exercício da competência, uma vez que os actos praticados continuam a ser imputados ao órgão que "delega" a assinatura.

2.3. **Regime jurídico da delegação**

a) Em primeiro lugar, a possibilidade da delegação de poderes depende de a lei a prever – *habilitação* ou "autorização" *legal* (artigo 35.º, n.º 1 do CPA).

Sem habilitação legal, a delegação corresponderá a uma renúncia de competências, sendo por isso, nos termos do artigo 29.º, n.º 2, do CPA, nula. Nestes casos, o acto que venha a ser praticado ao abrigo da delegação sofrerá de um vício de incompetência.

Quando o CPA se refere à lei de habilitação, é necessário que tal seja entendido com as devidas ressalvas. A lei de habilitação deve ser entendida no sentido da norma que confere competência. Por exemplo, se a competência tiver sido atribuída pela Constituição, não basta que a delegação seja permitida por lei; é necessário que seja uma norma com valor constitucional a prevê-la.

Nos casos dos n.os 2 e 3 do artigo 35.º, o CPA dispensa uma habilitação legal específica, funcionando este artigo como uma habilitação legal genérica.

b) A delegação carece, para se tornar operativa, de um *acto de delegação* de poderes (artigo 35.º, n.º 1).

c) A lei admite a possibilidade de uma competência delegada ser *subdelegada*. Para o efeito não é necessário, ao contrário da delegação, uma "autorização" legal. O que é necessário é que a lei não a proíba e que o delegante autorize o delegado a subdelegar (cfr. artigo 36.º, n.º 1).

O artigo 36.º, n.º 2 do CPA permite ainda que o subdelegado subdelegue as competências que lhe haviam sido subdelegadas, desde que a lei o não impeça e o delegante ou o subdelegante não se tenham reservado essa possibilidade. Ou seja, não é necessário aqui, como na primeira subdelegação, uma autorização do delegante, o que é necessário é que ele ou o subdelegante não tenham estabelecido que tal competência não pode ser subdelegada.

d) Do ponto de vista do conteúdo, o delegante deve especificar os poderes que são delegados (artigo 37.º, n.º 1). Com isto pretende a lei impedir delegações genéricas.

A especificação dos poderes delegados deve ser feita positivamente, isto é, por enumeração explícita dos poderes delegados ou dos actos que o delegado pode praticar, e não negativamente, através de uma "reserva genérica de competência" a favor do delegante – o que não exclui, obviamente, que ao indicar certo poder como delegado se excluam do seu âmbito certas faculdades ou actos ("reserva específica de competência").[44]

e) Os actos de delegação e de subdelegação estão sujeitos a *publicação*, nos termos do artigo 37.º, n.º 2, sob pena de ineficácia.

Os actos praticados ao abrigo de delegação ou subdelegação de poderes não publicadas legalmente ou antes da publicação, são actos inválidos por incompetência do respectivo autor, visto o acto que transmite o exercício da competência não ter produzido efeitos.

f) A lei exige, ainda, que o (sub)delegado faça menção da sua qualidade, no uso da (sub)delegação (artigo 38.º).

Esta exigência é importante para determinar os *meios de reacção* que contra os seus actos se podem usar.

A falta de menção da qualidade de delegado não implica a invalidade do respectivo acto. Os meios ao dispor do particular afectado serão sempre os que ele dispõe por o acto ser praticado ao abrigo de poderes delegados com os prazos a contarem-se a partir do momento em que o particular tiver conhecimento de que a competência é "delegada".

À questão da impugnação dos actos dos (sub)delegados voltaremos mais à frente.

g) O acto de delegação cria entre o delegante e o delegado uma relação jurídica nova. Tal relação não é, no entanto, uma relação hierárquica. Isto significa, por um lado, que se previamente não existia qualquer relação hierárquica entre o delegante e o delegado, ela não é criada com a delegação. Por outro lado, se tal relação existia, ela é neutralizada no âmbito da delegação.

Em que é que consiste a referida relação jurídica nova que a delegação vem estabelecer entre o delegante e o delegado?

---

[44] O mesmo vale para a subdelegação.

Em primeiro lugar, a delegação cria para o delegado o *poder-dever de exercer a competência delegada.*

Por sua vez, o delegante pode *emitir directivas vinculativas* sobre o modo como o delegado deve exercer os poderes delegados (artigo 39.º, n.º 1), ou seja, pode pré-fixar objectivos, escopos, fins e programas que devem ser alcançados pelo delegado. O carácter vinculado da directiva resulta do dever legal de a considerar.

Fixar o modo do exercício da competência não significa determinar o conteúdo a dar ao acto a praticar, que é escolhido pelo órgão delegado.

O delegante tem, ainda, o poder de *revogar* os actos do delegado (artigos 39, n.º 2 e 142.º, n.º 2) e o poder de *revogar a delegação* [artigo 40.º, al. a)].

Por fim, o delegante tem o poder de *avocar* a competência delegada. A avocação é o poder que o delegante tem de chamar a si o caso concreto ou o procedimento (a condução ou a decisão, caso o procedimento já tenha sido concluído). Com a avocação, preclude-se a competência do órgão delegado, mas apenas em relação ao caso abrangido, subsistindo ela quanto aos outros.

A avocação *não tem de ser publicada*, sendo, no entanto, necessário que os interessados no procedimento tomem conhecimento dela: tal conhecimento ser-lhes-á assegurado mediante notificação, se antes não tiverem tomado conhecimento oficial, por qualquer via, da existência da avocação.

Na concepção de Rogério Soares, para que o delegante exerça a competência que delegou não necessita de avocar. Contudo, para alguns autores, que partem da letra da lei, sem a avocação o delegante é hoje incompetente para exercer a competência delegada.[45] Esta não é, quanto a nós, a solução mais adequada à natureza jurídica da delegação uma vez que, na nossa opinião, sem a avocação o órgão delegante não está legitimado a exercer uma competência que é sua (falta de legitimação).

h) A delegação e a subdelegação extinguem-se por *revogação*[46] e por *caducidade* [quer porque os efeitos da delegação se esgotaram, quer porque os titulares dos órgãos (sub)delegante ou (sub)delegado mudaram].

---

[45] Tudo isto vale igualmente em caso de subdelegação.

[46] A revogação apenas pode ser decidida pelo próprio delegante, não podendo ser feita pelo superior hierárquico do delegante. Por seu lado, a revogação não tem de ser fundamentada: a simples vontade do delegante suporta-a.

A caducidade da delegação sempre que as pessoas do delegante ou do delegado sejam substituídas resulta da circunstância de a delegação de poderes ser considerada entre nós como um acto *intuitus personae*, isto é, um acto fundado numa relação de confiança pessoal entre o delegante e o delegado.

i) Para efeitos de reacção contenciosa, os actos praticados pelo (sub)delegado têm o mesmo carácter impugnável ou ininpugnável, definitivo ou não definitivo do correspondente acto, quando praticado pelo delegante. A isto voltaremos mais tarde.

Por seu lado, nos termos do artigo 158, n.º 2 do CPA, cabe recurso para o delegante, dos actos praticados pelo delegado, recurso esse que é facultativo.

3. Relações de interdependência mútua

Nem sempre, porém, os órgãos que integram uma mesma pessoa colectiva se encontram relacionados por vínculos hierárquicos (como sucede com os órgãos que integram o município) ou, mesmo que se encontrem, nem sempre a única relação que se verifica entre eles é uma relação hierárquica. A maior parte das vezes, o exercício do poder de um dos órgãos está dependente de outro ou de outros, naquilo que a doutrina apelida de relações de interdependência mútua que encontramos também, com frequência, no seio de um órgão complexo (as relações, no âmbito do Governo, entre o Primeiro Ministro e os ministros, ou as destes entre si).[47]

[47] A doutrina refere-se, ainda, a relações de *subordinação funcional limitada*, que ocorrem entre órgãos independentes ou autónomos (poderes de controlo preventivo da assembleia sobre actos da câmara municipal; poder de decisão de recursos da câmara municipal relativamente a actos do presidente da câmara, etc.). Cfr. Vieira de Andrade, *Introdução ao Direito Administrativo, Sumários das Lições de Direito Administrativo I, cit.*, p. 74.

II. Relações inter-subjectivas

1. Superintendência

A *superintendência* é o poder conferido ao Estado (exercido pelo Governo) ou a outra pessoa colectiva de fins múltiplos, como as autarquias, de definir os objectivos (fixar directivas e recomendações) e guiar a actuação (orientar) das pessoas colectivas públicas de fins singulares colocadas por lei na sua dependência (institutos públicos e empresas públicas).

Deste modo, a superintendência é a modalidade de relação típica que, na sequência de um processo de devolução de poderes determinante da criação da administração estadual indirecta, passa a ligar o Estado (através do Governo) à Administração estadual indirecta, embora também exista, neste âmbito, tutela administrativa que, como veremos de seguida, consiste num poder menos intenso e menos forte.

A superintendência não se presume, existindo apenas quando expressamente prevista por lei.

2. Tutela

A tutela consiste no conjunto de poderes de intervenção de uma pessoa colectiva pública na gestão de outra pessoa colectiva pública, a fim de assegurar a legalidade e/ou o mérito da sua actuação. Desta definição resultam as seguintes características: (1) a tutela pressupõe a existência de duas pessoas colectivas públicas distintas (a pessoa colectiva tutelar e a pessoa colectiva tutelada); e (2) o fim da tutela administrativa é assegurar, em nome da entidade tutelar, que a entidade tutelada cumpra as leis em vigor e – caso a lei o permita – garantir que sejam adoptadas as soluções convenientes e oportunas para a prossecução do interesse público.

Quanto ao *fim*, a tutela pode ser de *legalidade* (quando visa controlar a legalidade das decisões da entidade tutelada) ou de *mérito* (quando visa controlar a conveniência – administrativa, técnica ou financeira – e oportunidade das decisões da entidade tutelada).

De notar que a tutela que o Governo exerce sobre as autarquias locais, quando estejam em causa *interesses locais*, é apenas uma tutela da legalidade (artigo 242.º, n.º 1, da CRP), devendo ser consideradas inconstitucionais as disposições legais que alarguem, no âmbito das atribuições próprias das autarquias, os poderes de intervenção do Governo.

Pode, no entanto, haver tutela de mérito sobre institutos públicos e empresas públicas quando expressamente prevista na lei.

Quanto ao conteúdo, a tutela pode ser *inspectiva* (poder de fiscalizar a organização, o funcionamento dos órgãos ou serviços, os documentos e as contas da entidade tutelada); *integrativa* (poder de aprovar ou autorizar os actos da entidade tutelada); *sancionatória* (poder de aplicar sanções por irregularidades que tenham sido detectadas pela entidade tutelada); *revogatória* (poder de revogar ou anular os actos administrativos praticados pela entidade tutelada); e *substitutiva* (poder de suprir as omissões das entidades tuteladas, praticando, em vez delas e por conta delas, os actos que forem legalmente devidos).

De notar, porém, que relativamente às autarquias locais só são aceitáveis em geral – especialmente quando estejam em causa atribuições exclusivamente destes entes – as duas primeiras modalidades de tutela.

Se a tutela é um tipo de relação que tanto pode existir sobre a administração indirecta como sobre a administração autónoma, ela tem muito mais interesse quanto a esta última, por ser o único tipo de relação que a liga ao Governo.

Não obstante a Constituição estabelecer uma tutela mais limitada apenas em relação às autarquias locais, no sentido de que ela não pode envolver, como dissemos, o mérito, a oportunidade e a conveniência da acção administrativa, mas somente a legalidade e a correcção jurídica da actuação dos entes tutelados (as autarquias locais), no entendimento de VITAL MOREIRA esta tutela limitada à legalidade deve estender-se a todas as outras entidades da administração autónoma, designadamente às associações públicas, uma vez que, se o essencial da administração autónoma é a autonomia de orientação político-administrativa, seria incongruente a admissão de outra tutela que não seja a de legalidade, pelo menos na esfera de autodeterminação do ente autónomo. Isto significa, na opinião deste Autor, que uma tutela de mérito deve igualmente ser recusada relativamente às associações públicas. No entanto, mesmo se, excepcionalmente, a tutela versar sobre o mérito da acção do ente autónomo, limitando a esfera de autonomia deste, ela deve limitar-se a verificar se os actos do ente não prejudicam *relevantes interesses gerais*, e não pode versar sobre a verificação da bondade ou correcção das opções tomadas dentro da liberdade de conformação do ente administrativo autónomo[48].

Se a Administração autónoma está normalmente sujeita a tutela, nem sempre assim sucede. Há, de facto, casos de total imunidade tutelar, como acontece com as ordens profissionais que não estão sujeitas, em geral, a qualquer forma de tutela. Com efeito, os estatutos de quase todas as ordens profissionais e demais associações públicas são explícitos nesse sentido: o controlo da sua actividade é estritamente judicial. No entanto, uma vez que a tutela é um traço característico da Administração autónoma, a sua falta só deve ser admissível mediante expressa credencial constitucional.

Tal como a superintendência, só há tutela *quando* e *nas formas* previstas na lei.

O que vimos de dizer pode ser sintetizado no quadro que a seguir apresentamos:

	Hierarquia	***Superintendência***	***Tutela***
localização	relações inter-orgânicas (administração estadual directa)	relações inter-subjectivas (administração estadual indirecta)	relações inter-subjectivas (administração autónoma)
fundamento jurídico	inerente à relação hierárquica	lei	lei
objecto	dirigir e controlar	orientar e controlar	controlar
poderes	ordens e instruções, poder de reforma, poder disciplinar, recurso hierárquico	directivas, recomendações, autorizações, aprovações, "recurso tutelar"	fiscalização, autorizações, aprovações
controlo contencioso	o órgão subalterno não tem legitimidade para impugnar os actos do órgão superior	a entidade superintendida não pode impugnar os actos de superintendência	a entidade tutelada pode impugnar os actos de tutela

O afirmado sobre a superintendência e a tutela permite uma mais clara distinção entre Administração estadual indirecta e Administração autónoma. Estes são os traços mais importantes da referida distinção:

[48] Cfr. VITAL MOREIRA, *Administração Autónoma e Associações Públicas*, cit., p. 206 e ss.

Administração autónoma	*Administração indirecta*
Os entes autónomos dão a si próprios uma direcção ou orientação político-administrativa que lhes não é definida pelo Estado: *auto-orientação*	O Estado orienta a sua actuação: *hetero-orientação*
O controlo apenas se destina a verificar se os respectivos órgãos ultrapassaram os limites fixados pela lei	O controlo é destinado a verificar a observância da orientação político-administrativa do Estado
Os órgãos são eleitos pela respectiva comunidade, sendo responsáveis perante ela	Os órgãos são normalmente designados pela administração principal, sendo responsáveis perante ela, que os pode destituir

3. Coordenação, cooperação e concertação

a) Cada vez mais, em sectores contados da Administração (por exemplo, no domínio do ordenamento do território e do urbanismo), as relações entre as distintas entidades públicas são apontadas como relações de *coordenação* e de *cooperação,* apresentando-se como relações essenciais para garantir a *unidade na diversidade.*

A *coordenação* corresponde ao tipo de relação que visa o estabelecimento de uma sintonia e articulação entre as tarefas próprias de unidades administrativas diferentes, continuando cada uma delas a realizar as suas, mas fazendo-o de olhos postos no trabalho das unidades concorrentes, de modo a evitar atritos e potenciar resultados. Como qualquer outra relação, também ela se estabelece entre dois pólos – um *órgão coordenador* e *entidades a coordenar* (pelo menos duas) –, na qual o primeiro ocupa uma posição institucional de *supremacia* ou de superioridade relativamente aos segundos.[49]

Apesar desta superioridade, não há qualquer semelhança entre *coordenação* e *hierarquia*, na medida em que a primeira, ao contrário da segunda, pressupõe a *descentralização* e a *autonomia das entidades coordenadas* bem como uma *diversidade de atribuições* que o coordenador deve

[49] Cfr. Angél Menéndez Recháx, "Coordinación de la Ordenación del Territorio con Políticas Señoriales que Inciden sobre el Medio Físico", *Documentación Administrativa*, N.os 230-231, 1992, pp. 229 e ss. e Franco Piga, "Coordinamiento (principio del)", *in: Enciclopedia Giuridica*, Roma, Instituto dellla Enciclopedia Italiana, 1988, Vol IX, pp. 1 e ss.

respeitar. De facto, a coordenação não implica uma subtracção das competências próprias das entidades coordenadas, mas tão só um seu limite. Não pode traduzir-se na emanação de ordens concretas que prefigurem exaustivamente o conteúdo da actividade do ente coordenado, esgotando, dessa forma, o seu âmbito próprio de decisão autónoma: em todos os casos, os meios e as técnicas de coordenação devem respeitar uma margem de livre escolha ou de discricionariedade a favor das administrações sujeitas à mesma, sem a qual não pode existir verdadeira autonomia.

Tomada neste sentido, a coordenação pressupõe, de alguma maneira, uma relação de *verticalidade*, e não de horizontalidade, mas acrescida da complexidade de a decisão de coordenação ter de respeitar o âmbito de *autonomia* das entidades coordenadas e o conteúdo próprio das competências destas, de modo a que cada uma delas opere como limite ao exercício das restantes. A consideração simultânea de todas as competências envolvidas, tornada assim necessária pelas relações de coordenação, implica, portanto, uma *optimização* das exigências decorrentes de cada uma e obriga, em caso de colisão, à opção por uma actuação que permita satisfazer do melhor modo a função atribuída a cada entidade.

b) Das relações de coordenação distinguem-se as relações de *cooperação,* as quais se apresentam como mais intensas, consistindo na *ajuda* ou *colaboração* (parcial) de uma das unidades correlacionadas na realização de tarefas atribuídas à outra ou, então, na realização em comum de uma obra conjunta das unidades correlacionadas. Situadas na confluência de diferentes atribuições (logo, envolvendo diferentes pessoas colectivas públicas ou ministérios), as relações de cooperação caracterizam-se pela situação de *relativa paridade* entre as respectivas estruturas administrativas, decorrendo do dever geral de as entidades públicas colaborarem.

Da cooperação fazem parte um conjunto de técnicas de *auxílio* e *assistência recíprocos*, mas voluntárias, entre entidades administrativas, sem que nenhuma tenha a faculdade jurídica de impor a sua decisão às demais. As técnicas de cooperação devem ser, por isso, preferidas às técnicas de coordenação: estas apenas devem entrar em jogo quando aquelas se revelem insuficientes para concertar as diferentes posições. Então tornar-se-á necessária a intervenção de uma entidade com poder de decisão, a qual apenas existe nas relações de coordenação.

c) No que à *concertação* diz respeito, a mesma encontra-se estritamente relacionada com um novo modelo ou, no mínimo, um novo estilo de administração pública – a "*administração concertada*" –, típica das *sociedades abertas* e que se apresenta como oposição ao clássico modelo administrativo, *autoritário*, *centralizado* e *burocrático*, embora tenha tido as suas raízes nos domínios da administração económica e das relações laborais.

A Administração concertada marca tipicamente a participação dos cidadãos nos assuntos administrativos tendendo, no limite, para uma *administração contratual, consensual e não autoritária*. Em causa está uma forma típica de relacionamento da Administração com os particulares – assumindo o contrato a sua forma mais intensa. É, no entanto, também possível referirmo-nos à *concertação* quando esteja em causa o relacionamento entre distintas entidades públicas, já que a prossecução das diferentes atribuições pode também ser objecto de contratualização. No entanto, a doutrina tende a integrar a contratualização entre as distintas entidades públicas no âmbito das técnicas de cooperação.[50]

D – O MODELO CONSTITUCIONAL

Nos termos do artigo 267.º da CRP, a Administração Pública deve ser estruturada de modo a *evitar a burocratização*, a *aproximar os serviços das populações* e a *assegurar a participação dos interessados na sua gestão efectiva* (n.º 1), devendo a lei, para esse efeito, estabelecer *adequadas formas de descentralização e de desconcentração administrativa,* sem prejuízo da necessária *eficácia* e *unidade de acção* e dos poderes de direcção e superintendência do Governo (n.º 2).

[50] Para JIMÉNEZ BLANCO, o contrato apresenta-se como uma técnica adequada para a promoção de cooperação entre distintas entidades públicas. Como afirma o Autor, se o contrato pressupõe igualdade, o seu campo privilegiado de germinação será a cooperação horizontal entre distintas comunidades autónomas. Pelo contrário entre elas e o Estado não há paridade, pelo que o recurso à contratualização neste domínio deve considerar-se sob suspeita: de se apresentar como um instrumento por intermédio do qual o Estado tenta recuperar posições. Cfr. JIMÉNEZ BLANCO, António, "Convenios de colaboración entre el Estado y las Comunidades Autonómicas", *Documentación Administrativa*, n.º 240, 1994, p. 98.

Assim, o Autor aceita o recurso a esta técnica na definição das relações entre o Estado e as Comunidades Autónomas desde que a mesma não suponha, em caso algum, a renúncia de competências próprias destas últimas, ou seja, desde que a mesma não funcione como um título pelo qual o Estado atribui a si próprio competências de que, nos termos da lei ou da Constituição, não dispõe, e elimine atribuições próprias das comunidades autónomas.

Resultam deste normativo constitucional alguns dos mais importantes princípios jurídicos da organização administrativa, que referiremos sumariamente.

1. O PRINCÍPIO DA DESBUROCRATIZAÇÃO

De acordo com este princípio, a Administração Pública deve ser organizada de modo a funcionar de uma forma célere e eficiente, facilitando, assim, a vida dos administrados. Exige, ainda, que a Administração se renove nas suas estruturas e nos métodos de funcionamento para alcançar tal objectivo.

2. O PRINCÍPIO DA APROXIMAÇÃO DOS SERVIÇOS ÀS POPULAÇÕES

O princípio aqui em referência determina a necessidade de a Administração Pública ser estruturada de forma a que os seus serviços se localizem geograficamente o mais próximo possível das populações que visam servir.

Na medida em que esta aproximação às populações pode implicar a necessidade de integração dos serviços nas pessoas colectivas públicas de menor âmbito territorial, compatível com a sua eficácia, este princípio encontra-se directamente relacionado com o da subsidiariedade (cfr. *infra*).

3. OS PRINCÍPIOS DA DESCONCENTRAÇÃO E DA DESCENTRALIZAÇÃO ADMINISTRATIVAS

A desconcentração administrativa diz respeito à *organização administrativa* dentro de *uma pessoa colectiva pública*, estando ligada à distribuição (em regra vertical) de poderes pelos diferentes órgãos da mesma: uma pessoa colectiva de estrutura hierarquizada será *concentrada* quando o superior hierárquico for o único órgão competente para tomar decisões, e será *desconcentrada* quando o poder decisório se repartir entre o superior e um ou vários subalternos, com direcção e supervisão daquele.

A desconcentração pode, por sua vez, ser *funcional* ou *burocrática* (do ministro para as direcções gerais, destas para as repartições) ou *territorial*, para a administração periférica do Estado (governadores civis, direcções-regionais). A desconcentração de poderes pode ainda ser originária (quando é feita directamente pela lei) ou derivada (quando decorre da delegação de poderes).

Uma estrutura administrativa desconcentrada implica, em regra, uma maior *eficiência* da acção administrativa, uma *maior rapidez de resposta*, permitindo, em função disso, uma melhor qualidade do serviço. Tem, no entanto, a desvantagem de implicar múltiplos centros decisórios, o que pode inviabilizar a tomada de decisões harmoniosas. Para além disso, os subalternos encontram-se, em regra, menos preparados para a decisão.

Da desconcentração distingue-se a *descentralização administrativa*.

Apesar da existência de uma noção ampla de descentralização administrativa – enquanto repartição de atribuições por uma *pluralidade de pessoas colectivas públicas*[51] –, defende-se actualmente que apenas existirá descentralização em sentido estrito quando as várias tarefas públicas estiverem atribuídas a unidades administrativas infra-estaduais que, para além de se encontrarem dotadas de *autonomia em relação ao Estado* (autonomia jurídica, património separado, autonomia administrativa e financeira), detêm ainda a capacidade de *gerir autonomamente os seus assuntos*.

Descentralização em sentido estrito ou verdadeiro é, pois, o processo de estabelecimento e de alargamento das administrações autónomas.

Fenómeno distinto da *desconcentração* e da *descentralização administrativas* é o da *devolução de poderes*, *descentralização técnica* ou *desconcentração personalizada*: o sistema em que alguns interesses públicos do Estado, ou de pessoas colectivas de população e território, são postos, por lei, a cargo de pessoas colectivas públicas de fins singulares.

Devolução de poderes é, assim, o processo que dá origem a entidades públicas que prosseguem, em nome próprio, interesses de outra pessoa colectiva pública, cujos órgãos são designados por um acto do Governo, podendo ser por ele demitidos e existindo uma intervenção governamental acentuada na sua gestão. Por outras palavras, a devolução de poderes é o processo que dá origem à administração estadual indirecta.

O quadro que a seguir apresentamos localiza, dentro dos vários sectores da estrutura administrativa portuguesa, a desconcentração, a descentralização e da devolução de poderes.

---

[51] Com este sentido, a descentralização corresponde a qualquer transferência de atribuições da organização administrativa do Estado para outros organismos administrativos, sendo um simples instrumento de desoneração do Estado e de repartição e especialização de tarefas entre a sua Administração directa e uma variedade de entes administrativos por ele criados encarregues da realização de tarefas administrativas.

Administração directa	serviços dependentes	desconcentração
Administração indirecta	institutos públicos e empresas públicas	descentralização imprópria ou desconcentração personalizada ("devolução de poderes")
Administração autónoma	autarquias locais e associações públicas	descentralização em sentido próprio

4. Os princípios da eficácia e unidade de acção da Administração

A Constituição coloca, ao lado do princípio da descentralização administrativa, os princípios da *eficácia* e da *unidade de acção.* Alguma doutrina defende que a organização administrativa deve ser definida, pelo legislador ordinário, numa perspectiva de harmonização equilibrada entre estes dois princípios constitucionais. Assim, teremos o *princípio da descentração*, por um lado, e o *princípio da unidade de acção* na prossecução do interesse público, por outro lado. As opções concretas de harmonização deverão ser reguladas por um terceiro princípio constitucional: o *princípio da eficiência máxima.*

Deste modelo constitucional decorrerá o seguinte:

- A Constituição garante um certo grau de descentralização, que implica para o legislador a proibição da centralização total ou excessiva, além do respeito pela existência e pela autonomia das regiões autónomas e das autarquias locais, tal como estão constitucionalmente definidas;
- A Constituição estabelece, por outro lado, o princípio da unidade de acção administrativa. Esta unidade de acção há-de ser assegurada pelo Governo, órgão superior da Administração Pública, ao qual compete, entre outras tarefas, *dirigir* os serviços e a actividade da Administração directa do Estado, *superintender* na Administração indirecta e *exercer a tutela* sobre a Administração autónoma.

  Para além da supremacia governamental, a unidade de acção pode justificar a centralização e a hierarquia onde sejam indispensáveis e na medida em que se mostrem adequadas.
- A Constituição deixa ao legislador, dentro dos limites apontados, a possibilidade de escolher livremente as soluções organizatórias concretas que, em cada momento, considere mais rentáveis ou

adequadas do ponto de vista da realização efectiva dos interesses públicos a prosseguir pela Administração. É, portanto, à lei que cabe definir, tendo em conta este princípio da eficiência, os termos da repartição das atribuições e das competências pelos diversos órgãos administrativos, com respeito pelas determinações constitucionais da descentração e da unidade de acção administrativa.

5. O PRINCÍPIO DA SUBSIDIARIEDADE

Sendo as instituições da Administração autónoma compostas pelos interessados e constituindo elas comunidades públicas menores, infra-estaduais, o princípio da subsidiariedade é aquele pelo qual, numa primeira abordagem, se atribui preferência à Administração autónoma, em detrimento da Administração estadual, sendo um princípio favorável à ampliação da esfera dos poderes públicos de entidades menores à custa do Estado (cfr. o n.º 1 do artigo 6.º da CRP e o n.º 3 do artigo 2.º da Lei n.º 159/99, de 14 de Setembro). O Estado deve, como posição de princípio, actuar subsidiariamente em relação às administrações infra-estaduais.

De acordo com o princípio da subsidiariedade, então, entende-se que às comunidades locais devem ser reconhecidas todas as atribuições indispensáveis à satisfação das necessidades colectivas que elas possam prosseguir com vantagem, em termos humanos, técnicos e financeiros, em relação às demais entidades superiores ou inferiores. Resulta, assim, da Constituição a ligação deste princípio com outros igualmente favoráveis à ampliação das Administrações autónomas, como é o caso do princípio da garantia da autonomia local e regional e do princípio da descentralização administrativa.

Deve, no entanto, rejeitar-se, em geral, uma ligação directa e necessária entre o princípio da descentralização e o princípio da subsidiariedade. Neste último, o Estado só deve ocupar-se daquilo para que não sejam aptas as colectividades territoriais ou profissionais, devendo ser transferidas para estas a gestão de todos os interesses que sejam melhor prosseguidos neste nível administrativo, tendo em conta a amplitude, a natureza da tarefa e as exigências de eficácia e de economia, independentemente de se tratar de interesses específicos destas entidades.

O princípio da subsidiariedade aparece, pois, como importante princípio de repartição de tarefas entre a Administração estadual e a Administração autónoma, baseada em critérios de eficácia, sendo, por isso, independente da natureza dos interesses em causa.[52]

6. Princípio da participação (da abertura da Administração)

O artigo 267.º da CRP, ao exigir a participação dos interessados na gestão efectiva dos serviços públicos, densifica o princípio constitucional da democracia participativa previsto no artigo 109.º da Lei Fundamental.

Efectivamente, a exigência da participação dos particulares nos procedimentos de tomada de decisões administrativas prevista no artigo 267.º, n.º 5, constitui um factor de democratização das decisões, podendo tal participação assumir uma configuração especial quando esteja em causa um número indeterminado de cidadãos, o que impõe a adopção dos chamados *procedimentos administrativos colectivos* ou *populares* e a atribuição de relevância aos chamados *interesses difusos* (*v.g.*, em matéria de urbanismo, património cultural e ambiente). Para a defesa deste tipo de interesses ganha particular importância o direito à participação procedimental e a acção popular, previstos no artigo 52.º da CRP e na Lei n.º 83/95, de 31 de Agosto.

Trata-se de um princípio de relevo na organização administrativa, porque exige, para a respectiva concretização, a criação de estruturas de consulta e de concertação.

---

[52] Segundo Gomes Canotilho e Vital Moreira (*Constituição da República Portuguesa – Anotada*, Coimbra, Coimbra Editora, 1993, p. 887), este princípio pressupõe que a Administração autárquica tem competência geral e plena para desempenhar todas as tarefas com incidência local que, pela lei, não sejam atribuídas a outros titulares da Administração.

PARTE II
A Administração e o Direito

1. A Administração Pública e o Direito Privado

Como veremos já de seguida, em Portugal, à imagem do que acontece em geral nos países pertencentes ao sistema de administração executiva, de tipo continental ou francês, existe um ramo do Direito (público) ao qual a Administração se subordina, sempre que actua no uso dos seus poderes ou prerrogativas de autoridade: o direito administrativo.

Não obstante, as relações entre a Administração Pública e o direito privado existem e não podem ser negligenciadas. Essas relações são essencialmente de dois tipos: por um lado, resultam da circunstância de o direito privado constituir um limite da actividade administrativa lícita; por outro, derivam da utilização directa de meios e instrumentos de direito privado por parte da Administração, tanto na sua actividade privada como na satisfação directa de necessidades colectivas (isto é, no exercício de actividades materialmente administrativas).

A subordinação da Administração ao direito privado é mais antiga do que a sua vinculação ao direito público. O que não é difícil de compreender, pois o direito administrativo é um ramo do Direito de criação relativamente recente, sobretudo em face do direito privado, com uma existência que não pode ser contabilizada em séculos, mas em milénios. E durante muito tempo, em fases históricas de evolução da Administração Pública em que esta já existia mas ainda não tinha surgido o direito administrativo, o exercício de funções de autoridade por parte daquela era livre e apenas as suas actividades privadas (aquelas em que a Administração actuava como qualquer particular) estavam submetidas ao direito (privado, naturalmente).

1.1. Os fenómenos da privatização da Administração pública

A utilização de direito privado por parte da Administração surge integrada num fenómeno mais vasto de privatização da Administração Pública.

Tivemos já oportunidade, quando tratámos a Organização Administrativa (Parte I), de nos referir a uma das dimensões dessa privatização: a da criação de entidades administrativas privadas para a gestão de tarefas que continuam, materialmente, a ser públicas (administrativas): *Administração pública sob a forma (organizatória) privada.*

Mas este é apenas um dos fenómenos desta privatização, a qual engloba outras dimensões:

a) A *privatização substancial*: tarefas que eram de início públicas deixam de o ser, passando a assumir-se, no todo ou em parte, como substancialmente privadas, em regra sujeitas à concorrência (o caso das produção e comercialização de energia eléctrica).[53]
b) A *privatização formal da gestão de pessoas colectivas públicas (empresarialização)*: neste caso as tarefas permanecem públicas, sendo geridas por pessoas colectivas públicas com recurso ao direito privado.
c) O *exercício por privados de funções administrativas*: fenómeno que abrange a participação de privados na gestão de actividades públicas e que, no seu grau máximo, se pode traduzir na atribuição aos privados da responsabilidade efectiva pela função pública. Esta privatização pode ser feita, entre outras formas, por via de *concessões* e *parcerias público-privadas* (em que o próprio risco económico é transferido para o privado) e por *delegação de funções* (v.g. privatização de procedimentos ou substituição de controlos públicos por controlos privados).

De referir, no que concerne a esta última situação, que existe uma admissibilidade geral desta "delegação" em *matérias que sejam adequadas à gestão privada* (isto é, que não envolvam essencialmente o exercício de poderes públicos de autoridade), mas uma admissibilidade limitada quando estejam em causa *poderes públicos de autoridade.*

Haverá mesmo uma *indelegabilidade* quando se trate de *poderes constitucionalmente atribuídos* a determinados órgãos ou entidades (o caso do poder de planeamento territorial: artigo 65.º da CRP), ou de poderes que envolvam a força como meio e, ainda que se trate de poderes sem

[53] Contudo, na medida em que muitas dessas tarefas privatizadas assumem um relevo fundamental na vida em sociedade (assumindo-se, as mais das vezes, como serviços essenciais), as mesmas ficam subordinadas à regulação pública.

estes limites, sempre deverá considerar-se impedida a concessão a estrangeiros ou entidades sujeitas a conflitos de interesses, devendo, em todo o caso, os poderes "delegados" ser excepcionais e enumerados.

1.2. O direito privado como limite da actividade administrativa lícita

Um dos principais objectivos do direito privado é o de fixar e proteger as esferas jurídicas dos particulares, definindo e regulando direitos que estes podem fazer valer uns em face dos outros.

Nessa medida, surgem aí barreiras externas aos comportamentos de todos os sujeitos jurídicos: qualquer actuação de um sujeito que atente contra um direito de um outro constitui um acto ilícito.

E esta realidade é totalmente válida no que respeita à Administração Pública: também para ela o direito privado fixa um domínio de licitude que não pode ultrapassar, sob pena de estar a praticar actos ilícitos, que a constituiriam no dever de indemnizar o lesado.

Aqui, a Administração aparece exactamente na mesma posição que a de qualquer particular, não constituindo o facto de ela estar dotada de poderes de soberania ou autoridade qualquer causa de exclusão da ilicitude de comportamentos atentatórios dos direitos dos particulares.

A título de exemplo, podemos apresentar a situação seguinte: o Código Civil, no seu artigo 80.º, fixa o *direito à reserva sobre a intimidade da vida privada*. Este direito tanto vale em face de qualquer outro particular como em face da Administração Pública: apesar de esta, em matérias como o direito de polícia, de investigação criminal ou em matéria fiscal poder estar por vezes autorizada a comprimir tal direito, ela estará a cometer um acto ilícito sempre que atentar contra esse direito de todos os cidadãos em situações não autorizadas pela ordem jurídica.

1.3. A utilização do direito privado pela Administração

Porque a Administração não perde, pelo facto de ser *pública*, a sua capacidade de direito privado, pode lançar mão deste direito, desde logo nos chamados negócios auxiliares, que desempenham uma função meramente instrumental na actuação da Administração: por exemplo, quando a Administração faz um contrato de compra e venda de computadores para uma repartição pública, sem qualquer regra diferente daquelas que regulariam um contrato idêntico celebrado por uma empresa privada; ou quando arrenda um imóvel para instalar determinado serviço público.

Este direito é ainda utilizado na *administração dos bens privados* que integram o património das entidades públicas e na gestão pela Administração, no mercado da concorrência, de actividades económicas, comerciais ou de serviços, através da criação de sociedades ou participação em sociedades de direito privado. Também a própria realização de funções públicas – a satisfação directa de necessidades colectivas – pela Administração pode ser feita por recurso ao direito privado. Não há qualquer razão para excluir tal possibilidade: apesar de a Administração estar aqui na prossecução directa de fins ou interesses públicos e, como tal, estar em causa o próprio *exercício da função administrativa*, é possível que as atribuições das pessoas colectivas públicas sejam desempenhadas através de meios de direito privado.

As razões da "preferência" da Administração em escolher, por vezes, meios de direito privado, não são difíceis de compreender: este permite em regra uma actuação mais célere, flexível e eficaz, para além de permitir a subtracção a determinados controlos burocráticos, financeiros e contabilísticos.

É o que acontece, designadamente, em matérias como as das prestações no domínio da energia, distribuição da água, no domínio das subvenções, algumas intervenções no mercado, etc.

Em face da generalização desta tendência, há muitos autores a alertarem para os perigos de uma "fuga para o direito privado" – cujos perigos existirão se esse recurso for movido por um desejo ilegítimo da Administração se subtrair ao cumprimento de obrigações legais e contabilísticas estabelecidas pelo direito público.

Este raciocínio pode, em todo o caso, ser evitado, ultrapassando os perigos de uma tal fuga através do estabelecimento de *cautelas* particulares, que devem garantir o cumprimento das obrigações da Administração para com o interesse público e os direitos e interesses legítimos dos administrados. É assim que se fala com insistência na combinação da utilização do direito privado com *limites e regalias de direito público*: combinação que conduz a doutrina, pelo menos a tradicional, a mencionar a existência de um *direito privado administrativo*.

Historicamente merece aqui referência a chamada "teoria dos dois degraus", a qual pretendia manter a natureza privatística da relação, mas com garantia das cautelas públicas: haveria um degrau de direito público nessa relação, que assegurava de uma maneira geral o cumprimento do interesse público e, depois, o degrau privado, onde se regulava em concreto essa mesma relação por recurso a expedientes de direito privado.

O ponto fulcral deste tema é, assim, o de esclarecer quais são esses *limites* e *regalias* de direito público que não podem ser postos de lado quando a Administração recorre ao direito privado para regular determinada relação. No essencial, eles consistem no seguinte:

- limitação da actuação da Administração pelo respeito devido aos *direitos fundamentais* dos administrados, o qual nunca pode ser posto de lado;
- respeito pelo princípio da prossecução do interesse público e pelos princípios gerais da actividade administrativa, os quais, em face do n.º 5 do artigo 2.º do CPA, "são aplicáveis a toda e qualquer actuação da Administração Pública, ainda que meramente técnica ou *de gestão privada*" (itálico nosso);
- no *princípio da liberdade de escolha limitada*: o recurso ao direito privado só é admissível na medida em que tal seja necessário ou conveniente para a prossecução das finalidades de um qualquer ente público, no contexto da especialidade das suas atribuições e com exclusão dos seus poderes de autoridade;
- no *princípio da decisão administrativa prévia*, o qual pode ser considerado como a formulação moderna da teoria dos dois degraus: a formação da vontade de contratar privadamente deve ser enquadrada num procedimento administrativo regulado pelo direito público; apesar de participar numa relação jurídica de direito privado, a decisão de recorrer a esse direito é tomada no âmbito do direito administrativo;
- finalmente, quanto às *regalias*, deve destacar-se que a Administração não pode perder de forma absoluta os seus poderes de autoridade, ainda que só os deva usar em casos excepcionais, bem como a impenhorabilidade dos bens públicos, que se deverá manter.

A finalizar, deve destacar-se que, em termos práticos, o recurso da Administração ao direito privado tinha tradicionalmente uma consequência importantíssima: apesar da existência de tribunais próprios para julgarem os litígios onde intervenha a Administração – os tribunais administrativos – tal só acontecia quando aquela actuava no uso dos seus poderes jurídico-administrativos. Como tal, a resolução dos litígios decorrentes das relações de direito privado em que a Administração fosse parte (bem como aqueles derivados da responsabilidade da Administração no exercício da sua capacidade de direito privado) tinha sempre lugar nos tribunais comuns ou judiciais, e não nos tribunais administrativos.

Hoje em dia continua a ser essa a *regra*. Não obstante, desde a entrada em vigor dos novos ETAF e CPTA é possível os tribunais administrativos serem chamados a conhecer matéria de direito privado, nos domínios da *responsabilidade* e dos *contratos* da Administração.

No que respeita aos contratos, o ETAF optou por estender a jurisdição administrativa aos conflitos originados pela generalidade dos contratos da Administração em que haja uma aplicação de normas de direito público, ainda que o seu regime geral seja privado (por exemplo porque as normas de direito público em questão são meramente procedimentais). Em face do novo regime, os tribunais administrativos podem pronunciar-se sobre litígios relativos a contratos puramente privados.

Na verdade, de acordo com o n.º 1 do artigo 4.º do ETAF, compete hoje aos tribunais administrativos:

- a "verificação da invalidade de *quaisquer contratos* que directamente resulte da invalidade do acto administrativo no qual se fundou a respectiva celebração" [(cf. al. b); itálico nosso];
- o julgamento de questões relativas à "interpretação de actos pré-contratuais e à interpretação, validade e execução de contratos a respeito dos quais haja lei específica que os submeta, ou que admita que sejam submetidos, a um procedimento pré-contratual regulado por normas de direito público" [al. e)];
- a apreciação de litígios originados por "questões relativas à interpretação, validade e execução de contratos de objecto passível de acto administrativo, de contratos especificamente a respeito dos quais existam normas de direito público que regulem aspectos específicos do respectivo regime substantivo, ou de contratos em que pelo menos uma das partes seja uma entidade pública ou um concessionário que actue no âmbito da concessão e que as partes tenham expressamente submetido a um regime substantivo de direito público" [al. f)].

Em relação à *responsabilidade* o alargamento da competência dos tribunais administrativos não é tão evidente, mas suscitam-se dúvidas, em face das das alíneas g) e h) do mesmo preceito do ETAF, se estes tribunais não passam a poder ser chamados a conhecer conflitos relativos à responsabilidade das pessoas colectivas de direito público por danos decorrentes da sua *gestão privada*.

Estão aqui em causa as alíneas g) e h) do citado n.º 1 do artigo 4.º do ETAF:

- prevê, a primeira, a competência dos tribunais administrativos para o julgamento de questões "em que, nos termos da lei, haja lugar a responsabilidade civil extracontratual das pessoas colectivas de direito público (...)";
- acrescenta, a segunda, a sua competência para dirimir os litígios emergentes da "responsabilidade civil extracontratual dos titulares de órgãos, funcionários, agentes e demais servidores públicos", ficando sem se saber se estão apenas em causa os seus actos funcionais ou também os pessoais.

Para confirmar todo este novo entendimento, o novo ETAF deixou de excluir expressamente da jurisdição administrativa – ao contrário do que fazia o seu antecessor – "as questões de direito privado, ainda que qualquer das partes seja uma pessoa de direito público".

Articulando estes normativos com o regime da Responsabilidade Civil Extracontratual do Estado e Demais Entidades Públicas, aprovado pela Lei n.º 67/2007, de 31 de Dezembro, que deixou de fazer a clássica distinção entre actos de gestão pública e actos de gestão privada, a doutrina tende a dividir-se: para uns, foi superada esta dicotomia[54], para outros, a distinção mantém-se, embora abandonando a terminologia tradicional.[55]

Em todo o caso, articulando o artigo 1.º, n.º 2 deste regime jurídico com o artigo 4.º, n.º 1, alíneas g) e h) do ETAF, parece poder concluir-se que, nos casos de responsabilidade por danos causados por acções ou omissões de entidades públicas ou privadas investidas na função administrativa, não implicando poderes de autoridade, a jurisdição será a administrativa, mas o regime legal aplicável continuará a ser o dos artigos 500.º e 501.º do Código Civil.

---

[54] Marcelo Rebelo de Sousa e André Salgado Matos, *Responsabilidade Civil Administrativa*, Tomo III, Lisboa, D. Quixote, 2008, p. 17.

[55] Carla Amado Gomes, *Três Textos sobre o Novo Regime da Responsabilidade Civil Extracontratual do Estado e Demais Entidades Públicas*, Lisboa, FAFDL, 2008, p. 28.

2. O PRINCÍPIO DA LEGALIDADE DA ADMINISTRAÇÃO[56]

2.1. A vinculação da Administração ao direito público

Apesar da crescente importância, nos últimos anos, do recurso da Administração ao direito privado, é inquestionável a circunstância de ser o direito administrativo a fixar as condições de *possibilidade* e *legitimidade* da actuação administrativa, particularmente quando esta se traduz na utilização de actos imperativos ou autoritários, reflexo dos poderes de supremacia de que goza a Administração Pública.

Estes actos imperativos, como veremos, impõem-se autoritariamente sem dependência da anuência dos seus destinatários, sendo por isso particularmente significativos aqueles que produzem efeitos externos, uma vez que a sua eficácia se faz sentir na ordem jurídica geral.

A Administração Pública está subordinada a todo o direito público, destacando-se naturalmente o *direito constitucional* – para além de a Constituição ser o vértice de toda a pirâmide das fontes do Direito, pelo menos no que se refere ao direito interno, ela contem normas materialmente administrativas, que se dirigem directa e imediatamente à Administração Pública – e o *direito administrativo*. É este ramo do direito que, em concreto, atribui os *poderes* de que carecem os órgãos administrativos para actuar, lhe estabelece os *fins* que sempre guiarão a actividade administrativa e, muitas vezes, fixa o próprio *conteúdo* dos actos a praticar pelos órgãos administrativos.

A Administração visa realizar o interesse público, estando sempre colocada perante um *interesse público heteronomamente definido*: no mínimo, a lei tem sempre de individualizar esses interesses e de os atribuir como metas da actividade administrativa, ao definir as *competências* dos órgãos administrativos. É este o conteúdo mínimo do princípio da legalidade da administração, de cuja evolução curaremos de seguida.

[56] Seguimos aqui de perto o ensinamento de VIEIRA DE ANDRADE sobre o tema: cfr. "O Ordenamento Jurídico-Administrativo Português", in: *Contencioso Administrativo*, Livraria Cruz, Braga, 1996, p. 35-41 e 53-57.

2.2. O princípio da legalidade da administração no século XIX

O princípio da legalidade da administração foi, juntamente com o princípio da separação de poderes, o grande responsável pelo nascimento do direito administrativo, na sequência das revoluções liberais de finais do século XVIII e inícios do século XIX.

Se antes de tais revoluções já se podia falar com rigor em Administração Pública, uma vez que tinha sido criado um corpo estruturado de serviços e funcionários na dependência do monarca, a verdade é que ela actuava sem qualquer subordinação ao Direito (público). Os cidadãos apenas podiam fazer valer, em face da Administração, as suas pretensões jurídico-privatísticas as quais conduziriam, na melhor das hipóteses, à atribuição de uma indemnização.

Com as revoluções liberais, particularmente com a Revolução Francesa de 1789, o Estado vai passar a subordinar-se ao Direito, nascendo um conjunto de regras destinadas a defender os cidadãos em face das "arremetidas" da Administração. Esse conjunto de regras passou a constituir precisamente o direito administrativo, cuja preocupação inicial era a protecção dos direitos e interesses legítimos dos cidadãos-administrados em face da administração "inimiga".

Para melhor se compreender a configuração inicial do princípio da separação de poderes é imperioso analisar os dois sub-princípios no qual ele se decompunha e se decompõe ainda hoje: o *princípio do primado da lei* e o *princípio da reserva da lei.*

2.2.1. *O princípio do primado da lei*

Durante a época liberal o princípio do primado da lei era entendido apenas no seu *sentido negativo*: a Administração (e os restantes poderes do Estado) não podia praticar qualquer acto que contrariasse o disposto nas normas legais.

Como reflexo da supremacia do Parlamento, onde estava representada a burguesia, classe dominante durante a época, pretendia-se que a Administração não actuasse *contra legem*, ou seja, ela estava impedida de desrespeitar aquilo que estivesse estabelecido nas leis votadas no Parlamento, única fonte do Direito naquele período, em face da identificação entre Direito e Lei.

Sendo esta a única dimensão do princípio do primado da lei, daqui decorria que a lei se configurava apenas como um *limite* da actividade administrativa, ao colocar barreiras externas à sua actuação.

No entanto, cedo se compreendeu que a afirmação de tal princípio não era suficiente: as leis ainda não eram muitas e o primado da lei, por si só, conduzia a uma magra subordinação da Administração ao Direito. Por esta razão passou a afirmar-se um outro sub-princípio do princípio da legalidade: o princípio da reserva da lei.

2.2.2. *O princípio da reserva da lei*

Com este princípio estabeleceu-se um domínio no qual só o Parlamento podia emitir disposições inovatórias: o domínio da *propriedade* e da *liberdade* dos cidadãos. Nestas matérias – as mais importantes para a classe burguesa – qualquer regulamentação inovatória tinha de ter origem numa lei parlamentar.

Por essa razão, a Administração estava impedida de dispor inovatoriamente sobre o tema, sendo um domínio no qual ela só podia penetrar em concreto munida de expressa autorização legal. A Administração tinha aqui uma actuação puramente executiva, limitando-se a concretizar as disposições legais aprovadas no Parlamento.

No fundo, e como particularmente tem notado entre nós Vieira de Andrade[57], tratava-se de uma *tripla reserva*:

- *reserva orgânica*: estabelece-se um domínio normativo da exclusiva competência de um órgão, que é o Parlamento;
- *reserva funcional*: a função legislativa começa e acaba nas normas gerais e abstractas elaboradas pelo Parlamento, determinando o âmbito de competência exclusiva do Parlamento o próprio conceito de lei;
- *reserva material, jurídica ou de direito*: em face da identificação existente nesta época entre Lei e Direito, a matéria reservada à Lei era a única onde havia criação de Direito.

Fora destes domínios (e desde que não existisse uma lei prévia que vinculasse a actuação da Administração) esta podia actuar livremente. Este poder de actuação livre da lei (= do Direito) era o poder discricionário que, deste modo, se apresentava como um poder originário da Administração não controlável pelos tribunais.

---

[57] Cfr., em especial, "O Ordenamento Jurídico-Administrativo Português", in: *Contencioso Administrativo*, Livraria Cruz, Braga, 1986, p. 35-57 (p. 36-37).

2.3. Evolução do princípio

Com a passagem da época liberal para a época do Estado de Direito Social – mudança paulatina que começou a ocorrer na transição do século XIX para o século XX e definitivamente consumada com as duas Guerras Mundiais e a Grande Depressão de 1929-32 – uma série de modificações vai ocorrer com influência directa no entendimento do princípio da legalidade.

Desde logo a alteração do conceito material de lei: além de proteger a esfera jurídica dos cidadãos, a lei destina-se também agora a definir e a assegurar a prossecução do interesse público. Como tal, ela já não é apenas um limite à actuação da administração mas, como veremos, vai passar a ser também seu pressuposto e fundamento.

Para além disso, alarga-se exponencialmente o domínio do jurídico: a identificação entre Lei e Direito cai por terra, passando a assumir-se como juridicamente relevante a Constituição, o Direito Internacional, os princípios gerais da actividade administrativa e os regulamentos administrativos.

Os parlamentos nacionais vão perdendo o monopólio legislativo, uma vez que os governos passam a dispor, em diversos países, de competência legislativa normal.

Por todas estas razões, as relações entre a Administração e o Direito vão-se tornar mais amplas e complexas: não apenas porque o "bloco do jurídico" a que aquela deve obediência se tornou muito mais abrangente, mas também porque a actividade administrativa passa a estar toda ela subordinada ao Direito, desaparecendo ou reduzindo-se enormemente as zonas de administração "livre do Direito".

Numa palavra, caminhou-se para uma nova realidade, na qual *toda a actividade administrativa está subordinada a todo o Direito.*

2.3.1. *Novo entendimento do princípio do primado da lei*

Também a forma de entender o princípio do primado da lei se alterou ou, talvez melhor, se enriqueceu.

Na verdade, o primado da lei no seu sentido negativo continua a vigorar: em face da primazia normativa da lei sobre os actos da Administração, esta continua a estar impedida de praticar actos que desrespeitem o disposto na lei. Como tal, é evidente que a lei continua a ser um limite que a actividade administrativa não pode ultrapassar.

No entanto, a lei (aqui entendida como acto com valor legislativo que abrange não apenas as leis da Assembleia da República e os Decretos-Lei do Governo, mas também, actualmente, as normas da União Europeia com valor legislativo) não é agora apenas limite mas também *pressuposto e fundamento de toda a actividade administrativa*: passa a afirmar-se o princípio do *primado da lei em sentido positivo* ou da *precedência da lei*, em face do qual a lei tem de determinar, no mínimo, o *fim* (os interesses públicos a satisfazer) e os órgãos encarregados de o prosseguir (as *competências*).

Sem a existência de uma lei prévia que, repetimo-lo, estabeleça os fins e as competências dos órgãos administrativos, estes não estão habilitados a actuar, uma vez que a lei é pressuposto e fundamento de toda a actividade administrativa.

2.3.2. *Novo entendimento do princípio da reserva da lei*

Quanto ao entendimento actual do princípio da reserva da lei, deve assinalar-se desde logo que o quadro tradicional da "tripla reserva" deixa de fazer sentido: a reserva orgânica foi alargada, na medida em que, apesar de o Parlamento manter a competência legislativa mais importante, o Governo passa também a dispor de competência legislativa normal (e, no nosso país, também as assembleias legislativas regionais a detêm); a reserva material ou de direito também não tem actualmente sentido, pois o Direito é muito mais do que a Lei; finalmente, a reserva funcional também já perdeu razão de ser, pois as leis já não se referem apenas à liberdade e propriedade dos cidadãos, tendo-se dado um grande alargamento do âmbito da reserva de lei para além destes assuntos tradicionais, o que explica a dificuldade em determinar quais as matérias que exigem uma regulamentação inicial do legislador.

Em grande medida, o problema da reserva de lei transferiu-se para o quadro constitucional, uma vez que é na Constituição que se estabelecem as matérias absoluta ou relativamente reservadas ao Parlamento (no nosso caso nos artigos 164.º e 165.º da CRP), sendo assim um tema de direito constitucional. Nesta medida, pode afirmar-se que o problema da reserva de lei é, actualmente, um problema de *repartição dos poderes legislativos* entre o Governo e a Assembleia da República.

De qualquer forma, estamos nestas matérias no *domínio legislativo por excelência*, que interessa para a Administração na medida em que se impõe aí uma densidade legal acrescida, por forma a diminuir os espaços de manobra da Administração e a vinculá-la mais intensamente à lei.

No que especificamente se refere às relações entre a Administração e a Lei, deve sublinhar-se que a primeira nunca pode disciplinar inicialmente as matérias constitucionalmente reservadas à segunda, só podendo penetrar em tais domínios quando haja autorização legal (ou constitucional) expressa.

Quanto ao que nos interessa mais directamente, o princípio da reserva de lei tem hoje a ver com a *base legal* exigida para que a Administração possa actuar. E aqui existem algumas divergências na doutrina.

Uma tese defende um alargamento da reserva da lei, mas não de forma total ou global: de acordo com um *princípio da essencialidade*, apenas as matérias mais importantes devem ser definidas por lei (em princípio da Assembleia da República), implicando uma maior subordinação da Administração. Quanto à base legal necessária à actuação administrativa, todas as questões que envolvam a possibilidade de afectar ou constranger direitos fundamentais dos cidadãos terão de ter por base uma lei, podendo haver nas outras intervenções mais ou menos "originais" por parte da Administração, designadamente por intermédio de regulamentos (o que não será difícil de conceber para aqueles que admitem a figura dos regulamentos independentes de forma relativamente generosa) – sempre com a lei a funcionar como limite, ou seja, com a impossibilidade de a Administração actuar *contra legem*.

Parece no entanto que um entendimento rigoroso do princípio do primado da lei em sentido positivo levará à afirmação de uma *reserva total* de acto legislativo: se a lei tem de ser *pressuposto* e *fundamento* de *toda* a actividade administrativa, isso significará que a ordenação inicial de qualquer matéria competirá sempre à lei.

Daí que um sector importante da doutrina defenda uma *reserva global* ou *total*, com o sentido de todos os actos da Administração necessitarem de uma específica fundamentação legislativa: pelo menos no que respeita à definição da *competência* (dos poderes dos órgãos administrativos para a prática de actos) e dos *fins* (identificação dos interesses públicos que sempre guiarão a actuação administrativa) a Admi-nistração estará sempre vinculada à lei, no sentido de ser necessária uma lei que defina esses fins e incumba a sua prossecução a cada um dos órgãos administrativos (constituindo sempre as metas da actividade administrativa). Assinale-se ainda que, para este efeito, a lei deve ser entendida em sentido amplo, ou seja, no sentido de acto legislativo: Lei e Decreto-Lei e, ainda, as normas da União Europeia com valor legislativo. Os fins e as competências serão, assim, matéria de *reserva de função legislativa*.

O artigo 3.º do CPA dá um forte argumento para a defesa desta última tese, ao dispor que "os órgãos da Administração Pública devem actuar *em obediência à lei* e ao direito, dentro dos limites dos *poderes que lhes estejam atribuídos* e *em conformidade com os fins* para que os mesmos poderes lhes forem conferidos" (itálicos nossos).

2.3.3. *O princípio da juridicidade: da subordinação da Administração ao Direito*

Como acabámos de ver, ao longo do século XX ultrapassou-se a identificação entre Lei e Direito, razão pela qual o princípio da legalidade (em sentido estrito) não esgota hoje o tema da subordinação da Administração ao Direito: ela está sujeita a todo o bloco do juridicamente relevante, que abrange igualmente os princípios jurídicos fundamentais, a Constituição, o direito europeu, as fontes de direito internacional, os princípios gerais da actividade administrativa e os regulamentos.

Daí que, embora continue a ser de uso corrente – pelo próprio legislador! – a expressão *princípio da legalidade*, a verdade é que não se trata de um princípio que pretenda significar a (mera) subordinação da Administração à lei, mas de um verdadeiro *princípio da juridicidade*.

A Constituição da República, no seu artigo 266.º (o primeiro do Título IX, precisamente com a epígrafe "Administração Pública") prevê os *princípios fundamentais* que a vinculam dispondo, no seu n.º 2, o seguinte: "Os órgãos e agentes administrativos estão subordinados à Constituição e à lei e devem actuar, no exercício das suas funções, com respeito pelos princípios da igualdade, da proporcionalidade, da justiça, da imparcialidade e da boa-fé".

Ainda mais claro a este respeito é o artigo 3.º do CPA: apesar de ter como epígrafe "princípio da legalidade", estabelece no seu n.º 1 que "Os órgãos da Administração Pública devem actuar em obediência à lei *e ao direito* (...)" (itálico nosso).

A subordinação da administração a todo o Direito refere-se hoje a toda a actividade administrativa (não apenas a de autoridade, mas também a de prestações e a exercida no âmbito das relações especiais de poder), o que tem outra consequência prática de importantíssimo relevo: no momento de controlar a legalidade da actuação administrativa, os tribunais administrativos devem fazê-lo não apenas no que respeita à legalidade em sentido estrito, mas a toda a juridicidade.

Neste bloco de legalidade (juridicidade) assumem especial relevo os princípios jurídicos fundamentais, em especial os de cariz material, que regem a actividade administrativa.

Estes princípios revestem especial importância quando a Administração actua no uso de poderes discricionários concedidos por lei. Mas não só, já que, face às plúrimas normatividades que vão adquirindo relevo, assumem um importante papel na ligação entre todas elas, garantindo uma coerência mínima das mesmas.

Mais. Para além da sua *função orientadora* ou *condicionante* da actividade da Administração, os princípios jurídicos têm vindo a assumir ainda, no ordenamento jurídico, novas funções: à integração de lacunas normativas, somam-se as suas potencialidades de expansão, sendo os mesmos invocáveis como critérios materiais de melhoramento da lei, mesmo quando esta pareça não precisar deles, surgindo assim como elementos informadores do ordenamento jurídico. Os princípios gerais funcionam, deste modo, como parâmetro mais profundo do juízo aplicativo.

Dado o relevo dos princípios jurídicos no ambito da actividade administrativa, enunciemos aqui, ainda que topicamente, o conteúdo dos mais relevantes:

a) Princípio da imparcialidade

Este é um princípio com especial relevo nas relações entre a Administração e os particulares, visando assegurar que nas decisões administrativas *se tenham em consideração todos os interesses públicos e privados relevantes*, e só estes (princípio da ponderação de interesses), de modo a evitar que a prossecução de um interesse público se confunda com quaisquer interesses privados com que a actividade administrativa possa contender ou se possa envolver.

b) Princípio da igualdade

Este princípio determina a necessidade de a Administração tratar igualmente os cidadãos que se encontrem em situações objectivas iguais e desigualmente os que se encontrem em situações objectivas distintas. Não impedindo o mesmo que a Administração introduza desigualdades entre os destinatários da sua actuação – já que, muitas vezes, a prossecução do interesse publico obriga a este tratamento desigual (por exemplo, para a satisfação da necessidade de todos na existência de um equipamento público, um ou vários particulares podem ser privados da sua propriedade por via de um procedimento expropriativo) –, dele decorre que as diferenças de tratamento radiquem em *critérios objectivos* que apresentem uma conexão bastante com os fins a prosseguir com a regulação jurídica e nela tenham uma justificação específica (princípio da proibição do arbítrio).

Do mesmo princípio decorre, ainda, a necessidade de se garantir equidade na repartição de encargos e benefícios decorrentes das medidas administrativas e a necessidade do estabelecimento de medidas de compensação de sacrifícios quando a Administração, por razões de interesse público, impõe a um administrado sacrifícios especiais violadores do princípio da igualdade perante encargos públicos (no caso das expropriações, a reposição da igualdade é efectuada por via do pagamento de uma justa indemnização).

Por fim este princípio assume especial relevo no âmbito do exercício de poderes discricionários, impondo uma auto-vinculação (casuística), no sentido de que a Administração deve utilizar critérios substancialmente idênticos para a resolução de casos similares. A mudança de critério sem justificação deverá ser considerada violadora deste princípio.

De referir, por fim, que o princípio da igualdade pode impor ainda, em certos casos, a obrigação de distinção (de discriminação positiva) como uma forma a compensar, do ponto de vista jurídico, a desigualdade fáctica existente.

c) Princípio da proporcionalidade

Este princípio impele a Administração, com as suas decisões, a provocar uma menor lesão de interesses privados compatível com a prossecução do interesse público em causa.

São três os subprincípios aqui envolvidos, todos eles de verificação cumulativa: o da *adequação*, o da *necessidade* e o da *proporcionalidade em sentido estrito*.

O primeiro ter-se-á por cumprido sempre que a medida adoptada seja idónea ou apta à obtenção da finalidade eleita.

O segundo exige a opção pela medida que provoque um *mínimo de interferência* nos direitos, interesses e bens jurídicos que se prevê poderem ser lesados.

Do último retira-se que uma medida só será proporcional se dela decorrerem, de forma razoável ou adequada, mais benefícios, tendo em vista a consecução do fim proposto, do que prejuízos para os restantes direitos, interesses ou bens jurídicos em confronto. Daqui decorre que uma medida, ainda que seja a menos lesiva possível, pode, mesmo assim, continuar a ser *excessivamente restritiva*, quando se colocam na balança a medida dos interesses por ela afectados – a sua "carga coactiva" – e a medida dos interesses por ela prosseguidos.

A verificação do cumprimento deste princípio obriga a Administração a tornar *explícito o juízo de ponderação* feito entre os benefícios que as suas medidas têm para o interesse público e as desvantagens que as mesmas acarretam para a esfera jurídica dos interessados.

d) Princípio da boa fé

Decorre genericamente deste princípio que Administração não deve atraiçoar a confiança que os particulares interessados puseram num comportamento seu, abarcando, também o princípio da *protecção da confiança* e o princípio da *segurança jurídica.*

e) Princípio da justiça

O princípio da justiça costuma ser visto como a conjugação dos restantes princípios – a decisão justa é aquela que é *racional, adequada e proporcional,* que assegura a *igualdade de tratamento*, a *imparcialidade* e a boa fé. Também significa a decisão administrativa que respeita certos critérios constitucionais: dignidade da pessoa humana, protecção dos direitos fundamentais, etc.

2.4. **Entendimento actual do princípio da legalidade**

Um cabal entendimento do princípio da legalidade da Administração não pode ser completamente alcançado se não se tiver em consideração a muito actualmente propalada *crise da legalidade estrita,* que reconhece um conjunto de dificuldades e de compressões ao princípio da legalidade.

Esta crise decorre, desde logo, do reconhecimento da incapacidade da lei para abarcar todos os fenómenos que integram uma sociedade cada vez mais complexa. Embora não se trate de um fenómeno novo – as leis nunca conseguiram prever ou esgotar toda a realidade –, a verdade é que o mesmo se tem vindo a acentuar, dada a crescente complexidade, imprevisibilidade e contingência dos problemas de uma sociedade marcada pelo *risco* e pela *incerteza.*

Mais. Fenómenos como os da *mundialização* e da *globalização,* que começaram no campo da economia, mas acabaram por se alargar aos domínios político, ideológico, social e, sobretudo, comunicacional, vieram pôr em causa o papel do Estado como criador do direito. Tal facto deve-se à criação crescente de entidades supra e infra-estaduais geradoras de um direito próprio, distinto do que é criado pelo Estado. Fala-se, inclusive, numa proliferação e pluralidade de micro-poderes, de centros alternativos de poder e de formas alternativas de justiça, o que implica relações jurídicas diferentes e diferentes legitimidades. Mesmo no âmbito do direito estadual, surgem novos instrumentos de regulação, o que altera claramente o tradicional paradigma do direito.

Daqui resulta uma *fragmentação* e *pluralidade* que correspondem a uma multiplicação de modos de regulação do direito, admitindo-se agora o informal em vez do formal, bem como novas lógicas de flexibilidade e de "*frouxidão*" da regulação, gerando um direito "frouxo" (*soft law*) que utiliza a persuasão de preferência à sanção *strictu sensu*.[58]

Por tudo isto, a lei abstém-se, na maior parte das vezes de uma forma consciente, de fixar os critérios de actuação da Administração, ou fixa-os apenas parcialmente.

A realidade jurídica é, assim, crescentemente caracterizada pela existência de leis *programáticas*, isto é, de leis que se limitam a estabelecer *programas de acção de tipo teleológico* (definidoras apenas dos fins ou objectivos ou de mandatos aos operadores jurídicos para que procurem as soluções mais adequadas e idóneas para os alcançar), embora exista também uma maior dificuldade na definição dos *fins* que a Administração deve prosseguir (pelo menos de uma forma concreta), o que implica a

---

[58] Sobre muitas destas questões, designadamente, o descentramento estadual da legalidade, a informalidade, a existência de um *soft law* e a pluralidade de fontes de direito como características actuais da normatividade vinculativa da Administração, *vide* Paulo Otero, *Direito Administrativo. Relatório de uma Disciplina apresentado no Concurso para Professor Associado na Faculdade de Direito da Universidade de Lisboa,* Lisboa, 1998 e *Legalidade e Administração Pública. O Sentido da Vinculação Administrativa à Juridicidade,* Coimbra, Almedina, 2003, pp. 147 e ss. Alguns destes fenómenos, como acontece com o do *soft law*, traduzem uma desgraduação da intensidade imperativa da legalidade (a demonstrar que o grau de vinculatividade ou de imperatividade das normas jurídicas não é sempre o mesmo) — Idem, pp. 169 e ss. —, outros, como o da *informalidade*, confirmam a descrença na capacidade directiva e reguladora das normas legais, traduzindo uma nova expressão do "*processo degenerativo do princípio da legalidade*" (Ibidem, p. 191).

necessidade de uma concretização posterior dos mesmos pela própria Administração. Para além do mais, surgem, com alguma frequência, leis que não remetem a Administração para *fins*, mas para a *coordenação* e *ponderação* de distintos objectivos ou bens jurídicos em colisão (os chamados programas relacionais).

As leis deixam, assim, crescentemente, de indicar os *critérios materiais* para a actuação da Administração, fixando unicamente *estratégias, princípios, standards* e *objectivos* que a mesma tem de prosseguir, e transferindo a decisão para o futuro, isto é, para o poder administrativo que há-de, posteriormente, criar as regras (gerais ou do caso concreto) aplicáveis, procedendo à escolha das medidas que melhor sirvam os fins ou objectivos fixados na norma.[59]

Como se pode facilmente concluir do que foi afirmado, esta nova forma, mais ampla, de perspectivar actualmente o princípio da legalidade, permite "olhar com novos olhos" para o poder discricionário, que já não é (não pode ser visto) como um poder originário não controlável pelos tribunais, mas antes como um poder jurídico e, ainda que de um modo particular, justiciável.

---

[59] PAULO OTERO fala, a este propósito, numa desmistificação da perfeição da lei e numa relativização da intensidade vinculativa da normatividade. *Vide*, PAULO OTERO, *Legalidade e Administração Pública, cit.*, p. 152 e ss. e 172 e ss. Segundo este Autor, a ampliação do horizonte material e temporal de actuação do Estado sobre a sociedade; a necessidade de desempenhar uma função prospectiva, antecipando e prevenindo riscos e defendendo interesses de gerações futuras no contexto de uma sociedade globalizada, de alto risco em termos tecnológicos e científicos; e, por último, a pulverização na sociedade de interesses contraditórios, conflituantes e quase sempre inconciliáveis, faz com que se encontre "desesperadamente ultrapassada" qualquer ideia de perfeição da lei. IDEM p. 157.

Esta ideia de crise parece estar também subjacente às palavras de MARCELO REBELO DE SOUSA quando aponta como tópico de reflexão sobre o papel da lei na actual sociedade a necessidade de haver menos lei e mais auto-regulação social, descentralização legislativa, mecanismos de consensualização social e lei mais sintonizada com a lógica interna das realidades sociais disciplinadas. Para o Autor, a lei, na sua concepção actual, não é apenas reguladora de conflitos de interesses, mas ela própria objecto de conflitos específicos. Cfr. MARCELO REBELO DE SOUSA, "A Lei no Estado Contemporâneo", *in. Legislação, Cadernos de Ciência de Legislação*, INA, n.º 11, 1994, p. 10 e 15-16.

3. A DISCRICIONARIDADE ADMINISTRATIVA[60]

3.1. Vinculação e discricionaridade como momentos extremos da relação da Administração com o Direito

Como vimos, a Administração Pública não dispõe de liberdade constitutiva para escolher os fins que prossegue: por essa razão, é comum dizer-se que a actividade administrativa está *sempre* colocada perante fins heterónomos.

Quem define esses fins é o legislador, que é também responsável pela escolha dos órgãos competentes para os prosseguir: daí que tudo aquilo que diz respeito aos *fins* e às *competências* seja sempre matéria em que a Administração está vinculada à lei.

No entanto, há diversos casos em que a lei vai mais longe: além de indicar os fins e as competências, indica o próprio *conteúdo* que os actos a praticar pela Administração têm de revestir, uma vez verificados determinados pressupostos nela previstos – ou seja, a lei impõe os meios que a Administração há-de usar para atingir o fim público previsto na norma.

Quando tal acontece, estamos perante *actos vinculados*, uma vez que a Administração não tem qualquer poder de escolha em relação ao conteúdo do acto, conteúdo esse que resulta directamente da lei.

Pelo contrário, casos há em que a lei se limita a definir o fim/interesse público e os órgãos competentes para o prosseguir, estando o administrador autorizado a escolher os meios para atingir esse interesse.

Os *actos discricionários* traduzem esta possibilidade de a Administração escolher o conteúdo dos actos, fixando o grau das modificações jurídicas pretendidas.

De qualquer modo, deve sublinhar-se que em todos os actos administrativos existem momentos de vinculação e de discricionaridade: não há actos absolutamente discricionários (o fim e a competência são sempre elementos vinculados) nem actos absolutamente vinculados (a Administração tem normalmente, pelo menos, o poder de escolher o momento da prática do acto). Os actos serão vinculados em relação a certos aspectos e discricionários em relação a outros.

---

[60] Esta matéria foi já tratada pelos autores: cfr. "A discricionaridade administrativa", *Scientia Iuridica* (Revista de Direito Comparado Português e Brasileiro), Univ. do Minho, Tomo XLVIII, n.os 280-282, Julho/Dezembro 1999. Esse texto é aqui seguido no essencial.

Daí a afirmação de que toda a actividade administrativa é um *continuum* entre vinculação e discricionaridade.

3.2. Fundamento do poder discricionário: evolução histórica

No século XIX (época do Estado de Direito Liberal) a discricionaridade correspondia a toda a actividade administrativa que não interferisse com matérias jurídicas.

Como havia correspondência entre a lei e o direito, considerava-se que o único terreno de criação jurídica era aquele em que o Parlamento legislava. Assim, fora das matérias reservadas ao Parlamento (ou onde o Parlamento já tivesse feito a sua intervenção) a Administração gozava de um poder discricionário, na medida em que estávamos perante matérias que não contendiam com a lei.

Também por essa razão a discricionaridade correspondia a um poder originário da Administração (originário porque não pré-ocupado pela lei, sendo algo de inato à própria Administração): era uma zona de inteira liberdade (correspondente a um verdadeiro livre arbítrio) onde a Administração tinha a possibilidade de escolher as soluções que julgasse convenientes.

Hoje, pelo contrário, a discricionaridade tem de ser entendida como uma *concessão legislativa* à Administração de um *poder próprio* na decisão de casos concretos (ou seja, um poder que lhe é concedido para que a Administração encontre aquela que *considere ser a melhor solução* para o caso concreto que, obviamente, só pode ser uma).

Na medida em que hoje vigora o princípio do primado da lei em sentido positivo ou *princípio da precedência da lei*, a discricionaridade tem de ser vista como uma competência concedida pelo legislador à Administração. Daí a sua relação com o princípio da *lei-pressuposto* e com o princípio da competência.

Este último princípio diz-nos, precisamente – ao contrário do que estabelece a regra da autonomia da vontade, vigente no direito privado – que os órgãos administrativos têm apenas os poderes que a lei expressamente lhes concede (poderes esses que, nos termos do artigo 29.º do CPA, são irrenunciáveis e inalienáveis).

3.3. A influência conflituante dos princípios do Estado de Direito e da separação de poderes no campo da discricionaridade

Do ponto de vista teórico, há dois princípios jurídicos fundamentais que se contrapõem no sentido de reconhecer uma maior ou menor extensão ao poder discricionário da Administração: o *princípio do Estado de Direito* e o *princípio da separação de poderes.*

De acordo com o primeiro, põe-se o acento tónico na protecção dos direitos subjectivos e interesses legítimos dos cidadãos em face da Administração Pública: ligado ainda a uma pré-compreensão (hoje em larga medida afastada) de uma Administração "inimiga" dos cidadãos, com possibilidade de constantemente se intrometer nas suas esferas jurídicas de forma arbitrária e injusta, preconiza aquele princípio a necessidade de reduzir a um mínimo os espaços discricionários da Administração.

Para atingir um tal desiderato, defende-se uma *maior determinação legislativa* e uma *maior fiscalização judicial* da actividade administrativa: aumentando-se simultaneamente a vinculação da Administração à lei e aos tribunais consegue-se uma mais ampla e eficaz defesa dos direitos e interesses dos cidadãos, com possibilidades mais fortes de se defenderem dessa Administração "inimiga".

Nesta compreensão das coisas a discricionaridade é vista como um "mal necessário", defendendo-se uma maior protecção dos direitos dos particulares através da forma mais típica dessa defesa: um controlo mais intenso da actividade administrativa pelos tribunais.

De acordo com o *princípio da separação de poderes* a ideia é precisamente a oposta: proclama-se uma maior autonomia e uma responsabilidade própria da Administração (não se pode pretender que ela seja o que nunca foi: totalmente executiva), uma vez que o poder administrativo tem legitimidade e autonomia próprias em face dos outros dois tradicionais poderes do Estado: o legislativo e o judicial.

Realça-se, assim, a necessidade de reconhecer a legitimidade da Administração em face do poder legislativo: este exprime os seus comandos através de regras gerais e abstractas, ao passo que a Administração está em contacto com os casos concretos, devendo ser-lhe reservada a aplicação das finalidades gerais aos casos concretos.

Relativamente ao poder judicial, sublinha-se a necessidade de evitar uma "dupla Administração" que existiria se o juiz estivesse sempre em condições de anular as escolhas administrativas, substituindo pelos seus próprios critérios aqueles que foram utilizados pela Administração. Neste sentido, entende-se que a Administração é também responsável pela realização da ideia de Direito, pela realização e concretização deste.

A Administração tem perante a Constituição uma dignidade igual à do poder legislativo e à do poder judicial. Da mesma forma que ela não pode assumir um poder constitucionalmente atribuído aos outros poderes estaduais, estes também não podem intervir na esfera reservada à Administração.

O princípio da separação dos poderes acaba por ser o grande fundamento do poder discricionário: a Administração é responsável pela prossecução do interesse público, devendo fazer as escolhas e tomar as decisões nesse sentido, estando o juiz responsabilizado pelo controlo (atenuado, como veremos) da juridicidade dessas decisões.

Na linha deste raciocínio é comum sublinhar-se a *legitimidade democrática* dos órgãos administrativos (muito mais marcada do que aquela de que gozam os tribunais), a *capacidade técnica* desses mesmos órgãos, fundamental para tomar decisões com fortes componentes técnicas e ainda a *irrepetibilidade das decisões* administrativas, a *responsabilidade pelas suas opções* e a *maior proximidade da Administração à realidade dos factos.*

3.4. **Âmbito do poder discricionário**

3.4.1. ***As indeterminações estruturais das normas***

Sendo o poder discricionário uma concessão do legislador, coloca-se a questão de saber como é que ele concede poder discricionário à Administração.

Uma das formas de concessão dos poderes discricionários é através daquilo que podemos chamar de *indeterminações estruturais das normas.*

Para percebermos o significado desta ideia é necessário termos em atenção a estrutura da norma atributiva de poderes discricionários. Esta norma, como aliás qualquer norma, é constituída por duas partes: uma hipótese e uma estatuição. A hipótese contém uma descrição típica de uma situação da vida; a estatuição inclui as medidas ou providências que o destinatário deve adoptar perante a verificação, em concreto, dessa situação.

Entre a hipótese e a estatuição há um elemento de ligação que define a relação de correspondência entre aqueles dois termos, fixando o sentido do dever (devido, autorizado ou proibido).

Ora, não há dúvida de que estamos perante a concessão de poderes discricionários quando a norma jurídico-administrativa tiver uma natureza facultativa, isto é, quando o elemento de ligação for um "pode", caso em que estaremos perante normas autorizativas; ou quando a estatuição compreender medidas em alternativa (A, B ou C).

Nestas situações, a discricionaridade é essencialmente um problema de escolha de conteúdo, uma vez que o que está em causa é:

a) utilizar ou não utilizar a medida ou providência contida na estatuição – normas autorizativas (A ou não-A);
b) escolher uma das medidas ou providências pré-ordenadas na estatuição – normas com medidas em alternativa (A, B ou C).

3.4.2. ***Indeterminações conceituais: o problema dos conceitos imprecisos ou indeterminados***

3.4.2.1. *O problema*

Frequentemente os preceitos legais fazem uso de *conceitos cujo conteúdo não é de antemão determinado* ou que deixa uma margem de imprecisão que tem de ser vencida pelo intérprete e pelo agente administrativo (*imprecisão no conteúdo dos conceitos*).

Estes conceitos assumem uma importância fundamental no direito público, com maior relevo no âmbito do direito administrativo, como é o caso dos conceitos *interesse público, bem comum, equilíbrio da sociedade, conveniência de serviço, solução adequada, noite*, etc.

A questão que agora se coloca é a de saber se quando o legislador utiliza conceitos indeterminados (do lado da hipótese ou do lado da estatuição da norma) pretende com isso atribuir poder discricionário à Administração, ou seja, pretende-se saber se a atribuição de poderes discricionários também pode ser feita através de *indeterminações conceituais* das normas legais.

3.4.2.2. *Posições extremas*

a) A concepção mais antiga – *teoria da discricionaridade* – respondia afirmativamente à pergunta colocada: sempre que o legislador utiliza conceitos indeterminados está a conceder à Administração o poder de agir discricionariamente (LAUN). Esta posição tinha repercussão no âmbito do controlo jurisdicional da actuação administrativa: o juiz, ao controlar a actuação administrativa, ficava impossibilitado de reconstruir o preenchimento valorativo do conceito indeterminado empreendido pela Administração.

b) A concepção do *controlo total*, nascida na República Federal da Alemanha após o final da 2ª Grande Guerra, respondia negativamente à pergunta colocada. Assim, quando a lei recorre a conceitos indeterminados, o legislador não atribui quaisquer poderes discricionários à Administração: a questão dos conceitos indeterminados reconduz-se a um mero problema de interpretação conceitual.

Esta concepção, preconizada por RUPP, parte de uma ideia de discricionaridade como uma liberdade absoluta (por isso se defendendo que ela deve ser restringida ao mínimo indispensável) e de uma ideia de Estado de Direito acentuadamente formal, segundo a qual quanto maior for o controlo judicial melhor se garantirá a ligação da Administração ao direito (juridicidade = justiciabilidade). Por isso, segundo esta concepção, o juiz, ao exercer a sua fiscalização sobre a actuação da Administração, deve reconstruir o preenchimento valorativo do conceito indeterminado empreendido por ela.

3.4.2.3. *Posições moderadas*

A par destas duas posições radicais de defesa e de recusa dos conceitos indeterminados como forma de atribuição de poderes discricionários à Administração, encontramos um conjunto de outras teses que defendem posições mais moderadas sobre esta matéria. Mesmo os defensores iniciais das referidas teses radicais acabaram por admitir, em maior ou menor medida, uma moderação das suas posições.

Assim, e em primeiro lugar, as próprias teorias da discricionaridade admitem que alguns conceitos normativos indeterminados sejam susceptíveis de controlo intrínseco pelo juiz.

Por outro lado, as teorias do controlo total reconhecem a existência de conceitos reguladores de discricionaridade quando utilizados na estatuição da norma.

Em todo o caso, as teorias do controlo total continuam a defender que, quando colocados na hipótese da norma, tais conceitos não atribuem qualquer discricionaridade.

Apesar disto, reconhece-se, relativamente a casos contados de aplicação de conceitos indeterminados utilizados na hipótese legal, uma "liberdade" administrativa que o juiz deve respeitar.

Perfilha esta posição a *teoria da folga ou da margem de apreciação* (OTTO BACHOFF), segundo a qual o tribunal pode refazer a interpretação quc o titular do órgão ou agente administrativo fez do conceito indeterminado, mas já não pode pronunciar-se sobre a recondução da situação concreta ao esquema fixado por interpretação porque aí a Administração goza de uma "folga" ou "margem de apreciação". Existe uma zona indefinida do conceito que escapa ao controlo do tribunal.

Vejamos esta teoria com mais pormenor.

Segundo ela, o que os conceitos indeterminados levantam é, antes de mais, uma questão de *interpretação*. Neste âmbito, a interpretação que tiver sido feita pelo agente tem a possibilidade de ser repetida pelo tribunal.

Se surge um conceito indeterminado na hipótese (nos pressupostos) o agente, na interpretação, tem, desde logo, que fixar os *limites externos do conceito*. Com isto quer-se dizer que na interpretação o agente só consegue definir o que não cabe dentro daquele conceito, mas não o que necessariamente lá cabe.

Depois de realizada esta tarefa, que pode ser repetida pelo juiz, há um trabalho posterior que deve ser feito: a integração da situação real na hipótese pensada na lei, ou seja, saber se uma determinada situação concreta se enquadra ou não no esquema geral pensado na lei – operação de *subsunção*.

Como se trata de subsumir uma situação real ao que está pensado na lei através de conceitos indeterminados, esta subsunção não é feita em termos irrecusáveis mas vai deixar uma margem ou folga de apreciação ao agente. Por exemplo, se a lei utiliza o conceito *inundação grave,* a Administração deve interpretá-lo, factor que o juiz controla podendo refazer a interpretação realizada pelo agente administrativo; no entanto, a questão de saber se no caso concreto se está ou não perante uma inundação grave, não é controlada pelo juiz que se limita a verificar se a subsunção foi ou não feita dentro dos limites fixados na interpretação.

Do mesmo modo, a *teoria da defensabilidade* (ULE) determina que o juiz não pode afastar a solução encontrada pelo órgão ou agente administrativo como preenchendo o conceito indeterminado se for defensável que ela ainda se enquadra no conceito legal.

A questão é a mesma da teoria anterior. O problema dos conceitos indeterminados é um problema de interpretação. A haver qualquer margem de manobra, é apenas aquando da subsunção. Esta deve ser acatada pelo tribunal se tiver uma marca de defensabilidade (subsunção defensável, aceitável). Entende-se que uma subsunção é defensável quando, segundo critérios de experiência normal, ela devesse ser aceite por um *homem comum* como cabendo dentro do conceito.

Por fim, ainda dentro destas teorias moderadas, temos a *teoria da prerrogativa de apreciação,* segundo a qual o tribunal não pode refazer a interpretação feita pelo titular do órgão ou agente administrativo sempre que a referida interpretação exigir uma apreciação especial dos factos, designadamente quanto aos aspectos técnicos e/ou valorativos que envolva ou quanto à sua evolução futura.

Segundo esta teoria, há um conjunto de factores que obrigam o juiz a uma contenção. Aqui não há nenhuma discricionaridade. Só que não vale a pena substituir-se um juízo técnico e deontológico (do agente) por outro (do juiz). Não vale a pena substituir-se uma palavra autorizada (a da Administração) por outra palavra autorizada (a do juiz). Não se trata de uma liberdade da Administração, não é algo que impossibilite o controlo do juiz, mas de uma atitude de conveniência e sabedoria. O juiz é que decide não controlar por entender que não tem tanta capacidade como a Administração para emitir aquele juízo técnico e/ou deontológico, uma vez que esta está em contacto mais directo com as situações da vida.

3.4.2.4. *O acordo entre as posições moderadas no que respeita à exclusão dos conceitos classificatórios e à admissão de conceitos subjectivos*

a) *Os conceitos classificatórios*: há um conjunto de conceitos indeterminados que não têm a ver com este problema, pois não são verdadeiros conceitos indeterminados. Trata-se de conceitos cuja imprecisão é resolvida em sede de interpretação jurídica, quer com apelo a *conhecimentos médios objectivos* (como é o caso dos *conceitos descritivo-empíricos* – fórmulas elásticas conhecidas pela experiência da vida), quer com apelo a *conhecimentos técnico-científicos* (como acontece com os conceitos imprecisos de *natureza jurídica* – conceitos cujo conteúdo se pode preencher com recurso a dados da ciência do direito), quer utilizando *considerações de tempo e de lugar* – conceitos determináveis com recurso aos *usos da terra.*

b) *Os conceitos subjectivos* ("abastecimento adequado dos mercados", "ordem pública", "conveniência de serviço"): pela sua extrema vaguidão e/ou pela ligação a faculdades de acção concedidas pelo legislador, têm de ser entendidos como delegações no poder administrativo. Estes conceitos são de tal forma vagos que se considera não estarem apenas em causa indeterminações conceituais, mas também indeterminações estruturais, razão pela qual sempre pertencerá à Administração a tarefa de preenchimento do seu conteúdo e subsequente aplicação aos casos da vida (subsunção das situações da vida ao conceito).

3.4.2.5. *Os conceitos imprecisos tipo*

Com as clarificações que decorrem do que vem de ser dito deve concluir-se que os conceitos indeterminados que podem colocar um problema de discricionaridade são os conceitos imprecisos tipo. Trata-se de conceitos que não se referem a uma classe de situações individualizáveis mas a um tipo difuso de situações da vida e não podem, portanto, ser preenchidos em sede de interpretação jurídica, remetendo a Administração para juízos de valor da sua própria responsabilidade. Exs.: "interesse público", "publicações perigosas para a juventude", "inundação grave", "afectar manifestamente a estética das povoações".

Estes conceitos são especialmente relevantes como fonte de discricionaridade, nomeadamente quando ligados com questões que colocam um "espaço de decisão" ou uma "liberdade de apreciação" administrativas – *prerrogativas de avaliação* – perante as dificuldades de controlo judicial das indeterminações legais, como são os casos de:

a) conceitos de valor no âmbito de *juízos sobre disposições ou aptidões pessoais ou de avaliações técnicas especializadas* ("jurista de reconhecido mérito", "filme de qualidade", "aptidão agrícola");

b) situações com elementos determinantes de *prognose* ("justo receio de ser perseguido", "perigo para o trânsito");

c) casos que obriguem à *ponderação de interesses públicos ou privados complexos* (v.g. a decisão sobre a localização de um aterro sanitário);

d) casos de *decisões com consequências políticas* (v.g. a autorização para a realização de uma oferta pública de aquisição de acções de um banco em fase de reprivatização).

3.4.2.6. *A posição tradicional da doutrina e da jurisprudência em Portugal*

Para a doutrina e jurisprudência mais antigas em Portugal só havia poderes discricionários quando o legislador concedia à Administração o poder de escolher o conteúdo dos seus actos, o que advinha exclusivamente de *indeterminações estruturais*, ou seja, como dissemos, de normas autorizativas ("pode") e de normas com medidas em alternativa (na estatuição). Assim, havia discricionaridade quando a lei permitia à Administração, uma vez verificadas as condições por ela fixadas, uma liberdade de escolha entre *várias soluções tidas como igualmente possíveis*. A Administração havia de escolher aquela que entendesse ser melhor para o interesse público, escolha essa que era livre (entendiam-se como correctas as várias soluções apresentadas na lei, sendo indiferente, do ponto de vista jurídico, a escolha que a Administração fizesse). Tratava-se de uma zona não jurídica, *não sujeita a controlo judicial*. A discricionaridade apenas tinha a ver, pois, com as *faculdades de acção*. Só após a verificação dos pressupostos (momento vinculado) é que a Administração podia agir (discricionaridade).

Pelo contrário, quando surgissem conceitos indeterminados, estaríamos perante um problema de interpretação (aplicação) desses conceitos, ou seja, de procura de *uma única solução correcta* do ponto de vista do legislador (da lei) e, portanto, fora do problema da discricionaridade (que sempre se referia a escolhas entre soluções, todas elas possíveis em face da lei).

Na doutrina e jurisprudência portuguesas tradicionais admitia-se, no entanto, a existência de casos de *discricionaridade imprópria:* todos aqueles em que se detectasse uma actividade da Administração insusceptível de controlo pelos tribunais, mas a que não corresponderia uma liberdade de escolha do conteúdo da decisão entre os vários legalmente possíveis, como acontecia com a discricionaridade propriamente dita.

Freitas do Amaral referia, precisamente, três casos de discricionaridade imprópria:

a) *Liberdade probatória*: situações em que a Administração para decidir faz uma apreciação livre das provas com a obrigação de apurar a única solução correcta (ex.: apuramento do valor de um imóvel para efeitos fiscais).

b) *Discricionaridade técnica*: casos em que as decisões da Administração só podem ser tomadas com base em estudos prévios de natureza técnica e segundo critérios extraídos de normas técnicas.

Ex.: a decisão de construção de uma barragem vai implicar um conjunto de estudos económicos e técnicos nos quais aquela decisão se vai basear. O juiz não controla se tal construção é um bom investimento ou se as técnicas escolhidas para a sua construção são as melhores (aspecto importante na decisão de escolha da entidade que vai construir a barragem, nos casos de concurso público).

c) *Justiça administrativa*: situações em que a Administração Pública, no desempenho da função administrativa, é chamada a proferir decisões essencialmente baseadas em critérios de justiça material (ex.: notação de funcionários, classificação de alunos em exames escolares)[59].

3.4.2.7. *A evolução para as concepções mais recentes*

a) Contrariamente ao que defendiam a doutrina e jurisprudência tradicionais, não é possível distinguir nitidamente entre interpretação de conceitos indeterminados e discricionaridade: a interpretação de uma norma não se reduz à determinação de uma vontade pré-existente. É na aplicação da norma que se fixa o seu sentido. Assim, a interpretação de uma norma implica, nos casos concretos, uma concretização criadora (constitutiva) que é mais evidente ainda quando o legislador utiliza conceitos indeterminados tipo.

Por outro lado, não é possível uma separação nítida entre a hipótese e a estatuição legal (entre cognição e volição ou entre interpretação e subsunção na aplicação do direito).

A utilização de conceitos indeterminados corresponde a um reconhecimento por parte do legislador da impossibilidade de prever, no seu recorte hipotético, todas as situações (daí utilizar conceitos indeterminados na hipótese), bem como a de manusear os factos concretos (nos casos das prerrogativas de apreciação).

b) A ideia de que a discricionaridade é uma escolha livre (do Direito), dentro de uma série de soluções ou alternativas de decisão igualmente legítimas (com o mesmo valor jurídico), não pode aceitar-se num Estado de Direito. A discricionaridade deve antes implicar a procura *da melhor solução* para a satisfação do interesse público legalmente definido no caso concreto, numa escolha orientada pelos princípios jurídicos.

Desta forma, a decisão administrativa legítima (no uso de poderes vinculados e no uso de poderes discricionários) é só uma.

A ideia de que a discricionaridade não pode ser uma zona livre do Direito, implicando antes a procura da melhor solução para o caso con-

[61] Actualmente o Autor em apreço reconhece que algumas destas situações representam exemplos de verdadeira autonomia da Administração, isto é, de poder discricionário: cfr. *Curso de Direito Administrativo, Vol. II, cit.*, p. 82 e ss.

creto (de acordo com o fim da norma e tendo por base uma racionalidade jurídica) vem sendo, em boa parte, seguida pela jurisprudência mais recente, que tem vindo a controlar de forma cada vez mais intensa as zonas tradicionais de "liberdade" administrativa.

c) A discricionaridade imprópria pode representar um perigo para a protecção, quer da legalidade pública, quer dos direitos dos administrados, pois não fornece critérios substanciais para ajuizar da densidade adequada do controlo judicial das decisões administrativas.

O paradoxo parece aqui evidente: se, por um lado, é dada uma resposta negativa à questão de saber se estamos perante um poder discricionário da Administração, por outro lado admite-se que a decisão administrativa respectiva é insusceptível de controlo pelo juiz, o que equivale a passar um "cheque em branco" à Administração.

3.4.2.8. *A posição adoptada*

a) A posição que defendemos (na linha da concepção preconizada entre nós por Rogério Soares) é a de um *conceito unitário e amplo de discricionaridade* como um espaço de decisão da responsabilidade da Administração, decorrente de uma indeterminação legal, o que abrange não *apenas as situações de indeterminação estrutural mas também as de indeterminação conceitual*, englobando quer as *faculdades* (directas) *de acção* (que decorrem de normas autorizativas e de normas de decisão alternativa) quer as margens de apreciação na aplicação de conceitos indeterminados – quer estes se encontrem na hipótese (discricionaridade de apreciação) quer na estatuição da norma (discricionaridade de decisão) –, quer ainda as *prerrogativas de avaliação* (juízos sobre aptidões pessoais ou avaliações técnicas especializadas, decisões com elementos de prognose, ponderação de interesses complexos e decisões com consequências políticas).

Para que o agente administrativo possa concluir encontrar-se perante uma situação de indeterminação concessora de poderes discricionários é necessário proceder-se à *interpretação da lei específica*, de acordo com as regras gerais – tomando em conta, designadamente, o tipo de tarefa em causa.

b) Na zona de discricionaridade há uma repartição de competências entre a Administração e o Juiz, entendida como distribuição de tarefas (de "funções organizacionais") por dois poderes estaduais: a *autoria* dos actos e a inerente *responsabilidade* pela prossecução do interesse público legalmente definido cabem à Administração; a *fiscalização* da conformidade ou compatibilidade dessa actuação administrativa com as normas legais e os princípios jurídicos compete aos tribunais.

c) Na zona da discricionaridade a actividade administrativa é *funcional e materialmente jurídica*: visa a *aplicação do direito ao caso concreto*, na procura da *melhor solução* orientada pelo *fim* da norma (interesse público específico) e regulada por uma *racionalidade jurídica* (em obediência aos princípios jurídicos como os da igualdade, imparcialidade, justiça, proporcionalidade, mas também da necessidade, racionalidade, boa-fé, proibição do arbítrio, e tendo em consideração os direitos, liberdades e garantias dos cidadãos administrados).

3.5. **Natureza do poder discricionário**

Como vimos, no século XIX o poder discricionário era concebido como um *poder originário da Administração*, como uma liberdade fundamental de que esta dispunha quando actuava fora das matérias reservadas ou já ocupadas por uma lei do Parlamento, ou seja, fora do domínio jurídico.

Como tal, o poder discricionário assumia um carácter não jurídico, estando em causa um terreno de administração pura, colocado fora do universo jurídico.

Hoje em dia, com a afirmação do princípio da juridicidade, ultrapassou-se definitivamente, como vimos, a identificação entre Lei e Direito: o Direito não é a mera legalidade, sendo também constituído por princípios jurídicos fundamentais, pela Constituição, pelo Direito Internacional (Tratados, Convenções e normas provenientes de Organizações Internacionais), por princípios gerais de direito administrativo, pelos regulamentos administrativos e pelos próprios actos administrativos que são actos jurídicos.

A discricionaridade é uma *concessão legislativa* (determinada por interpretação da norma), estando afastada a sua caracterização como liberdade absoluta da Administração ou como um "resto" deixado pelos tribunais, em campos onde sentem dificuldades de controlo dos actos administrativos.

Por tudo isto, o poder discricionário tem que ser hoje concebido como um *poder jurídico* em que se exige à Administração uma "*tensão criadora do direito do caso concreto*"[62], exprimindo a autonomia deste poder no contexto dos poderes públicos constitucionalmente separados.

A discricionaridade não deve, pois, ser vista como um "mal necessário" que tenha de ser reduzido ao mínimo; antes pelo contrário, desempenha um *papel positivo* quer para a realização do interesse público, quer para a protecção dos interesses dos particulares. Ilustrativo de tal papel é o facto de o legislador proceder à concessão de poderes discricionários em novas áreas (por exemplo na área da planificação e nas matérias que envolvam componentes técnicas).

Quando pratica actos administrativos discricionários a Administração está limitada pelo fim definido pela norma e sujeita ao direito, nomeadamente a princípios jurídicos gerais reguladores da actividade administrativa (igualdade, imparcialidade, justiça, proporcionalidade, etc.), devendo naturalmente tomar em consideração os direitos, liberdades e garantias dos cidadãos. Muitos destes princípios começaram por ser critérios de boa administração, sendo no entanto hoje verdadeiros princípios jurídicos (alguns com consagração constitucional e/ou legal expressa). Quando a Administração decide com base em poderes discricionários ela é norteada por tais princípios jurídicos que lhe fornecem os parâmetros ou critérios da decisão que, deste modo, se mostram como limites da decisão administrativa discricionária (princípio da juridicidade).

Se é clara a *juridicidade* do poder discricionário, importa contudo perguntar pela sua *justiciabilidade*, isto é, pela susceptibilidade do seu controlo jurisdicional. Ora, não há dúvida de que o exercício de poderes discricionários é susceptível de *fiscalização pelo juiz*. A questão está em saber até onde podem ir os tribunais administrativos quando estão em causa os poderes discricionários da Administração.

Uma vez que nenhum acto é absolutamente discricionário, tendo sempre alguns aspectos vinculados (fins e competências), o *controlo desses momentos vinculados* da actuação administrativa quando está em causa a prática de um acto discricionário não tem contornos especiais relativamente aos actos vinculados. Assim, se o órgão que actuou não era competente ou não dispunha de legitimação para agir, o tribunal administrativo anulará o acto praticado exactamente nos mesmos termos em que o anularia

---

[62] É esta a expressão usada por ROGÉRIO SOARES: cfr. *Direito Administrativo*, Univ. Católica, p. 85.

se o órgão estivesse a agir ao abrigo de poderes vinculados. Também se se demonstrar que a Administração se serviu dos poderes discricionários para prosseguir interesses (públicos ou privados) diferentes daqueles que a lei tinha em vista ao conceder-lhe tal competência discricionária, o tribunal anulará o acto praticado por *desvio de poder subjectivo*. A dificuldade neste caso reside, porém, na prova de que a Administração se *motivou* por interesses diferentes daqueles que, segundo a lei, a deveriam animar. Tal dificuldade pode ser superada, em grande parte, com a obrigatoriedade da Administração *motivar* os actos administrativos praticados ao abrigo de poderes discricionários, que referiremos adiante.

Já no que concerne ao *controlo do próprio uso dos poderes discricionários*, a dificuldade é maior. Naturalmente que o parâmetro de controlo não pode agora ser a lei, pois ela é aqui, como já dissemos, deliberadamente lacunosa. O critério de controlo aqui é mais vago e ao mesmo tempo mais abrangente, sendo constituído pelos princípios jurídicos que, como dissemos, devem nortear a Administração ao decidir com base em poderes discricionários. Todavia, só a *violação ostensiva* ou *intolerável* destes princípios (desvio de poder objectivo) poderá basear a anulação jurisdicional dos actos praticados ao abrigo de poderes discricionários, sob pena de os tribunais administrativos praticarem uma "dupla administração", ao pronunciarem-se sobre o mérito das decisões administrativas. A intolerabilidade da violação de tais princípios variará na medida da densidade do princípio em causa e dos circunstancialismos concretos em presença.

Deve, em todo o caso, relembrar-se que grande parte dos "princípios gerais de direito administrativo" tem hoje expressa consagração constitucional (artigo 266.º, n.º 2) e/ou legal (artigos 3.º a 12.º do CPA), o que facilita a tarefa do julgador.

Para além disso, os actos praticados ao abrigo de poderes discricionários podem ser anulados com base em *erro de facto*, se a Administração baseou a sua decisão em factos inexistentes ou falseados, ou em *erro manifesto de apreciação*, quando se torna evidente que a Administração avaliou ou qualificou mal a realidade (está aqui em causa um "juízo valorativo"), embora se tenha baseado em factos verdadeiros, correspondentes à realidade. Não compete aos tribunais substituírem-se à Administração na avaliação da situação, mas compete-lhes anular o acto quando verificarem que a avaliação feita pela Administração é *manifestamente desacertada* e *inaceitável*, quando o erro é *ostensivo* e *notório*, perceptível a uma pessoa sem os conhecimentos da Administração. O campo de eleição para o erro manifesto de apreciação é o do preenchimento de conceitos indeterminados típicos.

O exercício de poderes discricionários por parte da Administração é, pois, susceptível de fiscalização por parte do juiz, mas não de reexame: a maior flexibilidade dos parâmetros usados leva a que se caracterize o controlo judicial dos actos administrativos discricionários como um *controlo atenuado*.

3.6. **As garantias dos particulares perante os poderes discricionários da Administração**

Não se pode confundir juridicidade com justiciabilidade: o mundo jurídico é sempre mais vasto do que o justiciável. Toda a actividade administrativa está sujeita ao princípio da juridicidade mas nem toda ela é justiciável: não existe por isso, como vimos, um controlo total da actividade administrativa pelos tribunais.

Isto não significa que o particular fique desprotegido face à Administração. Perante a maior amplitude da discricionaridade da Administração, reforçam-se as garantias dos administrados.

Assim, para além das *garantias políticas* (Provedor de Justiça, controlo parlamentar) e *administrativas* (descentralização, concertação, participação), salientam-se as *garantias jurídicas*. É o caso, desde logo, do *princípio da aplicabilidade directa dos preceitos relativos aos direitos, liberdades e garantias* (artigo 18.º da Constituição). Por outro lado, verificou-se um *alargamento do domínio da reserva de lei parlamentar*, o que determina que relativamente às matérias por ele abrangidas se exija uma densidade legal acrescida e, portanto, uma vinculação mais estrita – formal, procedimental ou material – da actividade administrativa à lei.

Existe ainda a *obrigatoriedade de fundamentação* expressa dos actos administrativos. Com a fundamentação, a Administração deve dar notícia da presença dos pressupostos de facto da acção que a norma legal enuncia em abstracto na hipótese (*justificação*) e, estando em causa poderes discricionários, os interesses que, no seu juízo, foram determinantes para a definição de um especial conteúdo do acto (*motivação*). Através dos *motivos* a Administração deve indicar quais os interesses que a levaram a agir e aquele ou aqueles a que deu mais relevo no processo de decisão, no sentido de terem sido determinantes para o conteúdo do acto. Esta enunciação dos motivos torna naturalmente mais fácil ao tribunal detectar o *desvio de poder*, o *erro de facto*, o *erro manifesto de apreciação* e a *violação manifesta dos princípios*.

A juntar a tudo isto, encontramos o desenvolvimento do direito organizatório e procedimental e um controlo mais apurado dos vícios de discricionaridade pelos tribunais.

PARTE III
A actividade da Administração

A Administração Pública lança mão de variadíssimos instrumentos para cumprir as funções públicas que lhe são assinaladas, escolhendo-os e combinando-os, de modo a prosseguir da forma mais eficaz e eficiente os objectivos da sua actuação.

De facto, com o aumento das tarefas que incumbe à Administração desempenhar – sejam elas de prestação directa de bens e serviços aos administrados ou utentes; de definição das regras jurídicas aplicáveis à permissão ou ao exercício de uma determinada actividade; de controlo da actuação dos privados em áreas com relevo para a actuação administrativa; ou de regulação dos operadores privados na satisfação de serviços de interesse geral – também se multiplicaram as formas de actuação administrativa ou se reconfiguraram instrumentos tradicionais de actuação da Administração.

Em termos gerais, para além dos *actos jurídicos de direito público*, passíveis de múltiplas caracterizações, a Administração necessita de praticar *operações materiais de exercício* (por exemplo, a construção de infra-estruturas públicas ou a demolição de obras ilegais) e *actos de execução material* (por exemplo, a notificação dos actos que pratica ou, mesmo, o abate de animais por razões de interesse público), que configuram meros factos jurídicos, isto é, actuações da Administração que não contêm em si a sua própria estatuição. Também, e cada vez mais, numa época caracterizada pelo *risco/incerteza* e pela imposição da mínima ingerência na esfera jurídica dos particulares, a Administração lança mão de *actuações administrativas informais*, pelo menos de cariz unilateral (instruções, recomendações e advertências não vinculativas, mas que visam conformar a actuação dos seus destinatários).

A Administração recorre ainda, e com cada vez maior intensidade, a figuras e formas de actuação de direito privado, o que conduz a uma tendência de "privatização" da Administração Pública. A que acresce novas formas de actuação administrativa, dificilmente reconduzíveis às formas típicas tradicionais (como é o caso dos planos territoriais).

Centrando-nos, por estes motivos, nas actuações de direito público da Administração, iremos desenvolver em particular o estudo do *acto administrativo* que, apesar de rivalizar, cada vez mais, com outros instrumentos de intervenção da Administração, foi tradicionalmente a figura central da actividade administrativa e ainda hoje se assume como o modo mais característico da actuação jurídica da Administração.

De entre os actos jurídicos de cariz público praticados pela Administração destacam-se, para além da figura acabada de mencionar do *acto administrativo*, o *regulamento*, tendo-se juntado a elas, mais recentemente, o *contrato administrativo*, com importância crescente nos nossos dias.

Na Parte III debruçar-nos-emos autonomamente sobre cada uma destas formas da actividade administrativa, que corresponderá a cada um dos seguintes capítulos. Comecemos, então, pelo estudo dos regulamentos administrativos.

Capítulo I

Os regulamentos administrativos

1. Conceito

Os regulamentos administrativos são *normas jurídicas editadas pela Administração no exercício da função administrativa.*

Esta noção encerra três elementos essenciais: um elemento de natureza material, outro de natureza orgânica e um terceiro de natureza funcional.

Do ponto de vista material os regulamentos são *normas jurídicas.* Isto significa que os regulamentos administrativos têm as notas de *generalidade* e de *abstracção* típicas dos actos normativos. Com a nota da generalidade pretende afirmar-se ser o regulamento um comando que se aplica a uma pluralidade (número indeterminado) de destinatários. Por seu turno, a característica da abstracção traduz-se na circunstância de ele se aplicar a um número indeterminado de casos ou situações. Daqui decorre que o regulamento administrativo não se esgota numa única aplicação. Aplicar-se-á sempre que se verifiquem as situações típicas que nele forem previstas. Esta característica é tradicionalmente designada pela doutrina como *pretensão imanente de duração*: o regulamento é um acto susceptível de se aplicar um número indeterminado de vezes a um número indeterminado de situações e de pessoas.

Mas, como norma que é, o regulamento administrativo é uma *norma jurídica.* Isto significa que é uma regra de direito, que pode, designadamente, ser imposta por coacção e cuja violação leva, em geral, à aplicação de sanções, sejam elas de natureza administrativa ou disciplinar.

Do ponto de vista orgânico os regulamentos administrativos são editados por autoridades administrativas.

Do ponto de vista funcional os regulamentos são emanados no exercício da função administrativa. Este aspecto é importante na medida em que o Governo, órgão máximo da Administração Pública, detém também, a título principal, poder legislativo. Deste modo, por forma a que se não confundam os decretos-lei, que são editados no exercício da função legislativa, com os regulamentos, editados no exercício da função administrativo, é necessário juntar esta nota funcional.

Porque se trata do exercício da função administrativa, a actividade regulamentar terá que se subordinar ao *princípio da legalidade,* como veremos mais à frente.

É possível, ainda, referirmo-nos aos regulamentos do *ponto de vista formal*, uma vez que estes se podem apresentar sob formas variadas.

Assim, no que concerne aos regulamentos do Governo, eles podem assumir a forma de decretos-regulamentares, de resoluções (do Conselho de Ministros), de portarias (dos Ministros em nome do Governo) e de despachos normativos (dos Ministros em nome do Ministério respectivo).

Temos, ainda, os decretos regulamentares regionais (dos governos regionais, que regulamentam a legislação regional), as posturas (das autarquias locais), os estatutos auto-aprovados (por exemplo das universidades) e outros regulamentos emanados por entes institucionais e corporativos, etc.

2. Classificação

São vários os critérios utilizados para se classificarem os regulamentos administrativos: o dos respectivos destinatários; o dos tipos de relações administrativas que eles regulam; o da sua ligação à lei, etc.

Vejamos, pois, os mais importantes.

2.1. **Classificação com base no âmbito da respectiva eficácia**

Com base neste critério distinguem-se os *regulamentos internos* dos *regulamentos externos.* Os primeiros são normas que projectam os seus efeitos no interior da pessoa colectiva administrativa, esgotando a sua força vinculativa no seio desta, tendo como destinatários apenas os agentes administrativos nessa qualidade. Trata-se de regulamentos que visam regular a *organização* e *funcionamento* dos serviços, designadamente, a *distribuição das tarefas* pelos agentes dos serviços administrativos e a *fixação de normas de expediente* (de serviço), bem assim como os que criam auto-

-vinculações internas para o exercício de poderes discricionários, de forma a garantir uma actuação uniforme dos serviços.

Por sua vez os regulamentos externos são normas administrativas cujos efeitos se projectam no exterior da Administração, tendo uma eficácia jurídica bilateral visto produzirem efeitos no ordenamento jurídico geral: não só relativamente à Administração, mas também em relação aos particulares, regulando essencialmente relações inter-subjectivas (incluindo as que se estabelecem entre distintas entidades administrativas).

Os regulamentos internos estão sujeitos a um regime especial que se traduz essencialmente no seguinte:

(1) não são susceptíveis de impugnação contenciosa uma vez que não afectam a esfera jurídica dos particulares;

(2) os órgãos administrativos podem não cumprir os regulamentos internos em concreto, uma vez que não vale para eles a regra da inderrogabilidade singular dos regulamentos (o que significa que se admitem decisões concretas divergentes da regulação constante do regulamento interno, desde que devidamente justificadas).

Isto não significa, porém, que os regulamentos internos não tenham qualquer relevo jurídico. Com efeito, não obstante não estarem sujeitos a impugnação judicial, eles são susceptíveis de impugnação pelos meios administrativos no âmbito da auto-tutela administrativa, que permite o controlo de vícios de mérito; e, por outro lado, eles podem fornecer indícios de ilegalidade dos actos administrativos que os apliquem – estes podem ser ilegais se os regulamentos internos o forem –, ou dos actos que os ignorem – se não for fundamentada a sua desaplicação no caso. Nestas situações, os regulamentos internos têm relevo indirecto na ordem externa uma vez que denunciam indícios ou sintomas de ilegalidade (designadamente por mau uso do poder discricionário) ou de violação do princípio da igualdade: é o que sucede com o incumprimento de directivas internas de discricionariedade, isto é, directivas auto-vinculativas para o exercício de poderes discricionários.

Tradicionalmente, os regulamentos internos, por contraposição aos externos, não eram considerados *jurídicos*. Tal facto resultava essencialmente da sua insusceptibilidade de impugnação judicial. Esta concepção deve ser repudiada actualmente visto não poder confundir-se o espaço de justiciabilidade (susceptibilidade de impugnação contenciosa) com o domínio de juridicidade (domínio com relevo para o direito). Por outro lado, não podem deixar de se considerar jurídicas normas que criem obrigações para os órgãos da Administração e que prevêem sanções em caso de não cumprimento de tais obrigações, como acontece com os regulamentos internos.

Actualmente é muito difícil encontrarmos regulamentos que tenham eficácia meramente interna. Como vimos, tem de se tratar de normas exclusivamente orgânicas ou funcionais. Um exemplo típico de regulamentos internos é o caso das "circulares" ou "instruções" que tenham por fundamento exclusivo o dever de obediência hierárquica, dirigidas aos agentes dependentes dessa hierarquia, quanto ao modo como deve ser interpretada uma lei ou integrada uma lacuna.

2.2. Regulamentos gerais (externos) e regulamentos especiais (externos e internos)

Os regulamentos gerais são aqueles que se dirigem a todos os particulares em geral, não pressupondo uma relação estatutária com a Administração. Por sua vez, os regulamentos especiais são normas destinadas a regular as designadas *relações especiais de poder* ou, numa formulação mais moderna, *relações especiais de direito administrativo*, ou seja, relações de especial ligação ou subordinação dos particulares com uma determinada entidade administrativa.

Os regulamentos gerais são, nitidamente, regulamentos externos, visto que, tendo como destinatários os particulares em geral, produzem os seus efeitos fora da esfera da entidade que os emana.

A questão que se coloca é a de saber se os regulamentos especiais são externos ou meramente internos.

Para esse efeito, é necessário compreender exactamente o que se entende por "relações especiais de poder" ou "de direito administrativo": pretende-se com esta noção classificar aquelas relações em que os particulares se encontram ligados à Administração por laços de subordinação especial, diferentes daqueles que vinculam os cidadãos nessa sua condição ou enquanto munícipes, por exemplo. É o que acontece designadamente com o pessoal objecto de contrato de trabalho em funções públicas perante os seus superiores hierárquicos e, em geral, perante a organização administrativa; com os militares em face da instituição militar; com os reclusos em face da administração prisional; com os alunos de uma escola pública perante os órgãos dessa mesma escola; ou com os doentes de um hospital público em face dos respectivos órgãos. De todas estas, destacamos a relação especial de poder que encontramos na relação de emprego público.

A doutrina actual distingue, no seio de tais relações, dois tipos de situações. Por um lado, uma *relação orgânica ou de funcionamento*, em que as pessoas sujeitas a tais relações são vistas apenas enquanto elementos da respectiva "máquina" administrativa, ficando sujeitas aos poderes dos seus órgãos. Por outro lado, existe a chamada *relação de serviço* ou *fundamental*, em que se realça o facto de as pessoas submetidas a essa relação não sofrerem qualquer *capitis deminutio* como se pensava tradicionalmente: os funcionários, reclusos ou militares não perdem, com essa sua condição, o estatuto de cidadãos e de pessoas, a quem são reconhecidos direitos fundamentais que a Administração não pode pôr em causa.

Na *relação orgânica* o destinatário da relação especial de poder encontra-se numa especial dependência face à Administração. Tomando por base a relação de emprego público, trabalhadores em funções públicas são vistos apenas nessa qualidade, como um elemento fundamental do funcionamento do serviço.

Por sua vez, na *relação fundamental*, o destinatário da relação especial de poder é considerado não como um elemento do serviço mas como uma pessoa, titular de direitos fundamentais.

Se o regulamento especial se aplicar apenas à relação orgânica, dirigindo-se aos trabalhadores em funções públicas apenas nessa qualidade, com o fim de disciplinar a *organização* ou o *funcionamento* do serviço, tal regulamento é meramente interno. Se se tratar de regulamentos aplicáveis àqueles trabalhadores na sua qualidade de *cidadãos* ou como titulares de direitos fundamentais que a Administração não pode pôr em causa, sujeitos de uma relação jurídica de emprego com a Administração, com o fim de disciplinar essa relação e os direitos ou os deveres recíprocos que a integram, então esses regulamentos serão externos.

2.3. **A classificação dos regulamentos gerais externos quanto à sua relação com a lei**

2.3.1. ***A relação dos regulamentos com a lei***

Dissemos, supra, que os regulamentos são normas emanadas pela administração *no exercício da função administrativa*. Como toda a função administrativa, também a função regulamentar está subordinada ao princípio da legalidade da administração. No domínio da elaboração de regulamentos administrativos o princípio da legalidade pode ser entendido nos seus subprincípios: o *primado da lei*, a *reserva da lei* e a *precedência da lei*.

De acordo com o primeiro dos subprincípios apontados, o regulamento não pode contrariar actos de valor legislativo[63]. A lei tem absoluta prioridade sobre os regulamentos.

Nos termos do segundo princípio, os regulamentos não podem regular inovatoriamente matérias de reserva de acto legislativo. Com este princípio a Constituição reserva à lei a regulamentação inicial de certas matérias.

Mas, como vimos supra, um vector de extrema importância em que se traduz actualmente o princípio da legalidade é o da *precedência de lei*, significando isto que todos os regulamentos, como aliás acontece com toda a actividade administrativa, têm o seu fundamento numa lei prévia anterior, não podendo a Administração elaborar regulamentos sem que uma lei prévia a habilite a fazê-lo.

Se todos os regulamentos pressupõem uma lei prévia da qual dependem, a verdade é que o grau de dependência em relação à lei não é sempre o mesmo.

Daqui decorre o critério de classificação dos regulamentos administrativos de que trataremos de seguida.

2.3.2. *Classificação dos regulamentos em função do seu grau de dependência em relação à lei. A sua admissibilidade constitucional*

De acordo com o critério apontado, temos as seguintes categorias de regulamentos:

– *Regulamentos executivos* ou *de execução*. Em termos simplistas, os regulamentos de execução visam *obviar deficiências involuntárias de expressão do legislador.* Presume-se, naturalmente, que o legislador quis ser claro e preciso e que se esforçou por isso: só que não conseguiu totalmente o resultado pretendido, tendo ficado entre a expressão utilizada e a expressão desejada uma distância mais ou menos marcada que o Executivo, na sua tarefa de *velar pela aplicação uniforme das normas legislativas* vai ter de cobrir através da emissão de regulamentos de execução. Estes visam, assim, impedir que, em virtude da imprecisão do legislador, se instaurem, na aplicação das normas legislativas, expressões diferentes de serviço

[63] Inclui-se, aqui, como dissemos antes, o direito da União Europeia com valor legislativo. Na verdade muitos dos regulamentos administrativos destinam-se, em cada vez maior medida, à aplicação de disposições normativas directamente aplicáveis da União Europeia.

para serviço e de caso para caso, contra os intuitos do legislador que desejou uma aplicação uniforme das normas que emitiu.

Deste modo, os regulamentos executivos visam *interpretar* o sentido dos preceitos legais, *esclarecendo-os*, se obscuros, *precisando-os,* quando deficientes ou lacunosos, *pormenorizando-os*, na medida em que incompletos, de modo a permitir a sua compreensão e a assegurar a sua *aplicação uniforme* pelos serviços administrativos. Em todo o caso, limitam-se, como o seu próprio nome indica, a realizar uma execução estrita da lei, não criando nada de novo em relação a ela, nem lhe acrescentando seja o que for, a não ser na medida em que estabelecem pormenores indispensáveis à sua boa aplicação. Fixam, por exemplo, as regras orgânico-processuais que permitem a aplicação de preceitos legais ou explicitam técnico-cientificamente os pressupostos de facto previstos na lei.

Como afirma Afonso Queiró, os regulamentos executivos limitam-se a repetir, de uma forma clara (ou mais clara), as regras e preceitos de fundo que o legislador editou.

– *Regulamentos complementares*. São aqueles que permitem à Administração completar as leis, nomeadamente aquelas que se limitam a estabelecer um quadro legal amplo.

Podem ser de dois tipos. Em primeiro lugar, os *regulamentos complementares de desenvolvimento*, pelos quais a Administração vai completar as leis que se limitam a estabelecer as bases gerais, as directrizes para a regulamentação de uma determinada matéria. Aqui a Administração inova, uma vez que estabelece as regras que disciplinam o objecto em causa, mas é uma inovação controlada, um mero desenvolvimento, uma vez que a lei lhe fornece, além do fim, o quadro normativo cuja lógica tem de respeitar. Em segundo lugar podem ser *regulamentos complementares integrativos,* que utilizam o quadro legal para regular situações especiais que não estejam expressamente previstas.

– *Regulamentos autorizados ou delegados*. São aqueles em que a Administração, autorizada pelo poder legislativo, actua em vez do legislador. Trata-se de situações em que o legislador se demite do exercício da função legislativa e praticamente a delega na Administração, ou seja, a lei, pelas razões mais diversas, confere à Administração competência para, através de comandos regulamentares, ser ela própria a fixar a disciplina normativa de certas relações sociais.

Estabelecidas as distinções entre estes três tipos de regulamentos cabe agora questionar da sua admissibilidade face à nossa Constituição. O artigo 112.º, n.º 5 da CRP determina que "*nenhuma lei pode criar outra categoria de actos legislativos ou conferir a actos de outra natureza o poder de, com eficácia externa, interpretar, integrar, modificar, suspender ou revogar qualquer dos seus preceitos*".

Interpretado literalmente este preceito excluiria qualquer dos regulamentos acabados de referir. No entanto, e de acordo com a maioria da doutrina, esta não é seguramente a única nem a mais razoável das interpretações para o preceito constitucional mencionado.

No que concerne aos regulamentos executivos, o que o legislador constituinte pretendeu com o artigo 112.º, n.º 5 foi reagir contra os abusos a que conduziu a prática legislativa de remeter para despachos ministeriais a resolução de quaisquer dúvidas ou omissões suscitadas pela aplicação da lei, uma vez que os ministros, a pretexto de interpretarem as normas legais ou integrarem as respectivas lacunas acabavam, na maior parte das vezes, por criar soluções novas para além do espírito da lei ou até mesmo contra ele. Porém, a reacção contra o abuso não tem de ir ao ponto de proibir a lei de conceder à administração o poder para, através de normas com eficácia externa, interpretar as normas legais que lhe cabe executar e integrar as respectivas lacunas. Deve, pois, concluir-se que o artigo 112.º, n.º 5 não proíbe os regulamentos executivos. Ao que acresce a circunstância de tais regulamentos, quando elaborados pelo Governo, estarem expressamente previstos na alínea c) do artigo 199.º da CRP.

Quanto aos regulamentos complementares, este preceito não é conclusivo, embora aponte no sentido da sua admissibilidade. Para esta conclusão concorre a lógica do sistema constitucional da repartição de poderes normativos que, ao conceder ao Governo uma competência legislativa própria e alargada, torna desnecessário o recurso a esta figura justamente pensada para resolver a questão da sobrecarga normativa das assembleias representativas no interior de sistemas em que o Governo não dispõe de poderes legislativos normais. Servindo os regulamentos complementares para completar as bases gerais estabelecidas na lei (regulamentos complementares de desenvolvimento), podemos dizer que tal tarefa se encontra hoje atribuída aos decretos-lei de desenvolvimento. Quanto a nós, parece-nos, no entanto, que é possível interpretar amplamente o referido preceito constitucional por forma a admitir-se, ainda que excepcionalmente, os regulamentos complementares de desenvolvimento: a necessidade de decretos-lei de desenvolvimento deve ser exigida para a complementação de leis-quadro cujas bases ou princípios gerais constituam reserva de lei parlamentar, podendo as bases gerais das leis-quadro situadas em domínios não reservados à lei ser desenvolvidas por regulamentos que devem, em tais casos, assumir a forma de decretos regulamentares.

No caso dos *regulamentos complementares de integração*, apesar de aparentemente proibidos pelo artigo 112.º, devem considerar-se admissíveis desde que expressamente autorizados por lei, quando se limitem a adaptar o quadro legal a situações especiais (e só fora das zonas de reserva de lei formal).

Os regulamentos autorizados ou delegados são directamente atingidos pelo citado preceito constitucional que os proíbe quando sejam *modificativos* (alteram a disciplina legislativa), *suspensivos* (limitam-se a tornar ineficaz uma norma legal, mas desprovidos de qualquer preceito inovador) ou *revogatórios* (eliminam leis do ordenamento jurídico).

Dentro desta tipologia de regulamentos surge-nos o último grupo de regulamentos, que designaremos por *regulamentos independentes*, cuja característica essencial está no facto de não terem *por detrás de si uma lei específica que se destinam a regulamentar*, consistindo, por isso, na *regulação primária ou inicial de certas relações sociais*. Dentro desta categoria vamos encontrar os *regulamentos (independentes) autónomos* e os *regulamentos independentes do Governo*.

Antes de vermos se o nosso ordenamento jurídico admite ou não este tipo de regulamentos, vejamos em que é que eles consistem:

– *Regulamentos autónomos* (ou *independentes autónomos*): em sentido amplo, esta categoria abrange as normas administrativas emitidas por *entes não estaduais* no uso de poderes de produção normativa primária. Estes poderes encontram os seus fundamento e limite na necessidade de prossecução das atribuições próprias ou concedidas a esses entes públicos. Num sentido mais estrito, os regulamentos autónomos consistem numa *normação primária* emitida pelos *organismos da Administração autónoma* como expressão da sua *auto-administração* e do seu *auto-governo*. São, assim, um instrumento de auto-regulação no âmbito da gestão de interesses próprios e de responsabilidade própria.

– Por seu turno, os *regulamentos independentes do Governo* são aqueles que este edita sem referência imediata a uma lei, não visando executar ou alterar o conteúdo de uma norma legal anterior, consistindo na disciplina inicial de certas relações sociais. Abrangem também, actualmente, os regulamentos emanados por autoridades reguladoras no exercício de poderes normativos genéricos que lhe são concedidos por lei.

Do que vimos de dizer, a única diferença que existe entre regulamentos independentes propriamente ditos e regulamentos autónomos é a da entidade competente para a sua emissão.

A questão principal que este tipo de regulamentos coloca é a da sua compatibilidade com o princípio da precedência da lei.

Nos termos da Constituição portuguesa, (artigo 112.º, n.º 7) "*os regulamentos devem indicar expressamente as leis que visam regulamentar ou que definem a competência objectiva e subjectiva para a sua emissão*".

A articulação dos regulamentos independentes com a lei tem sido objecto de posições diferentes na doutrina.

– Para uma primeira posição (defendida, entre nós, por Vital Moreira, Gomes Canotilho e pelo Tribunal Constitucional) o referido n.º 7 do artigo 112.º deve ser entendido no sentido de a sua primeira parte (*indicar expressamente as leis que visam regulamentar*) se aplicar aos regulamentos executivos e a segunda parte (*indicar as leis que definem a competência objectiva e subjectiva para a sua emissão*) aos regulamentos independentes e autónomos. Para esta posição, não pode existir poder regulamentar sem fundamento numa lei prévia. No caso dos regulamentos independentes, tal lei é aquela que define a competência objectiva (a matéria a tratar) e a competência subjectiva (o órgão regulamentador ou com competência para regulamentar), mesmo que essa norma seja, em alguns casos, a própria Constituição como é o que acontece com os regulamentos emanados pelas Regiões Autónomas e pelas autarquias locais [artigos 227.º, n.º 1, al. d) e 241.º, respectivamente].

– Para um outro sector da doutrina (Afonso Queiró e Vieira de Andrade), se é possível dar cumprimento à exigência constitucional de indicação da lei que fixa a competência objectiva e subjectiva no caso dos regulamentos das autarquias locais e das regiões autónomas, já o mesmo não sucede no que concerne aos regulamentos independentes do Governo. Não é possível, designadamente, identificar as leis que fixam a competência objectiva do Governo, visto a sua competência dizer respeito à satisfação de qualquer necessidade colectiva e não terá sentido uma norma que especifique as atribuições do Estado numa sociedade como a de hoje, em que o domínio político se estende tendencialmente a todas as zonas da vida social. Apesar disto esta doutrina não retira daqui a proibição dos regulamentos independentes do Governo[64]. É que, é o próprio artigo 112.º, n.º 6, da CRP, que refere expressamente os regulamentos independentes do Governo. Logo, é porque a Constituição entende possibilitar ao Governo a disciplina inicial de certas matérias através de processos mais simples e sem força de lei. Para alguns (AFONSO QUEIRÓ) o fundamento destes regulamentos decorre do artigo 199.º, al. g): ao determinar que cabe ao Governo praticar todos os actos e tomar todas as providências necessárias à promoção do desenvolvimento económico-social e à satisfação das necessidades colectivas, o referido artigo pode ser entendido como atribuindo, também, poderes regulamentares iniciais de certa matéria. Segundo AFONSO QUEIRÓ, este preceito da Constituição refere-se a actos normativos (regulamentos) e não aos actos individuais e concretos (actos administrativos), funcionando assim como uma espécie de "cláusula geral" de atribuição de competência regulamentar ao Governo.

Para outros (VIEIRA DE ANDRADE), o seu fundamento está no artigo 199.º, al. c), daí decorrendo que se trata de regulamentos que visam, não executar leis específicas mas dinamizar a ordem jurídica em geral. Existe, assim, uma competência universal do Governo em matéria regulamentar.

Nessa medida pode afirmar-se que a 2ª parte do n.º 6 do artigo 112.º confirma implicitamente uma excepção à regra prevista no n.º 7, excepção que é contrabalançada pela exigência da forma decreto-regulamentar, que é a forma mais solene dos regulamentos do Governo, implicando, designadamente, além da assinatura do Primeiro-Ministro, a promulgação pelo Presidente da República. Em todo o caso, só são admitidos, obviamente, fora do domínio da reserva de lei.

Maiores reservas merecem, do ponto de vista constitucional, os regulamentos emanados pelas entidades administrativas independentes: estes apenas deveriam ser admitidos como regulamentos de execução, devendo ser interpretados restritivamente, sob pena de inconstitucionalidade das normas legais que lhes permitam ir mais além.

---

[64] Com efeito, esta poderia ser uma solução possível. Sendo o Governo detentor de poderes legislativos normais, então ele deveria usar a forma legislativa para a regulação primária das relações sociais.

3. Fundamento do poder regulamentar

O poder regulamentar externo da Administração, como aliás todos os seus poderes, não é um poder originário mas um poder derivado, conferido pela Constituição ou pela lei. Isto é: trata-se de um poder que se baseia exclusivamente nas normas constitucionais ou legais que, em cada caso, atribuem competência regulamentar a dada autoridade administrativa. Se a Constituição ou a lei nada disserem a tal respeito, então a competência regulamentar não existe.

Já a competência regulamentar interna se fundamenta no poder de auto-regulamentação e auto-organização da Administração, designadamente no poder que as autoridades superiores têm para disciplinar as autoridades subalternas. Tal poder não carece de autorização especial, pois entende-se que ele está institucionalmente concedido, de um modo geral, às autoridades hierarquicamente superiores, não sendo necessária disposição expressa da lei para que lhes seja reconhecido.

4. Limites do poder regulamentar

Há, na elaboração dos regulamentos administrativos, um conjunto de regras e princípios de carácter material que determinam e condicionam o conteúdo ou a disciplina neles contida.

– A primeira regra a cumprir é a de que os regulamentos *não podem conter disciplina contrária aos preceitos de valor normativo superior*.

Os regulamentos têm de respeitar não só a *Constituição* e as *leis* mas também os *regulamentos do Governo* e, no caso de regulamentos de autarquias locais, têm ainda de respeitar os regulamentos das *autarquias de grau superior* (v.g. da região administrativa, quando existir) ou das autoridades com poder tutelar (que são, além do Governo da República, e dos seus representantes, também os governos regionais, no que respeita às autarquias das regiões autónomas) – cfr. artigo 241.º CRP.

– Em segundo lugar, os regulamentos estão sujeitos ao regime constitucional geral sobre regulamentos (artigo 112.º CRP). Assim, além do limite negativo das normas superiores, *estão-lhes vedadas as matérias constitucionalmente reservadas à lei.*

Para alguns autores, a proibição de os regulamentos tratarem matéria de reserva de lei vale mesmo que tenha havido autorização ou delegação legal nesse sentido, devendo afastar-se a tentativa de se alargarem os poderes regulamentares do Governo e das autarquias locais, particularmente através da figura dos regulamentos autorizados em matéria de reserva de lei.

Esta posição não é, no entanto, hoje, consensual. Alguma doutrina vem já defendendo um entendimento elástico do princípio da reserva de lei, no sentido de que ele deve admitir compressões em matérias difusas, como por exemplo a dos direitos, liberdades e garantias, a fim de se adaptar à diversidade dos tipos de intervenção normativa.

Na sequência desta posição, a jurisprudência e a doutrina estão frequentemente disponíveis para interpretar a reserva da lei em termos menos exigentes, mais quando está em causa a administração autónoma, designadamente a municipal, do que quando está em causa a administração (directa ou indirecta) do Estado, dada a auto legitimação democrática daquela.

– Em terceiro lugar, a doutrina costuma assinalar a proibição de os regulamentos *terem efeitos retroactivos*. Assim o exige o respeito pela competência das autoridades no tempo, bem como o respeito pelos direitos adquiridos.

No entanto, deve assinalar-se o facto de não haver nenhuma regra constitucional ou legal a dizê-lo expressamente. Em todo o caso, em face dos princípios contidos no artigo 12.º do Código Civil e em articulação com alguns princípios jurídicos fundamentais, como os da certeza e da segurança jurídica e da protecção da confiança, é este um princípio habitualmente afirmado pela doutrina. Que não exclui a possibilidade de, em certas circunstâncias, os regulamentos possuírem eficácia retroactiva.

É o que se passa, pelo menos em sede de matéria disciplinar, com os regulamentos que estabelecem sanções mais leves do que as fixadas pelos regulamentos em vigor à data da prática da infracção: aplica-se aqui a regra que impera no direito penal de que devem ter aplicação imediata os regulamentos que estabeleçam sanções mais leves, aplicando-se assim a todas as infracções ainda por julgar. Ou seja, a regra da irretroactividade dos regulamentos não vale quando o novo regulamento consagra um regime mais favorável para os administrados, quando estes estiverem na posição de arguidos.

É o que sucede, também, com regulamentos de planos especiais de ordenamento do território, como os da orla costeira, que estabeleçam proibições de edificação em zonas de risco natural aplicáveis, por opção própria da entidade administrativa, a direitos adquiridos em momento anterior à sua entrada em vigor (v.g. titulados por licenciamentos urbanísticos). Em nome do principio da protecção da confiança, da segurança jurídica e dos direitos adquiridos, nestas situações os particulares afectados terão de ser compensados pelas restrições impostas aos seus direitos.

– Uma quarta regra determina que cada órgão com competência regulamentar não pode invadir a *competência* de outras autoridades administrativas (competência subjectiva) e deve prosseguir o *fim* que determinou que lhe tenha sido atribuído aquele poder regulamentar (competência objectiva).

– Em quinto lugar, os regulamentos, em especial aqueles que envolvem um amplo poder discricionário quanto à fixação do seu conteúdo normativo, designadamente os regulamentos autónomos, devem obediência aos *princípios gerais de direito administrativo* plasmados na Constituição da República Portuguesa (artigo 266.º) e no Código do Procedimento Administrativo (artigos 3.º a 12.º), designadamente os princípios da *proporcionalidade*, *justiça*, *igualdade*, *imparcialidade*, *prossecução do interesse público*, *participação*, etc.

– Por fim, no artigo 119.º do CPA inscrevem-se normas muito importantes na perspectiva da defesa da legalidade da actividade regulamentar e da segurança jurídica.

Por um lado, os regulamentos que sejam necessários à execução da lei não podem ser pura e simplesmente revogados mas apenas substituídos por outro(s) – artigo 119.º, n.º 1. A intenção deste normativo vai no sentido de evitar dar-se à Administração a possibilidade de na prática desaplicar certo tipo de leis. O mesmo regime se aplica àqueles regulamentos exigidos pela lei. A decisão de revogação de um regulamento só será, assim, eficaz após a entrada em vigor do regulamento que o venha a substituir.

Por sua vez, o n.º 2 deste preceito determina a necessidade de os regulamentos mencionarem especificadamente as normas regulamentares que revogam. Esta norma visa garantir a certeza, clareza e paz jurídicas, ao permitir acabar com as enormes dificuldades que existem relativamente à aplicabilidade de normas que se sucedem no tempo: é que, dada a proliferação dos regulamentos, muitas vezes torna-se difícil saber se certas normas continuam ou não em vigor.

Uma parte da doutrina tem defendido que a exigência do artigo 119.º, n.º 2 do CPA é uma condição legal para a emissão dos regulamentos novos, pelo que a falta de menção dos regulamentos que o novo regulamento revoga determina a invalidade deste. É a tese que defende a força invalidante desta formalidade.

– Uma das mais importantes regras aplicáveis aos regulamentos administrativos (externos) é a regra da *inderrogabilidade singular dos regulamentos*. Segundo ela, a partir do momento em que o regulamento entra em vigor, vincula a todos: Administração, tribunais e particulares. Todos têm de cumprir o que nele se estipula. Os órgãos administrativos não podem, através das suas acções concretas violar os comandos regulamentares, sob pena de as verem judicialmente anuladas ou declaradas inválidas. De facto, a Administração não pode revogar, por via individual e concreta, os regulamentos administrativos que ela própria criou enquanto não forem banidos da ordem jurídica. Os regulamentos têm de ser acatados pelas autoridades administrativas, incluindo o seu próprio autor.

5. Hierarquia e aplicação dos regulamentos

Não existe, em princípio, qualquer relação hierárquica entre os diferentes tipos de regulamentos, tendo eles igual valor jurídico.

Pode, em todo o caso, existir, eventualmente, uma aplicação cumulativa dos regulamentos conforme as atribuições e competências próprias de cada autoridade (cfr. artigo 241.º CRP).

No que diz respeito aos regulamentos do Governo, apesar de, do ponto de vista material, não decorrer entre eles qualquer ordenação hierárquica, ela pode verificar-se dada a forma mais ou menos solene que eles assumam. Deste modo, encontram-se em primeiro lugar os decretos regulamentares, seguindo-se as resoluções do Conselho de Ministros, as portarias e, por fim, os despachos normativos. Em caso de conflito na aplicação dos vários regulamentos ele deve ser resolvido de acordo com a regra da prevalência dos regulamentos de eficácia territorial mais ampla.

No que respeita aos regulamentos das autarquias locais, os conflitos de aplicação, quando existam, são resolvidos, nos termos da Constituição, de acordo com a regra da *prevalência* dos regulamentos autárquicos de eficácia territorial mais ampla ou da *especialidade tutelar* (que deve ser aceite apenas relativamente às *matérias* e à *medida* em que a lei determine a existência de tutela regulamentar do Governo ou dos governos regionais, que não se presume).

Nas matérias de *concorrência de competências* entre o Estado e as autarquias locais (v.g. em geral no urbanismo e ordenamento do território ou, em particular, em matéria de planeamento territorial) a prevalência deve ser avaliada em cada tipo de situações, em função das *normas de competência*, interpretadas de acordo com os princípios constitucionais da *subsidiariedade*, da *autonomia local* e da *descentralização administrativa* (artigo 6.º da Constituição), que limitam a prevalência do interesse nacional, devendo ter em conta os princípios de *cooperação* e de *coordenação* dos interesses nacionais e locais.

6. Controlo contencioso dos regulamentos

Apesar de o contencioso administrativo não ser objecto desta parte do nosso estudo do direito administrativo, o problema do controlo contencioso dos regulamentos merece uma palavra, ainda que muito breve.

Na linha do que há muito estava estabelecido na legislação e era seguido na jurisprudência administrativa do nosso país – à imagem de todos os que nos são próximos – existem no ordenamento jurídico português meios e formas de suscitar a ilegalidade de regulamentos administrativos – em geral de "normas" administrativas – nos tribunais administrativos. O que não poderia deixar de acontecer, uma vez que, desde a Revisão Constitucional de 1997, está consagrado no texto constitucional o *direito* de impugnação judicial directa de normas administrativas com eficácia externa, quando elas sejam *lesivas* de direitos ou interesses legalmente protegidos dos cidadãos (art. 268.º, n.º 5).

Assim, o CPTA prevê que um dos pedidos que pode ser formulado na *acção administrativa especial* por ele criada seja o da *impugnação de normas*, tendo igualmente passado a prever a possibilidade de ser requerida a *declaração de ilegalidade da omissão de normas*.

O primeiro dos pedidos está previsto no artigo 72.º do referido Código, sendo de realçar os seguintes aspectos em relação ao seu regime:

– ele concretiza-se em duas modalidades diferentes, o pedido de declaração de ilegalidade com *força obrigatória* geral[65] e o pedido de declaração de ilegalidade *num caso concreto*[66];

– a *legitimidade activa* para pedir a declaração é muito ampla, pertencendo a qualquer pessoa que alegue ser prejudicado pela aplicação da norma ou que possa previsivelmente vir a sê-lo num momento futuro (o que leva a que não tenha de se tratar de uma lesão *efectiva*), ao Ministério Público e, também, aos actores populares (cf. os n.os 1 a 3 do artigo 73.º do CPTA);

– a declaração de ilegalidade pode ser pedida a todo o tempo (artigo 74.º), podendo este pedido ser cumulado com o de anulação ou declaração de nulidade ou inexistência de um acto administrativo que tenha aplicado a norma e, ainda, com o pedido de condenação da Administração ao restabelecimento da situação actual hipotética (al. b) do n.º 2 do artigo 4.º do CPTA);

– a *declaração de ilegalidade* com força obrigatória geral produz em regra efeitos *ex tunc*, determinando a *repristinação* das normas revogadas, embora se consagre a possibilidade de o tribunal determinar que os efeitos se produzem apenas para o futuro (artigo 76.º).

---

[65] Que só pode ser formulado por um particular depois de a norma em questão ter sido desaplicada em três casos concretos (exigência que não se verifica em relação ao Ministério Público).

[66] Pode ser formulado pelo lesado ou pelos actores populares sempre que a norma em apreço produza os seus efeitos *imediatamente*. Deste tipo de regulamentos – directa ou imediatamente operativos – que se caracterizam por produzirem os seus efeitos directamente na esfera jurídica dos destinatários, bastando que estes preencham os requisitos fixados abstractamente na norma, distinguem-se os regulamentos apenas mediata ou indirectamente operativos, que apenas produzem os seus efeitos na esfera jurídica dos destinatários através da prática de actos concretos de aplicação.

Capítulo II

O acto administrativo

Como vimos quando fizemos uma breve referência à actividade administrativa, existe uma enorme gama de actos jurídicos praticados pela Administração Pública, com as mais variadas características. De entre todos eles sempre se destacaram as figuras do acto administrativo e do regulamento.

Assim, o *acto administrativo* é, ainda, uma das principais formas da actividade (jurídica) da Administração e a sua forma de actuação mais tradicional. Sobre ele nos debruçaremos de seguida, sendo imperioso começar por analisar o próprio *conceito de acto administrativo* e a evolução a que ele esteve (e tem estado) sujeito.

1. O conceito de acto administrativo

1.1. Considerações iniciais

No século XIX apenas se fazia uma precisão para definir o conceito de acto administrativo: de toda a actuação concreta dos órgãos administrativos só não seriam actos administrativos aqueles que fossem praticados ao abrigo do direito privado.

Como é sabido, ao longo deste século XIX procurou-se afastar a actuação da Administração (sempre vista como "inimiga") de tudo o que contendesse com os valores da vida privada dos cidadãos (em sintonia com os interesses da classe burguesa dominante e como forma de reacção contra os poderes absolutos do monarca, característicos da época do Estado de Polícia): neste campo (sobretudo nos domínios da liberdade e propriedade dos cidadãos) só o Parlamento podia regular inovatoriamente através de uma lei, reduzindo-se a actividade administrativa a uma actividade estritamente executiva.

Foi assim que o conceito de acto administrativo se desenvolveu como o *acto de um órgão da Administração praticado ao abrigo do direito público*.

Com a passagem para o século XX e com a crescente intervenção da Administração na sociedade e na economia (potenciada, como já sabemos, pelas duas Guerras Mundiais e pela crise económica de 1929-32), o conceito teve de se "apertar". Passou também a articular-se com a necessidade de criar garantias que assegurassem a sua conformidade com a ordem jurídica no seu todo (garantias de juridicidade) e que tutelassem a defesa dos direitos e interesses dos cidadãos, com uma relação cada vez mais próxima da máquina administrativa.

Foi assim que se passou a definir o acto administrativo como o "acto de autoridade praticado para a prossecução de interesses públicos" definição que, no entanto, não acrescentava muito relativamente à noção corrente no século XIX, salientando unicamente a faceta de *autoridade* de que este acto se reveste.

Este conceito permitia já, de qualquer maneira, a sua distinção relativamente a algumas figuras afins, nomeadamente aos actos de direito privado, que ficavam necessariamente excluídos de tal definição – uma vez que a posição das partes nestes actos é, pelo menos tendencialmente, de igualdade –, bem como aos contratos administrativos (que resultam de um acordo, sendo por isso bilaterais) e às acções materiais da administração (actos que não contêm uma declaração).

A doutrina foi também aceitando pacificamente a distinção dos actos administrativos relativamente aos regulamentos, em face do carácter normativo (regras gerais e abstractas) destes últimos, em contraposição ao carácter tipicamente individual e concreto do acto administrativo.

Passou, assim, a admitir-se um conceito amplo de acto administrativo como o acto jurídico (por contraposição às acções materiais) unilateral (por oposição aos contratos) e concreto (distinto dos regulamentos) subordinado ao direito público (distinguindo-se dos actos de direito privado).

1.2. A evolução do conceito na doutrina portuguesa

1.2.1. *O problema*

Se a intenção inicial, na busca de um conceito de acto administrativo, era a de identificar a forma de actuação administrativa que tipicamente se apresentava como o instrumento privilegiado de autoridade para a prossecução de interesses públicos, não pode ignorar-se o relevo que esta busca assumia em matéria de protecção jurisdicional dos particulares em face da Administração. É que, durante muito tempo, a única garantia dos particulares contra a Administração Pública consistia no recurso contencioso de anulação contra actos administrativos.

A identificação do acto administrativo permitia, assim, proceder à identificação da actividade da Administração em relação à qual se admitia defesa jurisdicional dos interessados, isto é, da actividade sujeita a recurso contencioso.[67]

É certo que o *acto administrativo,* enquanto forma de actividade administrativa, não tem já, actualmente, a função central que lhe foi reconhecida durante anos – nem no contexto geral da actuação administrativa (já que assumem crescente relevo outras formas de actuação) nem no da garantia dos interessados, na medida em que a garantia jurisdicional efectiva dos particulares perante a Administração é actualmente *plena* e não *está limitada à impugnação de actos administrativos.*

No entanto, ainda hoje o acto administrativo, se bem que adaptado a novas realidades, continua a ter um papel relevante em sistemas como o nosso, de administração executiva.

Daí o relevo que sempre assumiu, entre nós, a identificação daquela forma de actuação administrativa que se podia (ou devia) reconduzir ao *acto administrativo.*

---

[67] Desde a aprovação do CPTA que o meio processual "recurso contencioso de anulação" (de actos administrativos) foi abolido do nosso direito positivo, passando a existir, em seu lugar, uma *acção administrativa especial* (cfr. artigos 46.º e segs. do Código referido) na qual pode ser formulado, entre outros pedidos, o de *impugnação de actos administrativos* (cfr. artigos 50.º e segs).

Na prática, a *acção administrativa especial* em que seja formulado um pedido de *impugnação de um acto administrativo*, corresponde ao antigo *recurso contencioso de anulação*, durante muitas décadas o principal meio de acesso aos tribunais administrativos, quando não mesmo o único. Daí as inúmeras referências que ainda se podem encontrar, em toda a doutrina portuguesa anterior a 2003, a este meio processual. Como tal, optaremos por vezes por usar a expressão, quando ela tiver um cunho especificamente histórico.

Esta foi, no entanto, uma matéria tudo menos pacífica, tendo suscitado amplas divergências na nossa doutrina e jurisprudência.

1.2.2. *A doutrina e jurisprudência tradicionais*

A doutrina e a jurisprudência tradicionais em Portugal recorrem a um conceito substantivo de acto administrativo (acto administrativo em sentido amplo) como o "acto voluntário e unilateral, praticado por um órgão da Administração, no exercício de poderes administrativos, produzindo efeitos jurídicos sobre uma situação individual num caso concreto", utilizando, a par dele, um conceito adjectivo ou processual, que correspondia ao acto administrativo "recorrível": o acto administrativo definitivo e executório[68] – fórmula que era expressamente usada no antigo n.º 3 do artigo 268.º da CRP e no artigo 25.º, n.º 1, da entretanto revogada Lei de Processo nos Tribunais Administrativos (Decreto-Lei n.º 267/85, de 16 de Julho).

Com ela pretendia-se restringir a noção ampla de acto administrativo, por forma a abranger apenas os actos que comportassem uma lesão efectiva dos direitos subjectivos ou interesses legítimos dos particulares, únicos para os quais valeriam as garantias contenciosas.

De acordo com esta doutrina existiam assim duas grandes noções de acto administrativo: a noção ampla ou substantiva, que abrangia actos que, por não serem definitivos e/ou executórios, estavam subtraídos à possibilidade de impugnação contenciosa; e a do acto administrativo definitivo e executório que, ao afectar a esfera jurídica dos cidadãos, ficava abrangida por essa garantia. A noção de definitividade que, como veremos, perde actualmente grande parte da sua utilidade[69], misturava, por sua vez, três aspectos diferentes da teoria do acto – o aspecto horizontal ou procedimental; o elemento material ou substancial; e a componente vertical ou competencial –, introduzindo uma grande complexidade nesta matéria.

---

[68] Não vamos por agora analisar o (complexo) problema da executoriedade do acto administrativo, limitando-nos a considerar as questões relativas à definitividade: sobre a executoriedade, cfr. *infra*, 8. A força jurídica do acto administrativo.

[69] A fórmula do "acto administrativo definitivo e executório" foi eliminada do nosso texto constitucional pela revisão constitucional de 1989, tendo passado a admitir-se, a partir daí, a possibilidade de impugnação contenciosa contra quaisquer actos que lesem a esfera jurídica dos administrados, independentemente da sua forma (cfr. actual redacção do n.º 4 do artigo 268.º da CRP). Da leitura da norma constitucional resulta que o acento tónico é hoje colocado na garantia dos administrados à tutela jurisdicional efectiva dos seus direitos ou interesses legalmente protegidos.

1.2.3. *A crítica doutrinária à concepção tradicional*

A crítica à concepção da doutrina tradicional acabou por ser dirigida quer ao conceito substantivo, quer ao conceito adjectivo de acto.

Assim, no que diz respeito ao conceito substantivo, entendeu-se ser o mesmo demasiado amplo, reflectindo incoerência e heterogeneidade, ao abranger actos com características muito distintas. Por essa razão se defendeu não poder ele servir de base para alicerçar uma construção dogmática da figura, não tendo igualmente qualquer interesse prático (já que eram demasiadas as formas de actuação administrativa que se podiam reconduzir a tal conceito, tornando inviável a atribuição de efeitos práticos a este acto, nomeadamente em termos de impugnação contenciosa).

Relativamente ao conceito restrito de acto administrativo (o acto administrativo definitivo e executório), além de ser um conceito meramente adjectivo, entendia-se ser o mesmo fonte de grande confusão, ao abranger realidades totalmente diversas (procedimentais, de conteúdo e competenciais). Para além disso, este conceito tinha o defeito de ser discutível, ao limitar a impugnação contenciosa aos "actos definitivos", parecendo esquecer que os não definitivos também podiam lesar directa e imediatamente a esfera jurídica dos cidadãos, devendo, nessa medida, ficar sujeitos ao mesmo tipo de garantias.

Daí que parte da doutrina portuguesa, nomeadamente ROGÉRIO SOARES, SÉRVULO CORREIA e VIEIRA DE ANDRADE, passassem a defender um conceito distinto de acto administrativo: um conceito unitário que, sendo mais estrito, reflectia simultaneamente o interesse prático da noção, que era o de identificar os actos administrativos aos quais se aplicaria a garantia constitucional e legal do recurso contencioso de anulação.

No que respeita à definitividade, propendeu esta doutrina a limitar igualmente o conceito: as noções de definitividade material ou substancial e horizontal ou procedimental acabaram por ser absorvidas pela própria noção de acto administrativo, tendo assumido relevo apenas a dimensão vertical ou competencial, com um recorte puramente processual, visando distinguir os actos contra os quais estaria aberto o acesso directo aos tribunais daqueles que estariam sujeitos a impugnação administrativa necessária (em regra, recurso hierárquico), mas para os quais valeria, igualmente, a garantia contenciosa (de forma indirecta ou mediata). Distinção que, como veremos (*infra*, 4.), depois da Reforma do contencioso administrativo de 2002/2003 perdeu grande parte da sua razão de ser.

1.3. O conceito defendido de acto administrativo (na linha de Rogério Soares)

Como acabámos de referir, a proposta de Rogério Soares vai no sentido de propor uma noção mais estrita de acto administrativo, mas que seja uma noção substancial e não puramente adjectiva.

A verdade, não obstante, é que este conceito é orientado pela preocupação finalística de realização do princípio da garantia constitucional à tutela jurisdicional efectiva dos particulares face aos órgãos administrativos: não sendo um conceito puramente adjectivo, ele é definido com a consciência de que o principal interesse prático de tal noção é o de determinar quais os actos sujeitos a impugnação contenciosa (tradicionalmente, a recurso contencioso). Com as recentes alterações em matéria de contencioso administrativo no ordenamento jurídico português – e a abertura exponencial das vias de acesso aos tribunais –, o acto administrativo perdeu a centralidade que até então deteve. Continua, no entanto, a ser sujeito a uma via especial de acesso à justiça administrativa – a acção administrativa especial de impugnação de actos ou de condenação à prática de actos.

Antes de vermos em pormenor as notas caracterizadoras desta noção, poderemos desde já avançar que o acto administrativo é visto como uma *estatuição autoritária que define a situação jurídica dos particulares no caso concreto*; será um acto que produz *efeitos jurídicos externos* (por contraposição àqueles que esgotam a sua eficácia no interior da administração) criando, modificando ou extinguindo estavelmente situações jurídicas. Tal definição tem o mérito de abranger as características integradas pela doutrina tradicional na categoria da definitividade material ou substancial e, pelo menos em parte, da definitividade horizontal ou procedimental.

Uma das principais diferenças entre esta concepção e a tradicional traduz-se na necessidade de distinguir dos verdadeiros actos administrativos os chamados *actos instrumentais* que, também sendo actos jurídicos e concretos praticados pela Administração, não produzem directamente efeitos externos. Os actos instrumentais são, em regra, actos preparatórios, mas a categoria abrange ainda todos aqueles que não toquem directamente a esfera jurídica dos particulares.

O acto administrativo é assim, para Rogério Soares, uma "estatuição autoritária, relativa a um caso individual, manifestada por um agente da Administração no uso de poderes de direito administrativo, pela qual se produzem efeitos jurídicos externos, positivos ou negativos".

Como facilmente se observa, esta definição pode ser decomposta em vários elementos, que se podem estudar individualizadamente. Dessa tarefa nos ocuparemos de seguida.

a) *Estatuição autoritária*: apesar de a Administração Pública dos nossos dias ser cada vez mais uma administração participada e concertada, que chama os particulares a colaborar consigo e que efectua negócios jurídicos com eles muitas vezes em plano de igualdade, não é menos certo que ela não perdeu o seu *ius imperii* e que continua a aparecer muitas vezes perante os particulares no uso de poderes autoritários.

O acto administrativo é precisamente a principal forma de actuação da Administração dotada de imperatividade e vinculatividade: é um comando destinado a regular imediatamente situações jurídicas de forma *unilateral*.

A doutrina tradicional falava a este respeito em "conduta voluntária e unilateral": no entanto, o uso da expressão "voluntariedade" ou "declaração de vontade unilateral" não parece o mais correcto, uma vez que o acto administrativo não exprime necessariamente essa voluntariedade. É por exemplo o que se passa com os actos estritamente vinculados (actos devidos), com os actos de conteúdo verificativo e com as avaliações constitutivas, que não podem ser reflexo de qualquer "vontade".

Ainda quanto a essa expressão deve acrescentar-se que a unilateralidade é consequência necessária da autoridade.

O facto de o acto administrativo ser uma estatuição autoritária permite logo excluir da categoria as declarações negociais da Administração Pública e, em geral, todos os seus actos de direito privado (uma vez que a Administração aparece aqui "despida" da sua veste autoritária, relacionando-se em condições de paridade com os particulares).

Ficam igualmente excluídos da figura dos actos administrativos os *actos de execução*, uma vez que se limitam a tirar consequências de um acto anterior, o qual, sendo um verdadeiro acto administrativo, contém a estatuição autoritária[70]; e as comunicações (publicações e notificações), que levam ao conhecimento do(s) seu(s) destinatário(s) um acto adminis-

[70] Apesar de não serem actos administrativos, admite-se excepcionalmente a sua impugnação contenciosa nas situações em que excedem os limites do acto exequendo ou quando a sua ilegalidade não for consequência da ilegalidade do acto exequendo: cfr. n.os 3 e 4 do artigo 151.º CPA.

trativo. Quer uns quer outros são considerados *actos instrumentais*, classe de que falaremos de seguida.

Também os chamados "actos confirmativos", caracterizados por se limitarem a repetir um acto administrativo anterior, são excluídos da própria categoria dos actos administrativos. A doutrina tradicional, para atingir o resultado de impedir a impugnação contenciosa de tais actos, considerava-os não executórios (solução consagrada no próprio CPA, na al. d) do n.º 1 do seu artigo 150.º).

Contudo, para ROGÉRIO SOARES, estes actos não são, sequer, actos administrativos, por não terem uma estatuição autoritária, que está contida no acto administrativo anterior: sendo o acto administrativo um *comando* destinado a disciplinar inovatoriamente situações ou relações jurídicas, o acto confirmativo não se pode reconduzir a esse conceito. Não sendo actos administrativos, está naturalmente excluída a possibilidade de impugnação contenciosa contra eles. Se isso fosse possível, a certeza e a segurança jurídicas seriam afectadas irreversivelmente, pois quem tivesse deixado passar o prazo para impugnar poderia fazê-lo agora[71].

Deve, em todo o caso, destacar-se que também aqui o CPTA inovou, esclarecendo (e limitando) os casos em que pode ser rejeitada a impugnação de um acto (meramente) confirmativo: só se houver prova de que o acto anterior tenha sido impugnado pelo autor, ou tenha sido objecto de notificação ao autor ou, por último, tenha sido objecto de publicação, sem que tivesse de ser notificado ao autor (cfr. artigo 53.º).

Para finalizar, convém notar que a nota "estatuição autoritária" não afasta a categoria dos chamados *actos implícitos*: trata-se de actos não

---

[71] Sobre os actos confirmativos é fundamental também a análise do n.º 2 do artigo 9.º do CPA, em face do qual, quando um órgão administrativo seja solicitado a responder na sequência de um assunto que lhe seja apresentado pelos particulares, "Não existe o dever de decisão quando, há menos de dois anos contados da apresentação do requerimento, o órgão competente tenha praticado um acto administrativo sobre o mesmo pedido formulado pelo mesmo particular com os mesmos fundamentos".

Este preceito tem levantado dúvidas relativas à questão de saber se, depois de passado este prazo de dois anos, a Administração responder da mesma forma que na primeira decisão, esta segunda decisão deverá ou não ser considerada um acto confirmativo. A nossa jurisprudência tem dado respostas contraditórias, defendendo VIEIRA DE ANDRADE, relativamente a determinados tipos de actos, a impugnabilidade das decisões de reapreciação que não serão assim *confirmativas*: cfr. VIEIRA DE ANDRADE, "O controle jurisdicional do dever de reapreciação de actos administrativos negativos", *Cadernos de Justiça Administrativa*, n.º 1, Jan.-Fev. 1997, págs. 35 e segs.

formalmente externados (não abertamente declarados), mas que resultam implicitamente de acções materiais da Administração ou de outros actos administrativos. O exemplo clássico, no que toca a actos implícitos em acções materiais da administração, é o do abate de animais doentes, quando efectuado pela autoridade competente para a prática do acto mas sem uma declaração formal que o suporte.

Deve, no entanto, chamar-se a atenção, a este propósito, para a limitação estabelecida no n.º 1 do artigo 151.º do CPA, em face do qual "Salvo em estado de necessidade, os órgãos da Administração Pública não podem praticar nenhum acto ou operação material de que resulte limitação de direitos subjectivos ou interesses legalmente protegidos dos particulares, sem terem praticado previamente o acto administrativo que legitime tal actuação".

Sintetizando, ainda que possa parecer duvidosa a sua qualificação como actos administrativos, incluem-se neles, atendendo à primeira nota definidora de acto administrativo:

- os *actos necessitados de colaboração* (aqueles que só produzem efeitos se houver aceitação do particular) uma vez que a aceitação é uma mera condição de eficácia do acto administrativo já tomado e não um seu requisito constitutivo;
- os *actos devidos* em que a Administração tem um mínimo de poderes discricionários, não podendo recusar a prática do acto, sendo que, no entanto, é por via do mesmo, e não por força da lei, que resulta a definição jurídica da situação do particular (como sucede, por exemplo, com a liquidação de um imposto);
- as *avaliações ou verificações constitutivas* (em que actos com efeitos declarativos constituem certezas jurídicas sobre a ocorrência de um facto ou a existência de uma qualidade), ao produzirem um efeito jurídico inovador, pelo menos titulador, que possui fé pública nas relações jurídicas externas (por exemplo a passagem de uma certidão de conclusão de licenciatura).

Por sua vez, excluem-se, com base nesta nota, da noção de acto administrativo:

- os *actos de direito privado* (nos quais a Administração intervém despida da sua veste de autoridade, *i.e.* surgindo perante os particulares em pé de igualdade);

- as *declarações negociais* (mesmo que sejam de direito público), uma vez que elas se pré-ordenam à conclusão de um contrato e, por isso, não são unilaterais;
- os *actos instrumentais externos*, tanto os de execução (porque se limitam a retirar consequências de outros actos, na medida em que tenham algum efeito ou característica inovadora) como os de comunicação (publicações, notificações, intimações);
- os *actos meramente opinativos ou informativos*, em que a Administração declara ou expõe o seu entendimento acerca de determinada questão de facto ou de direito que lhe é apresentada;
- os *actos confirmativos* que se reportam a um acto administrativo anterior que repetem, e no qual se encontra a verdadeira estatuição.

b) *relativa a um caso concreto*: esta nota da noção de acto administrativo permite estabelecer a diferença face à outra grande forma de actuação (autoritária) da administração – o regulamento.

De facto, enquanto que o regulamento tem, como vimos, carácter normativo, referindo-se a um número indeterminado de casos (é abstracto) e a um número indeterminado de pessoas (geral), o acto administrativo destina-se a uma situação concreta e a um destinatário determinado ou determinável (ou a um grupo de pessoas determinável).

Não obstante a aparente simplicidade desta nota, existem situações de fronteira que podem levantar dúvidas. Referimo-nos àquelas determinações administrativas que se destinem a ser aplicadas a um destinatário (ou destinatários) determinados mas num número indeterminado de casos ou a outras que se aplicam a um só caso concreto mas com um número indeterminado de destinatários.

Tradicionalmente, estes casos tendiam a equiparar-se aos actos administrativos: no primeiro caso falava-se em *actos abstractos* e no segundo em *actos gerais*. As razões de tal equiparação eram de índole essencialmente prática: em caso de dúvida, as determinações administrativas que afectassem interesses dos particulares seriam sempre consideradas actos administrativos, uma vez que os administrados teriam assim a possibilidade de usar a via de abertura judicial do recurso contencioso de anulação contra actos administrativos para defender as suas posições jurídicas em tribunal.

Estes argumentos perderam hoje em dia grande parte da sua razão de ser, uma vez que se admite agora, de uma forma ampla, a possibilidade de os particulares se defenderem em tribunal perante regulamentos administrativos ilegais e existe uma plenitude de acesso aos tribunais.

Diferente dos actos gerais e dos actos abstractos é o caso dos *actos colectivos*: estes actos são actos administrativos relativos a um caso concreto, sendo o seu destinatário um grupo de pessoas perfeitamente individualizáveis (é por exemplo o que se passa com um acto administrativo de dissolução de um órgão colegial).

Deve também chamar-se a atenção para o facto de os actos administrativos poderem ter como objecto uma *coisa*, ao definirem a respectiva situação jurídica (v. g. classificação de um imóvel como monumento nacional). São os chamados *actos administrativos reais*, que cabem no conceito defendido de acto administrativo.

c) *praticada por um sujeito de direito administrativo*: um acto administrativo tem que ser praticado por um sujeito de direito administrativo, i. é, por órgãos que façam parte de uma qualquer pessoa colectiva de direito público da organização administrativa portuguesa. Temos, assim, que estar perante um acto praticado por um órgão do Estado, de uma região autónoma ou de uma autarquia local, de um instituto público, entidade pública empresarial ou associação pública ou ainda de uma autoridade administrativa independente.

No entanto, também os actos praticados por entidades administrativas privadas e por sujeitos privados com poderes públicos administrativos (caso dos concessionários) preenchem esta característica, constituindo actos administrativos[72].

No que toca aos actos dos outros poderes públicos não administrativos (Presidente da República, Assembleia da República, tribunais, etc.) há que ter algum cuidado. Estes poderes públicos não administrativos não praticam actos administrativos em sentido estrito; não obstante, as suas "decisões materialmente administrativas" são equiparadas aos actos administrativos *apenas* para efeitos de impugnação contenciosa. Trata-se de actos praticados designadamente no âmbito da sua organização interna, mas que podem lesar os direitos ou interesses dos seus destinatários (pense-se, por exemplo, no caso de uma sanção disciplinar aplicada a um funcionário de um destes poderes públicos); por essa razão, e para assegurar

---

[72] Expressamente sobre os actos administrativos dos concessionários, cfr. o artigo 4.º, alínea d) do ETAF.

a garantia constitucional à tutela jurisdicional aos seus destinatários, eles são equiparados aos actos administrativos, mas só no que respeita à possibilidade da sua impugnação contenciosa[73].

Em síntese, por esta nota:

i. Incluem-se na noção de acto administrativo não só os actos emanados de *órgãos administrativos*, como também os actos de *sujeitos privados dotados de poderes administrativos* (como sucede com os concessionários, caso as bases da concessão e o contrato de concessão hajam previsto a passagem de tais poderes: é isso que se verifica em relação ao poder de impor sanções aos utentes de uma auto-estrada, por violação de deveres de conduta; ou relativamente às entidades privadas administrativas, isto é, pessoas colectivas constituídas sob forma de direito privado, mas que desempenham funções administrativas), de órgãos de entidades administrativas privadas ou de *órgãos administrativos ocasionais* (como sucede com júris de exames, ou, designadamente, com as comissões de avaliação das propostas, no âmbito das empreitadas).

ii. Excluem-se os actos emanados por órgãos estranhos à organização administrativa, *i.e.* sujeitos públicos não administrativos tais como o Presidente da República, o Parlamento e os tribunais, muito embora as *decisões materialmente administrativas* por eles praticadas sejam frequentemente equiparadas a actos administrativos para efeitos de impugnação junto da jurisdição administrativa (tribunais administrativos). É o que sucede com as decisões destes órgãos de soberania relativamente aos seus funcionários.

d) *no uso de poderes de direito administrativo*: como vimos aquando do estudo da distinção material das funções do Estado, não existe hoje uma correspondência rigorosa entre tal separação e a separação organizatória dos poderes, havendo órgãos que desempenham mais do que uma função.

---

[73] O artigo 4.º, n.º 1, alínea c) do ETAF refere expressamente a fiscalização, pela jurisdição administrativa, da legalidade dos actos materialmente administrativos praticados por órgãos não administrativos do Estado e das Regiões Autónomas, o que abrange os actos materialmente administrativos dos tribunais judiciais. Cfr. igualmente o n.º 2 do artigo 51.º do CPTA.

Por isso mesmo, pode haver actos de sujeitos administrativos que se insiram materialmente noutras funções que não a administrativa. Como exemplo paradigmático desta possibilidade temos o caso do Governo, que apesar de ser o órgão superior da Administração Pública (cfr. artigo 182.º da CRP), não está apenas dotado de competências administrativas (artigo 199.º da CRP), mas detém uma relevantíssima competência política (artigo 197.º) e legislativa (artigo 198.º). Como é óbvio, sempre que o Governo praticar actos políticos ou publicar decretos-lei, não estaremos perante qualquer acto administrativo, apesar de se tratar de actos praticados pelo órgão superior da Administração Pública.

Não se deve, em todo o caso, esquecer a possibilidade de serem praticados pelo Governo actos administrativos sob forma legislativa: o facto de o artigo 268.º, n.º 4, assegurar a impugnação contenciosa de todos os actos administrativos "independentemente da sua forma" pretende acautelar tal possibilidade.

Assim, só será acto administrativo a provisão emanada da Administração no uso de poderes administrativos, excluindo-se não apenas os actos de órgãos administrativos que pertençam materialmente a outras funções, mas também todas as actuações jurídicas dos agentes administrativos subordinadas ao direito privado (que representam um sector cada vez mais vasto).

e) *destinada a produzir efeitos jurídicos externos, positivos ou negativos*: esta será possivelmente a nota mais "original" da definição de acto administrativo de ROGÉRIO SOARES em relação à definição da doutrina tradicional (e à formulação, pelo menos literal, da noção contida no CPA, como veremos).

De acordo com esta nota, os chamados actos internos (que apesar de também poderem ser jurídicos, têm apenas relevo no seio da organização administrativa) não são verdadeiros actos administrativos, precisamente porque esgotam a sua eficácia no interior da Administração, não produzindo efeitos no ordenamento jurídico geral (ou, pelo menos, só os produzindo de forma indirecta ou mediata). É isso que acontece com os chamados actos instrumentais (principalmente preparatórios), que apesar de serem actos jurídicos e concretos, não projectam a sua eficácia no ordenamento jurídico geral.

Só os actos externos, ao produzirem efeitos jurídicos no ordenamento jurídico geral, criando, modificando ou extinguindo situações jurídicas reguladas pelo direito administrativo, são actos administrativos.

A distinção entre efeitos jurídicos internos e externos é particularmente importante no âmbito das relações especiais de poder ou relações especiais de direito administrativo. Como vimos quando estudámos a relevância de tais relações a propósito dos regulamentos que as disciplinam (os *regulamentos especiais*), a doutrina distingue entre uma *relação orgânica ou de funcionamento* (em que as pessoas submetidas a tais relações são vistas apenas como elementos sujeitos a vínculos de subordinação especial, sendo meros elementos da respectiva organização) e uma *relação de serviço ou fundamental* (em que os seus membros são vistos como cidadãos que, por não terem sofrido qualquer *capitis deminutio*, continuam a ser titulares de direitos que têm de ser respeitados).

Como facilmente se conclui, é no seio desta relação fundamental que podem surgir actos produtores de efeitos externos, na medida em que tocam os direitos ou interesses legítimos dos seus destinatários; tais actos assumem relevância no ordenamento jurídico geral, sendo por isso considerados actos administrativos, contenciosamente impugnáveis.

Os efeitos externos produzidos por um acto administrativo são normalmente *efeitos positivos*. Quando um acto produz transformações no ordenamento jurídico diz-se que os seus efeitos são positivos, ainda que eles sejam desvantajosos para o seu destinatário, já que positivo não é aqui sinónimo de favorável: é o caso da declaração de utilidade pública de um bem para efeitos de expropriação a qual, sendo um acto desfavorável, produz efeitos positivos. No entanto, também a recusa da produção de efeitos jurídicos requeridos pelos particulares pode configurar um acto administrativo, tratando-se nesse caso de *efeitos negativos*.

Na verdade, ao contrário do que acontece no direito privado, a recusa da produção de efeitos que apenas a Administração pode conceder (por exemplo o licenciamento de uma obra ou a atribuição de um subsídio) tem de ser considerada como acto administrativo, nomeadamente para os administrados se poderem defender perante recusas que poderão ser ilegais.

Tradicionalmente esta defesa passaria pelo recurso contencioso de anulação contra o acto ilegal, positivo ou negativo. Após as alterações do contencioso administrativo introduzidas pela Reforma de 2002/2003, o acto ilegal positivo encontra-se sujeito a uma acção administrativa especial *de impugnação do acto*; enquanto o acto ilegal negativo e a recusa ilegal da prática de acto a uma acção administrativa especial *de condenação à prática do acto devido*.

1.4. Exclusão dos actos instrumentais

A definição proposta de acto administrativo leva a que sejam excluídos da categoria em análise os actos instrumentais. Estes actos, sendo igualmente jurídicos e concretos, regulados pelo direito administrativo, não se destinam imediatamente a satisfazer o interesse público concreto.

Eles desempenham uma função ancilar em relação ao acto administrativo em torno do qual "gravitam": pretendem ajudar à sua preparação, ao desencadear da sua eficácia ou a dar deles conhecimento aos seus destinatários.

São geralmente actos preparatórios, mas podem estar colocados noutra fase do procedimento administrativo, designadamente quando se destinam a desencadear a eficácia do acto administrativo respectivo ou a dá-lo a conhecer aos seus destinatários.

Em regra produzem efeitos meramente internos, embora também possam produzir efeitos externos (caso, por exemplo, de uma publicação ou de uma notificação).

1.5. O conceito de acto administrativo no CPA

O nosso ordenamento jurídico dispõe, desde 1991, de uma definição legal de acto administrativo: o CPA, publicado nesse ano, define expressamente no seu artigo 120.º o acto administrativo como "as decisões dos órgãos da Administração que ao abrigo de normas de direito público visem produzir efeitos jurídicos numa situação individual e concreta".

Não se pense, no entanto, que esta definição resolve todos os problemas em torno do conceito de acto administrativo: para além das divergências interpretativas que pode suscitar, nunca um conceito de tão grande relevo poderia ficar absolutamente pacificado com uma definição dada pelo legislador. Provavelmente por tal razão, o legislador foi extremamente cauteloso, mencionando no citado artigo 120.º que tal definição é apenas a entendida "Para efeitos da presente lei".

Comparando tal noção com o conceito defendido de acto administrativo, diremos que as diferenças não são muito significativas, faltando-lhe, no entanto, uma referência expressa à produção de efeitos jurídicos *externos*, podendo nessa medida englobar actos que na concepção de

ROGÉRIO SOARES são meramente instrumentais e não actos administrativos. De qualquer forma, é importante fazer-se uma análise detalhada do preceito:

– o CPA qualifica o acto administrativo como uma "decisão", precisamente no sentido de uma *estatuição* que é necessariamente reflexo dos *poderes autoritários* de que goza a Administração. Na verdade, e apesar do grande relevo dado pelo Código à participação dos interessados nas decisões administrativas, o acto administrativo não deixa de ser o resultado de uma decisão unilateral da Administração. Em conclusão: a caracterização do acto administrativo não difere por ele ser denominado de "decisão" ou de "estatuição autoritária": em qualquer das formulações isso significa que estamos perante um *comando* destinado a disciplinar inovatoriamente situações ou relações jurídicas.

– Em seguida, diz-nos o artigo 120.º do CPA que tais decisões são "dos órgãos da Administração", o que corresponde exactamente à característica assinalada na definição proposta de este ser "praticado por um sujeito de direito administrativo", devendo o respectivo regime ser aplicado aos actos de particulares que disponham de poderes públicos administrativos, às entidades administrativas privadas e às decisões materialmente administrativas dos poderes públicos não administrativos[74].

– Para o CPA estas decisões são praticadas ao abrigo de normas de direito público, as quais, em princípio, serão normas de direito administrativo: daí a correspondência com a parte da definição em que mencionámos que o acto administrativo era praticado "no uso de poderes de direito administrativo".

– O CPA refere ainda o facto de os actos administrativos visarem "produzir efeitos jurídicos", não se fazendo menção se se trata de efeitos externos ou também de actos com eficácia meramente interna. Apesar de os seguidores (entre os quais nos contamos) da definição de acto administrativo proposta por ROGÉRIO SOARES sempre poderem dizer que tais efeitos serão necessariamente *externos*, a verdade é que não há nada na letra

[724] É esse o entendimento dominante na doutrina: por todos, cfr. ESTEVES DE OLIVEIRA/PEDRO GONÇALVES/ PACHECO DE AMORIM, *Código do Procedimento Administrativo Comentado*, 2ª ed., 1997, p. 558.

da lei que o diga expressamente. Como tal, subsiste a dúvida de saber se ficam apenas abrangidos pela noção os actos destinados a produzir efeitos na esfera jurídica de terceiros (particulares ou públicos) que estejam em face da Administração numa relação externa ou se a noção se aplica igualmente aos actos produtores de mera eficácia interna.

– Finalmente, esclarece o CPA que a produção de efeitos jurídicos se refere a uma "situação individual e concreta", ou seja, que o acto administrativo é relativo a um caso concreto e destinado a ser aplicado a um destinatário (ou destinatários) individualizado(s) ou individualizável(is). Apenas a extensão do conceito às figuras híbridas dos actos gerais e dos actos abstractos se torna, em princípio, insustentável, pelo menos se interpretarmos este preceito em sentido estrito. Como tal, tais tipos de actos parece que terão de ser afastados da noção procedimental de acto administrativo.

Em conclusão: a definição contida no artigo 120.º do CPA não pode ser vista como o fim de todas as divergências em torno da noção de acto administrativo, não só por ser uma definição que vale unicamente para efeitos do próprio Código, mas também por poder ser interpretada de diversas maneiras. Sendo certo que a definição proposta de acto administrativo (a perfilhada por ROGÉRIO SOARES) se "encaixa" com enorme facilidade na noção proposta pelo legislador, com pequenas precisões interpretativas.

1.6. **O conceito de acto administrativo impugnável**

Apesar de o único conceito legal *expresso* de acto administrativo ser, na nossa ordem jurídica, aquele contido no CPA, o CPTA também pressupõe hoje em dia, no seu artigo 51.º, um conceito de acto administrativo – na senda do conceito constitucional de acto lesivo, o acto administrativo impugnável abrange os actos administrativos com eficácia externa, ainda que inseridos num procedimento, especialmente capazes de lesar direitos ou interesses legalmente protegidos.

Importa-nos sobretudo destacar as diferenças entre os dois diplomas legais, diferenças essas que permitem a conclusão de que o conceito "de acto administrativo impugnável" pressuposto pelo CPTA (conceito adjectivo) não se identifica (nem tem de se identificar) com o do CPA (conceito substantivo). As duas diferenças chave entre estes conceitos são as seguintes[75]:

– por um lado, e como já destacámos, a noção de acto impugnável é *mais vasta*, uma vez que não exige que ele seja praticado por um sujeito de direito administrativo: inclui as decisões praticadas por sujeitos privados com poderes jurídico-públicos administrativos e ainda as decisões materialmente administrativas tomadas por autoridades públicas não administrativas;

– por outro lado parece ser *mais estrito*, já que abrange apenas (na linha da definição defendida por ROGÉRIO SOARES) as decisões administrativas com *eficácia externa* – sendo de realçar que os actos são impugnáveis "ainda que inseridos num procedimento administrativo" e que merecem um destaque especial "aqueles cujo conteúdo seja susceptível de lesar direitos ou interesses legalmente protegidos" (de acordo com o n.º 1 do artigo 51.º).

1.7. Considerações conclusivas quanto ao conceito de acto administrativo

De tudo quanto foi afirmado aceita-se aqui um conceito restrito de acto administrativo – como acto de *direito público*, *jurídico*, de *autoridade*, *concreto* e *externo* –, que engloba todos e apenas os actos principais da Administração, isto é, as decisões administrativas às quais a lei reconhece força jurídica para a definição (favorável ou desfavorável) da esfera jurídica dos particulares.[76]

Não tendo já, este conceito, o relevo prático de identificar os actos sujeitos a controlo jurisdicional (já que, como referimos, o conceito de acto impugnável não tem de coincidir com o conceito substantivo de acto

---

[75] Limitamo-nos a destacar os aspectos centrais desta noção, uma vez que o relevo da noção de acto administrativo impugnável é analisado na matéria do *contencioso administrativo*, normalmente objecto de uma disciplina diferente nos *curricula* dos Cursos de Direito.

[76] VIEIRA DE ANDRADE, *As Formas Principais da Actividade Administrativa: Regulamento, Acto e Contrato Administrativo. Sumários das Lições de Direito Administrativo II*, (1.ª Turma) Ano Lectivo de 2009-2010, p. 20.

administrativo), continua a existir uma razão dogmática para o adoptar: a aplicabilidade aos mesmos de um regime material próprio, substantivo e procedimental. Em causa estão aqueles actos que, pelo seu *conteúdo* (por constituírem decisões de autoridade constitutivas de efeitos jurídicos), impliquem um determinado *procedimento* de formação e possam gozar de uma especial *força jurídica* (executiva) e *estabilidade* (designadamente, o *ónus de impugnação* e a força de *caso decidido*).[77]

2. Funções dos Actos Administrativos

Aos actos com estas características é possível apontar algumas funções que se justificam num sistema de administração executiva:

- a função *tituladora*: o acto administrativo é um *título*, ao qual se liga a produção de efeitos jurídicos específicos, sendo de destacar a sua *força executiva* ou *eficácia auto-titulante*, nos termos da qual o acto administrativo pode basear uma execução, sem dependência de qualquer outra pronúncia, no caso dos actos exequíveis;
- a função *definitória*: o acto administrativo define autoritariamente relações jurídicas, criando, modificando ou extinguindo situações jurídicas tuteladas pelo direito administrativo;
- a função *procedimental*: como veremos quando estudarmos o procedimento administrativo, o acto administrativo surge como o momento principal do procedimento para a sua prática e como face visível de toda a tramitação desenvolvida pela Administração em colaboração com os particulares com vista à tomada de uma decisão jurídica num caso concreto. Para além disso, e por surgir no contexto de um procedimento administrativo, a Administração está obrigada a cumprir uma série de regras, trâmites e formalidades (previstos nomeadamente no CPA), adoptados de acordo com uma sequência racional;
- a função *estabilizadora*: a decisão, mesmo ilegal, não sendo nula, consolida-se dentro de um prazo relativamente curto como "caso decidido" (ónus de impugnação), assegurando ainda uma auto-vinculação da Administração e uma limitação dos poderes de revogação (segurança jurídica), designadamente quanto a decisões constitutivas de direitos (protecção da confiança legítima);

[77] IDEM, p. 21

– a função *processual* (sobretudo para os particulares), tendo em consideração que torna operativa a garantia constitucional e legal de intervenção fiscalizadora dos tribunais – impondo uma forma específica de acção ("acção administrativa especial", em regra, com pedido de anulação de acto ou de condenação à prática de acto devido).

3. Novas roupagens dos actos administrativos

Em face da complexidade crescente das situações que são objecto de regulamentação administrativa, os actos administrativos vêm assumindo, cada vez mais, figurinos distintos.

Merece aqui uma referência destacada a categoria das *pré-decisões* ou dos *actos administrativos intermédios*, praticados a propósito de decisões administrativas complexas as quais, devido a essa complexidade, exigem procedimentos administrativos fraccionados ou faseados.

É comum dividir esta categoria em duas sub-categorias, a saber:

– a das decisões ou actos administrativos *prévios* (*Vorbescheid*, na designação alemã) que decidem de forma antecipada uma pretensão que será objecto de um procedimento mais completo, muitas vezes posterior, e que contêm uma *decisão final* sobre *questões isoladas* de que depende a prática do acto "global" (normalmente uma autorização)[78];

– a das decisões ou actos administrativos *parciais* que são decisões finais relativas a *uma parte* do objecto em apreciação (também aqui normalmente referido a uma autorização) e que têm em si mesmo um carácter permissivo, embora circunscrito à parte da decisão final que já foi objecto de apreciação[79].

Têm também realce, neste âmbito, os actos *provisórios* (cujos efeitos dependem de uma futura pronúncia definitiva) ou *precários* (em que a Admi-

[78] É isso que ocorre com a aprovação do projecto de arquitectura no âmbito do procedimento de licenciamento de uma obra particular e com os pedidos de informação prévia urbanística. Sobre o acto administrativo prévio cfr. Filipa Urbano Calvão, *Os Actos Precários e os Actos Provisórios no Direito Administrativo*, Porto, 1998, p. 47-52.

[79] O caso, por exemplo, da licença parcial para a construção da estrutura no âmbito do procedimento de licenciamento de uma obra particular. Cfr. Filipa Urbano Calvão, *ob. cit.*, p. 53-56.

nistração salvaguarda o poder de definir de maneira diferente a situação em causa, designadamente sujeitando-os a revogação), que têm a sua estabilidade jurídica enfraquecida pelo facto de se encontrarem sujeitos a reapreciação, uma vez verificados determinados pressupostos. Daí que não sejam actos constitutivos de direitos ou de interesses legalmente protegidos. É isso que se verifica, cada vez mais, no domínio do licenciamento industrial, sobretudo no que respeita a problemas colocados pela protecção ambiental e urbanística, levando nomeadamente à emissão de licenças que ficam condicionadas à utilização das melhores técnicas disponíveis[80].

4. A definitividade do acto administrativo: Evolução e importância actual

4.1. Para a doutrina e jurisprudência tradicionais

Como vimos aquando do estudo do conceito de acto administrativo para a doutrina e jurisprudência tradicionais, a definitividade era um dos dois elementos definidores do conceito estrito ou adjectivo de acto administrativo, isto é, do conceito de acto administrativo para efeitos de *recurso contencioso*.

Com o conceito de acto definitivo pretendia afastar-se a possibilidade de impugnação contenciosa de todos aqueles actos da Administração que não lesassem directamente os particulares, reflectindo esta noção o resultado prático de subordinar a recurso contencioso os actos administrativos que implicassem uma lesão directa e actual de um administrado (os actos administrativos *por excelência*).

Para esta doutrina, as notas características da definitividade seriam simultaneamente procedimentais, competenciais e substanciais, só podendo um acto ser considerado definitivo quando preenchesse *cumulativamente* os três tipos de definitividade. Para a referida doutrina tradicional o sentido a atribuir a cada um dos termos de definitividade era o seguinte:

a) *Definitividade em sentido horizontal ou procedimental*

O acto administrativo, para ser definitivo neste sentido, teria de ser um acto "final", no sentido de pôr termo a um procedimento ou a um seu incidente autónomo.

---

[80] Cfr. Filipa Urbano Calvão, *ob. cit.*, p. 21-44.

Como veremos aquando do estudo do procedimento administrativo, o acto administrativo surge como momento principal de um determinado procedimento, sendo o culminar (embora não necessariamente o *último* acto) de toda a tramitação desenvolvida pela Administração – em colaboração com os particulares – com vista à tomada de uma decisão.

Seriam, assim, actos não definitivos, do ponto de vista horizontal ou procedimental, os actos preparatórios da decisão final (actos anteriores ao acto definitivo), como estudos, pareceres, informações, exames, vistorias, etc.; também os actos posteriores ao acto definitivo, como actos complementares (publicações, notificações, aprovações, vistos, etc.) e os actos de execução eram considerados actos não definitivos.

b) *Definitividade em sentido material ou substancial*

De acordo com este sentido, a definitividade corresponderia à definição da situação jurídica dos particulares ou da Administração, fixando os respectivos direitos e/ou deveres. Mesmo quando sujeitos a condição suspensiva ou a termo inicial ou quando fossem postos em execução a título experimental, os actos que definissem situações jurídicas seriam, como tal, definitivos.

Está aqui em causa o *conteúdo* do acto administrativo, não tendo a qualidade de actos definitivos, deste ponto de vista, os actos administrativos que não definissem situações jurídicas. Seria o caso dos actos internos, bem como das informações, das opiniões ou dos pareceres.

c) *Definitividade em sentido vertical ou competencial*

Na definitividade vertical estaria já em causa a localização do órgão autor do acto no âmbito da estrutura hierárquica da Administração. Actos definitivos, neste sentido, seriam os actos praticados por um órgão que constituísse a "última palavra da Administração": actos praticados por órgãos supremos, independentes ou que, embora subalternos, dispusessem de uma competência exclusiva na matéria.

Nessa medida, tratar-se-ia de actos que, ou não admitiam recurso hierárquico ou, admitindo-o, o mesmo seria meramente facultativo: daí dizer-se que eles forneciam a "última palavra da Administração" sobre a questão, sendo passíveis de recurso imediato para tribunal.

Contrariamente, os actos verticalmente não definitivos seriam aqueles que não constituíam a última palavra da Administração, não sendo possível contra eles uma impugnação contenciosa imediata: seria necessária uma impugnação administrativa prévia (designadamente, um recurso hierárquico) para que a via judicial pudesse ser aberta.

Tal ocorreria sempre que estivessem em causa actos praticados por órgãos subalternos que não dispusessem de competência exclusiva sobre a matéria, estando sujeitos a recurso hierárquico necessário.

4.2. Crítica à concepção tradicional de definitividade

Como tivemos oportunidade de avançar aquando da análise do conceito de acto administrativo para a doutrina e jurisprudência tradicionais, o conceito de definitividade foi considerado, por uma parte importante da doutrina, como fruto de grande confusão, ao englobar três momentos muito relevantes, mas diferentes entre si, da teoria do acto administrativo: a competência, o procedimento e o dispositivo.

Para aqueles autores que, na linha da proposta de Rogério Soares, sempre defenderam um conceito mais estrito de acto administrativo, não fazia sentido um conceito tão abrangente e confuso de definitividade, na medida em que esta noção acabava por absorver algumas vertentes da própria noção do acto administrativo. Assim, sendo o acto administrativo produtor de efeitos jurídicos externos, regulando uma situação jurídica tutelada pelo direito administrativo, ele definiria necessariamente uma situação jurídica entre a Administração e um terceiro, pelo que não haveria razão de vir juntar um conceito de definitividade material.

Também o conceito de definitividade horizontal se encontrava, em parte, incluído em tal noção: todos os actos instrumentais que "gravitam" em torno do acto administrativo, preparando-o ou permitindo desencadear a sua eficácia ou dar dele conhecimento aos seus destinatários não são estatuições autoritárias, na medida em que não contêm um comando destinado a produzir imediatamente efeitos jurídicos.

Para além disso, a categoria da definitividade horizontal sempre foi considerada por esta tendência doutrinária como geradora de uma certa perplexidade, sendo forçoso admitir a possibilidade de impugnação contenciosa de actos que, em rigor, não eram horizontalmente definitivos. A própria doutrina tradicional revelava aqui algumas dificuldades, vendo-se obrigada a considerar como horizontalmente definitivos actos que, como dissemos, em rigor não o eram: referimo-nos aos chamados "actos destacáveis", que implicavam uma resolução final para certa pessoa, impedindo a sua continuação no procedimento (por exemplo, a exclusão de um candidato a um concurso público, antes de ser tomada a decisão final).

Este caso revela bem a imprestabilidade do conceito, já que há actos que não encerram um procedimento, mas que afectam directa e imediatamente os direitos ou interesses legítimos dos administrados, tendo que se admitir a possibilidade da respectiva impugnação junto dum tribunal administrativo.

Por todas estas razões, boa parte da doutrina, em que se incluem ROGÉRIO SOARES, SÉRVULO CORREIA e VIEIRA DE ANDRADE, acabaram por defender um conceito de definitividade apenas no seu sentido vertical ou competencial e com um recorte meramente processual.

4.3. **Uma definitividade meramente vertical**

Deve começar por sublinhar-se que a doutrina aqui seguida nunca utilizou a diferença entre actos definitivos e actos não definitivos como uma distinção entre duas categorias substancialmente diferentes de actos administrativos. Qualquer acto administrativo que fosse como tal qualificado era considerado um acto passível de impugnação contenciosa, existindo apenas regimes diferentes *quanto à sua impugnação*: ao passo que os actos definitivos seriam passíveis de impugnação contenciosa *directa* ou *imediata*, os actos não definitivos estariam sujeitos a *recurso hierárquico necessário*, após o qual a garantia contenciosa se tornaria efectiva e actual, sendo então passíveis de impugnação para tribunal.

Como tal, o conceito de definitividade ganhava uma dimensão meramente processual, qualificando os actos susceptíveis de impugnação contenciosa imediata.

Para além disso, a noção passava a ter um recorte exclusivamente *vertical* ou *competencial*: para determinar se um acto era ou não definitivo teria apenas de se analisar quem era o seu autor e no uso de que tipo de competência o havia praticado. Tratando-se de um órgão colocado no nível supremo dentro da pessoa colectiva em que se inserisse, por não existir qualquer superior hierárquico, o acto seria sempre definitivo, o mesmo se passando com os actos dos órgãos independentes; se o autor do acto fosse um órgão subalterno, teria de se analisar o tipo de competência que com a prática do mesmo se havia exercido, uma vez que os actos praticados ao abrigo de competência exclusiva (própria ou delegada) eram ainda definitivos, só não o sendo aqueles praticados ao abrigo de uma competência concorrente com a do superior hierárquico.

Em resumo, seriam definitivos:
- os actos praticados pelo órgão superior de uma hierarquia;
- os actos praticados por órgãos independentes, não sujeitos a qualquer hierarquia;
- os actos praticados por órgãos subalternos, quando no uso de uma competência exclusiva;
- os actos praticados por órgãos subalternos ao abrigo de uma delegação de poderes se o acto, praticado pelo delegante, também fosse definitivo.

Pelo contrário, seriam actos não definitivos:
- os actos praticados por subalternos, quando no uso de uma competência concorrente com o superior hierárquico (a competência concorrente é a regra, significando que o superior hierárquico tem um poder de *reexame* da decisão do subalterno, podendo não só anular ou revogar o seu acto mas também modificá-lo ou substituí-lo);
- os actos praticados por subalternos ao abrigo de uma delegação de poderes se o acto, praticado pelo delegante, não fosse definitivo.

Os actos não definitivos estariam sujeitos a *recurso hierárquico necessário*: para o administrado se defender deles, teria primeiramente de os impugnar perante o superior hierárquico. Na sequência da decisão do superior hierárquico, uma de duas hipóteses poderia ocorrer: ou o superior hierárquico dava razão ao recorrente, anulando, modificando ou substituindo o acto do subalterno, caso em que o interessado já não teria necessidade de impugnar judicialmente o acto; ou o superior confirmava a decisão do subalterno, ficando então aberta a porta para a possibilidade de impugnar o acto em tribunal.

Deve destacar-se que a "necessidade" de interposição de recurso hierárquico para o destinatário do acto pode apresentar vantagens: desde logo, o facto de tal impugnação suspender a eficácia do acto, nos termos do artigo 170.º, n.º 1, do CPA (o que não acontece, em regra, na via contenciosa); a possibilidade de o superior hierárquico anular o acto com base em vícios de mérito (inoportunidade ou inconveniência do acto), o que não é permitido em tribunal; também o carácter informal do recurso hierárquico, de interposição fácil, rápida e barata; tem ainda a vantagem prática de obrigar uma autoridade administrativa mais qualificada a pronunciar-se sobre o caso. Para além destas vantagens, o interessado nada perde, uma vez que tal tipo de recurso suspende o prazo para a interposição da adequada acção judicial, que só começa a contar após a decisão do superior hierárquico.

Já o recurso hierárquico facultativo – que no sistema vigente até há pouco tempo, ocorria quando o subalterno, autor do acto, o emitia no uso de competências exclusivas – tem a agravante de não suspender a eficácia do acto (cfr. artigo 170.º, n.º 3, do CPA) nem, na sua configuração inicial, o prazo para a interposição da correspondente impugnação contenciosa, facto este gerador de riscos, na medida em que o interessado, enquanto esperava pela decisão, que naturalmente podia ser negativa, podia deixar passar o prazo (curto) de impugnação judicial, não tendo depois qualquer forma de defender a sua posição jurídica.

Em face do afirmado até ao momento, pode reter-se, desde já, que o conceito de definitividade:

- tinha apenas a ver com a questão da distribuição vertical das competências, determinando-se se um acto é ou não definitivo em função do órgão autor do acto e do tipo de competência que exerce;
- possuía um recorte puramente processual, distinguindo os actos susceptíveis de recurso contencioso imediato daqueles sujeitos a recurso hierárquico necessário, para os quais a garantia de recurso contencioso só podia ser exercida de forma mediata;
- o seu interesse prático era o de determinar quais os actos de que se podia recorrer imediatamente para tribunal e aqueles que necessitavam de uma impugnação administrativa prévia à efectivação da garantia jurisdicional.

4.4. A questão da definitividade à luz da Constituição da República Portuguesa e do novo regime do contencioso administrativo

Nos termos da redacção inicial do n.º 3 do artigo 268.º da CRP era "(...) garantido aos interessados recurso contencioso, com fundamento em ilegalidade, contra quaisquer *actos administrativos definitivos* (...)".

A partir da revisão de 1989, a Constituição continuou a garantir aos particulares o direito ao recurso contencioso, mas agora contra "(...) quaisquer actos administrativos, independentemente da sua forma, que lesem os seus direitos e interesses legalmente protegidos", formulação que no essencial se mantém no texto vigente (n.º 4 do artigo 268.º).

A partir daqui, alguma doutrina começou a defender que o pressuposto processual para o recurso contencioso de anulação teria passado a ser a lesão dos direitos ou interesses dos particulares e não a definitividade dos actos. Tal significaria que, mesmo que o acto administrativo tivesse sido praticado por um subalterno no uso de competências concorrentes, ele seria imediatamente impugnável (desde que provocasse uma lesão aos direitos ou interesses legítimos dos particulares)[81].

Em consequência, passaram os seguidores desta doutrina a defender a inconstitucionalidade das normas legais que continuaram a prever o recurso hierárquico necessário que, além do mais, seria visto como um factor que atrasava a garantia dos particulares já que os obrigava a perder tempo em impugnações administrativas antes de poderem recorrer para os tribunais.

Posição contrária foi a defendida por um sector importante da doutrina portuguesa. Foi o caso de VIEIRA DE ANDRADE que recusou, em tese geral, a inconstitucionalidade das leis que, nos casos de actos praticados por subalternos no uso de competência concorrente, impunham uma impugnação administrativa como pressuposto para a impugnação contenciosa[82].

De facto, para este Autor, o que decorre da Constituição é a susceptibilidade de todos os actos administrativos serem impugnados contenciosamente, o que não é o mesmo que admitir a sua impugnação contenciosa directa. Deste modo, o direito à impugnação contenciosa de um acto administrativo não é negado pela necessidade de interposição prévia de recurso hierárquico. Todos os actos administrativos seriam, assim, susceptíveis de recurso contencioso, só que de uns (os definitivos) poderia recorrer-se directamente para o tribunal, enquanto que de outros (os não definitivos) só se poderia recorrer depois de se ter interposto recurso prévio para o superior hierárquico.

Na óptica do Autor referido, o recurso hierárquico necessário não significa necessariamente uma desvantagem para os administrados, constituindo uma alternativa válida à impugnação contenciosa, sobretudo porque a possibilidade de acesso posterior ao tribunal nunca é excluída. O recurso

---

[81] Vide Vasco PEREIRA DA SILVA, *Em Busca do Acto Administrativo Perdido*, Coimbra, 1996, p. 668.

[82] Vide VIEIRA DE ANDRADE, "Em defesa do recurso hierárquico – Anotação ao Acórdão n.º 499/96 do Tribunal Constitucional", *Cadernos de Justiça Administrativa*, n.º 0, Novembro/Dezembro 1996, p. 13 e segs.

hierárquico necessário só poderia ser considerado inconstitucional se prejudicasse de forma intolerável ou desrazoável o direito ao recurso contencioso, o que, como acabámos de ver, não acontece.

Esta questão teve desenvolvimentos recentes com a Reforma do contencioso administrativo português, na medida em que o CPTA veio determinar, como regra geral, a *desnecessidade de impugnações administrativas prévias* para se aceder à via contenciosa (cfr. artigos 51.º e 59.º, n.os 4 e 5), mantendo-se estas apenas *quando leis especiais expressamente as exijam* (quer estas leis sejam anteriores, quer posteriores ao Código).

Assim se inverte a lógica até aqui vigente: da situação regra de recurso hierárquico necessário prévio dos actos dos subalternos, passamos para a regra de que todos os actos administrativos com eficácia externa podem ser, desde logo, objecto de impugnação contenciosa, sendo o recurso hierárquico que se pretenda, ainda assim, aqui interpor, meramente facultativo. Tal apenas assim não será quando haja uma *previsão legal expressa* em sentido contrário.

Note-se, ainda, a novidade de as impugnações administrativas (incluindo as facultativas) terem carácter suspensivo sobre o prazo da impugnação contenciosa (o que não é o mesmo que suspensão da eficácia dos actos impugnados, que apenas se verifica no recurso hierárquico necessário).

Esta solução tem a vantagem de tornar desnecessária a identificação, na maior parte das vezes difícil de determinar, do tipo de competência (exclusiva ou concorrente) que havia estado na base da actuação do órgão subalterno.

5. Classificação dos actos administrativos[83]

Sem prejuízo de outras classificações, é possível distinguir as seguintes categorias de actos administrativos, em função do respectivo conteúdo:

5.1. *Actos que influem sobre um status*: são os actos administrativos que se destinam a tocar num conjunto ordenado de direitos e de deveres

---

[83] Adopta-se aqui, no seu essencial, a classificação proposta por Vieira de Andrade, in *As Formas Principais da Actividade Administrativa: Regulamento, Acto e Contrato Administrativo*, cit., pp. 29 e ss.

com origem no mesmo facto ou acto jurídico, em que se traduz o *status* de uma pessoa. Nesta categoria genérica é possível identificarmos três subcategorias: *actos que criam um status* (de que são exemplos as *admissões*, como a outorga da cidadania, a nomeação, a matrícula de um aluno numa escola pública, o internamento de um doente no hospital); *actos que modificam um status* (como é o caso da promoção, suspensão ou transferência); e *actos que extinguem um status* (de que são exemplos a revogação da cidadania, a demissão, a expulsão de um aluno de uma escola pública, a alta do doente, etc.).

5.2. *Actos que provocam situações de desvantagem* (ou *actos desfavoráveis*): é o caso, em primeiro lugar, dos *actos ablatórios*, ou seja, dos actos que suprimem, comprimem ou retirem direitos ou faculdades.

Exemplos típicos de actos que suprimem e comprimem direitos são, respectivamente, a declaração de utilidade pública para efeitos de expropriação e as servidões administrativas. Por seu turno, a declaração de extinção de uma concessão ou de uma licença é um acto que retira direitos ou faculdades.

Um outro grupo de actos desfavoráveis é aquele que abrange os *actos impositivos*. Estes consistem, essencialmente, nas *ordens* que, por sua vez, podem impor obrigações de conteúdo positivo (comandos) ou de conteúdo negativo (proibições).

É ainda a esta categoria que se reconduzem os actos de indeferimento, que se traduzem na recusa, pelo órgão administrativo, da prática do acto favorável requerido.

5.3. *Actos que desencadeiam benefícios para terceiros* ou *actos que provocam situações de vantagem*: no conjunto da categoria dos actos favoráveis para terceiros, os tipos mais importantes podem ser arrumados em dois grandes grupos – o das *concessões* (5.3.1.) e o das *autorizações* (em sentido amplo) (5.3.2.). A grande diferença entre estes dois grupos encontra-se no facto de, nas concessões, estarmos num *domínio próprio de actuação da Administração*, na medida em que está em jogo, ou o exercício de poderes próprios da Administração ou a criação, reservada a esta, de situações especiais de benefício para os particulares, enquanto que as autorizações visam, por iniciativa do interessado, remover um limite imposto pela lei ao exercício de uma *actividade fora do domínio administrativo da entidade autorizante* (própria da esfera do destinatário da autorização).

5.3.1. No que concerne às *concessões*, podemos apontar dois grandes tipos: as *concessões translativas* e as *concessões constitutivas.*

No primeiro caso, verifica-se a transmissão para o concessionário de poderes administrativos já existentes na titularidade da Administração concedente. É o que acontece com a concessão de serviços públicos. Com efeito, neste caso, os poderes de manutenção de um serviço público passam, por um acto da Administração, das mãos desta para as de particulares que, apesar de conservarem a sua natureza de sujeitos privados, ficam investidos naqueles poderes. Deste modo, a Administração abre mão de uma tarefa pública que fica entregue à competência e diligência de um particular, apenas sujeita a um poder de controlo e fiscalização da autoridade administrativa.

No que diz respeito às concessões constitutivas, a entidade concedente cria "ex novo" poderes ou direitos de que a Administração não pode ser titular, mas que só ela pode criar a favor de terceiros, implicando, em regra, uma restrição ou compressão dos poderes públicos. O exemplo típico de uma concessão constitutiva é o da concessão de uso privativo do domínio público. Trata-se de um acto através do qual a Administração confere a um particular a possibilidade de utilizar, em proveito próprio, com compressão dos direitos da Administração, bens pertencentes ao elenco dos bens dominiais. A Administração comprime a afectação de determinados bens a um uso público imediato para permitir a satisfação de interesses particulares, desde que, com isso, não ponha em causa a realização das finalidades públicas. Exemplos típicos de concessões de uso privativo do domínio público são os das concessões que facultam ao particular a ocupação de uma parcela da praça pública para a instalação de um quiosque ou de uma esplanada ou o uso, para rega, de águas públicas.

5.3.2. No que se refere às *autorizações*, elas assumem relevo distinto consoante surjam no domínio das relações entre a Administração e os particulares (5.3.2.1.) ou no domínio das relações entre órgãos administrativos (5.3.2.2.).

5.3.2.1. *Autorizações nas relações entre a Administração e os particulares*

Neste âmbito vamos encontrar as *dispensas*, as *autorizações constitutivas de direitos* ou *autorizações-licença* e as *autorizações permissivas* ou *autorizações propriamente ditas.*

5.3.2.1.1. *Dispensa*

Trata-se de um acto administrativo através do qual a Administração vai remover um dever especial, relativo a uma actividade estritamente proibida ou imposta por lei, dever esse a que não corresponde um direito da Administração[84]. Deste modo, se a Administração tem a faculdade de, em face de circunstâncias concretas, desobrigar um sujeito do cumprimento de certos deveres especiais que sobre ele recaem, o acto pelo qual o faz é uma *dispensa*.

Um exemplo de escola que costuma ser apontado para ilustrar as dispensas é o da "licença" de uso e porte de arma. Com efeito, sobre os cidadãos impende o dever de resolver os seus conflitos sem recurso a armas, pelo que a faculdade da sua utilização deve ser reconhecida como excepcional. Só quando motivos ponderosos o justifiquem pode a Administração *dispensar* os particulares do dever de transitarem desarmados.

5.3.2.1.2. *Autorizações constitutivas de direitos* ou *autorizações-licença*

Estamos aqui perante actos administrativos que *constituem direitos* em favor dos particulares em áreas de actuação sujeitas pela lei a proibição preventiva.

Com efeito, por vezes a lei pode estabelecer uma derrogação ao sistema comum que confere certos direitos ou certas faculdades (contidas nesses direitos) aos particulares. É que a atribuição de tais direitos pode pôr em causa ou em perigo a realização de interesses públicos. Admite-se, porém, que depois de uma ponderação das especiais circunstâncias do caso, a Administração possa atribuir ao sujeito privado o direito em causa. O acto pelo qual a Administração o faz é uma *autorização constitutiva de direitos* ou *autorização-licença.*

Tradicionalmente discute-se a questão de saber se as licenças de construção podem ser integradas nesta categoria de actos favoráveis, questão que está intimamente relacionada com a de saber se o *jus aedificandi* é ou não uma faculdade inerente ao direito de propriedade dos solos.

---

[84] Se ao dever que incide sobre o particular corresponder um direito da Administração, o acto através do qual esta o livra desse dever é uma *renúncia* e não uma dispensa. Por outro lado, a dispensa distingue-se da *isenção* uma vez que, enquanto aquela é um acto da administração, nesta o afastamento do dever que recai sobre o particular é determinado directamente pela lei.

5.3.2.1.3. *Autorizações permissivas* ou *autorizações propriamente ditas.*

Trata-se, neste caso, de actos administrativos através dos quais a Administração vai permitir o *exercício* pelos particulares de actividades correspondentes a um direito pré-existente, condicionado pela lei.

Estamos aqui perante situações caracterizadas pela existência de um direito cujo *exercício* pode importar sacrifícios especiais para um conjunto de interesses públicos que convém acautelar. Torna-se, então, indispensável que a Administração avalie concretamente a pretensão de exercer o direito, para, determinando o grau de inocuidade, permitir o seu exercício ou permiti-lo com certas restrições.

O caso típico de uma autorização permissiva é a autorização para uma manifestação pública.

Conclui-se, assim, que a distinção entre autorizações constitutivas e autorizações permissivas passa pelo maior (no primeiro caso) ou menor (no segundo caso) constrangimento que a lei faça à actividade do particular.

5.3.2.2. *Autorizações nas relações entre órgãos administrativos*

5.3.2.2.1. *Autorizações constitutivas de legitimação*

Este tipo de autorizações são actos administrativos através dos quais se confere a um órgão a possibilidade de praticar num caso concreto um acto (administrativo ou instrumental) para o qual é já competente.

Trata-se de um acto administrativo praticado no âmbito do exercício de uma função de controlo preventivo. Nestes casos, uma autoridade administrativa goza de competência normal para praticar um dado tipo de actos, mas só pode exercitá-la depois de outra autoridade, que aprecia a legalidade e o mérito do conteúdo escolhido, se ter manifestado favoravelmente. Sem a autorização o órgão autorizado já é competente, mas não tem legitimação para a prática do acto na situação concreta.

As autorizações constitutivas de legitimação distinguem-se da delegação uma vez que, no primeiro caso, o órgão já é titular da competência, exercendo sempre, mesmo depois da autorização, uma competência própria, enquanto que na delegação o órgão delegado não tem, antes da delegação, competência para a prática daquele acto e, mesmo depois da delegação, exerce uma competência alheia.

Nas situações em que a lei exige uma autorização para a prática de um determinado acto, a realização deste sem que a autorização tenha sido emanada, determina, como veremos, a invalidade do acto autorizado, por falta de legitimação do sujeito.

5.3.2.2.2. *Aprovações*

As aprovações são autorizações permissivas que têm por objecto actos cuja eficácia desencadeiam, ou seja, são actos administrativos que visam desencadear a produção de efeitos do acto administrativo aprovado (normalmente depois de este estar constituído), no quadro de um controlo preventivo. A falta de aprovação, ao contrário da falta de autorização, não gera a invalidade do acto administrativo, mas tão só a sua ineficácia[85].

5.4. *Actos que operam sobre actos administrativos precedentes* ou *actos administrativos de segundo grau*: estamos aqui perante actos que têm por objecto actos administrativos anteriormente praticados.

Nesta categoria genérica vamos encontrar três subcategorias. Em primeiro lugar, a dos actos que visam fazer *cessar* ou *suspender* a eficácia de actos administrativos anteriores. É o caso da anulação, da revogação e da suspensão administrativa. Dada a importância da anulação e da revogação a elas nos referiremos autonomamente de seguida.

Em segundo lugar, existem os actos que visam *modificar*, total ou parcialmente, o conteúdo de actos administrativos previamente praticados. É o que acontece com a revogação parcial, a reforma (que consiste em qualquer substituição do conteúdo do acto prévio), a rectificação (transformações no conteúdo do acto por expurgação dos seus erros) e a prorrogação (dilatação dos limites temporais de vigência do acto).

Por fim, vamos encontrar os actos que visam *consolidar* actos administrativos anteriores, quando estes sejam inválidos. É o caso da convalidação (nova declaração destinada a afastar o vício) e da conversão (não sendo possível afastar o vício, a Administração pratica um novo acto com o conteúdo do acto anterior).

De entre os actos administrativos de segundo grau assumem particular importância, como dissemos, a *anulação* e a *revogação*.

A revogação é o acto através do qual a Administração faz cessar os efeitos de outro acto, por se entender que ele (já) não é conveniente para o interesse público, ou seja, (já) não é conveniente a manutenção desses efeitos.

---

[85] Sobre as noções de validade e eficácia vide infra, 7.

Por sua vez, a anulação (ou revogação anulatória) é o acto através do qual a Administração pretende destruir os efeitos de um acto anterior, mas com fundamento na sua ilegalidade ou, pelo menos, num vício que o torna ilegítimo e, por isso, inválido.

Trata-se, numa situação como noutra, de actos que vão provocar a cessação da vigência de um acto anterior (embora na anulação também se destruam os efeitos já produzidos).

Estes actos distinguem-se de uma outra categoria: a dos *actos contrários*. Enquanto na anulação e na revogação a decisão, incidindo sobre um acto anterior, implica a resolução da mesma situação que serviu de base à prática do primeiro acto[86], nos actos contrários, o segundo acto não incide sobre o mesmo caso concreto tratando-se, por isso, da prossecução de diferentes interesses públicos. Quando a Administração nomeia um funcionário e, mais tarde, em consequência, por exemplo, de um procedimento disciplinar, o demite, este segundo acto é um acto contrário em relação ao primeiro, sendo, tal como este, um acto de primeiro grau.

Mais importante é marcar agora as diferenças entre a revogação e a anulação.

Antes de mais é necessário chamar a atenção para o facto de o Código do Procedimento Administrativo não distinguir expressamente a revogação da anulação. Não deixa, no entanto, mesmo assim, de estabelecer regimes jurídicos diferentes para cada um daqueles institutos, prevendo regras específicas para a revogação de actos válidos (revogação propriamente dita), diferentes daquelas que fixa para a revogação de actos inválidos (anulação ou revogação anulatória).

Vejamos, pois, as principais diferenças de regime jurídico entre estes dois institutos.

Em primeiro lugar, enquanto a revogação tem por fundamento a *inconveniência actual* para o interesse público da manutenção dos efeitos de um acto anterior, a anulação baseia-se na *invalidade* daquele primeiro acto.

Do ponto de vista da sua eficácia, a revogação produz efeitos *ex nunc*, ou seja, faz cessar a eficácia do acto anterior prospectivamente, enquanto a anulação tem efeitos *ex tunc*, destruindo os efeitos do acto desde o momento da sua prática.

---

[86] Trata-se, por isso, do exercício do mesmo tipo de competência em primeiro e segundo grau.

Por seu turno a revogação implica o exercício de uma função de administração activa (dispositiva), ou seja, do mesmo tipo da função exercida para a prática do primeiro acto, enquanto a anulação implica o exercício de uma função de controlo (fiscalização).

Em quarto lugar, enquanto a anulação pode incidir sobre quaisquer actos administrativos, a revogação apenas pode incidir sobre actos de eficácia duradoura enquanto eficazes ou actos de eficácia instantânea enquanto não sejam executados[87]. Não obstante isto, o CPA identifica actos administrativos que não podem ser revogados e actos administrativos que não podem ser livremente revogados (cfr. artigos 139.º e 140.º do CPA).

Um outro aspecto que distingue a revogação da anulação decorre de aquela poder ser determinada a todo o tempo, enquanto esta apenas pode ser efectuada dentro do prazo da respectiva impugnação contenciosa ou até à resposta da entidade administrativa demandada (artigo 141.º, n.º 1 do CPA).

Por fim, do ponto de vista dos órgãos competentes para a revogação e para a anulação, podemos dizer que tem competência para revogar actos administrativos quem tiver competência dispositiva sobre a matéria tratada no acto a revogar (isto é, poderes para a prática daquele tipo de actos) e têm competência para anular actos administrativos os órgãos que tiverem poderes de controlo ou fiscalização.

Sobre a competência para a revogação e para a anulação rege o artigo 142.º. Da leitura deste dispositivo decorre que, pelo facto de o CPA tratar conjuntamente estes dois actos administrativos com regimes tão diferentes, acaba por suscitar algumas dúvidas de interpretação. É o que acontece em matéria da competência dos superiores hierárquicos para a anulação e revogação. Com efeito, embora se estabeleça no n.º 1 do artigo 142.º que o superior hierárquico tem poderes revogatórios excepto quando a competência seja exclusiva do subalterno, já o artigo 174.º, n.º 1 determina que se a competência do subalterno for exclusiva, o superior pode, ainda assim, revogar o acto.

Para VIEIRA DE ANDRADE a impossibilidade de o superior hierárquico revogar actos praticados por subalternos no uso de competências exclusivas prevista no artigo 142.º, n.º 1, deve valer apenas para a revogação propriamente dita. Esta proibição já não pode valer para a anulação na medida

[87] Por outro lado, em regra apenas estão sujeitos a revogação actos que tenham sido praticados no uso de poderes discricionários e não actos que sejam legalmente devidos.

em que, sendo esta expressão de um poder de fiscalização, ela pode ser sempre exercida, mesmo que a competência seja exclusiva. Daí que, segundo este Autor, quando no artigo 171.º se refere a possibilidade de revogação quando a competência seja exclusiva, deve interpretar-se como referindo-se apenas à anulação.

Para outros, quando as competências do subalterno são concorrentes, o superior hierárquico pode revogar e anular o acto administrativo praticado pelo subalterno tendo aí poderes de *reexame*. Quando a competência é exclusiva, existem os mesmos poderes de revogação ou anulação, mas como mero poder de *controlo* ou de *revisão*, o que significa apenas os poderes de retirar o acto, devolvendo ao seu autor a competência dispositiva.[88]

6. O PROCEDIMENTO ADMINISTRATIVO

6.1. Noção e âmbito

O Código do Procedimento Administrativo apresenta, logo no n.º 1 do seu artigo 1.º, uma noção de procedimento administrativo, noção essa

[88] Destes actos distingue-se a declaração (administrativa) da nulidade que, conjuntamente com a revogação anulatória, integra o poder de "revisão" administrativa, isto é, o poder que o autor de um acto tem de o reapreciar de forma negativa ou divergente da efectuada aquando da sua prática. Cfr. VIEIRA DE ANDRADE, «A "revisão" dos actos administrativos no direito português», *Cadernos de Ciência de Legislação*, n.ºs. 9/10, 1994.

A declaração de nulidade apenas ocorrerá, como não pode deixar de ser, nas situações em que o acto administrativo esteja ferido de um vício gerador de nulidade (ao contrário da anulação, que ocorre quando o vício que o afecta gera anulabilidade), aplicando-se-lhe o regime da nulidade constante do artigo 134.º do CPA, ao qual nos referiremos mais adiante.

A doutrina tem vindo, contudo, a questionar se, em face do regime radical da nulidade, não deveria o legislador regular a declaração de nulidade administrativa em termos mais restritivos, aplicando-lhe, com as devidas adaptações, os princípios subjacentes ao regime da revogação. É o caso de VIEIRA DE ANDRADE, que defende que talvez não devesse admitir-se a declaração de nulidade de actos *favoráveis* a todo o tempo, mas apenas num *prazo razoável*, contado do conhecimento do vício, dentro de um limite máximo, e medido também em função da boa fé do particular beneficiado. Assim como defende que deveria recusar-se ou limitar-se em certas hipóteses a *competência administrativa* para a declaração de nulidade, designadamente quando não é evidente a existência desse tipo de invalidade ou, relativamente a determinados vícios, quando estes sejam inteiramente imputáveis ao órgão administrativo – devendo exigir-se então a declaração por via judicial.

que podemos considerar, em termos doutrinários, como relativamente neutra, não fornecendo elementos que se afastem demasiadamente das definições apresentadas em geral pela doutrina.

Assim, o procedimento é definido como *a sucessão ordenada de actos e formalidades tendentes à formação e manifestação da vontade da Administração Pública ou à sua execução.*

Mesmo a voz mais crítica entre nós em relação à codificação do procedimento administrativo, apresentava uma noção que não difere muito da do Código. Referimo-nos a ROGÉRIO SOARES, para quem o procedimento é "um conjunto de actos funcionalmente ligados com vista a produzir um certo resultado, um efeito único"[89].

O procedimento é, assim, o modo de formação das decisões administrativas, bem como da sua manifestação e execução, traduzindo-se numa sucessão ordenada de formalidades, actos e factos.

Relativamente ao *âmbito* da figura, convém avançar desde já com um esclarecimento extremamente importante: vamos aqui estudar o procedimento administrativo a propósito do *acto administrativo*, que surge como momento principal de um procedimento dirigido à sua prática; no entanto, isso não invalida o facto de também as outras duas formas mais significativas da actividade administrativa – o regulamento e o contrato administrativos – surgirem no contexto de procedimentos administrativos dirigidos à sua elaboração ou celebração. A análise da Parte IV do CPA não deixa dúvidas a este propósito: esta Parte, submetida à epígrafe *Da actividade administrativa*, encontrava-se, antes da revogação do seu Capítulo III pelo diploma que aprovou o Código dos Contratos Públicos, dividida em 3 capítulos, um sobre o regulamento (Capítulo I), outro sobre o acto administrativo (Capítulo II) e, finalmente, um último sobre o contrato administrativo (Capítulo III).

Como tal, existe um procedimento típico para a prática de um acto administrativo, mas também para a elaboração de um regulamento e para a celebração de um contrato administrativo. De qualquer modo, é o procedimento dirigido à prática de actos administrativos que vai estar no centro das nossas preocupações.

---

[89] Cfr. ROGÉRIO SOARES, *Direito Administrativo*, policop., Coimbra, 1978, p. 141.

6.2. **Concepção adjectiva do procedimento**

Hoje em dia estão ultrapassadas as concepções substantivas do procedimento administrativo, para as quais este era concebido com um acto: mais concretamente, estaríamos aqui na presença de um *acto-procedimento*. Tratar-se-ia de um acto que tinha como característica específica a colaboração entre diversos órgãos para a produção de um mesmo resultado. Esta concepção tinha como único mérito o de pôr em evidência a interpenetração da actividade de diferentes órgãos administrativos no procedimento (interpenetração ou colaboração essa que, como veremos de seguida, é uma das notas características do procedimento).

Para a concepção do acto-procedimento cada um dos actos que o constituíam eram vistos como uma parte de um todo. Como tal, um dos seus defeitos é claramente o de dissolver o sentido específico de cada um deles: todos os actos visam prosseguir o mesmo interesse, não se lhes reconhecendo uma função específica.

No entanto, é hoje em geral seguida uma *concepção adjectiva do procedimento*: os actos que se relacionam no procedimento não são vistos como elementos de um grande acto do qual fariam parte mas, mais exactamente, como *momentos* ou *etapas* de um percurso ou caminho ordenado de forma racional, tendo em vista a prática de um acto desejado. Nesta concepção chama-se a atenção para o facto de cada um dos actos ou momentos do procedimento ter um *fim imediato* próprio e só mediatamente concorrer para a prática do acto desejado. E é na exacta medida em que auxiliam o acto principal e concorrem (mediatamente) para atingir a finalidade desse acto que se diz que todos visam o mesmo resultado, um efeito jurídico unitário.

6.3. **Principais notas caracterizadoras**

As definições fornecidas pelo legislador e pela doutrina permitem uma apreensão genérica do sentido do procedimento administrativo, mas são insuficientes para a compreensão do real significado desta importantíssima figura.

Por forma a efectuarmos uma abordagem sistemática, vamos tentar salientar as principais notas caracterizadoras do procedimento administrativo de forma tópica, mostrando as principais razões que justificam o estudo da categoria.

Assim, como principais elementos caracterizadores do procedimento administrativo, podemos referir os seguintes:

a) conjugação de um acto administrativo com vários actos instrumentais
Naturalmente que um procedimento seguido em vista da prática de um acto administrativo culmina com a prática deste último; no entanto, em torno (antes e depois, em termos temporais) do acto principal do procedimento gravita uma série de actos instrumentais (acessórios ou subordinados) que contribuem, de forma mediata, para o mesmo resultado. É impossível a tomada de uma decisão pela Administração sem ser enquadrada numa série de actos menores, seja praticados pela Administração, seja como reflexo da colaboração dos particulares.

b) *colaboração entre diferentes órgãos e agentes administrativos*
O procedimento é também reflexo da colaboração entre diversos órgãos administrativos, que podem pertencer a diferentes pessoas colectivas públicas.

Como vimos, a organização administrativa é hoje extremamente complexa e diversificada, existindo uma pluralidade de pessoas colectivas diferentes do Estado e, dentro das diversas pessoas colectivas (principalmente do Estado), um vasto complexo de órgãos criados com o objectivo de desconcentrar o poder; há hoje também inúmeros órgãos dotados de competências técnicas especializadas e que se tornam particularmente importantes em sede consultiva, através da emissão de pareceres que muitas vezes podem ter carácter vinculativo.

O procedimento administrativo pretende também articular as competências destes diversos órgãos, o que é particularmente salutar num regime que se deseja democrático. Assim, em grande número de procedimentos, é necessária a intervenção de diversos agentes administrativos, muitas vezes de órgãos diferentes e até de pessoas colectivas diferentes.

Para ilustrar o que dizemos pode dar-se o exemplo da importância que assumem, ao nível da administração municipal, os pareceres emitidos pelas comissões de coordenação e desenvolvimento regionais (órgãos desconcentrados da administração estadual): há diversos actos que competem aos órgãos do município, nomeadamente às câmaras, que só podem ser praticados após a emissão de pareceres por parte dessas comissões regionais, pareceres esses que em muitas situações são *vinculativos*, implicando para as câmaras a necessidade de os seguir.

c) *participação dos particulares*

Uma das tendências mais destacadas do procedimento administrativo é, sem dúvida, a de permitir a participação dos particulares (da sociedade civil em geral) nas decisões que lhes disserem respeito.

Note-se que a própria Constituição estabelece como um dos objectivos da lei do procedimento administrativo o de assegurar a participação dos interessados. Na verdade, lê-se no n.º 5 do artigo 267.º da CRP: "O processamento da actividade administrativa será objecto de lei especial, que assegurará (...) a participação dos cidadãos na formação das decisões ou deliberações que lhes disserem respeito".

O CPA cumpriu à risca a imposição constitucional, plasmando logo como princípios gerais da actividade administrativa os princípios da *colaboração da Administração com os particulares* (artigo 7.º) e *da participação* (artigo 8.º). E por todo o articulado do Código se sente a preocupação do legislador em assegurar tal participação, particularmente através da *audiência dos interessados*, prevista e regulada nos artigos 100.º e seguintes.

d) *composição (ponderação) de diversos interesses (públicos e privados)*

Ao longo do procedimento administrativo pode e deve fazer-se a ponderação e a necessária composição entre os diversos interesses públicos e privados que, as mais das vezes, estão relacionados com a decisão respectiva.

Sobretudo nas decisões administrativas mais complexas, está envolvido um conjunto cada vez mais complexo de interesses, e o próprio interesse público não pode ser visto como tendo carácter unívoco: pense-se, por exemplo, na decisão de construir uma barragem ou de localizar uma ponte, que toca não só um conjunto muito grande de pessoas com interesses provavelmente conflituantes, mas também uma gama ampla de interesses públicos, designadamente os relativos ao desenvolvimento económico, criação de postos de trabalho, ordenamento do território, protecção do ambiente, etc.

O procedimento, particularmente na fase da *instrução*, tem o mérito de permitir a apresentação ao agente que vai tomar a decisão dos diversos interesses envolvidos, por forma a que este os pondere e tome a melhor decisão para a prossecução do interesse público globalmente considerado. Através da realização de exames, vistorias, do recurso a peritos, das informações prestadas pelos particulares, da análise de pareceres emitidos por outros órgãos administrativos, etc. o agente ficará com material suficiente para tomar a melhor decisão possível.

e) *tramitação*

Uma ideia de importância extrema que está ínsita à figura do procedimento administrativo é a ideia de *tramitação*. Procura com ela demonstrar-se que a produção dos diversos actos e formalidades envolvidos no procedimento tem que obedecer a uma ordem lógica, a uma ordenação racional, sem a qual a sequência desses momentos perderia o seu sentido.

Na verdade, a articulação entre os diversos actos instrumentais e o acto principal do procedimento (o acto administrativo) não pode ser feita ao acaso: apesar de poder (e dever) haver, por vezes, uma certa margem de manobra da Administração na ordenação do procedimento, não é menos certo que esta está vinculada ao cumprimento dos trâmites de forma racional. Esta poderá ser uma das principais vantagens da codificação do procedimento administrativo, ao obrigar à prática de actos em determinados momentos que se julga serem os mais oportunos, no sentido de obter a melhor decisão possível para a satisfação do interesse público.

Veja-se, a título de exemplo, o que se passa a propósito da audiência dos interessados: o momento lógico de dar tal audiência aos administrados é, sem dúvida, antes da prática do acto, para que ela tenha algum sentido e possa ainda influenciar a decisão. Daí a formulação do Código que, para além de inserir sistematicamente a audiência antes da decisão, estabelece ainda de forma expressa no n.º 1 do artigo 100.º: "Concluída a instrução (...) os interessados têm o direito de ser ouvidos no procedimento antes de ser tomada a decisão final (...)".

f) *resultado jurídico unitário*

A noção de procedimento administrativo proposta por ROGÉRIO SOARES tem, entre outros méritos, o de chamar a atenção para o *resultado jurídico unitário* associado ao procedimento, aspecto que fica na "penumbra" na definição do CPA.

Este resultado jurídico é sempre o fim, o objectivo de todo o procedimento, explicando a existência de um acto principal (o acto administrativo propriamente dito) e de actos subordinados (os actos instrumentais praticados ao longo do procedimento). Esse resultado jurídico será o "desejado" por todos os órgãos que colaboram no procedimento, identificando-se no entanto com o do acto administrativo praticado pela autoridade com competência para esse efeito.

Destaca-se assim a ideia de que o procedimento é um conjunto de actos, funcionalmente ligados, que produzem um efeito único, efeito esse que se identifica com o efeito do acto principal visado pelo procedimento.

Em determinados procedimentos, mais complexos, o procedimento pode ser constituído por vários actos principais cuja finalidade imediata coincide com a finalidade última do procedimento.

6.4. A importância da figura do procedimento administrativo

As principais notas caracterizadoras do procedimento administrativo comprovam que este é uma figura que pode servir várias finalidades importantes. Em primeiro lugar, a ideia do procedimento como uma tramitação de actos variados (actos acessórios e acto principal) tem o efeito prático de permitir perceber em que condições podem os particulares aceder aos tribunais, na medida em que devem estar sujeitos a impugnação contenciosa aqueles actos do procedimento que sejam *principais* ou, ainda, aqueles que, estando inseridos na tramitação procedimental, produzam efeitos jurídicos externos.

Consequentemente, não são susceptíveis de impugnação judicial os actos do procedimento que não possuam eficácia externa mas visem tão só auxiliar a produção do acto final, só produzindo os seus efeitos externos através desse acto, e na medida em que o influenciem.

Em segundo lugar, o correcto entendimento do procedimento e o conhecimento das suas várias fases, bem como da função que cada uma desempenha dentro dele, são fundamentais, por vezes, para se compreender a invalidade do acto principal. É que esta pode ser determinada pela incorrecta tramitação dos actos do procedimento, gerando-se, com isso, vícios de procedimento ou de conteúdo do acto principal.

6.5. Distinção de figuras afins

6.5.1. *Do processo administrativo (contencioso administrativo)*

O procedimento administrativo era tradicionalmente designado por *processo administrativo gracioso*, para o distinguir do *processo administrativo contencioso*, referido à matéria da competência dos tribunais administrativos e à actividade destes tribunais no controlo da legalidade da actuação da administração.

Deve logo assinalar-se que estão aqui em causa duas funções diferentes: o processo (contencioso) administrativo refere-se à *função juris-*

dicional, tendo em vista a elaboração de uma sentença, com o objectivo de decidir um conflito entre os particulares e a Administração ou, pelo menos, de determinar se a Administração violou ou não a legalidade e o interesse público na sua actuação. O juiz administrativo visa assim resolver, de forma imparcial e objectiva, um conflito ou uma controvérsia que é posta à sua consideração.

Pelo contrário, com o procedimento procura ordenar-se a actuação da Administração, no sentido de esta praticar a melhor decisão para a prossecução do interesse público, que é um interesse que ela está sempre incumbida de prosseguir.

Uma das razões que leva a que se prefira hoje o uso da expressão "procedimento administrativo" é precisamente a de marcar a diferença relativamente ao processo administrativo: estamos perante duas funções diferentes e o desejo de conduzir a marcha da Administração à imagem do que se passa nos tribunais deve ser posto de lado.

Com a autonomização clara destes dois tipos de "processos" reforça-se o espaço de manobra do administrador para conduzir a sua actuação da forma mais conveniente para o interesse público, que deve ser sempre o objectivo último da sua actuação.

Pode ainda acrescentar-se que, ao passo que o juiz está acima das partes, actuando de forma imparcial e objectiva com o fim de resolver um conflito de interesses ou uma controvérsia sobre a verificação ou não em concreto de uma ofensa ou violação à ordem jurídica, a Administração é parte, prosseguindo o interesse público que pode ser considerado um interesse "seu", na medida em que está legalmente incumbida de o satisfazer.

O procedimento deve ser visto como a história ou a imagem de um acto da administração (significa o acto em devir, o progredir).

Em conclusão: como vimos quando estudámos a separação material das funções do Estado, a função administrativa é diferente da função de julgar e o desejo de conduzir a marcha da Administração como a dos tribunais conduziria a resultados distorcidos.

Deve ainda dizer-se que a expressão "processo administrativo" é usada no CPA com um sentido diferente: concretamente aquele definido no n.º 2 do artigo 1.º, em face do qual se entende por processo administrativo "o conjunto dos documentos em que se traduzem os actos e formalidades que integram o procedimento administrativo".

O termo é aqui usado como sinónimo de dossiê, ou seja, dos documentos que se referem a um determinado procedimento.

6.5.2. *Do acto complexo, acto-união ou* Vereinbarung

Em face da concepção adjectiva de procedimento que defendemos, é também importante distingui-lo de uma figura com algumas notas comuns, mas que dele difere: referimo-nos ao chamado *acto complexo*, *acto união* ou, na expressão alemã, *Vereinbarung*.

Esta figura tem como nota comum ao procedimento administrativo a de também exprimir a colaboração entre vários órgãos e agentes administrativos, todos contribuindo para a obtenção de um resultado jurídico unitário.

No entanto, no procedimento administrativo existe um acto principal (o acto administrativo propriamente dito) e actos subordinados, o que implica que a posição dos diferentes órgãos que intervêm no procedimento não seja a mesma. Não há relação de igualdade entre os diferentes actos (há um acto principal e vários actos secundários), não havendo uma relação de igualdade entre os órgãos (naturalmente que o responsável pela prática do acto administrativo assume uma posição de protagonismo).

Pelo contrário, no acto complexo existem diversas manifestações de diferentes órgãos, mas todas *no mesmo sentido*: existe uma vontade unitária entre eles, mas de forma directa, emitindo diversas declarações com o mesmo conteúdo, com o mesmo fim imediato.

Quando mencionámos as vantagens em defender uma concepção adjectiva do procedimento, referimo-nos ao facto de cada um dos actos (instrumentais) ter um *fim imediato próprio*, mas que só faz sentido na medida em que visa, de forma mediata, um resultado único (o efeito jurídico unitário, que se identifica com o efeito externo a produzir pelo acto principal). Pelo contrário, o acto complexo é um conjunto de pronúncias *com o mesmo fim imediato*.

Um exemplo de um acto complexo será o que resulta da associação de vários municípios para prosseguir um fim comum, v. g. a recolha e tratamento do lixo (efectuada em conjunto).

6.6. **Importância do CPA na tramitação do procedimento**

A submissão do procedimento administrativo a uma codificação surgiu entre nós em 1991, com a aprovação do Código do Procedimento Administrativo (CPA). Este processo de codificação não esteve isento de críticas, de onde se realçam, particularmente, as formuladas por ROGÉRIO SOARES.

Para este Autor, ao contrário do processo judicial, em que os actos a que tende (as sentenças) se podem resumir a um número limitado de tipos, no procedimento vamos encontrar uma multiplicidade quase infinita de interesses públicos a prosseguir, exigindo-se, em consequência, uma infinidade de tipos de procedimento. Não deve por isso, o legislador, nesta perspectiva, reduzir o procedimento a uma tramitação precisa, como se fosse possível regular de forma exaustiva o modo de tomada de decisões da Administração.

Na base desta crítica está a ideia de a Administração, por se encontrar comprometida com a realização do interesse público, não poder estar sujeita a uma rotina processual uniforme, devendo ser-lhe conferida uma certa liberdade em ordem a ajustar-se às exigências concretas do interesse público. Ou seja, segundo ROGÉRIO SOARES, os interesses públicos só em parte se podem submeter a uma regulamentação completa, havendo a necessidade de se confiar na competência e diligência da Administração com vista à sua integral satisfação.

Não obstante estas críticas, importa sublinhar que o CPA não introduziu no direito português algo que se assemelhe a um procedimento tipo: não é um "missal" segundo o qual os órgãos da Administração devam actuar. O CPA não pretendeu criar um procedimento regra, desenhado do princípio ao fim, a observar sempre. Os órgãos incumbidos da condução do procedimento são livres de procurar quais os trâmites que cabem melhor à realização do seu escopo, ou seja, à obtenção de uma decisão que garanta a máxima realização do interesse público, no respeito pelos direitos e interesses legalmente protegidos dos cidadãos (cfr. artigo 56.º do CPA).

Para exemplificarmos o que acabámos de dizer veja-se o seguinte: no CPA regula-se a formalidade de solicitação de provas aos interessados (artigo 89.º), mas isso não significa que nos procedimentos administrativos deva ser *sempre* observada essa formalidade; significa apenas que se a ela houver lugar, se terá de proceder nos termos aí previstos.

Com isto não queremos, no entanto, afirmar que o CPA não possa criar, aqui e ali, formalidades e trâmites que devam ser observados em todos os procedimentos. É o que se passa em matéria de audiência prévia dos interessados (artigo 100.º do CPA), trâmite que este código veio tornar regra para todos os procedimentos administrativos não excepcionados ou dispensados (artigo 103.º do CPA), bem como com o dever de comunicação do início oficioso do procedimento (artigo 55.º do CPA), o dever de notificar os actos administrativos (artigo 66.º) ou o dever de adoptar a forma escrita para a prática de actos e para a celebração de contratos administrativos.

6.7. Tipos de procedimentos

É possível identificar vários tipos, distintos, de procedimentos administrativos. Assim distinguem-se:

- os procedimentos de *primeiro grau* (visam a prática de um acto primário) e de *segundo grau* (destinam-se à prática de actos secundários, como são os procedimentos de reclamação, de recurso hierárquico, recurso hierárquico impróprio e recurso tutelar, bem como o procedimento de revogação de um acto administrativo anterior);
- os procedimentos *formais* ou necessários (desenhados quase na íntegra, do princípio ao fim) e os procedimentos *informais* ou facultativos (a lei regula apenas os grandes momentos, não se preocupando em fixar o que a Administração deve fazer passo a passo);
- os procedimentos *simples* (tendem à prática de um acto administrativo) e os procedimentos complexos, que integram, por sua vez:
  - os sub-*procedimentos* integrados num procedimento principal e que não terminam necessariamente com um acto administrativo (v.g. avaliação de impacto ambiental de projectos) – o acto principal destes procedimentos integra a fase (preparatória ou integrativa da eficácia) de um outro procedimento;
  - os procedimentos *escalonados* ou *faseados* (com *pré-decisões)*: actos *prévios* (decidem definitivamente certas condições da decisão global) ou decisões *parciais*, relativamente à decisão final;
  - *procedimentos coligados* ou *conexos* (quando está em causa uma actividade que se encontra sujeita a vários actos administrativos autónomos, apresentando-se os respectivos procedimentos, contudo, unidos por um resultado comum em termos materiais). Estes podem apresentar-se como *procedimentos paralelos* (ou de *coordenação concomitante*) ou como *procedimentos pressupostos* (ou de *coordenação sucessiva*), não sendo tarefa fácil a distinção destes últimos dos designados *subprocedimentos* enxertados num procedimento principal.[90]

---

[90] Sobre este tipo de procedimentos cfr. MARTA PORTOCARRERO, *Modelos de Simplificação Administrativa. A Conferência Procedimental e a Concentração de Competências e Procedimentos no Direito Administrativo*, Publicações Universidade Católica, Porto, 2002, pp. 46-47. Também sobre esta realidade, cfr FILIPA URBANO CALVÃO, "O Procedimento

6.8. As fases do procedimento

De qualquer modo, antes da existência de um Código do Procedimento Administrativo entre nós, a doutrina assinalava já o interesse em agrupar os diversos actos ou momentos que se sucedem ao longo do procedimento em *fases*, cada uma das quais com a sua finalidade específica.

Sendo um dos objectivos centrais do procedimento o de assegurar e potenciar a eficiência e racionalização da actividade administrativa, tais desideratos serão mais facilmente atingidos através do agrupamento dos vários momentos ou actos e formalidades do procedimento em diversas fases.

Se antes da publicação do CPA já havia uma certa *tipicidade* dos actos do procedimento, tal tendência foi reforçada com o Código o qual veio, assim, facilitar bastante esta tarefa. Não obstante, os procedimentos administrativos não são sempre iguais, não estando afastada a possibilidade de os órgãos administrativos, em casos concretos, poderem ordenar o procedimento de forma diferente do esquema legalmente estabelecido, que não é assim absolutamente rígido.

Nas linhas que se seguem, vamos tentar ordenar as fases do procedimento, tendo por base a concepção defendida por ROGÉRIO SOARES. No entanto, tal concepção é anterior à entrada em vigor do CPA, sendo necessário adaptá-la a este diploma, que estabelece na sua Parte III as regras aplicáveis ao *procedimento administrativo*, sendo de destacar o respectivo Capítulo IV, subordinado à epígrafe *Da marcha do procedimento*. Nestas normas regula-se aquilo que alguns autores designam por *procedimento decisório de primeiro grau*, que se destina a tomar uma decisão que incide pela primeira vez sobre uma situação da vida (distinguido-se dos procedimentos de segundo grau, que têm em vista a anulação, revogação ou modificação de um acto administrativo anterior).

6.8.1. *A fase preparatória*

Como primeira fase do procedimento administrativo, ROGÉRIO SOARES destacava a *fase preparatória*, na qual se incluem todos os trâmites destinados a preparar o acto principal do procedimento (o acto administrativo).

Administrativo como Instrumento de Coordenação de Competências. Comentário ao Acórdão do Supremo Tribunal Administrativo de 13 de Fevereiro de 2001, P. 46 923", *in Cadernos de Justiça Administrativa*, n.º 32, Março Abril de 2002, pp. 41 e ss, onde a Autora se refere aos procedimentos concentrados, por oposição aos procedimentos paralelos.

Os actos preparatórios visam criar uma situação juridicamente relevante, por forma a que o acto desejado possa surgir em termos tais que a sua conformidade com a ordem jurídica esteja assegurada. Só assim o acto administrativo para que tende todo o procedimento poderá ser um acto legítimo e, como tal, válido.

Daí a relevância jurídica dos actos preparatórios: embora eles, por si só, não produzam efeitos externos, criam uma situação jurídica que é condição de validade do acto principal.

Pelo facto de não produzirem por si só efeitos externos, é importante distinguir dos actos preparatórios os *actos com autonomia funcional* (ou *actos funcionalmente autónomos*): aqueles actos que, não obstante ocorrerem antes do acto principal, *por si só produzem efeitos jurídicos externos*, i. é, transformações no ordenamento jurídico geral. Estes actos, ao produzirem efeitos externos, sempre admitiram impugnação contenciosa directa, não sendo necessário esperar pelo acto principal do procedimento para o(s) interessado(s) se defender(em).

Como vimos quando criticámos a noção de definitividade horizontal ou procedimental, há actos anteriores ao acto "final" que podem ser judicialmente impugnáveis, por afectarem imediatamente a situação jurídica dos particulares: é o exemplo clássico do acto que exclui um candidato a um concurso por não satisfazer os requisitos legalmente exigidos. Tal candidato não precisa de esperar pelo acto administrativo para que todo o procedimento tende, podendo atacar directamente o acto que determina a sua exclusão. Hoje estes actos integram, indubitavelmente, o conceito de acto administrativo impugnável do CPTA.

Devem excluir-se da fase preparatória os chamados *antecedentes procedimentais*: actos que, tendo em vista o procedimento, ocorrem antes do seu início. É o caso de alguns actos de particulares (como queixas, denúncias, petições) que podem estar na origem da abertura de um procedimento oficioso. A ordem jurídica não lhes confere o efeito constitutivo de determinarem os deveres de iniciar o procedimento e de decidir da Administração; ainda que possam ser impulsionadores do procedimento, não é por causa deles que este se abre e existe.

Outro exemplo destes *antecedentes procedimentais* é o que se refere aos estudos, vistorias e peritagens para a construção de um hospital ou para a realização de outra obra pública que não pertencem ao procedimento de expropriação que se seguirá.

Rogério Soares distinguia, no seio desta fase preparatória, dois tipos de actos que consubstanciavam outras tantas sub-fases: os actos ou momentos *de iniciativa* e os actos ou momentos *instrutórios*. Em face da sistemática do CPA, temos hoje de juntar a estas duas sub-fases uma terceira, correspondente à *audiência dos interessados*. Vejamos então em que consistem.

6.8.1.1. *A fase inicial/de iniciativa*

Como o próprio nome indica, englobam-se nesta fase os actos e formalidades responsáveis pelo "arranque" do procedimento. Em termos do CPA ela é regulada pelos artigos 54.º, 55.º e 74.º a 83.º.

Os procedimentos podem ser classificados, quanto à iniciativa, em *particulares* (se de iniciativa dos interessados) – o caso do procedimento de licenciamento de uma obra de edificação – ou *públicos* (se de iniciativa da Administração) e, quanto a estes, como procedimentos *oficiosos* (quando iniciados pelo próprio órgão que tem competência para a prática do acto principal) ou *não oficiosos* (quando iniciados por outro órgão que não é o competente para a prática do acto principal, como a expropriação de um terreno da iniciativa da Câmara e cuja declaração de utilidade pública é da competência do Ministro).

Utilizando um critério relativamente diferente, os procedimentos podem ser classificados como de auto-iniciativa (os referidos procedimentos oficiosos) ou de hetero-iniciativa, que tanto pode ser pública como privada.

Relativamente à iniciativa particular, a forma normal de o particular se dirigir à Administração é através de um requerimento, que deve preencher os requisitos estabelecidos no artigo 74.º. Deve também destacar-se a importância do artigo 53.º, definidor da legitimidade para iniciar (e intervir) no procedimento administrativo.

Perante um requerimento que lhe seja apresentado, a Administração fica constituída no *dever de decidir*, desde que se preencham alguns requisitos. Estes requisitos designam-se por *pressupostos procedimentais* a que a lei condiciona o desenvolvimento regular do procedimento e desdobram-se nas seguintes espécies: *pressupostos procedimentais subjectivos* (competência do órgão que recebe o pedido e legitimidade do requerente) e *pressupostos procedimentais objectivos* [inteligibilidade, unidade e tempestividade do pedido; actualidade do direito que se pretende exercer e inexistência de decisão sobre pedido igual do requerente há menos de dois anos (artigo 9.º, n.º 2)].

Não existindo tais pressupostos, também não existe o dever de decidir mas mantém-se, nos termos do artigo 9.º, n.º 1, o *dever genérico de pronúncia*.

A apreciação da verificação, em concreto, destes pressupostos costuma ocorrer numa fase inicial do procedimento que se designa de saneamento (cfr. artigo 83.º do CPA), a qual pode dar lugar a um despacho de aperfeiçoamento do pedido ou a um despacho de rejeição liminar. Não ocorrendo qualquer destas situações, o procedimento terá continuidade para a fase subsequente.

Nesta primeira fase do procedimento já se nota a importância da participação dos particulares: para além de poderem ser eles os responsáveis pelo arranque do procedimento, é ainda de notar a disposição contida no artigo 55.º, em face da qual "O início oficioso do procedimento será comunicado às pessoas cujos direitos ou interesses legalmente protegidos possam ser lesados pelos actos a praticar e que possam ser desde logo nominalmente identificadas".

Após o início do procedimento o interessado adquire uma posição jurídica constituída por um conjunto de direitos e de deveres. No que concerne aos primeiros, realça-se o direito:

- à decisão e à sua notificação: artigos 9.º e 66.º e ss.;
- à participação: artigo 8.º;
- à informação: artigos 61.º a 65.º;
- à notificação das diligências instrutórias e de nelas participar: art. 95.º e 97.º;
- de ser ouvido antes da decisão final: artigo 100.º e ss.;
- de desistência: artigo 110.º;
- de conhecer as razões de uma eventual denegação da sua pretensão: artigo 124.º;
- de reclamar e de recorrer administrativamente da decisão: artigo 158.º e ss.

No que concerne aos segundos refira-se o dever:

- de prestar colaboração;
- de prestar informações o apresentar provas;
- de permitir a realização de quaisquer diligências que dependam de si;
- de provar factos, quando for caso disso;
- de pagamento de taxas ou despesas que estiverem legalmente fixadas.

6.8.1.2. *A fase instrutória (instrução)*

Esta sub-fase da fase preparatória tem um papel muito importante, visando apresentar ao agente responsável os diversos interesses envolvidos na decisão que vai tomar (os quais, no seu conjunto, formam a situação de interesse público que o acto deve sempre servir), por forma a permitir a avaliação do seu peso e importância relativos.

Na prática, a instrução permite criar as condições para que o agente possa determinar o conteúdo do acto principal do procedimento do melhor modo, em ordem à prossecução do interesse público concreto. De forma mais resumida, pode dizer-se que ela fornece os elementos que determinarão a *formação da vontade da administração.*

No CPA, esta fase encontra-se regulada nos respectivos artigos 86.º a 99.º, começando logo por destacar-se que a competência para a direcção da instrução cabe, em regra, ao órgão competente para a decisão final (artigo 86.º). De qualquer forma, o Código prevê a figura do "órgão instrutor" quando estabelece, no n.º 2 do mesmo artigo 86.º, a possibilidade de o órgão competente para a decisão delegar a competência para a direcção da instrução num subordinado seu, passando então o órgão instrutor a ser diferente do órgão a quem cabe tomar a decisão final.

A instrução é desenvolvida de acordo com o *princípio do inquisitório*, que está consagrado no artigo 56.º do CPA. Nos termos deste preceito, "Os órgãos administrativos, mesmo que o procedimento seja instaurado por iniciativa dos interessados, podem proceder às diligências que considerem convenientes para a instrução (...)".

Os actos ou momentos instrutórios tanto podem ser praticados pelo órgão responsável pela decisão final, como ser solicitados a outras autoridades, que podem por exemplo realizar diligências de prova (artigo 92.º). Para além disso, os particulares podem ter um papel relevante na instrução, nomeadamente apresentando provas, pareceres ou documentos adicionais, sendo chamados a descrever situações de facto, podendo igualmente dirigir reclamações à Administração e nomear peritos. Cabe-lhes o ónus de provar todos os factos que aleguem (artigo 88.º).

De grande importância revestem-se nesta fase as chamadas *diligências probatórias* (recolha de provas, nos termos dos artigos 87.º a 97.º) e as *diligências consultivas* ou *pareceres*, regulados nos artigos 98.º e 99.º.

6.8.1.2.1. Os pareceres

Como acabámos de referir, os pareceres assumem na fase instrutória um papel muito importante e podem ser considerados dos mais destacados actos instrumentais. Daí a necessidade de dedicarmos algumas linhas à sua análise.

O *parecer* é uma modalidade de actos instrumentais, pertencente à categoria das *avaliações*, podendo ser definido como a "apreciação de carácter jurídico ou relativo à conveniência administrativa ou técnica, emitida por um órgão consultivo, a propósito de um acto em preparação ou de realização eventual"[91].

Os pareceres tanto podem ser *facultativos* como *obrigatórios*, estando em causa, nesta distinção, a obrigatoriedade ou não de o órgão competente para a decisão pedir o parecer. Assim, serão *facultativos* os pareceres em que o órgão que vai decidir não é obrigado a pedi-los e *obrigatórios* aqueles que são considerados formalidades de cumprimento obrigatório na preparação do acto; é isso que se prevê no CPA, quando se dispõe no n.º 1 do seu artigo 98.º que "Os pareceres são obrigatórios ou facultativos, consoante sejam ou não exigidos por lei".

Naturalmente que os pareceres facultativos, não tendo de ser pedidos, também não têm de ser seguidos no caso de o órgão competente para a decisão optar por os solicitar. Já os pareceres obrigatórios podem ser *vinculantes* (*vinculativos*) ou *não vinculantes* (*não vinculativos*): no primeiro caso, além de terem de ser pedidos, têm de ser seguidos, isto é, as respectivas conclusões têm de ser aceites pelo órgão competente para a decisão; no segundo caso, apesar de terem de ser pedidos, não têm necessariamente de ser seguidos, podendo o órgão competente decidir em sentido diferente ao do parecer (o artigo 98.º, n.º 1 refere-se igualmente a esta distinção).

É importante dizer que, no caso de uma lei prever um parecer mas nada estabelecer em relação à necessidade ou não de ele ser pedido e à obrigatoriedade ou não de ele ser seguido, considera-se que o parecer é obrigatório e não vinculativo. Esta solução, que já era defendida pela doutrina, foi expressamente acolhida no n.º 2 do artigo 98.º do CPA.

Existe ainda uma modalidade mais complexa de pareceres obrigatórios, que são vinculantes num só sentido: os *pareceres conformes*. Tal acontece quando uma decisão num dado sentido só pode ser tomada se for apoiada num parecer, embora o apoio do parecer nesse sentido não impeça o administrador de decidir contrariamente.

Os pareceres conformes tanto podem ser *pareceres conformes favoráveis* (uma decisão positiva só é possível se o parecer for no sentido

[91] Cfr. ROGÉRIO SOARES, *Direito Administrativo*, policop., Coimbra, 1978, p. 136.

positivo) como *pareceres conformes desfavoráveis* (em que a recusa, ou seja, a decisão negativa do órgão administrativo, só é possível com o apoio de um parecer negativo).

Daí que eles sejam vinculantes num só sentido: impedem uma decisão positiva se o parecer for negativo (necessidade de parecer conforme favorável) ou impedem uma decisão negativa se o parecer for positivo (necessidade de parecer conforme desfavorável).

Para citar um exemplo do direito positivo português, é isso que sucede hoje com a declaração (parecer) sobre a *avaliação de impacte ambiental* (AIA): em face do artigo 20.º do Decreto-Lei n.º 69/2000, de 3 de Maio, "O acto de licenciamento ou de autorização de projectos sujeitos a procedimento de AIA só pode ser praticado após a (notificação da) respectiva declaração de impacte ambiental favorável ou condicionalmente favorável (...)". Ou seja: para a prática de um acto de licenciamento ou de autorização é necessário uma declaração de impacte ambiental favorável, mas a decisão nesse sentido não impede o órgão licenciador ou autorizador de indeferir o pedido de licenciamento ou autorização com base num fundamento diferente do impacte ambiental do projecto[92].

Refira-se ainda, a terminar, que a doutrina tem vindo a discutir a natureza jurídica de alguns pareceres vinculativos que desempenham uma função que vai muito além da meramente consultiva (o caso, por exemplo, de certos pareceres no domínio urbanístico). Com efeito, muitos desses pareceres desempenham uma verdadeira *função de controlo da legalidade* (na mediada em que se destinam a verificar o cumprimento das disposições legais e regulamentares vigentes) e frequentemente uma *função de administração activa* (visam assegurar o correcto ordenamento do território). Acresce serem os mesmos emanados, em regra, no âmbito de relações administrativas inter-orgânicas externas (o caso dos pareceres emitidos pelas comissões de coordenação e desenvolvimento regional no âmbito de operações de loteamento em áreas não abrangidas por instrumentos de planeamento territorial, que, sendo negativos, são vinculativos para as câmaras municipais no procedimento do respectivo licenciamento). A questão que a propósito deste tipo de pareceres se coloca é a de saber se os mesmos

---

[92] Saliente-se que a lei é particularmente severa a este respeito, ao sancionar com a *nulidade* qualquer acto administrativo que viole o disposto naquela norma: cfr. o n.º 3 do mesmo artigo 20.º.

não terão natureza de verdadeiros actos administrativos, designadamente para efeitos de impugnação contenciosa.

Esta equiparação, que faz sentido tanto no contexto de uma protecção antecipada como em relação a órgãos de diferentes entes administrativos ou até da mesma pessoa colectiva (quando haja competências próprias e interesses públicos contrapostos ou divergentes) é hoje reconhecida pela jurisprudência e doutrina administrativas.[93]

6.8.1.3. *A audiência dos interessados*

Em face do regime estabelecido no CPA, deve hoje autonomizar-se uma terceira sub-fase dentro da fase preparatória, correspondente à *audiência dos interessados*. Na verdade, o n.º 1 do artigo 100.º dispõe: "Concluída a instrução (...) os interessados têm o direito de ser ouvidos no procedimento *antes de ser tomada a decisão final* (...)" (itálico nosso).

Se a audiência ocorre antes de ser tomada a decisão final, isso significa que estamos ainda perante um trâmite destinado a preparar tal decisão: se assim não fosse, a audiência perderia a sua razão de ser, que é a de ainda poder influenciar a tomada de posição da Administração.

Esta fase é o momento por excelência de garantia da *participação* dos interessados nas decisões que lhes digam respeito, sendo considerada por FREITAS DO AMARAL (Presidente da Comissão que elaborou o CPA) a novidade mais ousada do Código. É preciso não esquecer que a Constituição assinala expressamente como um dos objectivos da lei reguladora do "processamento da actividade administrativa" o de assegurar "a participação dos cidadãos nas decisões ou deliberações que lhes disserem respeito" (artigo 267.º, n.º 5). Ao que se junta a circunstância de o *princípio da participação* estar previsto no CPA (artigo 7.º) como um dos princípios gerais da actividade administrativa.

A audiência dos interessados está disciplinada nos artigos 100.º a 103.º do Código, tendo-se consagrado na revisão do CPA de 1996 o chamado *princípio da dupla decisão*: a Administração está hoje obrigada a elaborar um projecto de decisão devidamente fundamentado, projecto esse que será comunicado ao interessado para que este se pronuncie sobre ele, só depois devendo a Administração tomar a decisão final.

Fora dos casos em que a audiência não exista ou possa ser dispensada (previstos no artigo 103.º), a sua falta determina, em princípio, a (mera) anulabilidade do acto administrativo que não a tenha respeitado.

---

[93] Cfr. PEDRO GONÇALVES, "Poderá o parecer vinculante ser um acto recorrível?", *Cadernos de Justiça Administrativa*, n .º 0, 1996, p. 37-39.

Há, no entanto, dois casos especiais nos quais a falta de audiência gera a *nulidade* do acto administrativo respectivo: nos processos disciplinares e nos processos de contra-ordenação, uma vez que aí a audiência do interessado (arguido) está garantida ao nível da própria Constituição, nos artigos 269.º, n.º 3, e 32.º, n.º 10, respectivamente, constituindo por isso um direito fundamental procedimental.

6.8.2. *A fase de preparação (directa) da decisão*

Alguns autores costumam ainda distinguir uma fase de preparação directa da decisão: chamamos-lhe directa uma vez que todas as fases anteriores visam a preparação da decisão, dando-se por vezes o caso de ser necessária a realização de diligências complementares, nos termos do artigo 104.º.

Para além disso, nos casos em que não tenha sido o órgão competente para a decisão a realizar a instrução (situação possível em face do artigo 86.º, especialmente do seu n.º 2) deve ainda o órgão instrutor elaborar um relatório "no qual indica o pedido do interessado, resume o conteúdo do procedimento e formula uma proposta de decisão, sintetizando as razões de facto e de direito que a justificam" (artigo 105.º).

6.8.3. *A fase constitutiva ou decisória*

Após o cumprimento de todos os trâmites destinados a preparar a decisão, o órgão competente está em condições de praticar o acto administrativo para que todo o procedimento tendia: o agente vai fazer uma avaliação final de todos os elementos recolhidos, produzindo o acto principal ou típico do procedimento.

Em regra, o procedimento termina com uma decisão final expressa, que deverá em princípio ser praticada por escrito (artigo 122.º), com as menções previstas no artigo 123.º e devidamente fundamentada, nos termos dos artigos 124.º e seguintes.

O acto administrativo praticado na fase constitutiva tanto pode ser um *acto simples*, em que a declaração é uma só (emane ela de um órgão singular ou de um órgão colegial), como um *acto compósito* ou *acto composto em sentido amplo*, caracterizado por ter várias pronúncias, todas dirigidas ao mesmo objecto e com o mesmo fim imediato. Dentro da figura dos actos compósitos ou compostos em sentido amplo distinguem-se:

- os *actos complexos* (*Vereinbarung*): como vimos, caracterizam-se por conterem manifestações de vários órgãos, todas no mesmo sentido;

- os *actos continuados*: um só sujeito emite várias pronúncias sucedidas no tempo, mas unidas como se de um só acto se tratasse;
- os *actos compostos em sentido estrito*: existe neles uma colaboração directa entre duas autoridades, uma com a função de decidir e a outra com um papel secundário, de servir a autoridade competente; é o que se passa quando se exige, para a prática de determinados actos administrativos, a presença *documentante* ou *testemunhante* de uma autoridade dotada de fé pública, como notários e conservadores.

Diferentes dos actos compósitos ou compostos em sentido amplo são os *actos contextuais*: trata-se aqui de actos distintos, mas que, por razões de ordem prática, são emitidos sob a mesma forma, nomeadamente reunidos num mesmo documento.

Os actos contextuais tanto podem ser *simultâneos* (quando vários actos, de órgãos diferentes, aparecem reunidos sob a mesma manifestação externa, como ordens semelhantes de vários ministros publicadas simultaneamente) como *múltiplos* ou *plurais* (vários actos, do mesmo órgão, que até podem ter conteúdo diferente, mas que são reunidos numa mesma forma, como a nomeação ou a notação simultânea de vários funcionários).

A nota mais importante a destacar a propósito dos actos contextuais tem a ver com o facto de eles não perderem a sua individualidade: são actos funcionalmente autónomos, o que tem grande relevo prático em face da possibilidade de impugnação autónoma de cada um desses actos.

Ainda sobre a fase constitutiva deve destacar-se a sua ligação com a fase preparatória: é preciso não esquecer que o procedimento é uma sucessão *ordenada* de actos e formalidades, que visa a produção de um *resultado jurídico unitário* e, como tal, não se podem estabelecer "cortes" radicais entre as diversas fases. Assim, na fase constitutiva vai-se avaliar o quadro fornecido pela instrução e audiência dos interessados, formando--se a "vontade" da Administração.

Deve também destacar-se a existência, no CPA, de regras que disciplinam esta tomada de decisão administrativa, regras essas que são particularmente relevantes no que se refere aos actos a praticar por *órgãos colegiais*, previstas nos artigos 14.º e segs.

6.8.3.1. *O caso especial do silêncio: os actos "silentes" (deferimentos ou indeferimentos tácitos) e a evolução da "figura"*

a) A situação no ordenamento português até à reforma do contencioso administrativo

A problemática do *silêncio* da Administração tem a ver com a questão de saber qual o relevo a atribuir à ausência de manifestação expressa de um órgão administrativo, quando instado a responder a um particular, designadamente na sequência de um requerimento deste.

Em face do *princípio da decisão*, previsto no artigo 9.º do CPA, a Administração está em princípio obrigada a pronunciar-se sobre todos os assuntos da sua competência que lhes sejam apresentados pelos particulares. Por este motivo se entendeu, no nosso ordenamento jurídico, que se a Administração não se pronunciasse, na sequência de um requerimento do particular, uma vez expirado o prazo legal (em regra 90 dias, nos termos dos n.os 2 dos artigos 108.º e 109.º), esse silêncio seria considerado como uma forma anómala de a Administração decidir o pedido que lhe foi dirigido. O silêncio adquiria assim o valor de uma resposta, à qual o CPA chamou de "deferimento" ou "indeferimento" tácitos. Parte da doutrina preferia a expressão *acto silente*, com valor *positivo* ou *negativo*.

Apesar de alguma confusão das normas contidas nos artigos 108.º e 109.º do CPA, podia afirmar-se que a *regra geral* era a do *indeferimento tácito* (acto silente negativo), valendo o silêncio como deferimento (acto silente positivo) nas situações previstas nas diversas alíneas do n.º 3 do artigo 108.º e em todos os casos em que leis especiais previssem o deferimento tácito.

Deve ainda sublinhar-se que a mesma regra valia para os recursos hierárquicos interpostos pelos particulares: o artigo 175.º estabelece no seu n.º 3 que, depois de decorridos os prazos para decidir o recurso hierárquico sem que tenha sido tomada qualquer decisão, considera-se o recurso tacitamente indeferido.

Nos termos do artigo 108.º do CPA, o acto "tácito" de deferimento é, para todos os efeitos, um acto administrativo correspondente àquele que resultaria de a Administração ter decidido expressamente de forma favorável. Tratando-se de um verdadeiro acto administrativo, o particular pode exigir do órgão requerido e de terceiros o respeito pelo acto "tácito" praticado ou produzido, ou seja, o respeito pelos efeitos jurídicos que decorrem daquele deferimento: pode, nomeadamente, exigir que lhe sejam passadas certidões respeitantes à produção do acto "tácito" ou a emissão dos actos de execução e dos alvarás que ele eventualmente implique.

Por outro lado, se o órgão requerido quiser indeferir a pretensão formulada, depois de decorrido o prazo do n.º 2 do artigo 108.º, tal acto deverá ser considerado como uma revogação do anterior acto que, sendo constitutivo de direitos, só pode ser retirado com fundamento em ilegalidade e dentro do prazo previsto na lei para o efeito.

Sendo o acto de deferimento tácito um acto administrativo para todos os efeitos, o deferimento expresso posterior será considerado como um verdadeiro acto confirmativo; no entanto, como todos os actos confirmativos, é passível de impugnação contenciosa nos termos definidos no CPTA.

Não é contudo pressuposto do deferimento "tácito" a sua legalidade. Se, por exemplo, as obras para cuja realização se pretende a autorização municipal não estão em condições legais ou regulamentares exigidas, o deferimento tácito produz-se à mesma; invalidamente, mas produz-se. Há, inclusive, actos tácitos de deferimento nulos, ou seja, com a mesma invalidade com que seriam sancionados os correspondentes actos expressos.

Salvo no caso a que se refere o artigo 108.º, o silêncio da Administração gerava o indeferimento, *rectius*, a faculdade de o requerente presumir indeferida a sua pretensão. Isto significa que a falta de decisão não correspondia a um "indefiro", ou seja, à negação da pretensão formulada, mas permitia ao particular presumir tal indeferimento para assim poder obter, em sede de impugnação, uma decisão anulatória daquele.

Enquanto no deferimento tácito há sempre acto administrativo com os seus efeitos normais e plenos, já no indeferimento só se presumia a existência de um acto para efeitos de exercício do respectivo meio de impugnação: era uma faculdade dada ao requerente de presumir a existência de um indeferimento para, ao menos assim, poder suscitar a tomada de decisões administrativas ou contenciosas que suprissem a falta de decisão administrativa primária.

Desta solução resultava que um acto de indeferimento expresso praticado após o decurso do prazo de 90 dias, sem que o particular tivesse presumido indeferida a sua pretensão (porque não havia utilizado nenhum meio de reacção), devia ser considerado como o primeiro acto administrativo que a Administração produzia.

b) A situação no ordenamento português após a reforma do contencioso administrativo

Com a entrada em vigor do Código de Processo nos Tribunais Administrativos procedeu-se, entre nós, à abolição da figura do indeferimento tácito (não já do deferimento tácito), uma vez que os artigos 67.º, n.º 1, alínea a) e 51.º, n.º 4 do CPTA excluem a possibilidade da utilização do meio impugnatório de anulação como modo de reacção contra situações de incumprimento omissivo do dever de praticar actos administrativos. O que se vem agora admitir é a possibilidade de proposição de acções dirigidas à *condenação da Administração à prática de actos administrativos ilegalmente recusados* ou *omitidos*.

Deste modo, a omissão da Administração perante o requerimento dos interessados deve ser tratada como uma "omissão pura e simples", devendo, com o CPTA, o n.º 1 do artigo 109.º do CPA passar a ser lido no sentido de que *a falta de decisão da Administração confere ao interessado a faculdade de lançar mão do meio de tutela adequado à protecção dos seus direitos ou interesses.* Ou seja, nestes casos o silêncio passa a ser configurado como um mero facto cuja ocorrência, uma vez decorrido o prazo legal, abre o acesso à via contenciosa.

Mantêm-se, no entanto, as restantes regras do artigo 109.º, devendo apenas esclarecer-se que o prazo de 90 dias aí referido é o prazo que a Administração tem para praticar o acto devido, passado o qual o interessado dispõe do prazo de um ano para fazer valer em juízo o seu direito à emissão do acto ilegalmente omitido.

6.8.4. *A fase complementar (integrativa da eficácia)*

O facto de o acto administrativo estar "pronto" nem sempre significa que ele esteja imediatamente apto a produzir os seus efeitos: é por vezes necessária a prática de actos que, não acrescentando nada ao conteúdo ou à validade do acto principal, vão permitir que ele produza os efeitos para que tende. É esta uma das razões que mostra o interesse em distinguir os temas da *validade* e da *eficácia* do acto administrativo, de que nos ocuparemos no ponto seguinte.

Quando o acto administrativo ainda não for eficaz, é necessário um acto (administrativo ou instrumental) que permita a produção dos efeitos para que aquele tende: este acto (ou actos) vai limitar-se a remover os obstáculos à operatividade efectiva do primeiro.

A fase integrativa da eficácia, embora ocorra normalmente após a fase constitutiva, é uma fase móvel, uma vez que se pode deslocar no procedimento: pense-se, por exemplo, no que se passa com os actos aprobatórios, que podem ter lugar ainda na fase de preparação do acto administrativo.

6.8.4.1. *Modalidades de actos integrativos*

Os actos integrativos da eficácia tanto podem ser da responsabilidade própria da Administração, como pertencer a particulares. Nos actos integrativos da responsabilidade da Administração encontramos os chamados *actos de controlo preventivo*, dentro dos quais se destacam os *vistos* e as *aprovações* eventualmente necessários, nomeadamente aqueles praticados por órgãos com funções de controlo.

Quer uns quer outros têm por finalidade fiscalizar ou controlar a legalidade (e também, no caso das aprovações, a conveniência e oportunidade) do acto administrativo respectivo, não acrescentando nada ao seu conteúdo. Dentro dos vistos, destaca-se o do Tribunal de Contas, que controla a legalidade orçamental do acto administrativo[94].

Relativamente aos actos dos particulares, destacam-se os chamados *actos de adesão dos particulares*, que desencadeiam a eficácia dos actos administrativos respectivos nos casos em que é necessária essa declaração de aceitação por parte do destinatário do acto.

Veremos já de seguida que, em regra, os actos administrativos não são receptícios, não necessitando da adesão dos particulares para produzirem os seus efeitos. Em todo o caso, poderemos referir como exemplos de actos de adesão dos particulares o pagamento de determinadas taxas ou o depósito de uma caução.

6.8.4.2. *A comunicação dos actos administrativos*

É neste contexto que surge a questão de saber qual a exacta relevância a atribuir à comunicação dos actos administrativos ao(s) seu(s) destinatário(s). Há duas formas de *comunicar* um acto administrativo: através de *publicação* ou por intermédio de uma *notificação* [em que é

[94] No caso do visto do Tribunal de Contas, não estamos perante um acto da responsabilidade da Administração mas de um órgão que desempenha a função jurisdicional, embora com a competência específica de "fiscalização da legalidade das despesas públicas e de julgamento das contas que a lei mandar submeter-lhe" (artigo 214.º, n.º 1, da CRP).

dado conhecimento pessoal, oficial e formal do acto administrativo ao(s) seu(s) destinatário(s)].

Nos termos do artigo 268.º, n.º 3, da CRP "Os actos administrativos estão sujeitos a notificação aos interessados, na forma prevista na lei".

No entanto, e como acabámos de ver, a comunicação não é, em regra, condição de eficácia do acto administrativo: a regra geral vigente no direito administrativo é a de que os actos não são *recepticios*, isto é, não necessitam do conhecimento do particular para produzir os seus efeitos. Daí que o artigo 130.º do CPA estabeleça: "A publicidade dos actos administrativos só é obrigatória quando exigida por lei" (n.º 1), dispondo-se no n.º 2 que "A falta de publicidade do acto, *quando legalmente exigida*, implica a sua ineficácia" (itálico nosso).

Ora, só nos *actos impositivos* de deveres ou encargos, isto é, naqueles actos cuja execução supõe a colaboração do destinatário (aqueles que impõem deveres ou obrigações aos particulares) é que o seu conhecimento é necessário para que os actos se tornem eficazes. É isso que parece resultar do artigo 132.º, n.º 2, onde se prevê que "Os actos que constituam deveres ou encargos para os particulares e não estejam sujeitos a publicação começam a produzir efeitos a partir da sua notificação aos destinatários, ou de outra forma de conhecimento oficial pelos mesmos (...)".

Esta desnecessidade de comunicação dos actos administrativos para a produção dos efeitos respectivos não invalida que a mesma comunicação seja *condição de oponibilidade* de efeitos desfavoráveis: só após a comunicação é que o particular está em condições de conhecer o acto e, como tal, só a partir daí é que a Administração pode exigir dele determinado comportamento.

Para além disso, algo de extremamente importante é o facto de só a partir daí se *começar a contar o prazo* para o particular exercer os seus meios de defesa, nomeadamente as vias contenciosas.

Questão extremamente importante no âmbito da fase integrativa da eficácia é a que tem a ver com o início da contagem dos efeitos do acto administrativo: quando esta fase ocorrer após a fase constitutiva os efeitos do acto começarão a contar-se a partir do acto integrativo (eficácia *ex nunc*) ou, para trás, desde o momento em que o acto ficou pronto, isto é, desde a fase constitutiva (*eficácia ex tunc*)? De essa questão nos ocuparemos após distinguirmos os temas da validade e da eficácia do acto administrativo.

6.9. Novas tendências procedimentais

Nos últimos tempos, por força do cumprimento de programas governamentais que visam a simplificação administrativa (v.g. o programa SIMPLEX ou o programa licenciamento zero), têm vindo a ser introduzidos na nossa ordem jurídica mecanismos de simplificação no âmbito do procedimento administrativo.

Em causa está, desde logo, uma *desregulação procedimental* – menos controlo administrativo e concomitante maior responsabilidade dos particulares –, traduzida em procedimentos que têm na sua base uma *comunicação de actividade* (ou *declaração prévia de início de actividade*) por parte do interessado, reservando-se à Administração um poder de oposição (de veto) dentro de um prazo. O caso do procedimento de comunicação prévia de obras particulares (Decreto-Lei n.º 555/99) ou de declaração prévia de abertura de um estabelecimento de restauração e bebidas (Decreto-Lei n.º 234/2007, de 19 de Junho), são disso exemplo.

É também frequente a relevância do *silêncio endoprocedimental* – o silêncio das entidades consultadas na fase de instrução para efeitos de emissão de parecer, autorização ou aprovação, vale como posição favorável ao pedido, continuando o procedimento a sua tramitação normal na ausência daquela pronúncia (cfr. artigo 99.º, n.º 3, CPA e 13.º n.º 5 do Decreto-Lei n.º 555/99).

Surge ainda, com cada vez maior relevo, a utilização de *conferências de serviços* como fenómeno de coordenação procedimental ou concentração de procedimento (*conferências instrutórias* – artigo 13.º-A do RJUE e artigo 11.º do Decreto-lei n.º 166/2008, de 22 de Agosto, que prevê uma conferência de serviços instrutória para delimitação da REN – e *conferências decisórias*). A conferência tem por função tentar preventivamente harmonizar posições diferentes e divergentes, potenciando que, pela discussão de ideias, se chegue a um consenso sobre o conteúdo da decisão a tomar, designadamente através de cedências recíprocas entre os participantes, evitando ou diminuindo a conflitualidade posterior.[95] Tem, fundamentalmente, como efeito, a contracção das fases do procedimento (instrutória, pré-decisória ou constitutiva) ou mesmo de fases de procedimentos distintos, mas que visem o mesmo resultado material (conferência

[95] MARTA PORTOCARRERO, *Modelos de Simplificação Administrativa. A Conferência Procedimental e a Concentração de Competências e Procedimentos no Direito Administrativo*, cit., p. 79.

inter-procedimental). No caso da conferência decisória, junta-se àquele efeito ainda o de substituição dos actos que seriam necessários para a perfeição do acto administrativo principal, pelo que, para além de efeitos procedimentais, tem também efeitos organizatórios e materiais, tutelando de uma forma mais ampla as expectativas dos seus destinatários, que, assim, ficam diante de si com uma única decisão de natureza vinculativa relativamente à sua pretensão.

Outro dos fenómenos característicos é a *tramitação desmaterializada dos procedimentos*, consubstanciada na entrega por via informática dos requerimentos e comunicações bem como dos seus elementos anexos instrutores e ainda a promoção de consultas e notificações com recurso ao mesmo tipo de meios (cfr., a titulo de exemplo, o artigo 8.º do Decreto-Lei n.º 555/99).

Ainda numa lógica de simplificação procedimental, integra-se em muitos procedimentos administrativos, a figura do *gestor de procedimento*, inspirada nas novas formas de organização de serviços em estruturas horizontais (estruturas matriciais), em que são os serviços que se deslocam para o processo, acompanhando-o e seguindo-o ao longo de todo o seu *iter* procedimental. Em regra ao gestor do procedimento compete assegurar o normal desenvolvimento da tramitação processual; acompanhar, nomeadamente, a instrução e o cumprimento de prazos; prestar informações e esclarecimentos aos interessados; registar no processo a junção subsequente de quaisquer novos documentos e a data das consultas e a recepção das respectivas respostas, etc..

7. Validade e eficácia do acto administrativo

Apesar do presente ponto ser intitulado "validade e eficácia do acto administrativo", vamos aqui tratar sobretudo do tema da eficácia, uma vez que o tema da validade será visto com mais pormenor num ponto autónomo (cfr. infra, 9.). No entanto, e para vincar desde já as diferenças entre os dois conceitos, optámos por referir os dois, em conjunto, como título deste ponto.

7.1. Distinção entre validade e eficácia

Ao passo que a *validade* diz respeito a momentos intrínsecos ao acto, a *eficácia* tem a ver com factos ou circunstâncias extrínsecas a esse mesmo acto. Assim, enquanto que os vícios relativos à validade afectam a própria vitalidade do acto administrativo, os elementos condicionantes da eficácia afectam apenas a sua operatividade. Quando a fase integrativa da eficácia, como acontece em regra, surge depois da fase constitutiva, estamos a discutir o problema da eficácia perante um acto que em rigor já está pronto e que, em princípio, é válido (nos termos do artigo 127.º, n.º 2, do CPA), faltando-lhe apenas o plano integrativo da eficácia.

A distinção entre estes dois planos é extremamente importante, podendo haver, na prática, actos válidos mas ineficazes e actos inválidos mas eficazes. Vejamos como tais situações são possíveis.

Quanto à situação dos actos válidos ineficazes (não operativos, não produtores de efeitos jurídicos externos), é tipicamente o que se passa com os *actos de eficácia diferida*[96], *condicionada* ou *suspensa*. Um dos casos que já estudámos e em que tal acontece, por se tratar de actos de eficácia diferida[97], reporta-se àqueles actos que já tenham passado a fase constitutiva (e que, como tal, já estão prontos, não havendo nada a acrescentar para que eles se tornem válidos ou perfeitos) mas aos quais falte um evento integrador da eficácia. Só quando tal evento (por exemplo, uma aprovação) tiver lugar é que a sua eficácia será desencadeada, ainda que ela eventualmente se conte desde a fase constitutiva.

Também os actos sujeitos a condição ou a termo suspensivos são actos perfeitos e, em princípio, válidos, mas cuja eficácia só se desencadeará com a verificação da condição ou do termo.

A situação oposta (actos inválidos mas eficazes) também é possível, no caso dos *actos anuláveis*. Como este tipo de invalidade (anulabilidade) é determinada por vícios menos graves, a ordem jurídica consente que tais actos produzam normalmente os efeitos para que tendem, até serem anulados pela Administração ou por um tribunal administrativo. Para além disso, e como veremos, o pedido de anulação está sujeito a um prazo (que, no máximo, pode ir até 1 ano); expirado esse prazo, o acto não deixa de ser inválido (o vício permanece) mas ele vai-se estabilizar na ordem

---

[96] Ao contrário do que parece dar a entender a parte final do n.º 1 do artigo 127.º do CPA, o oposto de eficácia diferida não é eficácia retroactiva, mas sim eficácia imediata. Deste modo, os actos administrativos podem ter eficácia imediata ou, pelo contrário, eficácia diferida; por sua vez, a eficácia imediata ou diferida pode ser retroactiva ou prospectiva.

[97] Sobre os actos de eficácia diferida, cfr. o artigo 129.º do CPA.

jurídica, uma vez que já não pode ser atacado, continuando a produzir normalmente os seus efeitos. Quando expira o prazo para a impugnação contenciosa (e, em geral, de qualquer meio impugnatório) diz-se que o acto se tornou *inopugnável* ou *inimpugnável*.

Por estas razões, e sobretudo para tornar bem clara a diferença entre a *validade* e a *eficácia* do acto administrativo, deve ser-se rigoroso ao usar os dois termos, reservando o conceito de *eficácia* para os actos que produzam os efeitos para que tendem (que, em regra, mas não necessariamente, serão actos válidos).

Daí a incorrecção em adoptar o termo *ineficácia* como forma genérica de *invalidade*: tal constitui um erro, devendo sempre distinguir-se os dois planos (validade e eficácia) uma vez que a correspondência entre eles nem sempre existe.

7.2. **Actos de eficácia instantânea e actos de eficácia duradoura**

Dentro do tema da eficácia uma distinção importante é a que separa os *actos de eficácia instantânea* dos *actos de eficácia duradoura*. Nos primeiros, os efeitos do acto produzem-se num determinado momento, esgotando aí a sua eficácia: apesar de poderem criar situações duradouras, que se estenderão por períodos de tempo maiores ou menores, a sua operatividade esgota-se no momento em que se tornam eficazes. É o que se passa com o acto de *nomeação*.

Por sua vez, os *actos de eficácia duradoura* prolongam a sua operatividade no tempo, não sendo apenas a situação por eles criada que se prolonga no tempo. É, por exemplo, o que se passa com uma *concessão*, que tem de se manter eficaz para que o concessionário tenha o direito v. g. de explorar o serviço de transportes públicos ou de manter a esplanada numa praça pública.

Note-se que a categoria referida no ponto anterior dos *actos de eficácia diferida* (em que à perfeição do acto não se segue imediatamente a produção dos respectivos efeitos) tanto pode referir-se a actos de eficácia instantânea como a actos de eficácia duradoura.

7.3. O problema da contagem da eficácia do acto

Como mencionámos aquando do estudo da fase integrativa da eficácia do procedimento administrativo, quando esta fase ocorre (como acontece em regra) após a fase constitutiva coloca-se a questão de saber se os efeitos se vão contar só daí para o futuro (*eficácia ex nunc*) ou, contrariamente, para trás, desde a fase constitutiva (*eficácia ex tunc*).

Em regra, e em face da natureza meramente declarativa do acto integrativo, considera-se que ele se limita a remover um obstáculo à operatividade do acto cuja eficácia visa desencadear, não acrescentando nada à sua validade. Daí que, em princípio, a eficácia seja *ex tunc*, produzindo-se os efeitos desde a data em que o evento constitutivo teve lugar.

Só nos casos (em princípio, excepcionais) em que o evento integrativo for ainda uma circunstância constitutiva do acto administrativo respectivo é que eficácia será *ex nunc* (para o futuro). Neste tipo de situações, os efeitos do acto contam-se apenas a partir do momento em que surge o acto que desencadeia a eficácia, uma vez que ele não se limita a remover obstáculos à sua operatividade efectiva, sendo ainda elemento constitutivo do acto administrativo em questão.

No direito administrativo vigora o princípio geral da não-retroactividade dos actos administrativos, hoje acolhido no artigo 128.º do CPA.

E, à primeira vista, poderia parecer que aquilo que dissemos ser a situação regra no que toca à contagem dos efeitos (a sua eficácia *ex tunc*, quando o acto integrativo tem lugar após a fase constitutiva) poderia conflituar com tal regra.

No entanto, só aparentemente é que existe tal conflito. Para exprimir a situação da produção de efeitos desde a fase constitutiva usa-se a expressão *retrotracção*, precisamente porque não se trata de verdadeira retroactividade: desde a fase constitutiva que os efeitos do acto estavam latentes, apenas depois se manifestando abertamente. Existe apenas, nas palavras de ROGÉRIO SOARES, um "regresso à origem", isto é, à fase constitutiva, na medida em que não se vai actuar sobre situações jurídicas constituídas.

Desta situação distinguem-se ainda os casos de *retrodatação*: estamos aqui perante aqueles actos que, por força de lei, tinham que ser praticados num determinado momento, só vindo, no entanto, a sê-lo mais tarde; nesta situação, os efeitos do acto vão ser contados desde a data em que o acto deveria ter sido praticado, tudo se passando como se efectivamente o tivesse sido nessa data. Ao contrário do que se passa na *retrotracção* e na *retrodatação*, os casos de *retroactividade* autêntica ou propriamente dita supõem regular situações jurídicas já constituídas com efeitos retroactivos e dificilmente podem ser admitidos no direito administrativo.

É isso que, pelo menos aproximadamente, estabelece o artigo 128.º do CPA, prevendo alguns casos (no n.º 2) nos quais o autor do acto pode (excepcionalmente) atribuir eficácia retroactiva aos actos administrativos. Destacam-se os actos que só trazem vantagens para o interessado e que, simultaneamente, não lesem direitos ou interesses legalmente protegidos de terceiros.

7.4. **A suspensão e a cessação da eficácia**

A *suspensão da eficácia* dá-se quando um acto administrativo de eficácia duradoura está a produzir normalmente os seus efeitos, surgindo um determinado acontecimento que vai fazer com que tal deixe *temporariamente* de acontecer.

Assim, fazem-se cessar temporariamente os efeitos jurídicos de um acto administrativo anterior, normalmente com base num juízo de oportunidade ou conveniência proveniente da própria Administração. Por razões de cautela do interesse público, a Administração vai praticar um acto com a finalidade de suspender os efeitos de outro acto administrativo.

A suspensão da eficácia vai terminar com a *renovação da eficácia* ou com a *extinção do acto* cujos efeitos se tinham primeiramente suspendido.

A problemática da *cessação da eficácia* é apenas relativa aos actos de eficácia duradoura, que num dado momento podem ver essa sua operatividade cessar por vários motivos.

Esses motivos podem ser o *desaparecimento do sujeito* ou do *objecto* do acto administrativo em causa, ou podem ter por base um acto administrativo com o objectivo expresso de fazer com que a eficácia do primeiro cesse. É o que se passa com a revogação de um acto administrativo.

Como veremos mais desenvolvidamente quando estudarmos o conteúdo do acto administrativo, há determinadas *cláusulas acessórias* que podem ser apostas a um acto administrativo e que determinam a cessação da eficácia do acto administrativo. É o que acontece com:

- a *condição resolutiva*: a condição é uma cláusula acessória pela qual a eficácia de um acto fica dependente da verificação de um acontecimento futuro e incerto; se a condição for *resolutiva*, a sua

verificação (apenas hipotética, no momento da prática do acto) determinará a cessação dos efeitos do acto;
- o *termo final*: cláusula acessória pela qual se determina que os efeitos do acto ao qual está aposta cessem a partir de um certo momento, que poderá ser um acontecimento (de verificação certa, desconhecendo-se a data), uma data ou um período de tempo.

7.5. **Limites espaciais da eficácia**

Também do ponto de vista espacial a eficácia pode ser delimitada, o que determina que a produção dos efeitos do acto respectivo estará balizada no espaço.

Este tema deve ser relacionado com os limites territoriais das atribuições da pessoa colectiva a que pertença o órgão (ou com os limites territoriais da competência deste último) que praticou o acto. Os limites territoriais da eficácia tendem, como é óbvio, a corresponder aos limites da competência, o que é particularmente significativo ao nível da administração autónoma territorial e da administração estadual directa periférica, isto é, dos órgãos locais do Estado.

Naturalmente que, por exemplo, um acto praticado pelo Governador Civil do Distrito de Coimbra se terá de circunscrever aos limites territoriais desse mesmo Distrito, da mesma forma que um outro acto praticado pela Câmara Municipal da Figueira da Foz só poderá produzir os seus efeitos dentro do Município a que aquela pertence.

8. A FORÇA JURÍDICA DOS ACTOS ADMINISTRATIVOS[98]

8.1. **A concepção oitocentista da executoriedade – crítica actual deste entendimento**

A executoriedade corresponde ao tradicionalmente designado "*privilégio de execução prévia*". Desde a afirmação do sistema de administração

---

[98] Segue-se aqui muito de perto Rogério Soares, *Direito Administrativo*, Coimbra, p. 191-219 e Vieira de Andrade, As Formas Principais da Actividade Administrativa: Regulamento, Acto e Contrato Administrativo, Sumários, *cit.*, p. 42 e ss.

executiva, no século XIX, se entendeu que o poder confiado à Administração não se traduzia apenas na emissão de actos autoritários: as faculdades deles decorrentes podiam também ser exercitadas imediata e coactivamente pelos seus órgãos.

A executoriedade encontrava, por sua vez, o seu fundamento na "*presunção de legalidade dos actos administrativos*": porque os actos administrativos gozavam de tal presunção é que não se lhes aplicaria o regime que valia para os privados.

Quer uma quer outra das proposições são actualmente alvo de críticas.

No que concerne à expressão "*privilégio de execução prévia*", ela está, em primeiro lugar, imbuída de preocupações típicas do Estado de polícia que a concebe como um *benefício*, uma faculdade exorbitante do sistema geral do direito.

Por outro lado, a expressão não é feliz na medida em que poderia ser entendida no sentido de uma execução prévia à declaração: a Administração gozaria do benefício de executar previamente, antes mesmo de estar munida de um título que justifique a execução.

No que toca à "*presunção de legalidade dos actos administrativos*", foi com base nela que durante muitos anos se justificou a instituição de um regime para os actos anuláveis que determina que estes, enquanto não forem anulados, devam ser tratados como se fossem válidos. No entanto, a razão de ser deste regime não se baseia numa qualquer presunção de legalidade dos actos administrativos, mas no facto de se pretender evitar que o exercício do poder fique paralisado pela simples invocação de uma ilegalidade do seu exercício, o que obstaria à produção dos seus efeitos normais.

Por outro lado, o incidente da suspensão da eficácia do acto, quando é deferido o pedido de suspensão, não significa que a presunção de legalidade tenha sido ilidida, mesmo temporariamente, mas uma diferente avaliação do peso relativo dos interesses públicos e particulares coenvolvidos e do risco da irreparabilidade do sacrifício destes últimos.

A presunção de legalidade revela-se, por outro lado, enganosa pois não poderia determinar uma inversão do ónus da prova no recurso contencioso, como ela poderia levar a pressupor e como durante muito tempo entendeu a nossa jurisprudência.

8.2. O alargamento do conceito de executoriedade pela doutrina e pela jurisprudência portuguesas

Na legislação, na doutrina e na jurisprudência portuguesas a executoriedade passou, a partir de determinada altura, a ser considerada um requisito de recorribilidade contenciosa dos actos administrativos, o que significa, nas palavras de ROGÉRIO SOARES, um arrastamento do conceito para áreas que não são as suas. Com efeito, determinava-se, designadamente, só ser admissível o recurso contencioso de *actos administrativos definitivos* e *executórios* [cfr. artigo 25.º, n.º 1 da LPTA (aprovada pelo Decreto-Lei n.º 267/85, de 16 de Julho) e artigo 268.º, n.º 3, da CRP (na versão anterior à revisão de 1989)], fazendo as leis do contencioso administrativo referência ao incidente da *suspensão da executoriedade do acto administrativo*.

Existia nesta perspectiva uma nítida confusão entre os problemas de executoriedade e os (prévios) da eficácia.

Ainda hoje podemos ver tal confusão, por exemplo, no artigo 150.º do CPA. Com efeito, os actos de eficácia suspensa ou dependentes de aprovação não são, tal como decorre deste artigo, actos "não executórios", mas actos ineficazes.

8.3. Concepção ou entendimento actual da executoriedade: distinção de conceitos próximos

Como decorre do que dissemos a propósito da definição do acto administrativo, este constitui uma manifestação de um poder de autoridade, tendo força vinculativa própria, totalmente desconhecida do direito privado, onde o particular não pode, por sua única vontade, *constituir terceiros em deveres*. Os actos administrativos possuem, assim, *imperatividade*, *força vinculativa* ou *autoridade*, dispondo a Administração da capacidade para *declarar* o direito aplicável a uma situação concreta.

A questão que se coloca, agora a um outro nível, é a de saber se, para além disso, a Administração pode *exercitar ou executar imediata e coactivamente* esses actos, ou seja, se pode ordenar todos os actos necessários para conseguir os efeitos práticos do acto que praticou. A *executoriedade* pretende responder precisamente a isto: ela é o poder de que goza a Administração Pública de proceder à *execução*, com recurso aos seus próprios meios e se necessário coactivamente, dos actos administrativos criadores de deveres para os particulares, no caso de o seu cumprimento esbarrar numa resistência activa ou passiva destes, sem necessidade de recorrer aos tribunais.

A *imperatividade* é um conceito útil para explicar a constituição imediata pelo acto unilateral de deveres ou obrigações na esfera jurídica dos destinatários ou a sua situação de sujeição ao poder administrativo. Mesmo os actos constitutivos de direitos revestem igualmente uma nota de imperatividade, pois resultam do exercício unilateral de um poder, embora, por criarem direitos contra a Administração, não coloquem a questão da sua execução. O modo mais frequente e típico da prossecução do interesse público e da dinamização da ordem jurídica no domínio do direito administrativo é através do exercício do *poder público unilateral* por acto administrativo.

O exercício do *poder unilateral* da Administração traduz-se numa tutela de um interesse assumido como próprio (o interesse público) que modifica a esfera jurídica dos destinatários sem intervenção prévia dos tribunais, que podemos considerar uma verdadeira autotutela (*autotutela declarativa*). Esta característica – a imperatividade, vinculatividade ou autoridade – é uma característica de todos os actos administrativos.

Já a executoriedade traduz uma ideia diferente, não de autotutela declarativa mas de *autotutela executiva*, como veremos já de seguida. Para já, e repetimo-lo, podemo-nos ficar pela ideia de que a executoriedade se traduz num poder de execução coactiva e pelos meios da própria Administração, dos actos administrativos, sem recurso aos tribunais. É, pois, um problema de *execução* e não de *declaração* do direito aplicável à situação concreta.

8.4. **Fundamento da executoriedade**

No que diz respeito ao fundamento da executoriedade dos actos administrativos, a doutrina mais recente entende que a (suposta) presunção de legalidade e a própria imperatividade ou autoridade dos actos administrativos não são suficientes para justificar a sua existência, considerando que o seu fundamento se encontra no *poder de autotutela executiva* da Administração, isto é, na faculdade que lhe é reconhecida de lançar mão de procedimentos de execução do acto administrativo, com vista à prossecução de interesses públicos específicos, quando os deveres dele decorrentes não forem voluntariamente cumpridos pelos destinatários. Isto significa que, na medida em que cabe à Administração velar pelos interesses públicos, deve admitir-se que ela disponha de instrumentos de defesa variáveis para obviar às ofensas não neutralizáveis ou cabalmente neutralizáveis por outros meios.

8.5. O âmbito de aplicação da executoriedade

Sabendo em que consiste a *executoriedade*, coloca-se a questão de averiguar se ela é uma característica de todos os actos administrativos ou se, pelo contrário, o é apenas de determinadas categorias.

Em primeiro lugar é necessário chamar a atenção para o facto de que executoriedade não deve confundir-se com *eficácia*. Esta é a aptidão do acto para produzir os efeitos jurídicos próprios do seu tipo legal. A *executoriedade* pressupõe a eficácia do acto administrativo (já que só tem sentido falar-se em execução, coactiva ou não, em relação a actos que estejam já a produzir efeitos jurídicos), mas nem todos os actos administrativos eficazes são susceptíveis de execução coactiva pelos próprios órgãos da Administração.

Para que se compreenda isto é necessário apelar a um outro conceito: o de *exequibilidade*. Há actos administrativos que gozam da possibilidade efectiva de execução através de actos jurídicos ou de actos materiais (*actos exequíveis*). É o caso de uma ordem de demolição. Pelo contrário, encontramos outro tipo de actos que produzem os seus efeitos independentemente de qualquer execução (*actos não exequíveis*). É o caso, designadamente, de uma autorização ou de uma revogação.

Ora, como parece ser fácil de perceber, a executoriedade, isto é, a capacidade de *execução* coactiva de actos administrativos, só se coloca para os actos exequíveis, não sendo possível invocar-se esta característica em relação aos actos administrativos não exequíveis.

Todos os actos administrativos exequíveis são também *executivos* (desde que eficazes). Este novo termo – *executividade* ou *força executiva* – traduz a capacidade dos actos administrativos basearem directamente uma execução, ou seja, a ideia de que o acto administrativo é um título que serve de base a uma execução sem necessidade de qualquer outra pronúncia (designadamente judicial). Tendo o acto administrativo (exequível e eficaz) esta característica, dispensa-se uma prévia fase declarativa em tribunal, permitindo o próprio acto fundar directamente uma execução. Daí ser também correcto dizer-se que os actos administrativos têm eficácia *auto-titulante*. Essa execução não tem, no entanto, de ser coactiva (executoriedade), podendo ser uma execução judicial.

A *executividade* não deve confundir-se com *autoridade* na medida em que há actos de particulares e, portanto, actos não autoritários, que são executivos, isto é, servem de base imediatamente a uma execução, dispensando uma fase judicial declarativa. É o caso dos títulos de crédito.

Por outro lado, também não pode confundir-se executividade com eficácia, na medida em que há actos que, apesar de eficazes, não permitem fundar directamente uma execução (por exemplo os actos não exequíveis).

Do que vimos de dizer resulta para já que a executoriedade não é uma característica típica de todos os actos administrativos. Com efeito, tal como defende uma parte da doutrina (v.g. ROGÉRIO SOARES) e como vimos, ela não tem sentido para os actos não exequíveis (ou seja, que produzem efeitos imediatamente sem qualquer execução). Para além disso, ela não tem igualmente sentido relativamente a actos que não tenham como conteúdo imediato a criação de deveres para os particulares ou daqueles que tendo esse conteúdo, não colocam, no entanto, qualquer tipo de oposição por parte dos seus destinatários, uma vez que estes os cumprem voluntária ou espontaneamente.

Por outro lado, de acordo com a doutrina citada, nem todos os actos criadores de deveres ou obrigações para os particulares que se defrontem com a oposição destes podem ser exercitados directamente pela Administração. Tal só deve acontecer nos *casos inequivocamente previstos na lei* e em *casos de urgência* devidamente fundamentada (o recurso à execução forçada do acto por parte da Administração só será legitimo quando se demonstrar que uma demora na obtenção da prestação prejudica, de modo incomportável, o interesse público, como acontece, por exemplo, com a remoção de um veículo que perturbe o trânsito na via pública).

A possibilidade de proceder à execução dos seus próprios actos usando a força física constitui a máxima afirmação de "*potestas*" da Administração mas é também a prerrogativa mais gravosa para os particulares. Por isso, a tendência ao nível dos vários ordenamentos jurídicos é hoje para a redução do âmbito de aplicação da executoriedade, na medida em que o alargamento da intervenção administrativa na vida dos privados não é compatível com a manutenção do princípio, sob pena da total subjugação dos particulares (ameaçados pela sanção criminal da desobediência).

8.6. A executoriedade no Código do Procedimento Administrativo

Contrariamente ao que vem de ser dito, o artigo 149.º, n.º 1 do CPA dispõe que "os acto administrativos são executórios logo que eficazes", com o que estabelece a regra da executoriedade dos actos administrativos, esquecendo, assim, que existem actos administrativos que, pela sua própria natureza, não podem ser executórios: os actos favoráveis e os actos não exequíveis.

Contudo, o n.º 2 do artigo 149.º do CPA parece limitar a regra da executoriedade aos actos desfavoráveis impositivos de deveres e encargos, ao dispor que "o cumprimento das obrigações e o respeito pelas limitações que derivam de um acto administrativo podem ser impostos coercivamente pela Administração sem recurso prévio aos tribunais, desde que a imposição seja feita pelas normas e nos termos previstos no presente Código ou admitidos por lei".

No entanto, ao contrário do que defende parte da doutrina (que a executoriedade apenas deve existir nas situações expressamente – ou, pelo menos, inequivocamente – previstas na lei), o presente Código estabelece a regra da executoriedade para os actos administrativos impositivos de deveres ou encargos (com excepção dos actos que determinam o pagamento de uma quantia certa – artigo 155.º – e dos actos que criam obrigações positivas de prestação de facto infungível – artigo 157.º, n.º 3, ambos do CPA), tendo apenas de estar previstos na lei as *formas* e os *termos* da respectiva execução.

A regra é pois, do ponto de vista legal, a de que os actos impositivos têm força executória. O único limite que aqui se estabelece diz respeito às formas por que se pode executar administrativamente o acto: tais formas são as previstas na lei, designadamente no CPA, o que nos remete para os artigos 155.º e segs. deste Código, que fornecem um campo de medidas administrativas de execução bastante amplo. Assim, quando a execução do acto administrativo respeitar a uma coisa (dever de dar), a Administração pode tomar posse administrativa dela (artigo 156.º), que é a maior das medidas executivas neste domínio – sobretudo se articularmos tal medida com o facto de ela ser insusceptível de embargos, à imagem do que acontece com a execução coerciva de todos os actos administrativos (artigo 153.º do CPA).

Por sua vez, quando a execução tiver por objecto um facto que deva ser prestado ou omitido (dever de fazer ou dever de não fazer) temos, para o caso da prestação de facto positivo fungível, a possibilidade de a Administração pôr a fazer por outrem, à custa do obrigado (fiscalmente executável para o efeito), aquilo a que este estava vinculado (artigo 157.º, n.os 1 e 2).

Quando a imposição do acto consiste numa proibição, num dever de omitir ou se abster, a Administração obtém-na pela via da força pública, impedindo fisicamente os particulares da conduta proibida, tal como o previsto nas leis das forças policiais ou militarizadas.

Só ficam a faltar as execuções de obrigações pecuniárias, bem como as de obrigações positivas de prestação de facto infungível. No primeiro caso, a Administração tem de recorrer ao processo de execução fiscal, que é um processo partilhado entre a administração tributária e os tribunais tributários. No segundo caso, ou existe previsão legal de constrangimento físico ou a Administração, para além das medidas sancionatórias que estejam ao seu alcance, terá de recorrer aos tribunais para fazer sentenciar criminalmente os prevaricadores por desobediência.

8.7. **O procedimento de execução e as garantias dos particulares**

Onde se admita a possibilidade de os actos administrativos serem dotados de força executória, têm de se estabelecer limites, uma vez que tais actos levam à compressão da liberdade dos particulares. Tais limites são:

- Princípio da tipicidade das formas de execução – artigo 149.º, n.º 2;
- Princípio da proporcionalidade da execução – artigo 151.º, n.º 2 –, bem como os princípios da necessidade e da adequação;
- Princípio da observância dos direitos fundamentais e do respeito pela pessoa humana – artigo 157.º, n.º 3; e
- Os limites decorrentes dos artigos 266.º e 277.º, n.º 2 da CRP.

Para além do mais, o CPA autonomizou o procedimento executivo assim como o acto que ordena a execução – que deve ser notificado nos termos do artigo 152.º –, permitindo a impugnação do acto de execução quando este exceda os limites do acto exequendo ou quando tenha ilegalidades próprias, derivadas, designadamente, dos princípios referidos.

9. A validade do acto administrativo

9.1. Validade e legitimidade do acto administrativo[99]

A validade é a qualidade do acto administrativo que se constitui em conformidade com as normas jurídicas fundamentais que, em função do interesse público, regulam esta forma de actuação sendo, por isso, apto à produção estável dos seus efeitos jurídicos[100].

A validade do acto administrativo depende, em primeiro lugar, da sua *legitimidade*, ou seja, da conformidade com as regras que disciplinam a formação do acto do ponto de vista do *interesse público* que ele visa prosseguir. O interesse público é o ponto fulcral da validade do acto administrativo: este tem de adequar-se às normas emanadas para a protecção daquele interesse. A *legitimidade* é, assim, a correspondência ou conformidade do acto administrativo com as normas que o regem, na medida em que daí resulta a suposição de se alcançar o interesse público.

Em primeiro lugar, o acto administrativo deve conformar-se com *regras não jurídicas, regras de boa administração*: o não cumprimento ou a violação deste tipo de regras pode colocar a questão de uma eventual *invalidade por vícios de mérito* que, sendo admitida entre nós, nunca pode, em todo o caso, ser conhecida por um tribunal.

Mais importante é a conformidade do acto administrativo com o *bloco da juridicidade* (normas legais e princípios jurídicos, preceitos constitucionais de aplicabilidade directa, preceitos regulamentares, etc.). A sua violação corresponde à *antijuridicidade* do acto administrativo que continua, entre nós, a ser designada por "*ilegalidade*" do acto administrativo (*vícios de "legalidade" ou de juridicidade*).

Apesar de a legitimidade ser um pressuposto da validade do acto administrativo ela não se confunde com esta. Com efeito, embora *todos os actos inválidos sejam ilegítimos*, nem *todos os actos ilegítimos são, por isso, inválidos*.

É que, ao lado dos designados *vícios invalidantes* (vícios de mérito e vícios de "legalidade"), podemos também encontrar *vícios não invali-*

[99] Cfr. Vieira de Andrade, "Validade (do acto administrativo)", *Dicionário Jurídico da Administração Pública*, VII, p. 581 e ss.

[100] À desconformidade do acto administrativo com as referidas normas jurídicas dá-se o nome de *vício*.

dantes. De facto, o incumprimento das normas jurídicas reguladoras da actuação da Administração pode ser encarada pela ordem jurídica como destituída de relevo, não lhe sendo ligada a consequência da invalidade da decisão administrativa. Estamos, nestes casos, perante as designadas *irregularidades do acto administrativo*, ou seja, vícios (especialmente formais e procedimentais) que não relevam para efeitos de validade, ainda que possam ter relevo para outros efeitos (v.g. para efeitos de responsabilidade disciplinar).

9.2. **Validade e eficácia do acto administrativo**

Conforme vimos já anteriormente a propósito da eficácia do acto administrativo, a validade e a eficácia não se confundem.

Enquanto aquela diz respeito a momentos *intrínsecos*, colocando a questão de saber se o acto comporta *vícios* ou malformações em face das normas que estabelecem os termos em que é *possível* a produção de efeitos jurídicos por via de autoridade, esta diz respeito à *produtividade* efectiva de um acto, a qual está, em princípio, associada à sua aptidão para produzir efeitos (validade), mas não depende dela[101].

9.3. **Tipos de invalidade do acto administrativo e respectivo regime jurídico[102]**

Os vícios do acto administrativo não têm, todos eles, consequências idênticas. De facto, como vimos antes, alguns vícios não são *invalidantes* (as irregularidades), enquanto outros o são. Mas, mesmo relativamente aos vícios invalidantes, as consequências jurídicas não são sempre as mesmas.

A doutrina e a lei distinguem dois tipos fundamentais de invalidade dos actos administrativos – a *nulidade* e a *anulabilidade* – às quais se aplicam regimes distintos.

---

[101] Por isso é que, como vimos, um acto administrativo pode ser válido e ineficaz, da mesma forma que pode ser eficaz, não obstante ser inválido. Cfr. *supra*, sobre a eficácia do acto administrativo.

[102] Cfr. Vieira de Andrade, "Validade (do acto administrativo)", cit.

Para além disto, é possível encontrarmos *invalidades mistas* em casos previstos por lei ou impostos pela natureza do acto (o caso, por exemplo, das invalidades urbanísticas reguladas no artigo 69.º do Decreto-Lei n.º 555/99).

Por fim, coloca-se a questão de saber se a *inexistência* tem ainda lugar na teoria das invalidades do acto administrativo, o que, a ser afirmativo, configurará um outro tipo de invalidade do acto.

No direito administrativo português a anulabilidade é o tipo de invalidade regra, o que está em consonância com o *sistema de administração executiva* e com as ideias de *estabilidade das relações jurídicas* constituídas à sua sombra e de *autoridade do acto administrativo,* sendo a nulidade um tipo excepcional de invalidade reservada para os vícios mais graves, tendo, por isso, consequências mais radicais. Com efeito, um regime tão *severo* e *radical* como aquele que está consagrado para a nulidade só pode ter a sua explicação aceitando-se que na sua origem se encontra um vício que abala profundamente a estrutura do acto e que por isso implica a exclusão de qualquer produtividade jurídica, como veremos.

Sendo a anulabilidade a invalidade regra, torna-se importante determinar em que circunstâncias é que um acto pode estar ferido de um vício conducente à sua nulidade, dado que a anulabilidade será a consequência de um vício invalidante nos restantes casos (cfr. artigo 135.º do CPA).

9.3.1. *As situações de nulidade dos actos administrativos*

Tradicionalmente a nulidade apenas operava nas situações expressamente previstas pela lei (*nulidades por determinação da lei*), sendo, por isso, relativamente fácil identificar as situações de nulidade do acto administrativo.

Porém, a partir da entrada em vigor do Código do Procedimento Administrativo, este passou a estabelecer, no n.º 1 do artigo 133.º, para além da previsão da nulidade naquelas situações "(...) para as quais a lei comine expressamente essa forma de invalidade" (nulidades por determinação da lei), também a sua verificação "(...) quando falte qualquer dos seus elementos essenciais (...)", com o que, de acordo com a doutrina mais recente, se passaram a admitir as designadas *nulidades por natureza.*

Para uma parte da doutrina portuguesa, as referidas nulidades por falta de um elemento essencial passaram a cobrir as situações tradicionais de *actos administrativos inexistentes* (actos a que faltariam requisitos de existência). Parece, no entanto, ser hoje ponto assente que os actos administrativos inexistentes (os que como tal eram qualificados pela doutrina tradicional) não se converteram em actos nulos. Os actos qualificados como *inexistentes* pela doutrina tradicional, por falta dos elementos de existência, correspondiam a situações, não de *acto administrativo inexistente* mas antes de *inexistência de acto administrativo* que não têm qualquer interesse na dogmática das invalidades dos actos administrativos[103].

Quando estivermos perante uma declaração que conjugue os elementos que permitem qualificá-la como acto administrativo [(1) estatuição autoritária, (2) praticada por uma autoridade administrativa, (3) no uso de poderes de direito administrativo, (4) destinada a regular uma situação concreta e individual, (5) produzindo efeitos jurídicos externos] temos um acto administrativo; se um destes elementos falta, ainda que um acto administrativo pareça estar presente, o caso é de *inexistência de acto administrativo* e não de *acto administrativo inexistente*. Ora, no artigo 133.º, n.º 1 do CPA, a expressão *falta de elementos essenciais* não pretende referir-se à falta de um requisito de existência do acto administrativo, uma vez que nele está pressuposta uma declaração qualificável como um acto administrativo. Quando o CPA utiliza a expressão *falta de elementos essenciais* pretende identificar uma *patologia* de um acto administrativo, ou seja, uma patologia de uma declaração imputável à Administração e que preenche todos os requisitos do conceito de acto administrativo.

Com a admissão das nulidades quando *falte um elemento essencial* do acto administrativo a lei acabou por não reservar ao legislador a definição de todos os vícios geradores de nulidade, deixando à jurisprudência e à doutrina a tarefa de identificar o que é, em cada caso, um elemento essencial de um acto administrativo. Isto significa que, entre nós, ao lado das *nulidades por determinação da lei*, existem também as referidas *nulidades por natureza*. Não se pretende, porém, afirmar, bem pelo contrário, que uma nulidade por determinação da lei não o seja também por natureza. Efectivamente, a maior parte, para não dizer a totalidade, das nulidades qualificadas pelo legislador no artigo 133.º, n.º 2 do CPA também o são por natureza, por falta de um elemento essencial. Apesar de ser (ou de dever ser) assim, a verdade é que muitas vezes o legislador submete ao regime da nulidade actos administrativos com vícios que não obedecem a este critério da *gravidade*, mas cuja razão assenta, sobretudo, em critérios de oportunidade ou de técnica legislativa.

---

[103] O que não afasta em absoluto a figura da inexistência do acto administrativo, designadamente para efeitos contenciosos, como veremos *infra*, em 9.3.5.

Quanto à questão de saber o que são os *elementos essenciais* do acto administrativo cuja falta gera a sua nulidade, a doutrina vem defendendo que se trata de todos aqueles elementos que se ligam a momentos ou a aspectos legalmente decisivos e importantes de cada tipo *específico* de acto administrativo, e cuja falta gera um vício *anormal* ou *especialmente grave* ou um vício normal resultante de uma *anormal má-fé* ou *intenção dolosa* da Administração. Trata-se, pois, do critério da *gravidade*, temperado ou complementado por um critério de *evidência* dos vícios nos casos não resolvidos na lei. É o que acontece, por exemplo, quando os factos atestados numa verificação constitutiva forem falsos ou nas situações de carência de poder que resulta de não existir qualquer norma jurídica que atribua a uma qualquer autoridade (administrativa ou não) competência para criar o efeito pretendido pelo autor do acto.

9.3.2. *O regime da nulidade*

Nos termos do artigo 134.º do CPA, o acto nulo *não produz quaisquer efeitos jurídicos*, não sendo obrigatório para os respectivos destinatários. A afirmação de que o acto administrativo não produz qualquer efeito jurídico deve ser entendida com as devidas ressalvas. Com efeito, para além dos efeitos putativos a que faremos referência mais à frente, os actos nulos impõem-se nas relações administrativas hierárquicas, salvo se importarem a prática de um crime (artigo 271.º, n.º 3 da CRP).

Por outro lado, a nulidade *não necessita de qualquer reconhecimento ou declaração jurisdicional*, podendo *ser feita valer a todo o tempo* e *por todos os meios*.

Uma das características vulgarmente indicadas da nulidade é a de que ela *pode ser declarada por qualquer órgão administrativo* ou *por qualquer tribunal* (artigo 134.º do CPA)[104]. Não é, contudo, aceitável que qualquer órgão administrativo ou qualquer tribunal possam declarar, com força obrigatória geral, a nulidade de um acto administrativo. Se todas as autoridades podem *conhecer* tal nulidade e *não aplicar o acto*, só os órgãos administrativos com poderes de controlo no caso e os tribunais administrativos podem produzir a referida declaração de nulidade.

Além do mais, os actos nulos são *insusceptíveis de ratificação, reforma ou conversão*, isto é, são *insanáveis* (artigo 137.º do CPA).

---

[104] No caso de nulidade, os tribunais ou o órgão administrativo competente *declaram a nulidade.*

Tendo em consideração que os actos nulos, apesar de não produzirem efeitos jurídicos, podem produzir efeitos de facto, e a fim de compensar a radicalidade das suas consequências, a lei permite que, de harmonia com os princípios gerais de direito, se atribuam certos efeitos jurídicos («efeitos putativos») a situações de facto decorrentes de actos nulos, por força do decurso do tempo (n.º 3 do artigo 134.º do CPA).[105]

9.3.3. *O regime da anulabilidade*

Sendo a anulabilidade a sanção jurídica para os vícios menos graves, compreende-se que ela tenha consequências menos radicais do que as que decorrem da nulidade. Deste modo, o acto anulável *produz efeitos até ser anulado* (se bem que a *anulação do acto tenha eficácia retroactiva*, eliminando, em geral, os efeitos entretanto produzidos pelo acto, que, nesse sentido, têm de ser considerados provisórios). A anulação do acto administrativo obriga a Administração a reconstruir a situação à luz dos fundamentos da decisão anulatória, proibindo, sob pena de nulidade, a prática de acto idêntico, com o mesmo vício.

A anulabilidade só pode, no entanto, ser invocada pelos interessados *dentro de um prazo*, cuja queda torna o acto inopugnável. Tal prazo é, nos termos do artigo 58.º do CPTA, de três meses para os particulares e de um ano para o Ministério Público, sendo a legitimidade concebida em termos alargados no direito administrativo português (quem quer que tenha um interesse directo e pessoal na anulação), incluindo a possibilidade de acções populares (cfr. o artigo 55.º do CPTA).

Uma vez que o acto anulável produz efeitos, ele *vincula os respectivos destinatários* que não lhe poderão desobedecer, podendo tal acto *ser executado, mesmo coactivamente*, se possuir força executória.

9.3.4. *As invalidades mistas*

O facto de o CPA definir os regimes típicos da nulidade e da anulabilidade não impede o legislador de, tendo em consideração a variedade

[105] Para Vieira de Andrade, o rigor do regime da nulidade, pode, em muitas circunstâncias, revelar-se excessivo, nomeadamente no que toca à impossibilidade aparentemente absoluta de ratificação, de reforma e até de *conversão* e ao regime de imprescritibilidade do poder de declaração da nulidade por qualquer autoridade administrativa ou judicial. Cfr. Vieira de Andrade, *in As Formas Principais da Actividade Administrativa: Regulamento, Acto e Contrato Administrativo*, cit., p. 55.

da actuação administrativa, criar regimes especiais para determinados tipos de actos ou introduzir modificações ou derrogações ao regime geral. Estas situações são designadas pela doutrina como *invalidades mistas*.

Por exemplo, o n.º 4 do artigo 69.º do Decreto-Lei n.º 555/99 consagra um regime misto para a arguição de determinadas nulidades em matéria urbanística, traduzido numa limitação temporal (10 anos) para a respectiva declaração administrativa de nulidade ou interposição da competente acção pelo Ministério Público.

9.3.5. *A inexistência como tipo de invalidade*

O n.º 1 do artigo 137.º e a alínea a) do n.º 1 do artigo 139.º do CPA fazem uma referência expressa à *inexistência do acto administrativo*. À referência da legislação reguladora do procedimento administrativo junta-se a da legislação processual: o recente CPTA não deixa de aludir a esta figura jurídica, prevendo o pedido de declaração de inexistência de acto administrativo ao longo do seu articulado ao lado do pedido de declaração de nulidade: é isso que se passa em relação ao princípio da tutela jurisdicional efectiva (al. d) do n.º 2 do artigo 2.º), quanto ao objecto da acção administrativa especial (al. a) do n.º 2 do artigo 46.º) ou quanto ao objecto e efeitos da impugnação de actos administrativos (n.º 1 do artigo 50.º), apenas para citar alguns exemplos.

A inexistência aparece-nos aqui referida àquelas situações de *patologia* ou de *vícios* dos actos administrativos que assumem uma gravidade tal que terão de ficar sujeitos a um regime ainda mais radical que o da própria nulidade. Em termos práticos, as situações de inexistência são apenas aquelas que estejam como tal *expressa e especificamente previstas na lei*, não tendo os actos por ela afectados *sequer efeitos putativos* e podendo a inexistência *ser declarada a todo o tempo em qualquer ordem de tribunais*.

10. Estrutura e vícios do acto administrativo – a proposta de Rogério Soares[106]

Contrariando a tendência geral seguida pela nossa jurisprudência, com apoio na doutrina dominante – jurisprudência e doutrina que seguem

[106] Cfr. Rogério Soares, *Direito Administrativo*, Coimbra, cit., p. 229 e ss..

o modelo francês, reconduzindo a categorias teóricas as sucessivas "aberturas" do recurso contencioso de anulação na jurisprudência francesa em função de necessidades práticas –, Rogério Soares de há muito defende uma teoria própria. Essa concepção passa pela tentativa de encontrar um esquema coerente da composição interna do acto, esquema esse que pretende dar apoio a uma teoria das invalidades construída em relação a tal composição interna.

Ou seja: a partir do elenco dos vários momentos ou "peças" que compõem o acto administrativo, pretende-se compreender a natureza das possíveis discordâncias desses momentos com a ordem jurídica, para analisar posteriormente as suas consequências.

Na construção da sua teoria, Rogério Soares afasta-se intencionalmente de qualquer modelo teórico e definitório do acto administrativo: o que se pretende não é encontrar uma definição essencialista do acto administrativo, isto é, uma definição baseada em *elementos essenciais* do acto, que seriam elementos *de existência* do acto administrativo.

A ideia é, pelo contrário, a de um modelo prático e teleológico orientado pela ideia de servir de suporte a uma teoria das invalidades.

Por esta razão, e sobretudo pela recusa da ideia de elementos essenciais como elementos de existência do acto administrativo, os nossos problemas vão sempre colocar-se perante declarações que constituam actos administrativos, ainda que algum dos seus momentos tenha desrespeitado exigências impostas pela ordem jurídica, nomeadamente pelas prescrições legais pertinentes.

A preocupação central é a de analisar a forma como cada um dos momentos do acto é influenciado pelo Direito para, posteriormente, poder analisar e verificar de forma sistemática onde se encontram os vícios e quais as suas consequências para a (in)validade do acto administrativo.

11. A estrutura do acto administrativo

De acordo com a proposta de Rogério Soares, o acto administrativo é analisado em relação a três momentos ou perspectivas estruturais: o *sujeito*, o *objecto* e a *estatuição*.

Quando se pensa no *sujeito do acto administrativo* pretende-se aludir às pessoas colectivas públicas a quem a ordem jurídica atribui a cura de um ou de vários interesses públicos (secundários ou instrumentais), atribuindo-lhe para o efeito os poderes correspondentes. Como já sabemos, essas pessoas colectivas vão actuar através de órgãos, dotados de competência para a prática de actos administrativos, órgãos esses que são representados por pessoas físicas responsáveis pela sua actuação: os *titulares* dos órgãos. Por seu turno, e como foi já referido, admite-se também que o acto administrativo seja praticado por outros sujeitos: entidades privadas que exerçam poderes públicos e entidades públicas não administrativas.

Entende-se por *objecto* (estando aqui em causa o *objecto mediato* ou *propriamente* dito, que se distingue do objecto imediato ou conteúdo e do fim) o ente que sofre as transformações jurídicas visadas pelo acto e que pode ser uma pessoa, uma coisa ou um acto administrativo anterior.

A *estatuição*, finalmente, é a declaração afirmada em qualquer acto jurídico, declaração essa que se distingue do sujeito que a produz e do objecto a que se refere: é constituída pelo acto propriamente dito. Em face da complicada "teia" de exigências colocadas pela ordem jurídica em torno da estatuição, esta vem a ser arrumada em quatro elementos diferentes: o *fim*, o *conteúdo*, o *procedimento* e a *forma*.

11.1. **O sujeito: noção e requisitos de validade**

Para compreender o que está em causa neste momento ou perspectiva estrutural do acto administrativo impõe-se recordar a matéria que foi estudada na Parte I deste Curso (sobre a Organização Administrativa).

Quando pensamos no sujeito como momento estrutural do acto administrativo referimo-nos às pessoas colectivas de direito público, entes ou entidades, que são dotadas de *atribuições* para levar a cabo a prossecução dos interesses públicos que a lei colocou a seu cargo. A relação entre o interesse público e o sujeito que o serve é designada por *função*. O Direito atribui a cada sujeito público (a cada pessoa colectiva de direito público) uma função ou um conjunto de funções.

As pessoas colectivas públicas actuam através de *órgãos*: as figuras organizatórias dos entes, dotadas de *competências*, que são precisamente os poderes ou faculdades para a prática de determinados actos, que podem ter eficácia meramente interna ou eficácia externa (produção de efeitos jurídicos no ordenamento geral), como acontece no caso dos actos administrativos. São os órgãos que exprimem a vontade imputável à pessoa colectiva, sendo eles que aparecem como autores do acto administrativo. Os órgãos administrativos são então, verdadeiramente, os sujeitos do acto administrativo[107].

Como também já sabemos, há um desvio a estas regras no que toca àquele que é, nos termos da própria CRP (artigo 182.º), o órgão superior da Administração Pública (o Governo): no interior do Governo os ministérios, apesar de serem órgãos, estão dotados de atribuições, como resulta da própria letra da lei, concretamente da al. b) do artigo 133.º, n.º 1, do CPA.

Entre os requisitos de validade do acto administrativo no que toca ao sujeito temos desde logo a exigência de que o órgão que o pratica esteja inserido numa pessoa colectiva pública (ou num Ministério) dotada de atribuições para esse efeito.

Para além disso é necessário que o órgão que pratica o acto seja o órgão competente no seio da respectiva pessoa colectiva.

Ainda de acordo com o que foi estudado na Parte I, não é apenas necessário que o órgão que pratica o acto seja competente, uma vez que se exige que ele esteja *legitimado* em concreto para o exercício dessa competência. São requisitos de legitimação para a prática do acto a *investidura do titular do órgão*, o *quórum* nos órgãos colegiais, a *autorização para a prática do acto*, a ausência de *impedimentos do agente ou titular do órgão* e ainda o *decurso de um período de tempo* dentro do qual o acto deve ser praticado ou decorrido o qual o acto deixa de poder ser levado a cabo.

Em conclusão, os requisitos de validade do acto administrativo em relação ao sujeito são as *atribuições*, a *competência* e a *legitimação*.

11.2. **O objecto: noção e requisitos de validade**

Quando se estuda o objecto enquanto momento ou perspectiva estrutural do acto administrativo está em causa o *objecto mediato* ou *propriamente dito*: o ente que sofre as transformações jurídicas que qualquer acto administrativo visa produzir. Esse ente, tal como já foi referido, tanto pode ser uma pessoa (ex.: o acto de nomeação, a matricula de um aluno

[107] Embora após a Reforma do contencioso administrativo de 2002/2003 a *parte* no processo tenha passado a ser – mesmo em relação aos meios impugnatórios – a *pessoa colectiva pública* ou, no caso do Estado, o *Ministério*, se o acto for da autoria de um órgão integrado numa estrutura ministerial: cfr. o n.º 2 do artigo 10.º do CPTA.

numa escola), como uma coisa (ex.: declaração da utilidade pública da expropriação de um terreno) ou um acto administrativo anterior (no caso dos actos administrativos secundários ou de segundo grau, como as revogações e as anulações administrativas).

Não está aqui em causa o *objecto imediato*, que é constituído pelo conteúdo do acto.

Os requisitos de validade relativos ao objecto são os seguintes:

- *existência*: refere-se à *possibilidade física* ou *de facto* do objecto, bem como à sua *possibilidade jurídica*, ou seja, à susceptibilidade de realização jurídica de uma determinada disposição em função do objecto;
- *determinação*: o objecto tem de estar determinado, por forma a que seja possível a sua identificação e delimitação;
- *idoneidade*: está aqui em causa a relação entre o objecto e o conteúdo do acto administrativo, isto é, a adequação entre um e outro; a idoneidade é requisito de validade do acto quanto ao objecto, uma vez que pode acontecer que o objecto seja possível mas que a lei não o considere adequado a receber aquelas transformações jurídicas, o que aconteceria por exemplo num acto que pretendesse alienar bens públicos ou dominiais;
- *legitimação*: muito próximo do requisito anterior está o da legitimação, que se traduz na qualificação do objecto para receber *em concreto* os efeitos do acto administrativo. Por exemplo, no âmbito de um procedimento de concurso público só é considerado concorrente a pessoa que tenha cumprido determinadas formalidades, estando inscrita nas respectivas listas do concurso.

Em conclusão, os requisitos de validade relativos ao objecto passam pela sua possibilidade física e jurídica, pela sua determinabilidade e ainda pela idoneidade e legitimação.

11.3. **A estatuição: noção e requisitos de validade**

Como já foi referido, a estatuição é a declaração que se afirma no acto administrativo, à imagem do que acontece em qualquer acto jurídico. Corresponde ao *acto em sentido estrito*, àquilo que é declarado e que é diferente e independente do sujeito que produz a declaração e do objecto a que se refere.

Em face da grande complexidade da estatuição que, no fundo, constitui o acto propriamente dito, as exigências de validade relativas à estatuição são "arrumadas" em quatro itens ou sub-elementos: o *fim*, o *conteúdo*, o *procedimento* e a *forma*. Analisemos então cada um destes elementos autonomamente.

11.3.1. *O fim: noção e requisitos de validade*

O fim do acto administrativo é (são) a(s) necessidade(s) que ele visa pacificar, e que será obrigatoriamente um fim público tipificado na lei. O acto administrativo só terá sentido se for praticado em nome de um interesse público real que necessita de ser satisfeito.

Para este efeito a lei indica, de forma abstracta, determinados *pressupostos* que, uma vez verificados em concreto, indicam ao agente administrativo a existência de um interesse público que justifica e impõe a sua actuação.

Os pressupostos são, assim, as circunstâncias histórico-ambientais definidas pelo legislador na hipótese da norma (*pressupostos abstractos* ou *hipotéticos*) que, uma vez verificados em concreto, mostram ao agente a ocorrência de um interesse público que ele deve servir (*pressupostos reais* ou *concretos*).

Se e enquanto os pressupostos não se verificarem em concreto a Administração está legalmente impedida de actuar.

Como veremos (cfr. *infra*, 11.3.2.2.) o fim imposto a cada acto administrativo implica necessariamente sobre o seu conteúdo: é o interesse público legalmente definido que vai determinar as transformações jurídicas provocadas pelo acto.

O agente administrativo está obrigado a apor ao acto administrativo uma *declaração* na qual demonstre a verificação em concreto dos pressupostos abstractamente definidos na lei: essa declaração tem o nome de *justificação*, sendo um dos elementos que constitui a *fundamentação*, de que falaremos *infra* (cfr. 11.3.4.1.).

11.3.2. *O conteúdo: noção e requisitos de validade*

Se a estatuição pode ser considerada a parte mais "nobre" da estrutura do acto administrativo, na medida em que consiste na declaração propriamente dita, ao conteúdo pode, por sua vez, atribuir-se o papel de maior protagonismo dentro da estatuição, uma vez que ele corresponde à *transformação jurídica* que o acto visa produzir, sendo o *comando* ou a *disposição jurídica propriamente dita.*

É na fixação do conteúdo que principalmente releva a vinculação ou discricionaridade de que o agente goza na prática do acto administrativo, sendo a este propósito importante distinguir o *conteúdo vinculado* do *conteúdo discricionário*. No primeiro caso, o conteúdo a dar ao acto é fixado com precisão pelo próprio legislador, uma vez verificados os pressupostos; no segundo, a lei fixa os pressupostos mas é o agente que vai construir o conteúdo do acto.

Nestes casos em que, por gozar de discricionaridade, o agente tem a possibilidade de construir o conteúdo do acto, ele vai fazê-lo através daquilo que se designa por *cláusulas particulares*: é através delas que o agente conforma o conteúdo do acto.

É a respeito do conteúdo discricionário que se referem as exigências de validade que se traduzem na sua possibilidade (o conteúdo tem de ser *possível*), compreensibilidade (ele tem de ser também *compreensível*), licitude e veracidade.

11.3.2.1. *O conteúdo (cont.). As cláusulas acessórias*

Situação diferente é a que se refere à distinção entre o *conteúdo principal do acto* e as *cláusulas acessórias*. Por conteúdo principal do acto entende-se aquele que abrange as suas determinações essenciais, que tanto podem decorrer da determinação legal (conteúdo típico) como ser introduzidas pela Administração em relação ao momento constitutivo do acto (através das referidas *cláusulas particulares*). As *cláusulas acessórias* são determinações do conteúdo que se baseiam numa faculdade discricionária do agente e que vão introduzir uma *qualificação acessória* face ao conteúdo principal do acto.

Tais cláusulas ou dizem apenas respeito à eficácia do acto administrativo em causa (o que se passa com a *condição*, com o *termo* e com a *reserva de revogação*) ou a uma alteração da posição relativa entre a Administração e o(s) destinatário(s) do acto, sem incidência directa sobre o seu equilíbrio interno (o *modo* e a *reserva de modo*).

No artigo 121.º do CPA prevê-se em geral a possibilidade de a Administração apor ao conteúdo principal do acto cláusulas acessórias, mencionando-se concretamente a *condição*, o *termo* e o *modo*, ao qual poderemos ainda juntar a *reserva*. A possibilidade de aposição desta última, apesar de não estar expressamente prevista no referido artigo 121.º, decorrerá do artigo 56.º do CPA, uma vez que tal preceito permite aos órgãos administrativos decidir coisa diferente ou mais ampla do que a pedida.

Vejamos então em que consiste cada uma destas cláusulas.

11.3.2.1.1. A condição

A condição é a cláusula acessória pela qual se faz depender a eficácia do acto de um acontecimento futuro e incerto. Apesar de haver uma probabilidade séria da sua verificação, não há a absoluta certeza de que esse evento venha a ocorrer.

A condição tanto pode ser *suspensiva* como *resolutiva*. No primeiro caso, o acto administrativo só produzirá efeitos se e quando o evento se verificar; no segundo, a verificação do acontecimento determinará a cessação dos efeitos do acto.

Tanto a condição suspensiva como a resolutiva podem revestir o carácter de uma *condição impura* ou *potestativa*: neste caso, a especificidade consiste em o evento condicionante ficar na dependência da vontade do destinatário do acto.

11.3.2.1.2. O termo

O termo é a cláusula acessória por intermédio da qual a eficácia do acto fica dependente de um facto futuro mas certo, facto esse que tanto pode consistir numa data, num período de tempo ou num acontecimento de verificação segura mas cuja data exacta não se conhece ainda.

À imagem da condição, que pode ser suspensiva ou resolutiva, distingue-se agora entre o *termo inicial* e o *termo final*. Na primeira modalidade, a verificação do termo marca o começo da produção dos efeitos do acto; na segunda, a sua realização determina a cessação da eficácia do acto. O termo aposto a um acto administrativo pode ser simultaneamente inicial e final.

11.3.2.1.3. O modo

O modo é uma cláusula acessória que apenas pode ser aposta a um acto administrativo produtor de vantagens para o seu destinatário, implicando a *imposição de um dever* de fazer, não fazer ou suportar dirigido ao seu destinatário.

Ao contrário das duas modalidades de cláusulas acessórias já vistas, o modo não influi sobre a eficácia do acto: o seu incumprimento não determina a ineficácia do acto, permitindo à Administração desencadear a execução (coactiva ou judicial) tendente a obter o seu cumprimento. Nos casos em que a execução coactiva não seja possível (por o acto não ter força executória, por exemplo porque o modo consiste numa obrigação de prestação de facto infungível) o incumprimento da cláusula modal não confere ao órgão administrativo o poder de revogar o acto administrativo favorável. Na verdade, entre nós, a *revogação por incumprimento do modo* apenas é admitida se a Administração tiver feito previamente uma *reserva de revogação por incumprimento do modo*. Assim, a única solução que lhe resta é a de obrigar (seguindo para o efeito a via judicial) o particular a ressarcir os prejuízos derivados para o interesse público do não cumprimento do modo.

A aposição de um modo pode levantar o problema da sua distinção relativamente à condição potestativa. Em caso de dúvida considera-se que estamos em face de um modo, uma vez que este é mais vantajoso para os particulares, já que não influi sobre a eficácia do acto administrativo. Apenas se deverá concluir que estamos perante uma condição se a cláusula for indispensável para o sentido do acto, ou seja, se não se entender razoável a produção de efeitos sem se ter verificado a cláusula.

Acrescente-se, a terminar, que o modo não pode ser visto como um acto autónomo: as dúvidas que se possam suscitar a este respeito são dissipadas pela circunstância de a subsistência do modo depender da subsistência do acto principal, na medida em que a invalidade deste implica a invalidade daquele.

11.3.2.1.4. A reserva

A reserva constitui um poder excepcional que a Administração poderá guardar para si de influir futuramente no conteúdo do acto administrativo, seja pela aposição superveniente de um ou de vários modos (*reserva de modo*), seja por se "reservar" a possibilidade de o revogar (*reserva de revogação*).

11.3.2.2. *Relação do conteúdo com o fim*

Para a análise deste problema convém destacar duas importantes ideias, uma das quais já foi mencionada:

- aquela de acordo com a qual os vícios da vontade (erro, dolo, coacção) não relevam enquanto vícios do sujeito;
- o facto de o conteúdo do acto ser estritamente determinado pelo fim que com ele se pretende realizar.

Nos actos vinculados a relação do conteúdo com o fim é uma tarefa realizada pelo próprio legislador. O legislador estabelece não só o fim a alcançar através do acto administrativo mas define também o conteúdo que este deve ter para que aquele interesse seja alcançado. Nesta situação, uma vez verificados em concreto os pressupostos legalmente previstos, não resta ao agente administrativo outra alternativa que não seja a de actuar conforme aquilo que está abstractamente determinado na lei.

Já nos actos discricionários o legislador limita-se a indicar o fim a ser alcançado através da prática do acto administrativo. Neste caso cabe à Administração encontrar o conteúdo do acto administrativo e fazer o raciocínio de relação do conteúdo com o fim, ou seja, um juízo de adequação entre os dois.

Para tornar transparente esta operação a Administração deve motivar o acto administrativo, ou seja, indicar os respectivos motivos. Os motivos são os interesses públicos devidamente ponderados que o agente tenha considerado determinantes para o conteúdo que atribui ao acto, sendo a motivação a declaração que se faz sobre os motivos. Como veremos (cfr. *infra*, 11.3.4.1.), a motivação faz parte da fundamentação do acto administrativo.

Naturalmente que, no caso de o acto ser vinculado, não haverá motivos, uma vez que o agente se limitou (como devia) a actuar de acordo com o que a lei impunha.

11.3.3. *O procedimento: noção e requisitos de validade*

Apesar de, na concepção perfilhada, o procedimento não assumir natureza substancial, a verdade é que a formação sucessiva do acto em que se traduz o procedimento tem implicações no valor da estatuição.

Para que esta seja válida é necessário um procedimento sem vícios: quando estudámos o procedimento vimos por exemplo que os actos preparatórios, apesar de em regra não produzirem por si só efeitos externos, projectam-se no acto principal podendo determinar a sua invalidade.

Desta forma, é necessário que a Administração cumpra todos os trâmites legalmente exigidos para a prática de determinado acto administrativo.

Sempre que a lei definir em termos precisos a tramitação procedimental é mais fácil identificar a existência de vícios procedimentais; em qualquer caso, a existência actual do Código do Procedimento Administrativo, apesar de não ter o sentido de criar uma única tramitação para a enorme imensidão de procedimentos que podem ter lugar, facilita a identificação dos vícios procedimentais.

Não obstante, deve assinalar-se que mesmo nos casos em que a Administração tem liberdade para fixar o procedimento (ou seja, nos *procedimentos voluntários*) também podem ocorrer vícios procedimentais, na medida em que, nestas situações, a tramitação criada pela Administração deve ser racional.

Deve, em último lugar, distinguir-se os requisitos relativos ao procedimento de uma noção que por vezes é usada com um sentido próximo. Referimo-nos à noção de *formalidades*, que é mais abrangente, na medida em que inclui não só as exigências procedimentais mas também por exemplo as relativas aos órgãos colegiais, como a necessidade de *quórum*.

11.3.4. *A forma: noção e requisitos de validade*

Por forma do acto administrativo entende-se a maneira pela qual este se exterioriza.

Antes da publicação e posterior entrada em vigor do CPA, alguns autores (nomeadamente ROGÉRIO SOARES) defendiam um *princípio da liberdade de forma*, nos termos do qual sempre que a lei ou a natureza das coisas não impusessem uma determinada forma a Administração poderia escolher o meio de exteriorizar o acto que considerasse no caso mais conveniente.

No entanto, nos termos do artigo 122.º do CPA, vigora hoje no nosso direito positivo a regra da *forma escrita* como *forma supletiva*: como tal, "os actos administrativos devem ser praticados por escrito, desde que outra forma não seja prevista por lei ou imposta pela natureza e circunstâncias do acto" (n.º 1 do artigo 122.º do CPA).

Naturalmente que essa regra sofre as devidas adaptações no caso de o órgão autor do acto ser um órgão colegial: aí a forma escrita só se torna obrigatória quando tal for expressamente determinado na lei, devendo estes actos ser consignados em acta, o que constitui um requisito para a sua eficácia (cfr. o n.º 2 do mesmo artigo 122.º).

Ainda em termos formais devem ter-se em conta as menções que constam obrigatoriamente do acto, e que estão previstas no artigo 123.º do CPA.

Por fim, diga-se que se usa por vezes a já citada expressão *formalidades*, mas agora no seu *sentido estrito*, para designar certas exigências, que a lei pode estabelecer para determinados actos administrativos, no sentido de a declaração dever ser rodeada por certas circunstâncias de facto. Será isso que acontece, por exemplo, quando se exige que a deliberação seja tomada em sessão pública.

11.3.4.1. *O dever de fundamentação*

Uma *exigência formal* de grande significado teórico e, sobretudo, prático é constituída pelo *dever de fundamentação*, previsto nos artigos 124.º e segs. do CPA.

A *fundamentação* traduz-se numa declaração contida no acto administrativo, por intermédio da qual o seu autor expõe os fundamentos de facto e de direito da sua decisão, como dispõe o n.º 1 do artigo 125.º do CPA.

Apesar de a lei não estabelecer um *dever geral de fundamentação*, no sentido de todos e cada um dos actos administrativos necessitar sempre, e em qualquer circunstância, de ser fundamentado, a verdade é que a mera análise do artigo 124.º do CPA conduz à conclusão de que tal dever existe para a grande maioria dos actos administrativos. Aliás, a exigência de fundamentação está prevista na própria Constituição relativamente aos actos que afectem direitos ou interesses legalmente protegidos dos cidadãos-administrados (cfr. o n.º 3 do seu artigo 268.º).

No que se refere ao CPA, deve ainda chamar-se a atenção para duas regras de grande significado prático contidas no seu artigo 125.º: referimo-nos às disposições contidas na 2ª parte do seu n.º 1 (em face da qual a fundamentação pode consistir "em mera declaração de concordância com os fundamentos de anteriores pareceres, informações ou propostas, que constituirão neste caso parte integrante do respectivo acto") e no seu n.º 2 (que equipara à falta de fundamentação "a adopção de fundamentos que, por obscuridade, contradição ou insuficiência, não esclareçam concretamente a motivação do acto").

Não está estabelecida no CPA uma distinção que parte da doutrina costuma fazer no seio da fundamentação: a diferença entre a *justificação* e a *motivação*.

Refere-se a primeira a uma indicação sobre o *fim* do acto administrativo, ou seja, a uma indicação dos *pressupostos* (os quais, como vimos, são circunstâncias de facto que demonstram a existência de uma situação de interesse público definida legalmente, situação essa que autoriza ou obriga a Administração a agir).

Já a *motivação* tem lugar apenas nos actos discricionários e consiste, como vimos, numa declaração sobre os *motivos*, isto é, sobre os interesses que o agente considerou significativos para atribuir um determinado conteúdo ao acto na parte em que este envolva discricionaridade. Isto acontece uma vez que nos actos vinculados não há qualquer margem de manobra da Administração, que se deve limitar a actuar nos termos legalmente impostos.

12. Os vícios do acto administrativo e as suas consequências

O objectivo deste ponto é o de analisar as possíveis discordâncias do acto administrativo com a ordem jurídica, por forma a determinar seguidamente as possíveis consequências de tais violações ao Direito.

Esta abordagem, de acordo com a teoria proposta por Rogério Soares, é feita tomando por base a estrutura do acto administrativo que acabámos de analisar: em função dos requisitos de validade de cada um dos momentos ou perspectivas estruturais do acto vão-se analisar, de forma sistemática, as possíveis discordâncias de tais momentos com a ordem jurídica, determinando-se depois a sanção que o ordenamento jurídico faz corresponder a tais discordâncias.

Os diversos tipos de vícios serão assim determinados para cada um dos momentos estruturais do acto administrativo, em função dos requisitos de validade *supra* assinalados.

12.1. **Vícios relativos ao sujeito**

Quando analisámos os requisitos de validade do acto administrativo em relação ao sujeito concluímos que eles se referiam às *atribuições*, à *competência* e à *legitimação*.

Como tal, os vícios relativos ao sujeito são a *falta de atribuições*, a *incompetência* e a *falta de legitimação*, esta última com origens muito diferentes.

O vício da falta de atribuições dá-se quando um órgão de uma pessoa colectiva pública actua no domínio de acção de um órgão pertencente a outra pessoa colectiva pública (ou, no caso do Governo, quando um órgão de um ministério actua no âmbito das atribuições de outro ministério). Este vício é sancionado pela ordem jurídica com a *nulidade*: de acordo com a al. b) do n.º 2 do artigo 133.º do CPA são nulos "os actos estranhos às atribuições dos ministérios ou das pessoas colectivas (...) em que o seu autor se integre".

Compreende-se que seja esta a solução legal, em face da gravidade do vício: o interesse público ao qual o órgão pretendia prover não faz parte sequer das atribuições da pessoa colectiva em que ele se insere. Daí que surja como natural esta solução da lei (e de há muito defendida pela doutrina e pela jurisprudência) de sancionar com o tipo de invalidade mais grave este vício.

Parte da nossa doutrina e jurisprudência designa o vício da falta de atribuições por *incompetência absoluta*.

Acrescente-se ainda que o vício da *usurpação de poder* constitui uma falta de atribuições "qualificada": tal vício ocorre quando o acto é praticado por um órgão administrativo, não tendo no entanto a pessoa colectiva em que ele se insere, *nem qualquer outra pessoa colectiva administrativa*, atribuições para o efeito. Tal significa que o acto não pertence à função administrativa mas a uma das outras funções do Estado (em princípio à função política ou à função jurisdicional), o que implica que seja o próprio princípio da separação de poderes a ser violado. Daí que seja lógica a sanção da nulidade para os actos praticados com *usurpação de poder*.

Também a lei prevê expressamente a nulidade como consequência para esse vício: é isso que se estabelece na al. a) do n.º 2 do artigo 133.º do CPA.

A *incompetência* (ou *incompetência relativa*, para quem denomine a falta de atribuições por incompetência absoluta), por sua vez, consiste na violação das regras de repartição de poderes *dentro da mesma pessoa colectiva* (ou do mesmo ministério). Traduz-se este vício na falta de poderes do órgão que praticou o acto para o fazer, agindo no caso um órgão diferente daquele que estava por lei habilitado a agir, mas no âmbito da mesma pessoa colectiva ou ministério.

A doutrina costuma distinguir entre a *incompetência territorial*, vício mais grave que pode originar a *nulidade* do acto administrativo respectivo (nomeadamente quando são violados os limites territoriais de actuação dentro da pessoa colectiva Estado, por exemplo, no caso de um Governador Civil actuar no âmbito territorial da competência de outro), dos restantes casos de *incompetência* (em princípio todos subsumíveis no vício de *incompetência material*) que originarão apenas a *anulabilidade* do acto.

No que toca à *falta de legitimação* (em que está em causa a possibilidade ou a qualificação para o exercício do poder num caso concreto) é necessário destacar as faltas graves de legitimação, que originam a *nulidade* do acto.

Entre os casos de faltas graves de legitimação que determinam a nulidade conta-se desde logo o da *falta de investidura* do titular do órgão. Relativamente aos órgãos colegiais, determinam a nulidade a *falta de convocatória* do órgão colegial, bem como a *falta de reunião*, a inobservância do *quórum* e ainda as decisões tomadas *sem a maioria legalmente exigida* [estas duas últimas situações estão expressamente previstas pela lei, na al. g) do n.º 2 do artigo 133.º do CPA].

Os restantes casos de falta de legitimação (falta de autorização para a prática do acto, impedimento do agente ou titular do órgão e não verificação de uma condição suspensiva da capacidade de agir ou verificação da condição resolutiva) determinam a mera anulabilidade dos respectivos actos.

Deve ainda assinalar-se que os *vícios da vontade* (p. ex. o erro, o dolo ou a coacção), que tanta importância têm ao nível do direito civil, não relevam no direito administrativo enquanto vícios do sujeito, tendo um tratamento diferente (cfr. *infra*, 12.3.1.2.).

12.2. **Vícios relativos ao objecto**

Tendo por base o critério da gravidade da ofensa à ordem jurídica, há também alguns vícios do acto administrativo em relação ao objecto que determinam a nulidade.

É isso o que acontece em relação à *inexistência* ou *impossibilidade física* (vício que se poderá consubstanciar, por exemplo, na nomeação de um morto ou na declaração como monumento nacional de um edifício que já foi destruído) ou *jurídica* (v. g. a revogação de um acto extinto) do objecto: a gravidade de tais vícios é tal que determina a nulidade do acto.

Também a indeterminabilidade do objecto gera a nulidade (por exemplo, a declaração de utilidade pública para efeitos de expropriação "*...de um dos terrenos do Senhor X*").

A al. c) do artigo 133.º, n.º 2, do CPA considera expressamente que são nulos os actos cujo objecto seja impossível, prevendo também que são nulos os actos cujo objecto seja ininteligível, situação que poderá abranger os casos em que o objecto do acto administrativo não esteja determinado.

Os restantes vícios do acto administrativo relativos ao objecto (falta de idoneidade e falta de legitimação) terão como consequência a anulabilidade.

12.3. **Vícios relativos à estatuição**

Como vimos, nos vícios relativos à estatuição temos de distinguir se tais vícios se projectam sobre o *fim*, o *conteúdo*, o *procedimento* ou sobre a *forma*.

12.3.1. ***Vícios materiais ou substanciais***

12.3.1.1. *Relativos ao fim*

Os vícios relativos ao fim só relevam enquanto tal quando se referirem ao *domínio vinculado*. Se houver um vício do fim (relativo aos pressupostos) no domínio discricionário, tais vícios vão-se projectar na escolha do conteúdo, vindo a relevar como vícios na relação fim-conteúdo (o tradicional *desvio do poder*). Ou seja: se é deixada à Administração a determinação do conteúdo do acto, qualquer erro (de facto ou de direito) relativo aos pressupostos vai implicar que a Administração dê ao acto um conteúdo que provavelmente não daria se não tivesse errado. Daí a ocorrência de um vício na relação fim-conteúdo.

No que toca então aos vícios do fim no domínio vinculado, eles poderão traduzir-se na *falta de pressuposto abstracto* (isto é, falta de base legal, uma vez que este vício se traduz no facto de a Administração actuar sem qualquer lei lhe atribuir tal poder) ou na *falta de pressuposto concreto*. Neste segundo caso tanto poderá acontecer que a situação concreta pura e simplesmente não exista (estaremos então perante um *erro de facto*) ou, existindo, não seja subsumível na hipótese legal (caso em que haverá um *erro de qualificação dos factos* ou um *erro de direito quanto aos factos*).

Em qualquer dos casos a consequência destes vícios é, em princípio, a mera anulabilidade do acto administrativo respectivo. No entanto, situações mais graves (por exemplo quando a falta de base legal seja equivalente a uma falta de atribuições ou quando o fim prosseguido seja simultaneamente privado e ilícito) poderão provocar a nulidade do acto.

12.3.1.2. *Relativos ao conteúdo*

Os vícios de conteúdo típicos dos actos administrativos vinculados ocorrem quando a Administração dá ao acto administrativo um conteúdo diferente daquele que decorre da lei. A sua consequência será, em regra, a anulabilidade.

No que se refere aos vícios na relação fim-conteúdo (vícios que, como vimos, podem surgir na prática de actos discricionários) eles acontecerão quando, apesar de o acto administrativo ser perfeitamente válido quanto ao seu conteúdo, não há correspondência entre este e o fim, estando o acto viciado quanto ao processo de "formação da vontade da administração".

Está aqui em causa o vício tradicionalmente designado pela nossa doutrina e jurisprudência por *desvio do poder.*

Realce-se que o vício na relação fim-conteúdo não é um vício subjectivo, mas um vício substancial do acto, gerador da sua anulabilidade.

Os vícios na relação fim-conteúdo são mais facilmente identificáveis através da análise dos *motivos* que o agente deverá expor, podendo reflectir-se na adopção de motivos inexistentes, falsos, errados, irrelevantes, contraditórios, deficientes, desviados, incongruentes ou ilegítimos. Estão normalmente associados à violação dos princípios gerais da actividade administrativa: os princípios jurídicos da imparcialidade, justiça, igualdade, racionalidade e veracidade (note-se que muitos destes princípios estão hoje expressamente consagrados na Constituição – cfr. o n.º 2 do artigo 266.º – e na lei, designadamente no CPA – artigos 4.º e segs.).

Acrescente-se, por último, que pode determinar um conteúdo ilegítimo do acto administrativo discricionário o facto de a Administração, na escolha do conteúdo daquele, não ter considerado circunstâncias relevantes ou não ter usado o poder discricionário que detinha.

É também no domínio discricionário que assumem relevo os denominados vícios da vontade (erro, dolo e coacção).

12.3.2. ***Vícios formais***

12.3.2.1. *Relativos ao procedimento*

Os vícios relativos ao procedimento serão identificáveis com relativa facilidade quando estivermos perante procedimentos vinculados, isto é, cuja tramitação seja disciplinada em termos obrigatórios por lei.

No entanto, mesmo quando o procedimento seja facultativo podemos encontrar vícios de procedimento, designadamente quando a tramitação seguida pela Administração atentar contra a lógica do procedimento.

Este vícios poderão determinar meras *irregularidades* quando estiver em causa a violação de preceitos procedimentais meramente indicativos.

De qualquer modo, a ocorrência de vícios procedimentais determinará, em princípio, a anulabilidade do acto administrativo respectivo.

Apenas quando ocorrer a violação de *direitos fundamentais procedimentais* a consequência do vício será a *nulidade*. É isso que acontece em caso de falta de audiência dos interessados em procedimentos disciplinares e em procedimentos sancionatórios: nestes dois tipos de procedimentos a audiência dos interessados não tem apenas estatuto legal (como acontece em geral), uma vez que está prevista na própria Constituição, nos artigos 269.º, n.º 3 e 32.º, n.º 10, respectivamente.

Deve ainda chamar-se a atenção para a possibilidade de um vício num acto do procedimento poder influir na decisão respectiva, originando um vício de conteúdo.

12.3.2.2. *Relativos à forma*

Também os vícios formais (entre os quais se conta, como vimos, a falta de fundamentação, vício com grande relevo prático) implicarão, em princípio, a anulabilidade do acto administrativo que os contenha.

À imagem do que acontece nos vícios procedimentais, pode igualmente ocorrer que os vícios formais originem meras irregularidades, designadamente no caso de se tratar de formas não essenciais.

Pode ainda o vício de forma ser irrelevante quando da violação das regras formais não tenha resultado *no caso* uma lesão efectiva dos valores e interesses protegidos pelo preceito violado. Acontecerá então eventualmente um *aproveitamento do acto*, isto é, a sua não anulação pela Administração ou pelo juiz, apesar da invalidade, designadamente quando o conteúdo do acto não possa ser outro e não haja interesse relevante na anulação.

De qualquer forma, convém ressalvar a hipótese de o vício formal se traduzir na não observância de uma forma essencial prevista na lei: são os casos em que o CPA refere que há uma "carência absoluta de forma legal" e que determinam a nulidade [cfr. al. f) do artigo 133.º, n.º 2 do CPA]. Como exemplos desta carência absoluta de forma legal podem referir-se o caso de um despacho ao qual falta o "cabeçalho" (o que não permite identificar sequer o autor do acto) ou as deliberações aprovadas por um órgão colegial fora de reunião formal e oficialmente realizada (salvo nos casos de estado de necessidade).

No que toca ao vício de falta de fundamentação, o que se exige aqui, como requisito de validade (formal), é que exista uma fundamentação e não que ela corresponda à realidade.

Uma fundamentação que não seja verídica tem, obviamente, consequências ao nível da invalidade do acto administrativo, mas relativas ao seu conteúdo e não à sua forma.

Capítulo III

O contrato administrativo

1. Do problema da admissibilidade à consagração como instrumento geral da actividade administrativa

A figura do *contrato*, modelo de vinculação próprio do direito privado, tem na sua génese uma ideia de *liberdade*, de criação autónoma (consentida ou negociada) de obrigações jurídicas. Como instrumento de natureza consensual e pactuada, ele pressupõe a *igualdade jurídica* entre as partes. É justamente este traço característico do contrato que, inicialmente, colocou as maiores reservas à sua aceitação como uma *forma típica* da acção administrativa, sobretudo tendo em consideração o quadro em que se autonomizou e desenvolveu originariamente o direito administrativo, que visava regular relações de *desigualdade jurídica* entre os intervenientes, aparecendo aí a Administração numa posição de *supremacia*, de *autoridade* em face do administrado. Desta forma, a unilateralidade e a imposição eram as únicas características diferenciadoras da actividade administrativa que não se coadunavam, por isso, com um instrumento de índole consensual.

Daí a resistência inicial à figura: se o direito administrativo é o direito que regula a actuação da administração quando dotada de supremacia, centrado na imposição unilateral, então o poder administrativo não poderia ser exercido através do contrato, paradigma civilístico, baseado na igualdade das partes.

As reservas colocadas não se consubstanciavam, porém, apenas na natureza da relação a estabelecer entre particular e Administração, mas também na sujeição ao *interesse público*: é necessário não esquecer que as entidades administrativas existem para prosseguir interesses públicos heteronomamente fixados, daí decorrendo uma segunda dificuldade na utilização do contrato no âmbito do direito administrativo: a impossibilidade de aplicação, na íntegra, do princípio *pacta sunt servanda*, típico dos contratos. É que, na medida em que as entidades administrativas estão obrigadas a prosseguir, em todos os casos, os interesses públicos legalmente definidos, elas não podem estar dependentes do arbítrio da vontade das partes, devendo, pelo contrário, actuar em função das exigências do interesse público, as quais são facilmente mutáveis.

Assim, quando nos finais do século XIX e inícios do século XX, em virtude do grande desenvolvimento tecnológico e económico a que se assistiu, as actividades administrativas foram crescendo e a Administração passou a recorrer com maior frequência à figura dos contratos, boa parte da doutrina e da jurisprudência – em especial na Alemanha e na Itália – negou autonomia à figura do *"contrato administrativo"*.

As razões invocadas para essa negação eram, no essencial, as seguintes:

- a exigência de vincar a autonomia do direito administrativo em face do direito privado (deveria afastar-se uma figura tipicamente privatística do âmbito do direito administrativo);
- o interesse em destacar o acto administrativo (unilateral e autoritário) como expediente central do direito administrativo;
- a ideia de que no direito administrativo não podia haver *consenso*, mas apenas *autoridade*: a Administração estaria sempre colocada numa *posição de supra-ordenação*, havendo uma *relação de poder-sujeição* entre ela e os particulares;
- a concepção, particularmente vincada pela doutrina alemã, de que, em virtude da sua soberania, o *Estado* não se poderia vincular como um particular (o contrato pressupunha igualdade entre as partes, que só podia existir no direito privado).

Por todas estas razões, ou a Administração seguia a via autoritária mediante a prática de actos administrativos ou, então, celebrava *contratos de direito privado*. A tese de *inaceitabilidade do contrato administrativo* não propugnava uma negação total desta figura, apenas negava a autonomização do contrato administrativo enquanto figura contratual específica, diferente dos moldes dos contratos celebrados sob a égide do direito privado. O que significa que o Estado não estava impedido de utilizar a figura do contrato para satisfação de determinadas necessidades; porém, estes contratos eram contratos de direito privado, apenas admissíveis nas relações em que a Administração não se encontrasse investida de poderes de autoridade. Com base nesta ideia desenvolveu-se na Alemanha a teoria a que já nos referimos anteriormente, "*dos dois degraus*" de regulação da situação jurídica, quando a Administração utilizava o direito privado: um primeiro regulado pelo direito público (o acto administrativo que continha a decisão autoritária de contratar) e um segundo traduzido na celebração de um contrato de direito privado.

No entanto, em especial em França (e também em Espanha e Portugal) começou a afirmar-se uma orientação diferente, atendendo também à situação económica da época: a realização de grandes obras públicas e o estabelecimento de diversas infra-estruturas (redes rodoviárias, ferroviárias, telecomunicações, iluminação pública, abastecimento de água), bem como a exploração de serviços para o público (transportes e serviços suportados pelas redes referidas), exigia cada vez mais a colaboração do sector privado, designadamente devido à ausência de meios técnicos, humanos e financeiros da Administração, deixando de fazer sentido as anteriores reservas e potenciando, pelo contrário, um recurso mais frequente ao expediente contratual – nomeadamente a contratos de *concessão de serviços públicos* – demonstrando que nem todos os contratos que a Administração celebrava eram da mesma natureza[108].

Foi nesta ambiência que surgiu a *teoria dos contratos administrativos*, figura dotada de um regime jurídico próprio, diferente do aplicável aos contratos civis celebrados pela Administração e com sujeição dos respectivos litígios aos tribunais administrativos. O reconhecimento da capacidade da Administração Pública se vincular por contrato não significava que o celebrasse nos mesmos termos que os privados o faziam; pelo contrário, procedeu-se à autonomização da figura do contrato administrativo pelo facto de se reconhecer uma disparidade relacional entre as partes, que permitia que a Administração detivesse prerrogativas que a legitimavam a afastar-se do acordado, desde que o interesse público assim o exigisse. O contrato administrativo estaria, assim, sujeito a um regime exorbitante face aos contratos de direito privado celebrados pela Administração.

Passou a entender-se, desde o início do século XX, que a figura jurídica do contrato, desde que sofresse algumas adaptações, poderia constituir

---

[108] FREITAS DO AMARAL dá-nos três excelentes exemplos de litígios colocados perante o *Conseil d'État* francês, nos primórdios do século XX, que ajudaram à afirmação da figura do *contrato administrativo* com autonomia em relação aos contratos de direito privado, bem como dos princípios próprios caracterizadores do *regime público* do contrato administrativo: cfr. *Curso de Direito Administrativo*, Almedina, Vol. II, 2001, p. 501 e segs.

um instrumento de acção administrativa, em especial nos domínios onde a Administração procurava uma colaboração dos particulares para a realização dos interesses públicos. Entendia-se, portanto, que o contrato podia ser a conexão para a realização de dois interesses que, apesar de contrapostos, permitiam a ambas as partes a obtenção de vantagens: de carácter essencialmente económico para o particular; e de garantia da prossecução de objectivos públicos para a Administração.

Actualmente já não há qualquer dúvida sobre a legitimidade e as vantagens que resultam da possibilidade de o Estado e demais entes administrativos celebrarem contratos que, apesar de representarem em parte uma limitação da sua soberania, não deixam de garantir, como veremos, certos poderes de supremacia aos entes administrativos. O que particulariza estes contratos é a autoridade administrativa e a inerente obrigação de prossecução do interesse público, o que permite à Administração impor licitamente alterações contratuais ou desvincular-se da relação contratual.

Deste modo, o contrato é convertido numa forma de exercício do poder administrativo, ao lado do acto e do regulamento.

Em suma, vem-se assistindo, ao longo das últimas décadas, a um processo de afirmação e de generalização da aplicação do contrato administrativo, passando este a assumir um papel central na *moderna administração,* que procura estratégias mais flexíveis e a colaboração dos particulares para a concretização dos objectivos a prosseguir com vista à satisfação dos interesses públicos em jogo.

Esta crescente importância do contrato administrativo foi também reconhecida pelas instâncias europeias e a celebração deste tipo de contratos passou a adquirir uma dimensão comunitária e internacional, fruto da dissolução de fronteiras para a constituição de um mercado único europeu, de tal forma que assistimos hoje a uma verdadeira *europeização dos contratos públicos*[109].

A abertura dos contratos públicos "além fronteiras" foi um dos pilares de sedimentação do programa do mercado único, como um instrumento de concretização e efectivação dos princípios da igualdade, da concorrência e da não discriminação em razão da nacionalidade, contribuindo para

[109] Sobre a europeização da matéria dos contratos públicos cfr., entre nós, Cláudia Viana, *Os princípios comunitários na contratação pública*, Coimbra, Coimbra Editora, 2007; e Maria João Estorninho, *Direito Europeu dos Contratos Públicos*, Almedina, 2006.

o dinamismo do sector privado, para uma boa gestão dos dinheiros públicos e para a própria reestruturação da economia europeia, cada vez mais competitiva.

Dada a relevância do sector da contratação pública como elemento dinamizador do mercado único europeu, o legislador comunitário considerou ser necessária a criação de um regime jurídico uniforme aplicável a todos os países, combatendo assim as práticas restritivas e proteccionistas. Numa fase inicial visou-se, essencialmente, a salvaguarda da liberalização do sector, tendo-se procedido, num momento posterior, ao aprofundamento e coordenação nomeadamente dos procedimentos de adjudicação e à fixação de garantias de recurso neste domínio. Presentemente, após a reforma de 2004, assiste-se, por toda a Europa, a uma tendencial codificação das regras da contratação pública.

Neste contexto o direito nacional teve de adaptar-se às novas realidades comunitárias e, em Julho de 2008, entrou em vigor o Código dos Contratos Públicos[110] que criou um novo regime da contratação pública, compatível com a ordem jurídica comunitária e que procedeu a uma sistematização dos procedimentos de formação dos contratos públicos, bem como a uma uniformização dos regimes substantivos *dos contratos administrativos*.

Com o objectivo de unificar o regime da contratação pública e colmatar as insuficiências do CPA, aquele diploma efectuou a transposição das Directivas comunitárias 2004/17/CEE e 2004/18/CE, relativas à celebração de contratos públicos de empreitadas de obras públicas, de locação ou aquisição de bens móveis e de aquisição de serviços e codificou as regras, até então dispersas por vários diplomas, e preceitos avulsos relativos à contratação pública.

Com a codificação das regras da contratação pública foram cumpridos três grandes objectivos: a compatibilização de regimes com o direito comunitário; a sistematização dos procedimentos bem como a uniformização dos regimes substantivos; e, por último, a modernização e desburocratização do sistema através da opção pela contratualização electrónica.[111]

[110] Aprovado pelo Decreto-Lei n.º 18/2008, de 29 de Janeiro (rectificado pela Declaração de Rectificação n.º 18-A/2008, de 31 de Março) e alterado pela Lei n.º 59/2008 de 11 de Setembro e pelos Decretos-Lei n.os 223/2009, de 11 de Setembro e 278/2009, de 2 de Outubro e doravante designado pela sigla CCP.

[111] A criação de plataformas electrónicas efectiva a transparência dos procedimentos pré-contratuais, simplifica a tramitação e permite maior celeridade e economia na realização dos mesmos.

No entanto, o CCP não se restringe aos contratos abrangidos pelas directivas, aplicando-se tendencialmente a todo e qualquer contrato celebrado pelas entidades adjudicantes nele previstas, cujo objecto abranja prestações que estão ou sejam susceptíveis de estar submetidas à concorrência de mercado. E, por isso, o conceito de contrato público não se esgota na figura do contrato administrativo, indo para além dele (o qual passa a ser uma espécie daqueles), na medida em que abrange todos os contratos celebrados no âmbito da função administrativa, independentemente da sua designação e da sua natureza administrativa ou privada, desde que sejam outorgados pelas entidades referidas no Código. O que significa que o contrato administrativo continua a ser uma *instituição autónoma, pelo menos no plano substantivo.*

2. Noção de contrato administrativo

2.1. Acordo de vontades juridicamente vinculativo

O contrato administrativo é antes de mais um contrato, ou seja, é um negócio jurídico bilateral constituído por duas ou mais declarações de vontade, que visa a produção de determinados efeitos jurídicos. Considera-se formalizado o contrato quando existe um acordo de vontades para a formação do vínculo e a estipulação das obrigações recíprocas, isto é, quando tal acordo de vontades é constitutivo de efeitos obrigatórios em relação ao cumprimento do pactuado.

Como negócio jurídico bilateral, o contrato administrativo distingue-se, desde logo, das outras duas formas principais da acção administrativa – do acto e do regulamento – na medida em que estas duas figuras resultam de uma estatuição unilateral dos entes públicos. No que concerne aos actos administrativos, diremos que sendo *decisões* ou *estatuições autoritárias*, a sua unilateralidade significa que o respectivo momento constitutivo depende apenas da declaração da Administração (mesmo nos casos em que dependa de um requerimento, declaração, aceitação ou colaboração do particular). O contrato administrativo, pelo contrário, resulta de um acordo no qual se fundam duas declarações de vontade, dependendo os efeitos jurídicos de tais declarações – as quais são condição de existência jurídica do contrato.

Os contratos administrativos distinguem-se também dos acordos ou negócios informais, que correspondem apenas a compromissos de cooperação entre a Administração e os particulares, não co-envolvendo qualquer sujeição ao cumprimento das prestações firmadas, já que a característica estruturante destes *gentlemen's agreements* é a ausência de vinculatividade ou obrigatoriedade jurídica.

Esta distinção é tão mais importante se tivermos em conta que este tipo de actuações surge cada vez com mais frequência como forma de fazer face à rigidez dos mecanismos e procedimentos legais, permitindo a sua flexibilização e a colaboração necessária. No entanto, se vários são os factores que apontam no sentido da existência de um *contratualismo generalizado das decisões administrativas*[112], à medida que estes acordos vão ganhando relevo, tanto mais se discute o seu enquadramento jurídico e as fronteiras entre os contratos e os acordos informais. Para a distinção é importante atentar em vários critérios como o contexto da respectiva celebração; se existiu ou não vontade das partes em assumir uma obrigação vinculativa, e aos elementos de teor literal e formal do acordo.

2.2. **De natureza administrativa**

Antes da entrada em vigor do CCP, a noção de contrato administrativo encontrava-se plasmada no artigo 178.º, n.º 1, do CPA, que o definia como "*o acordo de vontades pelo qual é constituída, modificada ou extinta uma relação jurídica administrativa*"[113]. Na definição de contrato administrativo adoptava-se, assim, um *critério estatutário*, associado ao objecto do contrato, segundo o qual são administrativos os contratos regidos pelo direito administrativo, que é um direito estatutário, isto é, um direito especial privativo da Administração. Os contratos administrativos seriam, deste modo, aqueles que constituíam, modificavam ou extinguiam relações jurídico-administrativas, que são as relações sujeitas ao direito administrativo.

---

[112] Neste sentido vide Suzana Tavares da Silva, "A nova dogmática do Direito administrativo: o caso da administração por compromissos", *Estudos da Contratação Pública – I*, Coimbra Editora, Coimbra, 2008 p. 894-942 (p. 896).

[113] Em todo o caso, há autores que defendiam outras definições possíveis: cfr., por todos, Pedro Gonçalves, que o define como o "acordo juridicamente vinculativo celebrado entre dois ou mais sujeitos de direito com vista à constituição, modificação ou extinção de uma relação jurídica regulada pelo direito administrativo e que, por isso mesmo, fica submetido a um regime substantivo de direito público" (cfr. *O Contrato Administrativo – Uma Instituição do Direito Administrativo do Nosso Tempo*, Almedina, 2003, p. 27).

Todavia, actualmente, com o CCP o legislador rejeitou a opção por uma definição genérica de contrato administrativo, preferindo a enunciação de *factores de administratividade,* os quais conferem natureza administrativa ao contrato. Deste modo, o novo diploma rompeu com a filosofia inspiradora do CPA[114], na medida em que a relação jurídica administrativa definida como uma relação regulada por normas jurídicas dirigidas a uma entidade pública enquanto tal (isto é, enquanto titular de funções públicas), disciplinando a sua actuação em termos específicos através da atribuição de *poderes* ou *deveres especiais*; relação essa que reflecte os *poderes de autoridade* ou as *restrições de interesse público* da Administração ou que atribui *direitos* ou impõe *deveres públicos* aos particulares perante esta – surge como uma consequência ou um efeito da administratividade de um contrato e não como uma fonte de qualificação da natureza do mesmo.[115]

2.2.1. *Contrato administrativo e contrato público*

O percurso a seguir actualmente é bastante diferente daquele que foi trilhado pelo CPA, já que o CCP parte de um dualismo interno entre o conceito de contrato administrativo e o de contrato público, ou melhor, tem uma estrutura de aplicação objectiva *bipartida*: por um lado, as normas relativas ao procedimento de formação dos contratos são aplicáveis aos *contratos públicos,* entendendo-se como tal todos aqueles que, independentemente da sua designação ou natureza, sejam celebrados pelas entidades adjudicantes referidas no Código; por outro lado, as normas relativas ao regime substantivo da execução do contrato serão apenas aplicáveis aos *contratos qualificados como contratos administrativos.*

O que significa que a figura dos contratos públicos não se esgota nos contratos administrativos: pelo contrário, é um conceito neutro que envolve um universo muito diversificado de contratos celebrados por entidades públicas, enquanto solicitadoras de produtos ou de serviços numa economia de mercado concorrencial.

---

[114] Cfr, PEDRO GONÇALVES, "A relação jurídica fundada em contrato administrativo", *Cadernos da justiça administrativa,* n.º 63, p. 36-46 (p. 48).

[115] Já na anterior edição deste livro dizíamos que, para além das dificuldades levantadas pela própria definição de relação jurídica administrativa, é evidente o vício que se pode apontar ao critério da relação jurídica administrativa: o de que a sujeição ao direito administrativo (ou a um regime de direito administrativo) é sempre um efeito e não a causa da qualificação de um contrato como administrativo. E, por isso, considerávamos que o critério estatutário deveria ser combinado com outros critérios orientadores, como o objecto do contrato, o conteúdo das prestações e as cláusulas contratuais.

Tendo sido desenvolvido pelo direito comunitário, *o conceito de contrato público* sempre foi considerado, neste âmbito, uma categoria genérica relativa aos contratos celebrados pela Administração, que operava para garantir que todos os contratos que agregam aquele conceito fossem liberalizados e celebrados de acordo com as orientações de uma economia de mercado livre e competitiva. Por isso, as preocupações comunitárias não se limitam à natureza privada ou administrativa do contrato, centrando-se fundamentalmente na previsão de uma regulamentação detalhada sobre as fases de preparação e adjudicação, como forma de garantir a prevenção de actuações restritivas das liberdades comunitárias.

A noção de contrato público é, assim, bastante ampla, abrangendo não apenas a espécie "contrato administrativo", mas admitindo também a existência de contratos que assumem natureza jurídica privada, como é o caso do contrato de sociedade.

De acordo com o artigo 1.º, n.º 2, alínea a) da Directiva n.º 2004/18/ /CEE, *contratos públicos* são contratos a título oneroso, celebrados por escrito entre um ou mais operadores económicos e uma ou mais entidades adjudicantes, que têm por objecto a execução de obras, o fornecimento de produtos ou a prestação de serviços na acepção da Directiva.

Paralelamente à consagração de um regime jurídico de procedimentos aplicáveis a todos os contratos públicos celebrados pelas entidades adjudicantes, o legislador configurou uma disciplina especial que regula a execução de determinados contratos, que pela sua natureza exigem que a Administração goze de certos poderes por estar em causa uma lógica de função: a prossecução do interesse público.

O legislador optou, pois, por autonomizar a figura do contrato administrativo, enquanto um contrato caracterizado pela desigualdade das partes, sujeito a um regime exorbitante face aos contratos de direito privado da administração.

2.2.2. *Factores de administratividade*

Na impossibilidade de estabelecer um critério unitário capaz de absorver um tão vasto leque de figuras ou espécies contratuais, o legislador consagrou um método tipológico que pudesse garantir o mínimo de segurança no que concerne à aplicação do regime substantivo da contratação pública.

Assim, de acordo com o n.º 6 do artigo 1.º do CCP os critérios de qualificação de um contrato administrativo são:

i) Qualificação legal: serão contratos administrativos os contratos que, por força da lei, como tal sejam qualificados (tais como os contratos disciplinados no Título II da Parte III do CCP, os quais correspondem aos contratos com maior relevância na prática administrativa: empreitadas de obras públicas; concessões de obras públicas e de serviços públicos; locação e aquisição de bens móveis e de serviços);

ii) *Submissão a um regime de direito público*: são administrativos os contratos que, por força da lei ou da vontade das partes, estejam submetidos a um regime substantivo de direito público.

iii) Vontade das partes: as partes contratuais podem qualificar um contrato como um contrato administrativo; no entanto, a mesma qualificação não serve de fundamento para transformar um contrato de direito privado num contrato administrativo. Por isso, consideramos que a qualificação dum contrato administrativo através do critério da vontade das partes só deve operar nos casos em que a Administração tenha uma margem de livre decisão na escolha entre um contrato administrativo ou um contrato de direito privado.

iv) Carácter público do objecto: são contratos administrativos os contratos com objecto passível de acto administrativo e demais contratos sobre o exercício de poderes públicos, bem como os contratos que conferem ao co-contratante direitos sobre coisas públicas ou exercício de funções públicas.

v) Regime pré-contratual específico (regulado por normas de direito público) e natureza da prestação do co-contratante: são qualificados como contratos administrativos contratos que a lei submeta ou que admita que sejam submetidos a um procedimento de formação regulado por normas de direito público e, cumulativamente, em que a prestação do co-contratante possa condicionar ou substituir, de forma relevante, a realização das atribuições do contraente público.[116]

---

[116] De notar que várias têm sido as críticas apontadas a este último critério, desde logo quanto à ambiguidade na enunciação utilizada, que mais não corresponde do que ao critério do fim da imediata utilidade pública; além disso, vários autores questionam-se sobre a razão de atribuir relevo à natureza do regime aplicável ao procedimento pré-contratual quando o que se discute e o que está em causa é a aplicação para efeitos do regime substantivo.

Em suma, acreditamos que o CCP se mantém fiel à autonomia conceptual e dogmática do contrato administrativo. Todavia, têm sido apontadas algumas críticas a esta opção por um dualismo interno. É o caso de VIEIRA DE ANDRADE, para quem "*a distinção cortante entre dois mundos é desarmónica e imprópria, como se o regime geral dos contratos de natureza administrativa pudesse ser unicitário e radicalmente aplicado a uma categoria de contratos de direito público, sem considerar o* continuum *no conjunto extremamente diversificado dos contratos celebrados pela administração.*"[117]

3. O PRINCÍPIO DA AUTONOMIA CONTRATUAL PÚBLICA

De acordo com o artigo 278.º do CCP "*na prossecução das suas atribuições, e sempre que esteja em causa o exercício da função administrativa, os contraentes públicos podem celebrar quaisquer contratos administrativos, salvo se outra coisa resultar da lei ou da natureza das relações a estabelecer*". Deste modo, tal como já era tradição no nosso ordenamento jus-administrativo, o legislador consagrou no novo diploma o *princípio da autonomia contratual pública* que se traduz na possibilidade geral de qualquer entidade pública recorrer aos contratos administrativos para realizar as respectivas atribuições, mesmo que os seus regime e efeitos não estejam especificamente consagrados na lei.

Todavia, esta cláusula geral de admissibilidade da utilização do contrato administrativo está sujeita a importantes limites como a existência de uma proibição legal expressa ou a incompatibilidade entre o instituto contratual e a natureza das relações a estabelecer. O que significa que, no uso alternativo entre o acto e o contrato, a Administração está obrigada a escolher a forma de actuação que se revele mais eficaz e adequada à prossecução do fim de interesse público que lhe é legalmente confiado.

[117] VIEIRA DE ANDRADE, "A propósito do regime do contrato administrativo no código dos contratos públicos", *Estudos da Contratação Pública – II*, Coimbra Editora, Coimbra, 2010, p. 7-39 (p. 13).

4. Tipos de contratos administrativos

4.1. As classificações doutrinais

A doutrina costuma distinguir entre os diferentes tipos de contratos administrativos, recorrendo para o efeito a classificações diversas, fundadas em critérios também eles diferenciados. Vamos analisar de seguida, de forma muito sumária, algumas dessas classificações e as modalidades respectivas.

4.1.1. *Contratos típicos e contratos atípicos*

Com esta classificação pretende distinguir-se os contratos administrativos que estão expressamente regulados na lei, resultando dela, em larga medida, o seu conteúdo (contratos típicos) daqueles que não o estão, cabendo a sua regulamentação no espaço de liberdade negocial da Administração (contratos atípicos).

Note-se que esta distinção não passa pela mera referência legal ao contrato (o facto de um contrato ser legalmente *nominado* não o torna típico), estando pelo contrário em causa a intensidade da regulação legal: ao passo que o conteúdo dos contratos típicos está em grande parte definido na lei, o dos atípicos é definido pelas partes.

4.1.2. *Contratos paritários e contratos de subordinação*

Esta segunda classificação baseia-se na posição relativa das partes no seio da relação contratual. Deste modo, os contratos definem-se como *paritários* (ou *de cooperação paritária*) quando das suas cláusulas ou da lei aplicável não resulta nenhuma posição de superioridade (de supra-ordenação) para a parte administrativa, pelo que pode dizer-se que as partes estão colocadas numa posição jurídica de igualdade. É o que acontece, designadamente, nos contratos de cooperação ou de coordenação (*contratos entre entidades públicas*) e também nos contratos de apoio da Administração ao sector privado.

Nos *contratos de subordinação* (ou *de colaboração subordinada*), pelo contrário, uma das partes do contrato (a entidade administrativa contratante ou o particular na sua posição) está colocada numa posição de supra-ordenação em relação à outra (o particular): a Administração manda, ordena, dirige, fiscaliza e pune, devendo o particular obedecer.

É o que acontece nos contratos de concessão de serviço público ou nos de empreitada de obras públicas.

4.1.3. *Contratos de colaboração, de atribuição e de coordenação*

Estamos aqui perante o critério que classifica os contratos administrativos de acordo com o seu fim ou causa-função.

Os contratos dizem-se de *colaboração* quando associam ou comprometem um particular no desempenho regular de atribuições administrativas: estão em causa as situações em que a Administração recorre a particulares para a prossecução de tarefas ou atribuições públicas, obrigando-se estes a proporcionar uma colaboração temporária no desempenho de tais tarefas. Daí que a prestação fundamental seja do co-contratante e não da Administração[118]. São exemplos paradigmáticos deste tipo de contrato as concessões de obras públicas ou de serviços públicos.

Os contratos de *atribuição*, pelo seu lado, transmitem a um particular uma posição favorável ou vantajosa ou que, em certos termos, facilita o cumprimento de certas obrigações que sobre ele impendem (v.g. o contrato que concede benefícios fiscais a uma empresa ou o contrato que atribui a um particular a faculdade de usar, para fins privados, uma parcela de um bem dominial). A prestação fundamental é aqui a da Administração, por se entender que o interesse público é melhor prosseguido através dos direitos conferidos ao contraente particular (e não pelas obrigações que ele assume).

Ao lado destas duas categorias tem-se desenvolvido uma terceira, sobretudo como resultado da crescente complexidade da organização administrativa e da proliferação de entidades públicas. Referimo-nos aos *contratos de coordenação*, que são celebrados entre diferentes entidades públicas para a prossecução de atribuições comuns.

4.1.4. *Contratos com objecto passível de acto administrativo e contratos com objecto passível de contrato de direito privado*

Trata-se de uma distinção que tem por base o respectivo objecto, pretendendo realçar-se a ideia de que, umas vezes, o objecto do contrato

---

[118] Existia uma referência no CPA a estes contratos, mais exactamente no n.º 1 do seu artigo 182.º, quando se mencionavam os "contratos que visem associar um particular ao desempenho regular de atribuições administrativas".

poderia constar de um acto administrativo e, outras, poderia figurar num contrato de direito privado.

Ao afirmar-se que o contrato pode ter um objecto passível de acto administrativo ou passível de contrato de direito privado, pretende destacar-se a ideia de que a Administração Pública conseguiria alcançar, por aquelas vias, os mesmos resultados que pretende atingir com o contrato administrativo (podendo este apresentar-se, umas vezes, como substitutivo de um acto administrativo e outras como substitutivo de um contrato de direito privado).

De notar que esta distinção assume grande relevo no domínio da *invalidade do contrato* (cfr. artigo 285.º do CCP), como veremos.[119]

4.2. **Os contratos administrativos regulados pelo CCP**

O CCP enquadra o regime especificamente aplicável a vários contratos administrativos ditos clássicos, e que já constavam da enumeração facultada pelo n.º 2 do artigo 178.º do CPA. No entanto, foram incluídas novas figuras como a aquisição e locação de bens e aquisição de serviços.

• ***Empreitada de obras públicas***

É definido pelo Código, no artigo 343.º, como o *"contrato oneroso que tenha por objecto quer a execução quer, conjuntamente, a concepção e a execução de uma obra pública que se enquadre nas subcategorias de ingresso e permanência na actividade de construção"*. Sendo que se considera como *obra pública* o resultado de quaisquer trabalhos de construção, reconstrução, ampliação, alteração ou adaptação, conservação, restauro, reabilitação, beneficiação e demolição de bens imóveis executados por conta de um contraente público.[120]

---

[119] Cfr, *infra*, 8.

[120] O conceito de contrato de empreitada de obras públicas apontado pelo CCP comunga de todos os elementos da noção dada pela Directiva 93/37/CEE de acordo com a qual *"Os contratos de empreitada de obras públicas são contratos a título oneroso, celebrados por escrito entre um empreiteiro, por um lado, e uma entidade adjudicante, definida na alínea b), por outro, que tenham por objecto quer a execução, quer conjuntamente, a execução e concepção das obras relativas a uma das actividades referidas no anexo II ou de uma obra definida na alínea c), quer a realização, seja por que meio for, de uma obra que satisfaça as necessidades indicadas pela entidade adjudicante."* Esta questão tem sido amplamente discutida pelo TJCE não só para distinguir o âmbito de aplicação do regime de

O legislador optou por integrar o regime específico do contrato de empreitada de obras públicas na legislação geral sobre a matéria de contratação pública, revogando o diploma autónomo dedicado exclusivamente à regulamentação deste tipo contratual. Assim sendo, os contratos de empreitada regem-se, em especial, pelos artigos 343.º a 406.º do CCP. Entre as principais novidades introduzidas destaca-se a preocupação do Código em corrigir determinados problemas inerentes a esta figura, *como a derrapagem dos custos das obras* – procurando um maior rigor na adjudicação de trabalhos a mais, estabelecendo, para o efeito, um limite em termos de preços a pagar por esses trabalhos e deixando de incluir no conceito de trabalhos a mais os trabalhos para o suprimento de erros e omissões – e a *excessiva disparidade relacional entre as partes,* dada a natureza de contrato de colaboração subordinada, através da introdução de algumas inovações no regime da *excepção de não cumprimento do contrato.*[121]

• ***Concessão de obras públicas***

O conceito de contrato de concessão de obras públicas resulta do artigo 407.º do CCP, de acordo com o qual "*entende-se por concessão de obras públicas o contrato pelo qual o co-contratante se obriga à execução ou à concepção e execução de obras públicas, adquirindo em contrapartida o direito de proceder, durante um determinado período, à respectiva exploração, e, se assim estipulado, o direito ao pagamento de um preço.*"

As concessões de obras públicas distinguem-se, portanto, do contrato de empreitada de obras públicas pela atribuição ao concessionário do direito de exploração da obra realizada, como contrapartida da construção da mesma, sendo que esse direito implica a transferência da responsabilidade de exploração, que engloba os aspectos técnicos, financeiros e de gestão.

---

empreitada de obras do regime da concessão, como também no que respeita à aplicação das regras de formação de todos os contratos que comunguem das notas caracterizadoras do contrato de empreitada de obras públicas, como é o caso dos contratos urbanísticos através dos quais a câmara adjudica a um privado a realização de infra-estruturas gerais que muito embora sejam condição para o deferimento da sua pretensão urbanística, são da exclusiva responsabilidade do município e, por isso, como justo pagamento existirá um abatimento das taxas de urbanização proporcional aos encargos suportados.

[121] Para mais e melhores desenvolvimentos vide LINO TORGAL, "A empreitada de obras públicas no Código dos Contratos Públicos – breve nota sobre algumas das principais novidades", *Cadernos de Justiça Administrativa,* n.º 64, Julho/ Agosto de 2007, p. 55-79.

Assim, é ao concessionário que incumbe a tarefa de realizar os investimentos necessários e é ele que assume o peso da amortização da obra e os riscos ligados à construção, à gestão e à utilização do equipamento. O elemento caracterizador das concessões é a transferência do risco, pelo direito de exploração.

Note-se que, quer o direito nacional quer o direito comunitário, admitem que a remuneração do concessionário seja efectuada não pelo utente, mas pela Administração, desde que essa remuneração seja calculada pela intensidade de utilização do bem ou pela disponibilidade do mesmo segundo as especificações contratuais. É o caso das SCUTS, nas quais as portagens são *virtuais*.

O Código inova porque, pela primeira vez, foi instituído em Portugal um regime próprio para as concessões de empreitada de obras públicas e de serviços públicos, devidamente disciplinada nos artigos 407.º a 430.º do CCP, o que significa que o legislador nacional foi além do que lhe era exigido pelo direito europeu dos contratos públicos.

• ***Concessão de Serviços Públicos***

É o contrato pelo qual o co-contratante se obriga a gerir, em nome próprio e sob sua responsabilidade, uma actividade de serviço público, durante um período de tempo, sendo remunerado pelos resultados financeiros dessa gestão ou directamente pelo contraente público (cfr. artigo 407.º, n.º 2, do CCP).

• ***Concessão de exploração de bens do domínio público***

É o contrato administrativo em que um particular se encarrega de gerir ou explorar um bem do domínio público (o seu objecto é um bem dominial), determinando a transferência da esfera da Administração para a de um particular dos seus direitos relativos à gestão de tal bem, que passa a ser feita pelo concessionário (o bem é-lhe afectado) por sua conta e risco, e em que o particular não é pago pela Administração, mas sim pela cobrança de taxas ao público ou pela exploração económica do bem.

As disposições gerais em matéria de concessões presentes no CCP serão subsidiariamente aplicáveis ao contrato de concessão de exploração de bens do domínio público, tal como refere o artigo 408.º CCP. O regime da concessão de exploração do domínio público encontra-se também regulado no artigo 30.º do Regime do Património Imobiliário Público[122],

[122] Aprovado pelo Decreto-Lei n.º 280/2007, de 7 de Agosto.

existindo, contudo, diversos regimes aplicáveis a contratos específicos pertencentes a esta categoria: tal é o caso da concessão para pesquisa e exploração de massas minerais-pedreiras, prevista no Decreto-Lei n.º 270/ /2001, de 6 de Outubro, alterado pelo Decreto-Lei n.º 270/2001, de 12 de Outubro. Também a concessão de exploração de empreendimentos turísticos, no caso de estes se situarem em bens do domínio público (como acontece, designadamente, em relação a muitos parques de campismo), configura um caso particular de concessão de exploração de bens do domínio público[123].

• ***Locação de bens móveis***

Dispõe o artigo 431.º do CCP que se entende por locação de bens móveis o contrato pelo qual um locador se obriga a proporcionar a um contraente público o gozo temporário de bens móveis, mediante retribuição. Para além da locação em sentido estrito, o Código destaca a opção pela locação financeira que se caracteriza pelo facto de, no fim do prazo estabelecido, o locatário ter a opção de compra do bem locado, pelo preço estipulado no contrato ou determinável mediante simples aplicação dos critérios nele fixados (o valor residual). Para além da opção de compra a locação financeira caracteriza-se também pelo facto de transferir substancialmente todos os riscos e vantagens inerentes à propriedade.

• ***Aquisição de bens móveis***

O contrato será de aquisição de bens móveis quando o contraente público compra bens móveis a um fornecedor, na acepção do artigo 438.º do CCP. Pode ter por objecto a aquisição de bens a fabricar ou a adaptar em momento posterior à celebração do contrato, de acordo com características estabelecidas pelo contraente público.

Destaca-se nesta forma contratual o facto de o legislador, preocupado com a operacionalização destes contratos, instituir para além dos procedimentos de adjudicação comuns, procedimentos especiais, como o sistema de aquisição dinâmico e também as centrais de compras e os acordos

---

[123] Cfr. o Decreto-Lei n.º 39/2008, de 7 de Março (alterado pelo Decreto-Lei n.º 228/2009, de 14 de Setembro, consagrador do regime jurídico da instalação, exploração e funcionamento dos empreendimentos turísticos; e a Portaria n.º 1320/2008, de 17 de Novembro, sobre os requisitos específicos de instalação, classificação e funcionamento dos parques de campismo e caravanismo.

quadro, embora os dois últimos possam ser especialmente aplicados a outros tipos de contratos.

No caso do sistema de centrais de compras, a entidade adjudicante poderá recorrer a este procedimento especial para adjudicar propostas no âmbito de contratos de empreitada de obras públicas, de locação ou de aquisição de bens móveis e de aquisição de serviços, a pedido e em representação das entidades adjudicantes; ou para adquirir bens móveis ou serviços destinados a entidades adjudicantes por forma a promover o agrupamento de encomendas de bens ou serviços.

Também o *acordo quadro* pode ter um âmbito de aplicação mais amplo desde que seja adequado aos fins a prosseguir pela entidade adjudicante, bem como ao tipo de obra ou serviço em causa e desde que não restrinja a concorrência.

• ***Aquisição de serviços***

É o contrato pelo qual a Administração adquire a prestação de um ou vários tipos de serviços mediante o pagamento de um preço, como é o caso da aquisição de serviços de consultadoria por entidades públicas. Distingue-se da prestação de serviços, própria do direito privado, pelo facto de o legislador exigir expressamente que o contrato seja prestado a título oneroso.

A disciplina do contrato de aquisição de serviços encontra-se prevista nos artigos 452.º a 454.º do CCP; todavia, parte de uma remissão, claro está que com as necessárias adaptações, para o disposto em sede de contratos de aquisição de bens móveis.

Tal como nos contratos referidos no ponto anterior, os contratos de aquisição de serviços podem também ser precedidos pela aplicação dos instrumentos dos sistemas de centrais de compras, acordos quadro e sistemas de aquisição dinâmicos.

Note-se que relativamente a estes três últimos tipos contratuais, todos poderiam cair no domínio dos contratos de direito privado da Administração, embora qualificados como contratos públicos. Mas o Preâmbulo do Código é claro neste domínio: "*no campo da aquisição e locação de bens e de serviços, o primeiro tópico a destacar prende-se com a inclusão dos contratos de aquisição de bens móveis, de locação de bens e de aquisição de serviços no rol de contratos administrativos por determinação legal. Todos os contratos deste tipo celebrados por um contraente público passam a ser considerados contratos administrativos e a seguir o regime especial estabelecido neste capítulo e no Título I da Parte III*"[124].

4.3. Contratos administrativos de direito administrativo especial

Uma das notas características da administração dos nossos tempos é a procura por soluções negociadas e pela colaboração dos particulares para a realização das suas atribuições, de modo que o contrato é hoje um instrumento jurídico de utilização cada vez mais frequente em todos os âmbitos materiais da administração pública.

Destacam-se, pela sua crescente importância, os contratos urbanísticos que podem ser definidos como *os acordos celebrados entre a Administração e os particulares, que têm por objecto a colaboração para preparação ou execução de uma operação urbanística, seja na própria definição das regras urbanísticas seja na sua execução.*[125]

Estes contratos compreendem uma heterogeneidade de formas e multiplicidade de figuras, desde contratos previstos na lei a contratos apenas celebrados no exercício da autonomia pública contratual inerente à função pública urbanística. Todavia, serão apenas classificados como contratos administrativos os contratos celebrados por uma entidade adjudicante que se encontrem sujeitos a um regime de direito público, neste caso o direito administrativo, pelo facto de corresponderem a uma satisfação de forma directa ou imediata de uma finalidade pública da específica competência da Administração.

Assim, no âmbito do direito do ordenamento do território e do urbanismo assumem especial relevo, entre outros:

a) *Os contratos para planeamento*: correspondem aos acordos celebrados entre a Administração e os particulares em momento prévio ao da escolha dos conteúdos urbanísticos, como forma de influenciar as concretas soluções plasmadas nos planos.

---

[124] Mais desenvolvidamente sobre o regime dos contratos de locação e aquisição de bens e serviços no CCP cfr. José Eduardo Figueiredo Dias, "Os contratos de locação e aquisição de bens e serviços e de alienação de bens", in *Estudos de Contratação Pública – I*, Coimbra, Coimbra Editora, 2008, p. 431 a 480.

[125] Sobre o tema Micaela Giestas, *Urbanismo Concertado. A Contratualização no Planeamento Municipal*, Dissertação de Mestrado, Faculdade de Direito da Universidade de Coimbra, policopiado, 2010.

b) *Os contratos celebrados nos sistemas de execução dos planos*: são contratos de colaboração entre a Administração e os privados celebrados no âmbito da execução programada dos planos – nos sistemas de compensação, nos sistemas de cooperação e no sistema de imposição administrativa.

c) *Os contratos celebrados no âmbito do reparcelamento enquanto instrumento de execução de planos*: são contratos de urbanização ou de desenvolvimento urbano mediante os quais os particulares e a Administração se associam para a concretização de operações de reparcelamento urbano, no âmbito dos quais se acerta a transformação da situação fundiária e a distribuição dos lotes ou parcelas resultantes do reparcelamento.

d) *Os contratos para a assunção de encargos relativos a infra-estruturas gerais*: contrato celebrado entre o particular e a Administração, no qual o particular garante a realização de obras de infra-estrutura geral ou assume encargos com a operação urbanística, que seriam da competência da administração municipal, e por isso o seu valor será proporcionalmente abatido nas taxas de urbanização que o particular estaria obrigado a realizar.[126]

Também, o direito do ambiente não escapa a esta nova lógica do agir administrativo mediante o consenso e a colaboração. Neste ramo especial do direito administrativo, destacam-se:

a) o *contrato-programa de redução da carga poluente*, previsto no artigo 35.º da Lei de Bases do Ambiente, de acordo com o qual o Governo poderá celebrar contratos-programa com vista a reduzir gradualmente a carga poluente das actividades poluidoras, desde que da continuação da laboração nessas actividades não decorram riscos significativos para o homem ou o ambiente;

b) o *contrato de promoção ambiental* celebrado entre as associações representativas dos sectores, por um lado, e o Ministério do Ambiente (actualmente, o Ministério do Ambiente, do Ordenamento do Território e do Desenvolvimento Regional) e o ministério responsável pelo sector da actividade económica, por outro, para a promoção da melhoria da qualidade das águas e da protecção do

---

[126] Para uma breve análise de todos estes contratos cfr. FERNANDA PAULA OLIVEIRA, "Contratualização Urbanística", in *Estudos sobre Contratação Publica-I*, Coimbra, Coimbra Editora, 2008, pp 781-829.

meio aquático através da redução gradual da poluição causada pela descarga de águas residuais no meio aquático e no solo, tal como prevê o art. 68.º do Decreto-Lei n.º 236/2008, de 1 de Agosto;

c) e o *contrato de adaptação ambiental* regulado no artigo 78.º do mesmo diploma e segundo o qual com vista à adaptação à legislação ambiental em vigor das instalações industriais e agro-alimentares em funcionamento e à redução da poluição causada pela descarga de águas residuais no meio aquático e no solo, poderão ser celebrados, entre as associações representativas dos sectores, por um lado, e os ministérios do ambiente e responsável pelo sector da actividade económica, por outro, contratos de adaptação ambiental. O objecto destes contratos é a concessão de um prazo e a fixação de um calendário, a cumprir pelas empresas aderentes e, eventualmente, a definição das normas de descarga que deverão ser tomadas em conta pela entidade licenciadora, aquando da atribuição ou da renovação das licenças de descarga, na fixação das normas de descarga a respeitar pelas instalações das empresas aderentes.[127]

No direito fiscal temos a concessão dos benefícios fiscais através de contrato aos projectos considerados relevantes para o desenvolvimento do tecido empresarial português, em sectores de interesse estratégico para a economia nacional – designadamente, na área das tecnologias da informação, do ambiente, da energia, das telecomunicações, da indústria transformadora, da agricultura e do turismo – e para a redução das assimetrias regionais. Antes de 2009, estes contratos encontravam-se previstos e regulados no Estatuto dos Benefícios Fiscais (EBF), todavia, com a aprovação do Decreto-Lei n.º 249/2009 de 23 de Setembro, diploma designado como Código Fiscal do Investimento (CFI), foi dada autonomia à regulamentação dos benefícios fiscais contratuais.

De notar que, para além dos casos referidos anteriormente, o legislador também consagrou (no artigo 22.º do CFI, embora tal já decorresse do artigo 41.º, n.º 4, 5, 6, 7 do EBF) a possibilidade de contratualização da concessão de benefícios fiscais à internacionalização das empresas por-

[127] Fernanda Maçãs, "Os acordos sectoriais como um instrumento da política ambiental", *Revista do Centro de Estudos de Direito do Ordenamento, Urbanismo e Ambiente*, Coimbra, n.º 5, 2000, p. 37-54.

tuguesas, em aplicações relevantes que preencham cumulativamente as seguintes condições: demonstrem interesse estratégico para a internacionalização da economia portuguesa; revelem ter viabilidade técnica, económica e financeira; não se localizem em países, territórios e regiões com regimes de tributação privilegiada, claramente mais favoráveis; e, por último, que não impliquem a diminuição dos postos de trabalho em Portugal.

5. O Código dos Contratos Públicos de 2008

5.1. Âmbito de aplicação objectivo

Tal como já tivemos oportunidade de dizer o âmbito de aplicação do CCP tem uma dupla matriz:

a) O regime procedimental da contratação pública é tendencialmente aplicável à formação de todo e qualquer contrato público que seja celebrado pelas entidades adjudicantes referidas no Código, cujo objecto abranja prestações que estão ou devam estar submetidas à concorrência de mercado, incluindo: os contratos de empreitada de obras públicas, de locação e aquisição de bens móveis, de aquisição de serviços, de concessão de obras e de serviços públicos e os contratos de sociedade.

O âmbito objectivo de aplicação quanto aos procedimentos de formação dos contratos estende-se também, por via do disposto no n.º 3 do artigo 1.º, aos procedimentos destinados à atribuição unilateral, pelas entidades adjudicantes previstas no artigo 2.º, de quaisquer vantagens ou benefícios, através de acto ou equiparado, em substituição da celebração de um contrato público.

Assim sendo, diremos que o critério norteador da aplicação do regime procedimental para a formação dos contratos públicos é o princípio da livre concorrência de mercado, que postula uma maximização e aproveitamento de resultados para a Administração, enquanto cliente do mercado de produtos e serviços, e uma competitividade efectiva entre os vários operadores de mercado. *A contrario sensu* resulta que a todos os contratos que não estejam ou não possam, nomeadamente pela sua natureza ou características, estar submetidos à concorrência, não serão aplicadas aquelas regras.

No entanto, é importante referir ainda que, mesmo nos contratos que funcionam numa lógica de concorrência, estão afastados do âmbito de aplicação os contratos que se situem abaixo dos limiares comunitários previstos nas directivas substantivas. A fixação de um limite económico, por parte das instituições comunitárias, baseia-se numa presunção: pelo seu valor reduzido, estes contratos não atraem os operadores estabelecidos além fronteiras, e por isso não têm relevo comunitário, de forma que os Estados-Membros não estavam obrigados a regulamentar esses contratos. O nosso legislador consagrou esta solução no n.º 3 do artigo 5.º do CCP.

Para além destes contratos excluem-se também os contratos de subsídios, os contratos de aquisição de serviços financeiros relativos à emissão, compra, venda ou transferência de títulos ou instrumentos financeiros, os contratos de aquisição de serviços que tenham por objecto os serviços de saúde e de carácter social referidos na Directiva 2004/18/CEE; entre outros constantes da enumeração do n.º 4 do artigo 5.º.

Por último, e não menos importante, está também excluída a *contratação in house,* conceito de elaboração jurisprudencial do Tribunal de Justiça das Comunidades Europeias (TJCE). Nas relações contratuais entre duas entidades públicas não serão aplicáveis as regras do regime procedimental nas *hipóteses de a entidade adjudicante exercer sobre a pessoa da entidade adjudicatária um controlo análogo ao que exerce sobre os seus próprios serviços e essa entidade desenvolver o essencial da sua actividade em benefício de uma ou de várias entidades adjudicantes que exerçam sobre ela o referido controlo análogo.*

O afastamento deve-se ao facto de se tratar de verdadeiras operações internas, e de interdependência, nas quais as entidades adjudicantes controlam e financiam a actividade do adjudicatário, estando este, por isso, sujeito à incidência de especiais poderes por parte da entidade adjudicante.

Para se poder qualificar uma relação contratual como *contratação in house* é necessária a verificação cumulativa de dois requisitos: o controlo análogo e o destino essencial da actividade que exerce a entidade adjudicatária.

Por *controlo análogo* deve entender-se, de acordo com a jurisprudência do TJCE, uma possibilidade de influência determinante da entidade adjudicante sobre os objectivos estratégicos e as grandes decisões individuais de gestão da entidade adjudicatária, de tal forma que a mesma não tem autonomia decisória. Em causa está um poder de direcção, de coordenação e supervisão da primeira sobre a segunda.

O requisito do *uso essencial da actividade* exercida pela entidade adjudicatária será observado quando o propósito essencial da actividade desta for dirigido à entidade adjudicante, por ser ente instrumental dela, provendo, por isso, à satisfação das necessidades colectivas que aquela visa prosseguir.

Contudo, embora o Código não tenha delimitado um terceiro requisito, o mesmo tem sido imposto pelo direito comunitário, nomeadamente pelo TJCE, consubstanciando-se na inexistência de participações privadas na empresa adjudicatária, já que o mesmo exclui a possibilidade de a entidade adjudicante poder exercer um controlo análogo ao que exerce sobre os seus próprios serviços. Tem entendido este Tribunal que a mera presença, mesmo que apenas de 0,5%, por exemplo, de uma entidade privada no capital social do co-contratante afasta a qualificação da relação jurídica como *in house,* uma vez que a empresa passa a prosseguir interesses privados, entre eles a maximização dos lucros e dos recursos, e que por essa razão não poderá furtar-se às regras da formação dos contratos públicos por em causa estar a garantia da concorrência.[128]

b) O regime substantivo dos contratos públicos só se aplica aos contratos administrativos, ou seja, ao acordo de vontades, independentemente da sua forma ou designação, celebrado entre contraentes públicos e co-contraentes privados ou somente entre contraentes públicos, que se integre numa das seguintes categorias:

- contratos que a lei qualifique como contratos administrativos ou então sujeitos a um regime substantivo de direito público;
- contratos que confiram ao co-contraente direitos especiais sobre coisas públicas ou o exercício de funções dos órgãos do contraente público;
- contratos sujeitos por lei a um procedimento de formação regulado por normas de direito público e em que a prestação do co-con-

[128] Todavia, em Portugal já se ouvem vozes de discórdia quanto à aplicação deste suposto terceiro requisito, uma vez que esta posição não seria compatível com o princípio da ampla liberdade de auto-organização empresarial, constitucionalmente consagrado: sobre a discussão, cfr. Rui Medeiros, "Âmbito do Novo Regime da Contratação Pública à luz do princípio da concorrência", *Cadernos de Justiça administrativa*, n.º 69, Maio de 2008, p. 3-29. Quanto a nós, diríamos em primeiro lugar que, não tendo o legislador nacional consagrado essa solução, este será um problema para o futuro, apenas colocado em sede comunitária; e, em segundo lugar, estamos totalmente de acordo com a orientação comunitária, na medida em que uma solução contrária seria conceder um benefício a um operador económico privado, sobretudo nas sociedades de economias mistas, que assim se furtariam à aplicação das regras da concorrência.

traente possa condicionar ou substituir, de forma relevante, a realização das atribuições do contraente público;
- contratos com objecto passível de acto administrativo ou que incidam sobre o exercício de poderes públicos.

Excluem-se totalmente do âmbito de aplicação do Código os contratos previstos no artigo 4.º, ou seja, os contratos celebrados ao abrigo de instrumentos de direito internacional, os contratos relativos a relações laborais, os contratos de natureza jurídica privada como a doação de bens móveis, a compra e venda, a permuta ou o arrendamento; e ainda os contratos relativos à actividade de radiodifusão.

5.2. **Âmbito de aplicação subjectivo**

O artigo 2.º do CCP, por influência do direito comunitário, delimita o universo de entidades adjudicantes em duas categorias distintas. Numa delas encontram-se as entidades adjudicantes integradas no sector público administrativo tradicional, classificadas como Administração em sentido orgânico: O Estado, as Regiões Autónomas, as autarquias locais, os institutos públicos e as associações e fundações públicas. Para se referir à outra categoria foi introduzido o conceito de *organismo de direito público* como entidade adjudicante, sujeitando, desta forma, *as entidades instrumentais da Administração Pública às regras dos procedimentos pré-contratuais públicos.*

Para que uma entidade detenha a natureza de organismo público é necessário que se verifiquem três requisitos cumulativos: (a) que tenha sido criada, *ab initio*, especificamente para satisfazer necessidades de interesse geral; (b) que a sua actividade não seja industrial ou comercial; e (c) que seja maioritariamente financiada ou controlada (directa ou indirectamente) por entidades adjudicantes.

O segundo requisito referido é aquele que maiores dúvidas tem suscitado. No entanto, a doutrina é unânime em dizer que o relevante é saber se a actividade económica em causa se submete ou não à lógica da concorrência: a natureza empresarial da entidade não é determinante para a questão da sua qualificação como organismo público.

Estão abrangidos nesta designação de organismo público os entes dos sectores empresariais do Estado, das Regiões Autónomas e das autarquias locais cuja actividade económica não esteja submetida à lógica de mercado e que, simultaneamente, sejam maioritariamente detidas pelas entidades adjudicantes tradicionais, estando, por isso, sujeitas ao poder de direcção, fiscalização e supervisão desta. Por conseguinte a qualificação de uma empresa pública como organismo de direito público deve ser feita caso a caso e atendendo a estes três requisitos.

O traço distintivo entre empresa pública e organismo público está no facto de o conceito referente à primeira prescindir de qualquer consideração teleológica, relativa aos fins prosseguidos, bastando a simples verificação de uma influência dominante de determinada entidade pública adjudicante; pelo contrário, o *organismo de direito público*, de construção jurídico-comunitária, é "*criado especificamente para satisfazer necessidades de interesse geral, sem carácter industrial ou comercial*" [artigo 2.º, n.º 2, alínea *a), ii)*],

Desta forma, o conceito de organismo público prende-se, essencialmente, com o modo de actuação da entidade no mercado: se a empresa satisfaz necessidades de interesse geral com carácter industrial e comercial, e sempre que actue no mercado numa situação de livre e plena concorrência com outros operadores económicos privados com os mesmos fins, então, não poderá ser classificada como um organismo de direito público, pelo que não será considerada uma entidade adjudicante para efeitos de aplicação do CCP.

6. O PROCEDIMENTO DE FORMAÇÃO DOS CONTRATOS PÚBLICOS

As entidades públicas devem organizar um procedimento público e transparente destinado à escolha do co-contratante e da proposta mais vantajosa e, por isso, impõem-se exigências de procedimentalização do regime de formação dos contratos públicos.

Deste modo, o procedimento de formação do contrato desenvolve-se ao longo de três fases distintas:

- a *fase preparatória,* que constitui, em geral, uma fase longa e complexa na medida em que integra todos os actos jurídicos prévios ordenados à conclusão do contrato público, subdividindo-se na *fase de iniciativa* do procedimento, com a divulgação da decisão de contratar, e na *fase de instrução,* na qual se integra, na maioria dos contratos, o *subprocedimento* de adjudicação;
- *a fase principal ou conclusiva*, que consiste no momento de perfeição do contrato público, isto é, a celebração e outorga do contrato; e, por último,

- a *fase integrativa da eficácia*, no caso de a lei fazer depender a eficácia do contrato de actos integrativos da eficácia.

Não obstante, dada a diversidade e multiplicidade de formas de contratos públicos, observamos não existir um procedimento único e uniforme que as entidades públicas adoptem na formação de todos os contratos que celebram.

Por um lado, há procedimentos que integram o subprocedimento de adjudicação, caracterizado como o momento de selecção ou escolha da proposta economicamente mais vantajosa, na sequência de um anúncio ou convite a apresentar proposta, que será aplicável aos contratos cujo objecto abranja prestações que estão submetidas à livre concorrência, como os contratos de empreitada de obras públicas, concessão de obras públicas e de serviços, locação ou aquisição de bens imóveis, aquisição de serviços e contrato de sociedade, bem como a todos os contratos abrangidos pela parte II do CCP.

Contrariamente, nos casos em que a Administração não tem de efectuar a escolha da proposta mais vantajosa na sequência de um convite dirigido a operadores económicos, por não integrarem nenhum procedimento de adjudicação livre e aberto a todos os operadores, a formação dos contratos deve apenas conformar-se com as normas de direito público e com os princípios gerais da actividade administrativa, sobretudo com o princípio da transparência. Dentro destes contratos destacam-se *os contratos sobre o exercício de poderes públicos*, aos quais serão aplicáveis, com as devidas adaptações, as regras do CPA – sendo que no caso de se tratar de um contrato substitutivo de um acto administrativo estes seguem o mesmo procedimento pré-contratual que deveria anteceder o acto que substitui.

De notar ainda que existem contratos que pela sua natureza (e como forma de dotar a sua celebração de celeridade) estão isentos de formalidades, consubstanciando-se estas tão só na adjudicação por factura ou por documento equivalente, ou seja, são intencionalmente desprocedimentalizados por lei. É o caso do regime simplificado de ajuste directo, aplicável à formação de contratos de aquisição ou locação de bens móveis ou de aquisição de serviços, cujo preço contratual não seja superior a €5.000, previsto nos artigos 128.º e 129.º do CCP.

6.1. A fase da iniciativa[129]

O procedimento pré-contratual inicia-se com a *decisão de contratar*, isto é, sobre a indispensabilidade de celebrar um contrato para a satisfação de determinada necessidade colectiva. A decisão de contratar compete ao órgão competente para autorizar a despesa inerente ao contrato, ao qual cabe também praticar a decisão de escolha do procedimento de formação do contrato, devidamente fundamentada.

A fase de iniciativa é a fase de exteriorização da vontade de celebrar contrato, pondo em marcha o procedimento e convidando todos os potenciais interessados na celebração do contrato a apresentar proposta. Por isso, após a decisão de contratar segue-se a *publicitação do anúncio do procedimento* ou, no caso do ajuste directo, o *envio de convite para a apresentação de propostas*, que vincula a Administração a dar sequência ao procedimento de adjudicação ou no dever de adjudicar, excepto nos casos previsto no art.79.º do CCP.

De realçar que tanto a decisão de contratar como a decisão da escolha do procedimento a adoptar tendo em conta a natureza e valor do contrato são apenas actos internos, até à publicitação do anúncio, momento em que adquirem eficácia externa e por conseguinte passam a conformar um acto administrativo impugnável.

É também nesta fase inicial que são elaboradas as peças do procedimento, ou seja, o *programa do procedimento,* que consiste no regulamento que define os termos a que deve obedecer a fase de formação do contrato até à celebração e o *caderno de encargos,* que contém o clausulado a inserir no futuro contrato. Destaca-se, ainda neste ponto, o facto de as peças do procedimento terem necessariamente de ser aprovadas pelo órgão competente para ponderar a decisão de contratar e autorizar a despesa.

6.1.1. *Os procedimentos de formação do contrato e os critérios de escolha*

No que diz respeito aos procedimentos de adjudicação para a escolha do co-contratante, um dos objectivos do legislador foi a eliminação dos procedimentos (que constavam do CPA) "*que se revelam menos consentâneos com a concorrência ou cujas diferenças em face dos demais não*

[129] Na tramitação procedimental que aqui vamos expor tomaremos como referência os procedimentos de adjudicação.

justificariam, apesar disso, a sua autonomização" (Preâmbulo do Decreto-Lei que aprovou o CCP). Desta forma, o elenco dos procedimentos de formação dos contratos públicos é constituído, actualmente, pelo ajuste directo, o concurso público, o concurso limitado por qualificação prévia, o procedimento de negociação e o diálogo concorrencial.

De acordo com o artigo 38.º do CCP a decisão de escolha do procedimento de formação dos contratos deve obedecer, por um lado, aos pressupostos legais constantes do próprio Código e, por outro, ser devidamente fundamentada e tomada pelo órgão competente para a decisão de contratar. O que significa que na escolha do procedimento de adjudicação adequado para a celebração do contrato é preciso ter em conta determinados factores e disposições imperativas do CCP.

O legislador estatuiu no artigo 17.º do CCP os critérios que devem ser adoptados na escolha do procedimento pré-contratual, podendo dividir-se em dois grupos distintos:

- Os critérios quantitativos em função do valor do contrato, que abrangem o preço a pagar pela entidade adjudicante ou por terceiros pela execução de todas as prestações que constituem o objecto contratual, bem como o valor de quaisquer contraprestações a efectuar em benefício do adjudicatário, e ainda o valor económico das vantagens que decorram directamente para este da execução do contrato e que possam ser configuradas como contrapartidas das prestações que lhe incumbem. Os critérios em função do valor assentam no pressuposto de que quanto maior for o valor do contrato mais operadores económicos estarão interessados em apresentar a sua proposta, que potenciará a competitividade entre eles, tornando ainda maiores as probabilidades de adjudicar a proposta que melhor satisfaça o interesse público, cumprindo-se assim os dois grandes objectivos de uma economia de mercado aberta: o dinamismo do sector privado e uma boa gestão da despesa pública.
- Os critérios materiais são aqueles que permitem a celebração de contratos através de determinados procedimentos, independentemente do valor do contrato, porque em causa estão outros interesses que devem prevalecer à estrita liberdade concorrencial. Tal é o caso da escolha do procedimento de negociação nos contratos de concessão de obras públicas e de serviços, pois estando em causa um contrato de longa duração, o momento da negociação das propostas parece justificar-se.

6.1.2. *O ajuste directo*

O ajuste directo destaca-se dos outros procedimentos por em causa estar uma forte limitação da concorrência, já que é o procedimento em que a entidade adjudicante convida uma ou mais entidades à sua escolha para apresentarem proposta (podendo com elas negociar os aspectos relativos à execução do contrato), o que significa que a Administração afasta a possibilidade de outras empresas concorrerem em igualdade de oportunidades. Porém, tem a grande vantagem de ser um procedimento célere e substancialmente mais económico que todos os outros, já que não envolve grandes despesas e recursos como acontece com a tramitação do procedimento concursal.

Mas, exactamente por representar um obstáculo ou travão da concorrência de mercado, este procedimento está actualmente condicionado a requisitos muito apertados, na medida em que se encontram previstos quer requisitos em função do valor, quer requisitos materiais que limitam fortemente a opção pelo ajuste directo.

Os limites máximos do valor dos contratos a serem celebrados, mediante ajuste directo, são de € 150.000 para a empreitada de obras públicas e de € 75.000 para a prestação de serviços ou aquisição de bens móveis. Quanto aos critérios materiais, a escolha do ajuste directo poderá ser efectuada, designadamente, nas seguintes situações: a) se em concurso anterior nenhum candidato se tiver apresentado ou nenhum concorrente haja apresentado proposta, b) ou no caso de todas as propostas terem sido excluídas; c) ou ainda nos casos de urgência imperiosa resultante de acontecimentos imprevisíveis; d) bem como, nos casos de infungibilidade da pessoa do co-contratante, ou seja, nos casos em que por motivos técnicos ou artísticos a prestação do contrato só possa ser confiada a uma pessoa.

6.1.3. *O concurso público*

O concurso público é o procedimento de adjudicação que melhor assegura a obediência aos princípios comunitários em matéria de contratação pública, garantindo a livre concorrência, a igualdade e a transparência. Está aberto à livre concorrência de todos os potenciais interessados, que estão em condições de plena igualdade na apresentação das respectivas propostas, de modo a que a Administração possa escolher a que melhor satisfaça o interesse público.

Desta forma, o concurso público deve ser considerado o procedimento regra da formação dos contratos, podendo as entidades adjudicantes optar pelo seu desencadeamento, independentemente do objecto e do valor do contrato. Em todo o caso, o novo Código consagrou entre nós (salvo raras excepções) uma cláusula geral de livre escolha entre o concurso público e o concurso limitado por prévia qualificação, que deste modo *surgem par a par*. O que se compreende por serem estes os procedimentos mais exigentes na prossecução do interesse público e na observância do princípio da concorrência.

Todavia, existe uma grande distinção entre estes dois procedimentos, na medida em que actualmente o Código opta por eliminar qualquer requisito de capacidade técnica e financeira como condição para participar num concurso público, ou melhor, para celebrar contratos na sequência de concurso público. A apresentação de uma proposta passa a ser uma possibilidade de qualquer interessado, sendo apenas analisados os atributos e qualidades da sua proposta.

6.1.4. *Concurso limitado por qualificação prévia*

O concurso limitado caracteriza-se pela existência de duas fases distintas antes da apresentação das propostas: uma fase de prévia qualificação ou de seriação dos candidatos, tendo em conta especiais requisitos de capacidade técnica ou financeira; e outra fase de apresentação de propostas dos candidatos que foram qualificados.

A entidade adjudicante optará, assim, pelo concurso limitado quando entender que é relevante proceder a uma avaliação autónoma da capacidade técnica e financeira dos candidatos. Comparativamente com o concurso público, este procedimento torna-se, porém, mais oneroso do ponto de vista financeiro e mais moroso, já que nele é necessário proceder a uma avaliação das candidaturas.

6.1.5. *O procedimento de negociação e o diálogo concorrencial*

Estes dois procedimentos são procedimentos especiais, por apenas se poder a eles recorrer com base em critério materiais, à margem, portanto, da regra geral de liberdade de escolha do procedimento de formação.

Assim, e em primeiro lugar, o procedimento de negociação corresponde àquele em que a entidade adjudicante publica a existência do procedimento nos meios oficiais nacionais, e eventualmente no Jornal Oficial da União Europeia (JOUE), podendo qualquer interessado apresentar a sua candidatura. Os candidatos que tenham a sua candidatura qualificada são posteriormente convidados a apresentar proposta e, mais tarde, antes da adjudicação, existirá um momento de negociação das propostas.

Todavia, o legislador português optou por limitar a sua utilização aos casos dos contratos de concessão de obras e serviços públicos e do contrato de sociedade, salvo em raríssimas excepções, entre as quais se destacam os casos em que em concurso anterior todas as propostas tenham sido excluídas ou nas situações de impossibilidade de fixação prévia do preço global.

No caso do diálogo concorrencial, o mesmo foi desenhado em função de um critério material único: quando o contrato a celebrar, qualquer que seja o seu objecto, seja particularmente complexo, impedindo a adopção dos procedimentos concursais, nomeadamente pela impossibilidade objectiva de redacção do caderno de encargos.

Destina-se, então, a permitir à entidade adjudicante debater com os potenciais interessados que apresentaram as candidaturas e foram qualificados, os aspectos particularmente complexos do contrato a celebrar, com vista à sua definição e concretização.

6.1.6. *Fase de apresentação de candidaturas e de qualificação dos interessados*

Esta é uma fase aplicável apenas aos procedimentos que exigem uma qualificação prévia, como no concurso limitado, no procedimento de negociação e no diálogo concorrencial, por razões que já explicitámos anteriormente.

A regulamentação desta fase foi pensada, sobretudo, para o concurso limitado por qualificação prévia, pelo que o regime dos procedimentos de negociação e diálogo concorrencial remetem expressamente para o regime aplicável àquele.

Assim, após a publicação em anúncio do concurso limitado, os interessados devem apresentar a sua candidatura, constituída pelos documentos destinados à qualificação dos candidatos, bem como pela declaração do candidato de inexistência de impedimentos legalmente previstos, através de plataforma electrónica. A apresentação deve ser feita no prazo fixado pela entidade adjudicante no programa do procedimento.

Terminada esta fase, o júri do concurso procede à apreciação de todas as candidaturas, o que pressupõe a avaliação da capacidade técnica e financeira dos candidatos. O Código consagrou dois modelos de qualificação dos interessados: por um lado, o *modelo simples,* previsto no artigo 179.º do CCP, no qual se exige aos candidatos que satisfaçam determinados requisitos de capacidade técnica e/ou financeira, e todos aqueles que preencherem esses requisitos são convidados a apresentar propostas; por outro lado, o *modelo mais complexo*, de acordo com o qual a capacidade dos candidatos é apreciada em função de determinados critérios pré-estabelecidos e estes são hierarquizados em função da maior capacidade, só sendo convidados a apresentar proposta os primeiros qualificados, sendo que o número de candidatos nunca pode ser inferior a cinco, tal como consta do art. 180.º do CCP.

Após a análise das candidaturas e da aplicação às mesmas do critério de qualificação, o júri elabora fundamentadamente um relatório preliminar, no qual deve propor a qualificação dos candidatos e a exclusão das candidaturas, nos casos previstos no n.º 2 do artigo 184.º do CCP.

Os candidatos, após tomarem conhecimento deste relatório, podem exercer o seu direito de audiência prévia, devendo o júri tomar em consideração as observações por eles formuladas e elaborar o relatório final, mantendo ou modificando o conteúdo do relatório anterior.

Após a eventual nova audição e tramitação subsequente o relatório final é enviado, juntamente com os restantes documentos que compõem o procedimento pré-contratual, ao órgão competente para a decisão de contratar, para que este adopte a decisão de qualificação.

Encerrada esta primeira fase, o órgão competente para a decisão de contratar deve enviar o convite à apresentação de proposta aos candidatos qualificados, conjuntamente com a notificação da decisão de qualificação, acompanhada do relatório final, tal como consta do artigo 186.º do CCP.

6.1.7. *A fase de apresentação e avaliação das propostas*

Tal como prevê o artigo 56.º do CCP, a proposta é a declaração pela qual o concorrente manifesta à entidade pública a sua vontade de contratar e o modo como irá proceder à execução das prestações típicas do contrato previstas no caderno de encargos.

Assim, as propostas são apresentadas na sequência da publicação do anúncio ou do convite à apresentação de propostas às entidades escolhidas, no caso do ajuste directo, ou aos candidatos qualificados, cujas soluções tenham sido admitidas, no caso do concurso limitado, negociação ou diálogo concorrencial.

Os documentos que constituem a proposta são apresentados directamente em plataforma electrónica utilizada pela entidade adjudicante, através de meio de transmissão escrita e electrónica de dados. Note-se que o prazo para a apresentação de propostas é fixado livremente pela entidade adjudicante, desde que respeitados os limites presentes no Código para cada procedimento. Porém, o prazo fixado para a apresentação de propostas deve ser razoável e por isso deve ser tido em conta o tempo necessário à sua elaboração, em função da sua natureza ou da complexidade das prestações.

Até ao termo do prazo fixado para a apresentação de propostas, os interessados que já as tenham apresentado podem retirá-las, bastando comunicar tal facto à entidade adjudicante, nos termos do artigo 137.º do CCP. Todavia, terminado esse prazo, os concorrentes são obrigados a manter as respectivas propostas pelo prazo de 66 dias contados da data do termo do prazo fixado (cfr. artigo 65.º do CCP).

Uma vez terminado o prazo estabelecido para a apresentação das propostas, o júri publica a lista dos concorrentes e das propostas, procedendo à análise das mesmas e posteriormente à sua avaliação.

O acto público de formalização das propostas foi, assim, eliminado pelo nosso legislador, que deu preferência à utilização de meios informáticos, estabelecendo que após a entrega das propostas em formato digital a entidade adjudicante é obrigada a fazer uma lista dos concorrentes e a dar a esses concorrentes ou candidatos um "login" e uma palavra-chave, para que possam aceder às propostas.

As propostas são analisadas em todos os seus atributos, representados pelos factores e subfactores que densificam o critério de adjudicação. Nesse momento são excluídas todas as propostas que integrem as situações previstas no artigo 70.º do CCP.

A avaliação das propostas para efeitos de adjudicação é feita segundo um dos seguintes critérios:

– o da *proposta economicamente mais vantajosa* para a entidade adjudicante, tendo em conta a densificação dos factores e subfactores relativos aos aspectos da execução do contrato a celebrar submetidos à concorrência pelo caderno de encargos (ou seja, pelos atributos da proposta);
– o do *mais baixo preço*, que só pode ser adoptado quando o caderno de encargos defina todos os restantes aspectos da execução do contrato a celebrar, submetendo apenas à concorrência o preço a pagar pela entidade adjudicante.

6.1.8. *A preparação da adjudicação*

O júri do procedimento deve elaborar, por fim, um relatório preliminar, no qual descreve a avaliação das propostas, e propõe, quando se justifique, a exclusão das propostas que não devam ser admitidas e a ordenação das que devam ser.

Os concorrentes ou candidatos, após tomarem conhecimento deste relatório, podem exercer o seu *direito de audiência prévia*, devendo o júri tomar em consideração as observações feitas e elaborar o relatório final, mantendo ou modificando o conteúdo do relatório anterior, tal como consta dos artigos 124.°, 148.°, 162.° e 204.° do CCP, relativamente a cada procedimento pré-contratual.

6.2. **Adjudicação das propostas e tramitação subsequente**

A adjudicação é o acto administrativo que põe fim ao procedimento pré-contratual, sendo da competência do órgão a quem cabe tomar a decisão de contratar. Deve ser notificada aos concorrentes até ao termo do prazo da obrigação de manutenção das propostas; no entanto, no caso de ser excedido este prazo a entidade adjudicante deve fundamentar o seu atraso e existe sempre o direito de recusa da adjudicação pelo concorrente cuja proposta foi escolhida, existindo ainda um dever de indemnização pelos encargos que comprovadamente o concorrente tenha incorrido com a elaboração da sua proposta, tal como prevê o artigo 76.° do CCP.

Ainda neste ponto convém relembrar que a adjudicação deve ser publicada através de anúncio, quando o procedimento de formação do contrato tenha sido publicitado através de anúncio no JOUE no prazo de 30 dias após a adjudicação.

O Código prevê causas justificativas de não adjudicação e que, por isso mesmo, determinam a revogação da decisão de contratar, como são os casos em que não seja apresentada nenhuma proposta ou candidatura, ou todas tenham sido excluídas, bem como o caso de, por circunstâncias imprevistas ou alterações supervenientes, a entidade adjudicante tenha de proceder à alteração dos aspectos fundamentais das peças de procedimento (cfr., artigo 79.° do CCP).

Antes da celebração do contrato existem ainda procedimentos a ser observados, a saber:

i) Apresentação dos documentos de habilitação (artigos 77.º, n.º 2 alínea a) e 81.º)

O adjudicatário deve entregar os documentos que comprovem a sua habilitação para a execução do contrato, nomeadamente o modelo de declaração de inexistência de impedimentos do concorrente ou candidato; os documentos comprovativos de que não se encontra em situação de dívida contributiva à segurança social e às finanças; e ainda os elementos comprovativos da não condenação por nenhum crime que ataque a sua honorabilidade profissional.

Existem, ainda, algumas situações particulares em que devem ser entregues outros documentos em função da natureza do contrato a celebrar: é o caso do alvará para as obras públicas, e da inscrição em lista oficial de fornecedores de bens móveis ou de prestadores de serviços que revele a titularidade das habilitações adequadas e necessárias à execução das prestações objecto do contrato a celebrar.

Dispõe também o n.º 6 do artigo 81.º do CCP que, independentemente do objecto do contrato, o adjudicatário deve ainda apresentar os documentos de habilitação que o programa do procedimento exija, nomeadamente, no caso de se tratar de um procedimento de formação de um contrato de aquisição de serviços, quaisquer documentos comprovativos da titularidade das habilitações legalmente exigidas para a prestação dos serviços em causa.

A apresentação dos documentos deve ser feita através de correio electrónico ou de outro meio de transmissão escrita ou electrónica de dados, devendo o órgão competente para a decisão de contratar notificar, em simultâneo, todos os concorrentes da apresentação dos documentos de habilitação, indicando o dia em que ocorreu essa apresentação e disponibilizando-os para consulta na sua plataforma electrónica.

ii) Prestação da caução (artigos 77.º, n.º 2, alínea b) e 88.º e ss.)

No caso de contratos que exijam o pagamento de um preço pela entidade adjudicante deve ser exigida ao adjudicatário a prestação de uma caução destinada a garantir a sua celebração, bem como o exacto e pontual cumprimento de todas as obrigações legais e contratuais que assume com essa celebração, excepto se o contrato for inferior a €200.000. Em regra o valor da caução é de 5% do preço contratual, porém pode chegar aos 10%, quando o preço da proposta adjudicada seja considerado anormalmente baixo, como garantia do cumprimento.

A não prestação de caução por facto imputável ao adjudicatário implica a caducidade da adjudicação, devendo ser adjudicada a proposta qualificada em lugar subsequente.

iii) Confirmação de compromissos

No caso de estarem envolvidas terceiras entidades, a entidade adjudicante deve notificar os concorrentes para confirmarem os compromissos assumidos por terceiras entidades relativos a atributos ou a termos ou condições da proposta adjudicada. A não apresentação da confirmação dos compromissos determina a caducidade da adjudicação, nos termos do artigo 93.º do CCP.

6.3. **Celebração do contrato**

Nos casos em que a celebração do contrato implique a sua redução a escrito, a respectiva minuta é aprovada pelo órgão competente para a decisão de contratar depois de comprovada a prestação da caução pelo adjudicatário. Após a aprovação, a minuta deve ser notificada ao adjudicatário.

A outorga do contrato deve ter lugar no prazo de 30 dias contados da data de aceitação da minuta ou da decisão sobre a reclamação, mas nunca antes de decorridos 10 dias contados da notificação da decisão ao adjudicatário, de apresentados todos os documentos de habilitação e de comprovada a prestação da caução, quando esta for exigida.

7. O REGIME SUBSTANTIVO DOS CONTRATOS ADMINISTRATIVOS

O CCP estabelece a disciplina geral a aplicar aos contratos públicos que revistam a natureza de contrato administrativo e, ainda, um conjunto de regras especiais aplicáveis a tipos contratuais em particular: à empreitada de obras públicas, à concessão de obras públicas e de serviços públicos, à aquisição e locação de bens móveis e à aquisição de serviços.

A autonomização de um regime substantivo aplicável apenas aos contratos administrativos justifica-se, antes de mais, pela *reserva de interesse público,* que prevalece sobre o próprio contrato. O *regime substantivo próprio* caracteriza-se genericamente por conferir à entidade pública contratante uma posição de *supremacia jurídica* sobre o co-contratante, na medida em que determina a sua investidura em *poderes públicos de autoridade* que tornam desiguais as posições jurídicas das partes no contrato: a relação contratual não é de pura paridade.

O fundamento para esse regime próprio é, em última instância, o *interesse público* (sobretudo em função das mutações que pode sofrer ao longo da execução do contrato) e a circunstância de tal interesse não poder ceder face ao interesse particular: no fundo, o interesse público prevalece sobre o princípio *pacta sunt servanda*, uma vez que se houvesse uma obediência absoluta a este princípio seria subvertida toda a lógica do direito público.

Todavia, a disparidade relacional entre as partes não é de todo incompatível com o princípio *pacta sunt servanda,* desde que sejam legalmente estabelecidas formas de garantia dos interesses do co-contratante em face daqueles poderes que modelam e prevalecem sobre o estipulado entre as partes, nomeadamente na constituição da Administração na obrigação de indemnizar o contraente privado.

O CCP, ao revogar os artigos 178.º a 189.º do CPA, introduziu importantes inovações nesta matéria, destacando-se a crescente preocupação com o reforço da autonomia contratual das partes, uma maior responsabilização de todos os intervenientes nas relações contratuais, bem como o desiderato de alcançar uma clara repartição de riscos na execução dos contratos.

7.1. Os poderes de conformação da relação contratual

Estão actualmente previstos no artigo 302.º do CCP, recuperando o regime, nos seus aspectos fundamentais, os princípios do contrato administrativo de matriz jurisprudencial francesa, já evidenciados no CPA, mas que agora, com o novo diploma, ganham uma dimensão renovada.

7.1.1. *O poder de direcção*

Este poder, consagrado no artigo 304.º do CPA, traduz-se na possibilidade – de conteúdo relativamente indeterminado – de o contraente público dirigir *ordens*, *directivas* e *instruções vinculativas* ao co-contratante particular sobre o modo de execução técnica, financeira ou jurídica das prestações.

O exercício do poder de direcção sobre o modo de execução das prestações pretende assegurar a funcionalidade da execução do interesse público e, por isso, está sujeito a importantes limites. Deve limitar-se ao estritamente necessário para a prossecução do interesse público e deve processar-se de modo a não perturbar a execução do contrato, com observância das regras legais ou contratuais aplicáveis e sem diminuir a iniciativa e responsabilidade do co-contratante, de acordo com o consagrado no n.º 2 do artigo 303.º do CCP. Vale o disposto também para o poder de fiscalização, que trataremos de seguida.

7.1.2. *O poder de fiscalização*

Através da atribuição deste poder, o contraente público dispõe de prerrogativas de fiscalização técnica, financeira e jurídica do modo de execução do contrato, o que significa que este poder atribui à entidade pública competência para *acompanhar a execução* do contrato, *vigiando* ou *controlando* essa execução, por forma a verificar eventuais insuficiências ou deficiências. Por seu turno, o contraente privado está subordinado a um dever de sujeição a inspecções de locais, equipamentos, registos informáticos e contabilidade e ao fornecimento de informações que não representem segredos profissionais ou comerciais.

Distingue-se do poder anteriormente referido, já que se caracteriza por ser um poder passivo e preventivo, que apenas permite à entidade pública acompanhar a execução do contrato e evitar situações de incumprimento, sendo por isso um poder instrumental em relação ao primeiro – as ordens, directivas ou instruções apenas serão emitidas em função do que for averiguado pela fiscalização à execução do contrato e do que constar dos autos ou relatórios devidamente documentados – o que significa que primeiro a Administração fiscaliza e só depois actua.

De acordo com alguma doutrina, o poder regulado no n.º 2 do artigo 325.º do CCP pode ser reconduzido aos poderes anteriormente referidos. Este poder permite que, mantendo-se a situação de incumprimento, após notificação do co-contraente e decorrido o prazo tido como razoável, o contraente público pode optar pela efectivação das prestações de natureza fungível em falta, directamente ou por intermédio de terceiro, mediante notificação para o cumprimento, ou por resolver o contrato com fundamento em incumprimento definitivo[130].

[130] Em todo o caso, parece-nos que este poder é, do ponto de vista material, mais intenso, assumindo-se mesmo como uma execução coactiva, razão pela qual se poderá porventura enquadrar melhor no poder de aplicação de sanções administrativas.

7.1.3. *O poder de modificação unilateral*

Este poder – também designado por parte da doutrina como *princípio da adaptação* ou *adequação ao interesse público* – resulta da relativa infixidez que caracteriza o contrato administrativo, precisamente por forma a que o seu conteúdo possa ser adaptado às flutuações do interesse público, entidade dinâmica em permanente evolução – o que explica a sua especial razão de ser nos contratos de longa duração.

A atribuição deste poder assenta no pressuposto de que a dinâmica e mutabilidade do interesse público justifica que a Administração tenha em seu poder uma prerrogativa de alteração das cláusulas respeitantes ao conteúdo e ao modo de execução das prestações previstas no contrato.

Daí que se fale, na perspectiva dos particulares co-contratantes, numa *cláusula de sujeição*, já que estes estão sujeitos às variações do conteúdo do contrato impostas pela Administração – a qual constitui, naturalmente, o "intérprete" do interesse público. Se, no entendimento desta, o interesse público reclamar a alteração do contrato, ela tem poderes para o impor.

De acordo com o artigo 312.º do CCP, o contrato poderá ser modificado quando:

- as circunstâncias em que as partes fundaram a decisão de contratar tiverem sofrido uma alteração anormal e imprevisível, desde que a exigência das obrigações por elas assumidas afecte gravemente os princípios da boa-fé e não esteja coberta pelos riscos próprios do contrato;
- ou por razões de interesse público decorrentes da necessidade de novas ou de uma nova valoração das circunstâncias existentes.

Este poder é aquele que mais intensamente põe em causa a *lógica do pactum* e em relação ao qual mais se fazem sentir as exigências de limitações ao seu exercício. Desde logo, o CCP consagrou o princípio da intangibilidade do objecto do contrato, de acordo com o qual a modificação não pode conduzir à alteração do núcleo essencial das prestações abrangidas pelo contrato, transformando-o num contrato de natureza diferente.

Por outro lado, o legislador, preocupado com o princípio da livre concorrência e da igualdade entre os operadores económicos, estabeleceu que a modificação unilateral não pode, em todo o caso, configurar uma forma de impedir, restringir ou falsear a concorrência, nomeadamente no que concerne à avaliação das propostas. Porém, a modificação é permitida quando a natureza duradoura do contrato e o decurso do tempo justificarem o afastamento daquela exigência e quando for objectivamente demonstrável que a ordenação das propostas avaliadas no procedimento de formação do contrato não seria alterada se o caderno de encargos tivesse contemplado essa modificação. Por este motivo o legislador faz depender a modificação unilateral da publicitação das alterações objectivas do contrato que representem um valor acumulado superior a 15% (cfr. artigo 315.º do CCP) – a qual é condição de eficácia dos actos ou acordos modificativos para efeitos de quaisquer pagamentos.

Por fim, mas não menos importante, o poder de modificação unilateral tem o seu "reverso", sem o qual nenhum particular se atreveria a celebrar contratos administrativos, sob pena de ficar numa posição de total desprotecção: referimo-nos à *reposição do equilíbrio financeiro do contrato.*

Este princípio/cláusula – também designado por *princípio do equilíbrio equitativo das prestações* e que alguns autores consideram uma nota autónoma do regime público dos contratos administrativos – não é mais do que a contrapartida do anterior, uma vez que a subordinação do co-contratante ao poder que a Administração tem de alterar o inicialmente acordado dá-lhe direito a uma indemnização que reponha o equilíbrio do contrato nas condições inicialmente fixadas. A Administração tem de indemnizar o co-contratante, quer no que se refere aos danos emergentes (custos que suportou e que não foram cobertos pelas receitas), quer no que respeita aos lucros cessantes (o que deixou de ganhar).[131]

O artigo especialmente criado para regular o princípio e a operação de reposição do equilíbrio financeiro no CCP (artigo 282.º) estipula que a reposição do equilíbrio financeiro pode ser operada por uma das seguintes vias: *i)* a prorrogação do prazo de execução das prestações ou da vigência do contrato; *ii)* a revisão de preços; *iii)* e a assunção do dever de prestar à contraparte o valor correspondente ao decréscimo das receitas esperadas ou ao agravamento dos encargos previstos com a execução do contrato.

O valor da reposição do equilíbrio financeiro corresponde ao necessário para repor a proporção financeira em que assentou inicialmente o contrato e é calculado em função do valor das prestações a que as partes se obrigaram e dos efeitos resultantes do facto gerador do direito à reposição no valor dessas mesmas prestações.

---

[131] Sendo que o co-contratante só tem direito à reposição do equilíbrio financeiro quando, tendo em conta a repartição do risco entre as partes, o facto invocado como fundamento desse direito altere os pressupostos nos quais o co-contratante determinou o valor das prestações a que se obrigou, desde que o contraente público conhecesse ou não devesse ignorar esses pressupostos.

E, como imperativo da sua natureza, consagra o n.º 6 do artigo citado que em caso algum a reposição do equilíbrio financeiro pode colocar qualquer das partes em situação mais favorável do que a que, para elas, resultava do quadro inicialmente estabelecido, nem cobrir eventuais perdas que já decorriam do equilíbrio ou que eram inerentes ao risco próprio do contrato.

7.1.4. *O poder de aplicação de sanções*

Em caso de inexecução ou incumprimento do contrato pode o contraente público aplicar sanções, legalmente previstas ou estipuladas contratualmente, como forma de impelir o contraente privado a cumprir as obrigações contratuais que assumiu.

As modalidades típicas de sanções utilizadas neste âmbito são a aplicação de multas contratuais, a rescisão anulatória e o sequestro do contrato.

As *multas contratuais*, isentas de obediência ao princípio da taxatividade, tanto podem consistir numa pena como numa medida compulsória, como é o caso da sanção pecuniária compulsória prevista no art. 403.º do CCP, imposta para cada dia de atraso na execução do contrato. As sanções pecuniárias estão previstas nos n.os 2 e 3 do artigo 329.º do CCP, sendo que em regra o seu valor não pode ultrapassar os 20% do preço contratual. Atingindo esse montante, deve o contraente público proceder à resolução do contrato ou, no caso de a resolução apresentar um grave prejuízo para o interesse público, expor os motivos que o levaram a optar pelo aumento do montante das sanções até aos 30% em detrimento da resolução.

O *sequestro* é o poder através do qual a Administração se substitui ao contraente privado, isto é, o poder de a Administração retomar a gestão do serviço em substituição do concessionário e à custa dele, sempre que se verifique uma situação de incumprimento grave, efectivo ou iminente, das obrigações estipuladas.

Pode ter lugar nas seguintes situações: no caso de cessação ou interrupção, total ou parcial, do desenvolvimento das actividades e da exploração dos serviços objecto da concessão; quando se verifiquem deficiências graves no regular desenvolvimento das actividades e serviços objecto da concessão, bem como situações de insegurança de pessoas e bens; ou no caso de se verificarem deficiências no estado geral das instalações e equipamentos da rede postal pública que comprometam a continuidade e/ou a qualidade da prestação dos serviços objecto da concessão.

Verificado o sequestro, a concessionária suportará todos os encargos resultantes da manutenção dos serviços e as despesas extraordinárias necessárias ao restabelecimento da normalidade da exploração.

O sequestro configura uma medida temporária, que cessa quando for regularizada a situação de inexecução ou de incumprimento ou no caso de impossibilidade da manutenção do contrato, através da resolução do mesmo.

Ainda como sanção administrativa pela inexecução do contrato, surge a *execução das cauções* prestadas pelo co-contratante privado, sem necessidade de prévia decisão judicial ou arbitral, instituída como um mecanismo de constrangimento ou de "coacção" no sentido do co-contratante cumprir as suas obrigações contratuais e legais. O que significa que o contrato é título bastante para legitimar uma execução coactiva operada apenas por via administrativa, o que corresponde a um poder próprio de autotutela executiva do contraente público.[133]

Quanto à resolução sancionatória procederemos à sua análise autónoma de seguida.

7.1.5. *O poder de resolução unilateral*

Trata-se de um poder excepcional que a Administração pode exercer com base num interesse público "imperioso", ligado ao objecto do contrato ou à sua razão de ser.

Em face da sua extrema severidade a rescisão deve ter o carácter de *ultima ratio*, só podendo ser originada por uma violação grave dos deveres contratuais: quando o particular não cumprir, de forma culposa, as suas obrigações, determinando com isso grave prejuízo para o interesse público.

Actualmente a resolução do contrato administrativo por parte do contraente público pode proceder de três circunstâncias distintas (cfr. artigos 333.º e 335.º do CCP): por superveniência de um motivo de interesse público que justifique a cessação do vínculo contratual; por alteração anormal e imprevisível das circunstâncias em que as partes fundaram a decisão de contratar; e por inexecução do contrato ou violação grave de deveres contratuais, a designada resolução sancionatória, especificamente regulada no artigo 333.º do CCP.

---

[133] Neste sentido vide PEDRO GONÇALVES, "Cumprimento e incumprimento do contrato administrativo", in *Estudos de Contratação Pública – I*, Coimbra, Coimbra Editora, 2008, p. 570-626 (p. 587 e seg.).

A resolução unilateral pelo contraente público tem a natureza de acto administrativo dotado de força executiva e executória, mas o "preço" da rescisão é o pagamento de uma justa indemnização ao contratante particular, que deverá abranger os danos emergentes e os lucros cessantes, excepto quando a mesma se funde em razões de violação grave na execução do contrato, ou seja, quando a mesma for uma resolução sancionatória, caso em que se dá a reversão do direito, tendo a Administração direito a uma indemnização, nomeadamente pelos prejuízos decorrentes da adopção do novo procedimento de formação do contrato.

7.2. **A natureza dos poderes de conformação da relação contratual**

De acordo com o artigo 307.º do CCP, as declarações do contraente público, em regra, são meras declarações de vontade, desprovidas da imperatividade e da força vinculativa ou autoridade características dos actos administrativos.

Todavia, tratando-se de ordens, directivas ou instruções no exercício dos poderes de direcção ou fiscalização, ou da decisão de modificação ou resolução unilateral do contrato, bem como de aplicação de sanções relativas à inexecução do contrato, as mesmas *constituem actos administrativos,* com força executiva administrativa, cabendo neste caso ao co-contratante o ónus de os impugnar judicialmente, quando considere tais actos ilícitos. Caso contrário, o acto manter-se-á plenamente eficaz, vinculativo e autoritário.

Existem, todavia, situações em que, para além de força executiva, os actos administrativos conformados na relação contratual adquirem também força executória, isto é, são actos que, pela natureza dos interesses em causa, podem ser executados coactivamente pela própria Administração, sem necessidade de recurso aos tribunais. É o caso dos actos que determinem, em geral, a resolução do contrato ou, em especial, o sequestro ou o resgate de concessões.

Pode, assim, ocorrer uma das três seguintes situações:

i) As emanações do contratante público qualificadas como declarações negociais não têm nem força executiva nem força executória; será esse normalmente o caso das declarações quanto à interpretação do contrato.

ii) Se se tratar de actos administrativos contratuais relativos a ordens e instruções, ou de uma decisão de modificação unilateral, os actos administrativos têm força executiva, isto é, são directamente executáveis pela via da acção executiva, não carecendo de prévia declaração pelos tribunais quanto à conformação do seu conteúdo.

iii) Por último, no caso de se tratar de actos que determinem a resolução unilateral do contrato, o sequestro ou o resgate de concessões, ou os que a lei assim o determine, os mesmos são directamente executados pelo contraente público, prescindindo da exequibilidade promovida pela via judicial.

Esta opção tem, no entanto, suscitado amplas críticas por parte da doutrina, nomeadamente porque alimenta a disparidade relacional entre as partes, conferindo à Administração poderes de autotutela pouco compatíveis com uma verdadeira relação jurídica contratual. De facto, a maioria das decisões, e sobretudo aquelas que são susceptíveis de gerar mais controvérsia entre as partes, tem força executiva, pelo que a resolução dos conflitos nelas originados terá que ser efectuada por via do contencioso de impugnação.

Contudo, acreditamos que a opção do legislador teve em conta o reconhecimento de que, por imperativos de interesse público, é necessário assegurar uma posição de supremacia jurídica do contraente público, devendo admitir-se que ele disponha de instrumentos de defesa urgentes para compelir o particular ao cumprimento do contrato ou à resolução do mesmo. Por isso concordamos com Rodrigo Esteves de Oliveira quando afirma que *"para assegurar a prevalência contratual do interesse público ou da função administrativa não é necessário, longe disso, que a Administração transporte para a relação contratual a sua condição geral de* potentior personna. *(...). Mas a actuação por acto administrativo deve existir (e estar legalmente prevista) para assegurar a permanente e eficaz disponibilidade administrativa do interesse público contratualizado e, embora aqui a questão não se coloque num plano tão fundamental, mas ainda assim útil e justificado, nas garantias de supervisão e controlo (poder de direcção) e de contínua compulsão (em regra, por via das multas contratuais ou similares), rapidamente efectiváveis. É essa a razão de ser da autoridade no contrato administrativo."*[133]

[133] Rodrigo Esteves de Oliveira, "O Acto Administrativo Contratual", *Cadernos de Justiça Administrativa* n.º 63, Maio/Junho 2007, p. 3-17 (p. 5).

8. Invalidade do contrato administrativo

O regime do CCP em matéria de invalidades do contrato administrativo assenta numa dupla matriz: de um lado estão as invalidades resultantes ou consequentes dos actos administrativos relativos ao procedimento de formação dos contratos públicos, cujas consequências jurídicas estão previstas no art. 283.º do CCP; do outro, as invalidades próprias e exclusivas do próprio contrato.

8.1. Invalidades procedimentais ou derivadas

A consagração de um regime específico para este tipo de invalidades tem como pressuposto que se o contrato nasce inquinado então a sua validade está originariamente afastada, já que existe uma relação substancial de causalidade entre a validade do acto de que dependeu a formação do contrato e a validade do contrato. Basta pensarmos, no caso das invalidades das decisões pré-contratuais, como acontece com a exclusão indevida de um candidato cuja proposta, a não ser praticado esse acto, poderia até ser qualificada em primeiro lugar, sendo-lhe adjudicado o contrato.

O artigo 283.º do CCP prevê duas consequências diferentes em função da natureza da invalidade do acto de formação: serão nulos os contratos quando o acto precedente for nulo e, inversamente, serão anuláveis se o acto administrativo sofrer do mesmo vício.

Todavia, por força da aplicação do princípio da protecção da confiança e da boa fé, casos há em que os efeitos anulatórios dos actos não se repercutem no próprio contrato. É isso que acontece quando, ponderados os interesses públicos e privados em presença e a gravidade da ofensa gerada pelo vício do acto procedimental em causa, a anulação do contrato se revele desproporcionada ou contrária à boa-fé; ou quando se demonstre inequivocamente que o vício não implicaria uma modificação subjectiva no contrato celebrado, nem uma alteração do seu conteúdo essencial.

8.2. Invalidades próprias do contrato

O regime destas invalidades encontra-se previsto no artigo 284.º do CCP e refere-se aos pressupostos exigidos quanto à legitimidade das partes, ao objecto do contrato, à sua adequação à forma contratual e a invalidades decorrentes do conteúdo das cláusulas e da forma do contrato, entre outras.

Nos termos do artigo citado os contratos serão nulos por determinação legal, isto é, quando se verifique algum dos fundamentos previstos no artigo 133.º do CPA ou por aplicação dos princípios gerais de direito administrativo. Pelo contrário, o contrato será meramente anulável quando for celebrado com ofensa de princípios ou normas injuntivas.

Além do mais, no n.º 3 do preceituado, o legislador manteve a determinação da aplicabilidade aos contratos administrativos das disposições de direito privado relativas à falta e vícios da vontade, que já constava do entretanto revogado artigo 185.º do CPA.

O Código estabelece, ainda, no artigo 286.º, as consequências da invalidade dos contratos, procedendo à distinção, entre os contratos administrativos sobre o exercício de poderes públicos (aos quais será aplicável a disciplina que seria aplicável a um acto com o mesmo objecto e idêntica regulamentação da situação concreta); e os restantes contratos, cujo regime aplicável será o regime de invalidade da lei civil.

PARTE IV
AS GARANTIAS DOS ADMINISTRADOS PERANTE A ADMINISTRAÇÃO

1. A protecção dos particulares perante a Administração: os tipos de garantias

Decorre directamente do artigo 266.º, n.º 1 da CRP, que "a Administração Pública visa a prossecução do interesse público, *no respeito pelos direitos e interesses legalmente protegidos dos cidadãos*" (itálico nosso).

No entanto, para a protecção dos direitos e interesses legalmente protegidos dos cidadãos não basta o reconhecimento constitucional destes, tornando-se necessário, também, criar um conjunto de garantias adequadas que permitam aos interessados, em face de uma infracção por parte da Administração, reagir e defender-se dela.

As garantias dos administrados traduzem-se, assim, nos "*...meios criados pela ordem jurídica com a finalidade de evitar ou de sancionar quer violações do direito objectivo, quer as ofensas dos direitos subjectivos e dos interesses legítimos dos particulares, pela Administração pública*".[134]

Numa classificação tradicional, as garantias dos particulares podem assumir a natureza de *garantias políticas*, de *garantias administrativas* (ou graciosas, na antiga designação) e de *garantias jurisdicionais* (ou contenciosas), sendo o critério determinante desta distinção o do tipo de órgão a quem é confiada a sua efectivação: órgãos políticos do Estado (designadamente órgãos previstos na Constituição), nas do primeiro tipo; órgãos da própria Administração Pública, nas de segundo tipo; e órgãos jurisdicionais, nas de último tipo.

É também comum a distinção entre *garantias jurisdicionais* e garantias não jurisdicionais, as quais se dividem, por sua vez, em *garantias administrativas* e *outras garantias não jurisdicionais* (categoria que integra também as tradicionais garantias políticas, mas, para além delas, algumas outras). Será deste critério que partiremos, sendo certo, porém, que não faremos aqui qualquer referência às garantias jurisdicionais por estas

[134] Freitas do Amaral, *Direito Administrativo*, Vol. IV, 1988, Lisboa, p. 8.

serem, no âmbito dos planos de estudos das nossas faculdades de Direito, objecto de disciplinas próprias e específicas.

Numa classificação que aqui também interessa referir, é comum distinguir-se entre *garantias petitórias* e *garantias impugnatórias*[135], estas últimas também designadas de impugnações administrativas.

2. Garantias administrativas impugnatórias

2.1. O autocontrolo administrativo

As garantias graciosas ou administrativas assentam na institucionalização, dentro da própria Administração, de mecanismos de controlo da sua própria actividade (autocontrolo), com vista a assegurar o respeito da legalidade, a observância do dever de boa administração e o respeito pelos direitos subjectivos e interesses legítimos dos particulares.

Desempenham, assim, um importante papel na fiscalização da *legalidade* e ainda da *conveniência* e *oportunidade* administrativas (mérito), bem como na garantia dos direitos e interesses dos particulares – que dispõem deste modo da possibilidade de fazer o autor reflectir sobre a decisão que tomou ou de convocar, para uma eventual revisão do acto, um órgão superior, supostamente mais habilitado.[136]

2.2. Vantagens e inconvenientes

As garantias administrativas têm como pressuposto a existência de uma prévia decisão administrativa que se procura revogar ou modificar através da sua impugnação junto da própria Administração.

A principal vantagem deste tipo de garantias, nomeadamente em relação às garantias contenciosas, reside no facto de a Administração, ao

---

[135] Segundo Freitas do Amaral, enquanto nas de primeiro tipo não há um acto administrativo a que reagir, este já existe nas de segundo tipo: cfr. *Direito Administrativo*, vol. IV, cit., p. 16.

[136] Vieira de Andrade, *As Formas Principais da Actividade Administrativa: Regulamento, Acto e Contrato Administrativo*, cit., p. 75-76. Para mais desenvolvimento cfr. Paulo Otero, "As Garantias dos Particulares no Código do Procedimento Administrativo", in *Scientia Iuridica*, Tomo XLI, 1992, p. 49 e ss; Esteves de Oliveira e outros, *Código do Procedimento Administrativo*, 2 ª ed., Almedina, Coimbra, 1997, p. 743 a 804.

contrário dos tribunais, não se limitar a apreciar questões de legalidade, podendo ainda reapreciar as suas decisões também segundo critérios de oportunidade ou conveniência (mérito).

Em segundo lugar, a Administração, para além de poder anular ou declarar a nulidade dos seus actos pode ainda revogar, modificar ou substituí-los por outros, o que não é permitido aos tribunais fazer. A que acresce o facto de a utilização das vias impugnatórias administrativas suspender actualmente o prazo da impugnação judicial dos actos administrativos objecto de impugnação, o qual só volta a correr com a notificação da decisão proferida sobre a impugnação administrativa ou com o decurso do respectivo prazo legal (artigo 59.º, n.º 4, do CPTA), com o benefício adicional de o interessado poder optar pela impugnação judicial mesmo na pendência da impugnação administrativa e, além disso, requerer ao tribunal a adopção de providências cautelares que se mostrem adequadas à tutela dos seus direitos e interesses (artigo 59.º, n.º 5, do CPTA).

De referir ainda, como vantagem da existência de garantias impugnatórias administrativas, o facto de o procedimento para as efectivar se caracterizar pela simplicidade, informalidade e quase gratuitidade, bem como pela desnecessidade de constituição de advogado e de suportar custas judicias, sendo por isso muito mais célere e acessível.

Alguns inconvenientes são, contudo, apontados a este tipo de garantias. É que, não raras vezes, os órgãos da Administração tendem a privilegiar os critérios de eficiência na prossecução do interesse público, em detrimento do rigoroso respeito pela protecção dos direitos subjectivos e interesses legítimos dos particulares e a reclamação e o recurso administrativo não têm, em geral, efeitos suspensivos dos efeitos das medidas impugnadas, pelo que a Administração pode proceder à execução dos seus actos na pendência dessas impugnações administrativas – embora, como se referiu, o interessado possa sempre, nestas situações, requerer ao tribunal a adopção das providências cautelares que se mostrem adequadas à tutela dos seus direitos e interesses protegidos, designadamente, a suspensão da eficácia dos actos administrativos.

2.3. **Tipos de garantias impugnatórias administrativas**

Nas garantias impugnatórias administrativas inclui o CPA a reclamação, o recurso hierárquico, o recurso hierárquico impróprio e o recurso tutelar. A diferença entre elas encontra-se no órgão perante o qual a garantia é efectivada, respectivamente, o autor do acto, o seu superior hierárquico, um órgão da mesma pessoa colectiva onde ou quando não haja hierarquia (v.g. no caso da delegação de competências); e o órgão de outra pessoa colectiva, com poderes de superintendência ou de tutela.

Vejamos mais atentamente cada uma delas.

2.3.1. *A reclamação*

A reclamação consiste, nos termos dos artigos 158.º, n.º 2, alínea a) e 161.º do CPA, na impugnação do acto perante o *seu próprio autor*.

Salvo disposição legal em contrário, pode-se reclamar *de todos os actos administrativos* (artigo 161.º, n.º 1 do CPA), excepto dos actos que decidam, eles próprios, reclamação ou recurso (artigo 161.º, n.º 2). No entanto, a reclamação é, em regra, *facultativa*, apenas sendo *necessária*, quando, por determinação legal expressa ou inequívoca, seja pressuposto da impugnação judicial do acto.

Segundo a doutrina, uma vez que na generalidade dos procedimentos administrativos o interessado pode pronunciar-se em sede de audiência prévia dos interessados, a reclamação perdeu grande parte do seu relevo prático.

A reclamação pode ter por fundamento a *ilegalidade* ou a *inconveniência* do acto administrativo (artigo 159.º do CPA), podendo solicitar-se, na mesma – a qual deve ser apresentada no prazo de 15 dias a contar da publicação, da notificação ou do conhecimento do acto, conforme os casos (artigo 162.º do CPA) – a declaração de nulidade, a anulação do acto ou a respectiva convalidação, se tiver sido considerado ilegal, ou a sua suspensão, revogação, modificação ou substituição.

O prazo para o órgão competente apreciar e decidir a reclamação é de 30 dias (artigo 165.º do CPA), valendo o silêncio como mera omissão de pronúncia, dispondo o interessado do direito a nova reclamação (art. 161.º, n.º 2 *in fine*).

A reclamação *não suspende a eficácia do acto*, excepto quando se trate de uma reclamação *necessária* (ou então quando o autor do acto, oficiosamente ou a pedido dos interessados, considere que a execução imediata causa ao destinatário prejuízos irreparáveis ou de difícil reparação: artigo 163.º do CPA). Suspende, contudo, como referimos, o *prazo de impugnação* judicial, embora não impeça o reclamante de propor a acção respectiva (artigo 59.º, n.ºs 4 e 5 do CPTA, que revogou implicitamente o n.º 2 do artigo 164.º do CPA).

2.3.2. *O recurso hierárquico*

O recurso hierárquico corresponde à faculdade conferida aos particulares de impugnarem um acto praticado por um órgão subalterno junto do *respectivo superior hierárquico* (artigo 166.º do CPA), o qual deve aqui ser entendido como o *mais elevado superior hierárquico do autor do acto impugnado*, salvo em caso de delegação de poderes (art. 169.º, n.º 2, do CPA). A razão de ser desta solução – pelo menos nos termos da doutrina e da jurisprudência anteriores à entrada em vigor do CPTA – está em obter uma decisão "verticalmente definitiva" da Administração sobre o caso.

Salvo disposição legal em contrário, podem ser objecto de recurso hierárquico todos os actos administrativos praticados por órgãos subalternos, isto é, sujeitos a poderes de hierarquia de outros órgãos (artigo 166.º do CPA).

O pedido formulado no recurso hierárquico pode consistir, tal como na reclamação, na solicitação da declaração de nulidade, anulação ou convalidação do acto, se o mesmo for considerado ilegal, ou então na sua suspensão, revogação, modificação ou substituição, por razões de oportunidade ou conveniência, mas neste caso apenas quando o superior dispuser de poderes dispositivos (e não de mera fiscalização), por não se tratar de uma competência exclusiva do subalterno.

O recurso hierárquico pode ser *obrigatório* ou *necessário* (quando seja uma condição *sine qua non* da impugnação judicial desse mesmo acto) ou *facultativo* (quando o acto é susceptível de impugnação judicial imediata, independentemente da interposição daquele): artigo 167.º, n.º 1 do CPA. Apesar de o regime do CPTA, ao consagrar no seu artigo 51.º a eficácia externa e a lesividade como critérios fundamentais da impugnabilidade dos actos, ter afastado como regra geral o recurso hierárquico necessário este, como vimos, continua a ser legítimo quando previsto em legislação especial.[137]

---

[137] Como referimos antes, o Tribunal Constitucional e o STA, ao contrário do que defende uma parte da doutrina, entendem que não há inconstitucionalidade das impugnações administrativas necessárias, porque se trata da fixação por lei de um pressuposto processual que constitui um mero *condicionamento* ou, quando muito, de uma *restrição legítima* do direito de acesso aos tribunais, cujo conteúdo essencial não é tocado. Sobre esta questão vide por todos Vieira de Andrade, "Em defesa do recurso hierárquico – Anotação ao Acórdão n.º 499/96 do Tribunal Constitucional", *cit.*.

É de 30 dias o prazo do recurso hierárquico necessário (artigo 168.º, n.º 1 do CPA), devendo o recurso hierárquico facultativo ser interposto no prazo da impugnação judicial, que é de três meses (artigos 168.º, n.º 2 do CPA e 58.º, n.º 2, do CPTA). A inobservância do prazo de recurso hierárquico necessário tem como consequência a perda do direito à impugnação judicial, ou seja, à possibilidade de obter uma pronúncia judicial sobre o acto administrativo em causa.

Suspendendo, actualmente, quer a interposição do recurso hierárquico necessário quer do recurso hierárquico facultativo *os prazos para a impugnação judicial do acto impugnado*, apenas o primeiro daqueles recursos *suspende os efeitos do acto recorrido* (salvo quando a lei dispuser o contrário ou quando o autor do acto ou o órgão competente para decidir o recurso considerem que a sua não execução imediata causa grave prejuízo ao interesse público: artigo 170.º, n.ºs 1 e 2).[138] Este efeito suspensivo permanece até à respectiva decisão ou ao esgotamento do prazo para decidir (artigo 170.º do CPA), data em que começará a correr o prazo de impugnação judicial.

No procedimento do recurso hierárquico prevê-se quer a intervenção do órgão recorrido – junto do qual aquele recurso pode ser interposto e que lhe pode dar provimento (artigos 169.º e 172.º) – quer de eventuais contra-interessados (artigo 171.º).

O prazo para a *decisão* é de 30 dias úteis a contar da apresentação do recurso ou da sua remessa ao superior. A decisão expressa pode ser de confirmação ou de revisão, conforme os poderes do superior (e sem sujeição ao pedido), não sendo necessária a audiência prévia (a não ser porventura em algumas situações de substituição).

A eventual falta de decisão dentro do prazo não constitui um acto de indeferimento, mas um facto omissivo que desencadeia a eficácia do acto, bem como o início da contagem do prazo de impugnação judicial – é neste sentido que deve ser lido o artigo 175.º, n.º 3, desde a entrada em vigor do CPTA, em 2004.

---

[138] Ao invés, o recurso facultativo não suspende a execução do acto recorrido, mas tanto a autoridade recorrida como a autoridade competente para decidir o recurso podem decidir a suspensão dos efeitos, seja por iniciativa própria, seja a pedido do interessado. Na verdade, quem tem poderes para revogar o acto administrativo também tem para suspender a sua execução (cfr. art. 150.º, n.º 2, do CPA).

2.3.3. *O recurso hierárquico impróprio*

O recurso hierárquico impróprio é aquele que é interposto para um órgão que exerça poderes de supervisão (isto é, poderes de revogação, modificação ou substituição de actos alheios) sobre outro órgão da mesma pessoa colectiva *fora de uma relação de hierarquia* (artigo 176.º do CPA).

Exemplo típico é o caso do recurso do *delegado para o delegante*, quando sejam órgãos da mesma pessoa colectiva, ainda que exista entre eles uma relação hierárquica (cfr. artigo 39.º, n.º 2 do CPA). Cabe igualmente recurso hierárquico impróprio para os órgãos colegiais em relação a actos administrativos praticados por qualquer dos seus membros, mas apenas nos casos previstos na lei (cfr. artigo 176.º, n.º 2 do CPA). Neste âmbito caberá também o recurso de actos do presidente da câmara ou dos vereadores para a câmara municipal.

Em caso de recurso hierárquico impróprio fundado em meros poderes de supervisão, os poderes do órgão *ad quem* dependem da configuração legal do poder de supervisão. Em regra, o poder de supervisão apenas compreende a faculdade de *revogação*, estando excluído o poder de substituição.

Ao recurso hierárquico impróprio aplicam-se subsidiariamente, por força do disposto no artigo 177.º, n.º 5 do CPA, as regras relativas ao recurso hierárquico propriamente dito.

2.3.4. *O recurso tutelar*

O recurso tutelar consiste num pedido de reapreciação de um acto administrativo praticado por um órgão de uma entidade pública dirigido a um órgão de *outra entidade pública*, que exerce sobre aquela um *poder de superintendência ou de tutela* (artigo 177.º, n.º 1 do CPA).

Para haver recurso tutelar não é suficiente que a lei preveja uma relação de tutela: é preciso que o órgão de uma pessoa colectiva tenha, por força de previsão legal expressa, poderes de supervisão em relação aos actos do órgão tutelado. Mais, em geral, o recurso tutelar só tem por fundamento a ilegalidade, só podendo abranger a inconveniência do acto recorrido nos casos em que a lei estabeleça uma tutela de mérito (cfr. artigo 177.º, n.º 3, do CPA).

Nos termos do artigo 177.º, n.º 2, o recurso tutelar só existe nos casos expressamente previstos por lei e tem, salvo disposição em contrário, carácter facultativo.

3. Outras garantias não jurisdicionais

3.1. As queixas a autoridades públicas independentes

Uma das tendências que, nos últimos tempos, mais tem marcado a realidade organizativa da Administração Pública é a que passa pela criação de autoridades públicas independentes com funções de controlo da Administração Pública, designadamente com poderes de apreciação de queixas dos particulares, funcionando, por este motivo, como verdadeiros instrumentos de garantia dos direitos e interesses legítimos dos administrados.

Diferentemente do que sucede com as impugnações administrativas tradicionais, as referidas queixas são apresentadas a autoridades exteriores à Administração comum e visam apenas o controlo de legalidade e não de mérito (já que essas entidades não podem apreciar a conveniência ou oportunidade dos actos administrativos visados).

Exemplos de entidades que podem exercer esta função são a *Comissão de Acesso aos Documentos Administrativos (CADA)*[139] e a *Comissão Nacional de Protecção de Dados (CNPD)*[140].

3.2. As queixas ao Provedor de Justiça

O Provedor de Justiça é um órgão público, independente do Governo, da Administração e dos tribunais, que é eleito pelo Parlamento por maioria qualificada (artigo 23.º, n.º 3, da CRP) e não está sujeito a ordens ou instruções alheias.

---

[139] A Comissão de Acesso aos Documentos Administrativos é uma entidade pública independente, que funciona junto da Assembleia da República. Uma das suas funções consiste em apreciar as queixas dos cidadãos sobre o exercício do direito de acesso aos documentos administrativos. Embora a Comissão não tenha poderes decisórios sobre as questões submetidas à sua apreciação, ela pode porém obrigar a Administração a reapreciar a questão.

[140] Esta comissão é igualmente uma entidade administrativa independente que funciona junto da Assembleia da República e que tem como atribuição controlar e fiscalizar o cumprimento das disposições legais e regulamentares em matéria de protecção de dados pessoais, com respeito pelos direitos do Homem e pelas liberdades e garantias consagradas na Constituição e na lei. De entre as suas várias competências destaca-se a de apreciar as reclamações, queixas ou petições dos particulares.

A sua função principal é a de receber e apreciar queixas dos cidadãos contra a actuação ilegal ou "injusta" da Administração Pública.

Não detém, porém, poderes decisórios, não podendo dar ordens à Administração. Os seus poderes são apenas poderes persuasórios: se o Provedor entender que o particular tem razão na sua queixa pode dirigir *recomendações* às autoridades competentes. Estas recomendações podem assumir os mais variados conteúdos: revogação ou substituição de um acto administrativo, prática de determinado acto administrativo, etc.

No exercício das suas funções, o Provedor tem poderes para efectuar visitas, inspecções, pedir informações, proceder a inquéritos e a quaisquer investigações que considere necessárias.

3.3. **O direito de petição em geral**

O direito de petição consiste na faculdade reconhecida a indivíduos ou grupos de indivíduos de se dirigirem a quaisquer autoridades públicas apresentando petições, representações, reclamações ou queixas destinadas à defesa dos seus direitos, das leis ou do interesse geral (artigo 52.º da CRP).

Trata-se de um direito político que tanto pode ser exercido perante quaisquer órgãos de soberania (Assembleia da República, Governo, Presidente da República), como perante quaisquer autoridades públicas, incluindo naturalmente os órgãos e serviços administrativos.

O direito geral de petição analisa-se em diversos sub-direitos: *direito de petição em sentido estrito* (reclamação de providências por parte dos poderes públicos); *direito de representação* (chamada de atenção ou protesto relativo a qualquer problema existente ou às consequências de uma determinada acção administrativa); *direito de queixa* (protesto contra o comportamento de determinado agente ou órgão administrativo); e *direito de reclamação* (contestação de decisões administrativas tomadas ou anunciadas).

Parte V

Os meios da Actividade Administrativa

Para a prossecução da sua actividade, a Administração necessita de *bens* e de *pessoal* (trabalhadores). Uns e outros são *meios da actividade administrativa*. Dado o relevo que cada uma destas temáticas assume no direito administrativo, far-lhes-emos aqui uma referência, ainda que breve.

Capítulo I

Os bens como meio da actividade administrativa

Para levar a cabo a sua actividade de prossecução de interesses públicos, a Administração necessita de *bens*. Para esse efeito, pode utilizar *bens próprios*, isto é, bens que se encontram subordinados ao seu domínio, ou utilizar *bens dos administrados,* sobre os quais exerça determinados poderes no interesse geral.[141] Em face desta dualidade, deve fazer-se uma distinção clara entre os dois tipos de bens, o que justifica a sua análise autónoma, a que procederemos de seguida.

1. Os bens da Administração

1.1. Variedade de bens e heterogeneidade de regimes

Os bens que pertencem à Administração – e que esta utiliza, de forma mais ou menos directa, na prossecução de interesses públicos – caracterizam-se pela sua *variedade*, encontrando-se, para além do mais, sujeitos a *regimes jurídicos diferenciados*.

Por isso é comum distinguir-se, de entre os bens que pertencem à Administração, aqueles que integram o *seu domínio público,* dos que pertencem ao *seu domínio privado*, diferenciando-se, ainda, quanto a estes, os bens do *domínio privado disponível* dos bens do *domínio privado indisponível*.

A dificuldade está, antes de mais, na determinação de um critério preciso que os permita separar: se é certo que em causa estão sempre *bens que pertencem a um ente público* (critério *subjectivo*), terá de se aferir se

---

[141] Marcello Caetano, *Manual de Direito Administrativo*, Vol. II, 10ª ed., p. 879.

se trata de bens que se encontram submetidos a um regime jurídico essencialmente modelado por normas de direito público (critério *estatutário*) devido à sua indispensabilidade para a realização da função ou serviço público a que estão destinados (o que se verifica no caso dos bens do domínio público, mas também do domínio privado indisponível) ou se, pelo contrário, estão em causa bens que obedecem a uma regulação essencialmente moldada de acordo com ditames jurídico-privatísticos (os bens do domínio privado disponível).

Vejamos com mais atenção cada um destes grandes grupos de bens sujeitos ao domínio da Administração.

1.2. **O domínio privado da Administração**

1.2.1. *Conceito e regime*

O domínio privado da Administração é constituído pelo *conjunto dos bens pertencentes a entidades públicas que estão, em princípio, sujeitos ao regime de propriedade estatuído na lei civil e, consequentemente, submetidos ao comércio jurídico-privado, sem prejuízo de eventuais derrogações de direito público aplicáveis em cada caso.*

Esta definição tem na sua base uma ideia tradicional, de acordo com a qual:

- Os bens do domínio privado da Administração são identificados pela negativa ou de acordo com um critério *residual*: neles se integram todos aqueles que, sendo pertença de entidades públicas, não sejam qualificáveis como bens públicos.
- Os bens do domínio privado da Administração não se encontram adstritos, de forma imediata, à satisfação de concretos interesses públicos, destinando-se, em regra, à sua máxima rentabilidade, no sentido de serem economicamente úteis ou financeiramente rentáveis para a Administração.

Por estes motivos o que caracterizaria os *bens do domínio privado da Administração* seria a sua *comerciabilidade de direito comum,* traduzida na susceptibilidade de os mesmos serem objecto de relações jurídicas privadas ou de situações reguladas pelo direito civil (designadamente de negócios jurídicos privados como a alienação, a locação, a troca, o comodato, etc.).

1.2.1.1. *A crítica à sujeição dos bens privados a um regime meramente privatístico*

Aquela tese tem vindo, porém, a ser crescentemente posta em causa, já que o facto de estes bens pertencerem à Administração não pode deixar de marcar o seu regime: ainda que não se encontrem adstritos a nenhuma finalidade pública específica (o que decorre, muitas vezes, do facto de terem sido adquiridos pela Administração de forma ocasional, nomeadamente por intermédio de doações particulares ou de execuções fiscais) e apesar de a sua única finalidade ser a de produzirem rendimentos, a sua *disponibilidade* não significa uma sujeição total ao direito privado.

Desde logo, porque se bem que os mesmos possam ser alienados ou onerados pela Administração e objecto de tráfico jurídico normal, tal apenas pode suceder *pelas formas prescritas na lei administrativa* (a título de exemplo, a sua aquisição e alienação são efectuadas, em regra, por via concursal e a respectiva venda abaixo do seu preço real ou efectivo é interdita se não ocorrerem circunstâncias de excepcional interesse público que o justifiquem).[142]

Por este motivo se afirma actualmente que, embora os bens do domínio privado da Administração sejam *res in commercium* (podendo ser objecto de direitos privados) e estejam, por isso, no seu essencial, *sujeitos ao comércio jurídico privado*, os mesmos encontram-se igualmente (para não dizer predominantemente) sujeitos a *normas de direito público*, de onde decorre que o regime que actualmente os rege é *um regime especial*, dotado de muitas exorbitâncias e derrogações em relação ao direito comum, que acaba por colocar o direito privado num plano secundário. Tal é assim a ponto de se poder afirmar que aquilo que deveria ser a regra (o direito comum) transforma-se, actualmente, numa excepção.

---

[142] Em contrapartida, e ao invés do que sucede noutros ordenamentos jurídicos próximos do nosso (como é o caso do francês), nada há que concorra para a afirmação de um princípio geral de impenhorabilidade dos bens pertencentes a entidades públicas incluídos no seu património privado disponível. Apesar deste facto, Bernardo Azevedo considera que para além dos bens integrados no domínio privado indisponível da Administração, pode bem suceder que dentro do universo de bens do seu domínio privado disponível alguns se encontrem directamente destinados à satisfação de necessidades de interesse geral, o que, em princípio, deve legitimar a sua subtracção às regras de execução decorrentes do regime comum. Facto que parece confirmado pelo artigo 823.º do Código de Processo Civil, que isenta de penhora os bens do Estado "*...que se encontrem especialmente afectados à realização de fins de utilidade pública*". Cfr. Bernardo Azevedo, "Domínio Privado da Administração", in *Tratado de Direito Administrativo Especial* – Volume III (coord. Paulo Otero e Pedro Gonçalves), Coimbra, Almedina, 2010, p. 52 e ss, nota 50.

Como afirma Bernardo Azevedo "*Deixamos (...) de ter um regime de direito privado «corrompido» na sua pureza ou ingenuidade pela respectiva miscigenação com regras e princípios de direito público directa e imediatamente convocados a estabelecer a disciplina dos bens patrimoniais, para ter, muito simplesmente, um regime de direito público entrecortado, a espaços e pontualmente, pela aplicação subsidiária do direito civil*"[143].

E este facto é confirmado pelo disposto no Decreto-Lei n.º 280/ /2007, de 7 de Agosto, que estabelece um conjunto de regras e princípios que se aplicam também à gestão dos bens imóveis do domínio privado do Estado e dos institutos públicos [alínea b) do n.º 1 do artigo 1.º][144], e de acordo com o qual o direito privado passa a funcionar em regime supletivo, só se aplicando na ausência de regras e princípios especialmente dirigidos à definição do regime aplicável aos bens do domínio privado da Administração.

Em suma, a Administração fica, neste âmbito sujeita a um regime marcadamente administrativo, "*...no que constitui a prova mais evidente da progressiva publicização (...) da disciplina aplicável ao seu domínio privado*"[145].

1.2.1.2. *A critica à ideia de que os bens privados não estão adstritos à prossecução imediata de interesses públicos*

A doutrina tem vindo também a negar que o domínio privado disponível seja constituído simplesmente por bens propriedade da Administração que não se encontram afectos à produção de nenhuma utilidade pública específica (razão pela qual o regime comum do direito civil seria suficiente para os proteger), já que a propriedade da Administração está sempre e em qualquer caso vinculada à prossecução de finalidades de imediato interesse público, o qual, aliás, legitima a sua qualidade de proprietária.

---

143 IDEM, p. 56.

144 Para Bernardo Azevedo, o Decreto-Lei n.º 280/2007 é, actualmente, o diploma, dotado das indispensáveis notas de unicidade sistémica e coerência interna, em que se condensa o essencial da regulação aplicável à gestão do domínio privado imobiliário da titularidade de entes públicos. No que concerne aos bens domínio privado mobiliário do Estado, dispõe o Decreto-Lei n.º 307/94, de 21 de Dezembro: IDEM, p. 56.

145 Cr. Bernardo Azevedo, ob. cit., p. 58. Segundo o Autor esta é uma tendência que se constata em vários ordenamentos jurídicos europeus, com excepção do germânico, onde a gestão do património financeiro da Administração se desenvolve em submissão exclusiva ao direito privado. Cfr. p. 58 e ss., nota 56.

Deste modo, o desígnio último que deve presidir à gestão destes bens tem de se fundamentar, sempre, na forma de dar realização a finalidades de interesse público (ainda que esta passe pela optimização da sua rentabilidade financeira ou, se tal se não revelar possível, pela sua alienação). Por esse motivo, o único parâmetro de referência para a sua aquisição, administração e alienação é a sua afectação, por definição e globalmente, à *satisfação de interesses públicos* (v.g. relacionados com políticas de habitação, de ordenamento do território, ambientais, etc.), abandonando-se, assim, o estigma que impendia sobre estes bens, de que apenas serviam de fonte de receitas para as entidades públicas.

Assim, determina o n.º 1 do artigo 31.º do Decreto-Lei n.º 280/2007, que "*As entidades referidas na alínea b) do artigo 1.º podem, para instalação ou funcionamento de serviços públicos ou para a realização de outros fins de interesse público, adquirir o direito de propriedade ou outros direitos reais de gozo sobre imóveis, a título oneroso ou gratuito, nos termos previstos nos artigos 32.º a 41.º.*" (sublinhado nosso).

Por sua vez, estipula o n.º 1 do artigo 52.º do mesmo diploma legal, que "*A administração de bens imóveis compreende a sua conservação, valorização e rendibilidade, tendo em vista a prossecução do interesse público e a racionalização dos recursos disponíveis, de acordo com o princípio da boa administração*" (sublinhado nosso).

Por fim, e nos termos do n.º 1 do artigo 77.º, "*Podem ser vendidos imóveis do domínio privado do Estado e dos institutos públicos cuja propriedade não seja necessária à prossecução de fins de interesse público e cuja manutenção na sua propriedade não seja conveniente*" (sublinhados nossos).

1.2.2. *Formação e extinção do domínio privado*

1.2.2.1. *Aquisição de bens do domínio privado*

Dos vários modos de aquisição, por parte da Administração, de bens destinados a integrar o seu domínio privado, podem distinguir-se os *modos de direito privado* – modalidades aquisitivas de bens constantes do Código Civil para as coisas privadas em geral, designadamente o contrato de compra e venda, de troca, de doação, a sucessão *mortis causa* e a usucapião – e os *modos de direito público* – a expropriação, a nacionalização, a execução fiscal, a sucessão de pessoas colectivas extintas; e, ainda, a reversão para o concedente, no termo da concessão, de obras executadas por concessionários; a cessação da dominialidade pública (desclassificação ou desafectação); a cedência de bens, no âmbito de determinadas operações urbanísticas, para o domínio municipal; etc.

De referir, como mencionámos, que os termos da concretização das modalidades de aquisição dos bens pelo direito privado se encontram regulados no Decreto-Lei n.º 280/2007 (cfr., em especial, os artigos 31.º e ss.). Assim, a título de exemplo, a Administração não adquire a quem entende, mas com aquele que, no seu juízo discricionário, lhe ofereça a proposta economicamente mais vantajosa, na sequência de um procedimento pré-contratual simplificado de consulta ao mercado, que actua sob o signo da concorrência e da transparência.[146] O que determina que, ainda que as modalidades aquisitivas sejam de direito privado, estas são levadas a cabo nos termos definidos nas leis administrativas e mediante procedimentos de direito público.

Mais, não existe nenhuma relação entre a natureza jurídico-privada de certos bens da Administração e o modo, público ou privado, de aquisição dos mesmos. Com efeito, a aquisição pode ser feita pela via do direito público e o bem integrar o domínio privado da Administração, como pode suceder o reverso desta situação.

1.2.2.2. *Extinção do domínio privado*

Também no que toca à extinção do domínio privado da Administração, encontramos *modos de direito privado* e *modos de direito público.*

No primeiro grupo estão, por exemplo, os contratos de compra e venda e de permuta. Aqui, tal como na aquisição deste tipo de bens, a Administração encontra-se vinculada, porventura de forma mais intensa, ao respeito pela tramitação associada a procedimentos públicos de natureza concorrencial, designadamente os de *hasta pública* (artigos 86.º e ss. do Decreto-Lei n.º 280/ /2007), que funciona como o procedimento residual; o de *negociação, com publicação prévia de anúncio* (artigos 96.º e ss), que funciona como o procedimento preferencial ou regra; e o de *ajuste directo* (artigos 15.º e ss.), que se apresenta como o procedimento de carácter excepcional[147].

---

[146] Para mais desenvolvimentos sobre estas modalidades cfr. Bernardo Azevedo, ob. cit.., pp. 69 a 75.

[147] Sobre a celebração de contratos de alienação de bens no âmbito do Decreto-Lei n.º 280/2007, de 7 de Agosto, cfr. José Eduardo Figueiredo Dias, "Os Contratos de Locação e Aquisição de Bens e Serviços e de Alienação de Bens", in: *Estudos de Contratação Pública*, vol. I, CEDIPRE, Coimbra Editora, 2008, p. 431-479 (p. 462-469).

No que respeita aos modos de direito público, podemos apontar, designadamente, o caso da *reversão dos bens expropriados* (artigo 5.º do Código das Expropriações) e as *mutações dominiais*, entre outros.

1.2.3. *Administração e gestão do domínio privado*

A administração do domínio privado da Administração compete, ao menos normalmente, aos órgãos da respectiva pessoa colectiva pública, ou de outra a que se encontrem cedidos, sendo de ressalvar que não tem de forçosamente coincidir a respectiva titularidade dominial com a responsabilidade pela correspondente gestão.

No caso do Estado, a gestão do *domínio privado disponível* está globalmente confiada à Direcção-Geral do Tesouro e Finanças (Ministério das Finanças), cabendo-lhe inventariar, conservar e dar destino aos bens integrados no domínio privado do Estado.

Como se referiu supra, a gestão dos bens do domínio privado da Administração, se bem que vise também a sua rentabilização económico-financeira, é determinada sempre com vista à satisfação de necessidades públicas: assim o determina o n.º 1 do artigo 52.º do Decreto-Lei n.º 280/2007, nos termos do qual "*A administração de bens imóveis compreende a sua conservação, valorização e rendibilidade, tendo em vista a prossecução do interesse público e a racionalização dos recursos disponíveis, de acordo com o princípio da boa administração*".

No que concerne à modalidade de administração do domínio privado da Administração por via contratual, o Decreto-Lei n.º 280/2007 identifica a *cedência de utilização* (artigos 53.º e ss.), o *arrendamento* (artigo 59.º e ss.) e a *constituição do direito de superfície* (artigos 67.º e ss.).

1.3. **Os bens públicos**

1.3.1. *Conceito*

A categoria dos bens públicos é constituída pelo conjunto de coisas, pertencentes a um determinado ente público (normalmente a título dominial), submetidas por lei a um regime especial em que avulta a sua tendencial incomerciabilidade e individualizáveis com base em específicos caracteres objectuais ou naturais legalmente fixados (bens reservados) ou por força da sua concreta destinação a uma função ou serviço públicos (bens de destinação pública).[148]

A qualificação como pública conferida a uma coisa subtrai-a, por regra, ao comércio jurídico privado e submete-a ao domínio de uma pessoa colectiva de direito público para ser disponibilizada para uso público ou aplicada à satisfação de certos interesses públicos.

Por estes bens estarem tendencialmente fora do comércio jurídico privado, os mesmos são *insusceptíveis de redução a propriedade particular*, *inalienáveis*, *insusceptíveis de usucapião*, *impenhoráveis* e *não oneráveis pelos modos de direito privado*, enquanto coisas públicas, embora sejam disponíveis na ordem do direito público, já que podem ser objecto de direito de propriedade por parte de pessoas colectivas administrativas (*propriedade pública*) e ser transferidos entre elas (*transferências de domínio* ou *mutações dominiais*), admitindo-se, ainda, a criação de direitos reais administrativos ou de natureza obrigacional em benefício de particulares (*concessões*).

1.3.2. *Natureza do direito sobre as coisas públicas*

Uma das questões mais discutidas a propósito do domínio público da Administração é a da natureza jurídica da relação dominial. Entre as principais teorias que apresentam uma tentativa de resposta a esta questão, temos, desde logo, as que se seguem[149]:

a) A*s* ***coisas públicas não pertencem a ninguém***, pelo que não constituem objecto de um direito de propriedade, tendo a Administração sobre elas apenas o direito de guarda e superintendência e o dever de as conservar no interesse geral. Era esta a concepção clássica do domínio público quando esta noção surgiu na França, no século XIX, e quando aquele compreendia somente os *bens insusceptíveis de apropriação privativa* (mar territorial, rios e lagos) ou destinados a uso público (parques, etc.).

---

[148] Bernardo Azevedo, *ob. cit.*, p. 12.

[149] Para mais desenvolvimentos sobre cada uma destas teorias e a crítica que se lhe aponta, cfr Bernardo Azevedo, *ob. cit.*, pp. 13 e ss e *Servidões de Direito Público (um contributo para o seu estudo)*, 2005, pp. 195 a 229.

b) As ***coisas públicas são objecto do direito de propriedade clássico e tradicional***: o direito de propriedade sobre os bens públicos não seria mais do que o direito de propriedade clássico, ainda que suspenso nas suas aplicações e atingido por uma espécie de "sono jurídico" enquanto subsistisse a sua afectação ao interesse geral. Este direito despertaria logo que cessasse a afectação à utilidade pública.

c) As ***coisas públicas são objecto de um específico direito de propriedade pública*** de uma pessoa colectiva de população e território, um direito que compartilha com o direito de propriedade privada a ideia de *vinculação a um proprietário com poderes*, mas que se distingue dela quanto ao seu regime substancial. É esta a teoria que mais defensores tem em Portugal. De acordo com Marcelo Caetano, este direito de propriedade pública tem os seguintes caracteres:
   - o sujeito do direito é sempre uma *pessoa colectiva de direito público de população e território* (Estado, regiões autónomas, autarquias locais);
   - o direito de propriedade pública é exercido *para a produção da máxima utilidade pública* das coisas que formam o seu objecto, conforme a lei o determinar;
   - o uso das coisas públicas traduz-se num *uso por todos* e *em benefício de todos*;
   - as coisas públicas são, como tais, *incomerciáveis* pelos processos de direito privado, mas *comerciáveis no quadro do direito público*.

   Segundo este Autor, a noção de propriedade pública, acentuando que o bem pertence ao seu dono, embora sujeita a um regime de direito público, tem a vantagem de permitir compreender como, ocorrendo uma desafectação ou desclassificação, essa coisa continua a pertencer em propriedade ao mesmo sujeito, ainda que num outro regime jurídico – o do domínio privado.

1.3.3. *Os sujeitos dos bens públicos*

Como referimos, pelo menos em regra, só as *pessoas colectivas de direito público de população e território* podem ser titulares do direito de propriedade sobre as coisas públicas.

Neste sentido aponta o artigo 84.º, n.º 2 da CRP, com a redacção que lhe foi dada na revisão constitucional de 1989: "*A lei define quais os bens que integram o domínio público do Estado, o domínio público das regiões autónomas e o domínio público das autarquias*" (sublinhados nossos).

Todavia, nada impede que elas estejam especialmente afectadas a outros entes públicos (por exemplo, um instituto público, uma universidade) ou, mesmo, confiados a entidades privadas (concessionários de serviços e de obras públicas ou de exploração do domínio público).

1.3.4. *O critério dos bens públicos*

Uma questão muito discutida tem a ver com a razão de ser dos bens públicos e do seu âmbito. Em concreto, pergunta-se: quais devem ser os bens públicos, isto é, que características comuns devem ter os bens que a lei considera públicos?

No ordenamento jurídico português (e em geral em todos aqueles que mais semelhanças apresentam com ele) a resposta a esta questão apresenta-se difícil. É que sendo públicas as coisas que se encontrem como tal definidas por lei (*método enumerativo ou sistema de lista taxativa*) e sendo a sua lista bastante diversificada, torna-se particularmente difícil identificar um *critério comum* que justifique um tratamento diferente destes bens em relação às restantes coisas que integram o domínio privado da Administração.

A este propósito terá de se concluir forçosamente pela falência das múltiplas tentativas de pré-identificação de critérios fixos e gerais para justificar a dominialidade pública de determinados bens. E não poderá esquecer-se que, embora o legislador não goze de uma total liberdade ou discricionariedade na delimitação do âmbito dos bens dominiais públicos, não existem, contudo, limites constitucionais estritos nessa matéria, pelo que a esfera do domínio público, para além do que resulta directamente da Constituição (domínio público *ex vi constitutione*), pode ser *maior* ou *menor* conforme as orientações de política económico-social prevalecentes em cada período.

1.3.4.1. *A esfera dos bens públicos no direito português*

Quais são, pois, no direito português, os bens que pertencem ao domínio público?

A resposta a esta pergunta encontra-se, desde logo, na própria lei fundamental, cujo artigo 84.º apresenta uma lista de bens públicos. Para além disso, este artigo determina [n.º 1, alínea f)] que pertencem ao domínio público, para além dos bens por ele definidos, as coisas como tal classificadas por lei.

É usual apresentar-se o elenco dos bens que pertencem ao domínio público reunindo-os por grupos. São vários os sistemas de classificação, por grupos, das coisas do domínio público, tais como os que se baseiam na *função* que as coisas primordialmente desempenham (domínio público da circulação, militar, cultural, etc.), no *titular do direito de propriedade pública* (domínio público do Estado, das regiões autónomas, dos municípios, das freguesias), no *processo da sua criação* (domínio público natural e artificial), na *consistência material das coisas* (domínio público terrestre, hídrico, aéreo), etc.

Cada um deles tem a sua racionalidade própria. O mais fecundo será o que se baseia na *função específica ou principal que as coisas públicas desempenham*, dado que a classificação das coisas como públicas tem precisamente como primeiro fundamento a sua função de utilidade pública.

Todavia, as classificações doutrinais conformes a este critério não são consensuais, embora sejam comuns as referências ao domínio público da circulação, domínio público militar, domínio público cultural, domínio público económico, etc.[150]

Outros autores, embora recorram principalmente ao critério funcional (o fim público desempenhado pelos bens de domínio público), utilizam, porém, outros critérios complementares (por exemplo, a natureza física dos bens) para desagregar melhor esse universo.

De acordo com esse critério misto poderemos arrumar os bens do domínio público, entre nós, da seguinte forma:

A – Domínio público hídrico: águas territoriais, com os seus leitos e fundos marinhos contíguos; a plataforma continental; as águas marítimas interiores; os leitos e as margens; os lagos, lagoas e cursos de água navegáveis ou flutuáveis e respectivos leitos e as margens de todas as águas referidas; as águas que forem reconhecidas como aproveitáveis para a produção de energia eléctrica ou para irrigação.

B – Domínio público aéreo: as camadas aéreas superiores ao território acima do limite reconhecido ao proprietário e superficiário.

[150] José Pedro Fernandes, "Domínio público", *Dicionário Jurídico da Administração Pública*, vol. IV.

C – Infra-estruturas materiais (vias de transporte e comunicações): as estradas, as linhas férreas nacionais, os portos artificiais e docas, os aeroportos e aeródromos de utilidade pública, as obras e canalizações das redes de água, as redes de distribuição pública de energia eléctrica, as redes de transporte e distribuição de gás natural.

D – Recursos naturais do subsolo: os jazigos minerais e petrolíferos, as nascente de águas minero-medicinais, os recursos geotérmicos e outras riquezas naturais existentes no subsolo, com exclusão das rochas e terras comuns e dos materiais normalmente empregados nas construções.

D – Domínio público militar: as obras e instalações militares, bem como as zonas terrestres reservadas à defesa militar; os navios da armada, as aeronaves militares e os carros de combate, bem como outro equipamento militar de natureza e durabilidade equivalentes.

F – Domínio público cultural: os palácios, monumentos, museus, arquivos e teatros nacionais, bem como os palácios escolhidos pelo chefe de Estado para a secretaria da presidência e para a sua residência e da sua família.

No que diz respeito aos cemitérios, na falta de uma lei que os qualifique expressamente de públicos, não é segura a sua qualificação, subsistindo a controvérsia na doutrina. Deverá, no entanto, ter-se presente que existem bens que, embora de domínio privado, estão afectos a uma utilidade pública imediata, pelo que a sua livre disposição poderia lesar essa mesma função (o caso, precisamente, dos cemitérios). Tais bens integram a categoria dos bens do *domínio privado indisponível* da Administração: bens que, não obstante não terem sido definidos pela lei como bens do domínio público, assumem um carácter *indispensável* ao funcionamento da Administração e da prossecução dos interesses que ela visa alcançar e que, por isso, devem estar subordinados a um regime diferente, próximo do que regula os bens do domínio público da Administração.

Como notou Marcello Caetano, com a *indisponibilidade* não se pretende conferir aos bens afectos a uma função ou serviço públicos a condição jurídica de *inalienáveis* em virtude da sua própria utilidade pública, como sucede com os bens pertencentes ao domínio público. Pretende-se, tão só, evitar que sejam desviados da afectação ao fim de utilidade pública que eles são chamados a servir.

O que importa, no entanto, ressaltar, pelo que respeita aos bens do domínio privado indisponível, é que os mesmos servem essencialmente para a satisfação de um interesse público imediato, o que implica que a sua gestão deva ser feita essencialmente à luz de normas de direito público, com vista a privilegiar a sua destinação efectiva a uma finalidade de bem comum.

No que diz respeito ao domínio público das autarquias locais, os bens dominiais mais representativos são os afectos à circulação: as estradas e caminhos municipais ou vicinais, as ruas, as praças, o sistema de saneamento (abastecimento de águas e esgotos) existentes na respectiva área e em espaços de que cada autarquia seja proprietária. Também pertencem ao domínio público das autarquias locais aqueles bens que atrás designámos de domínio público inominável, como sejam, designadamente, os lagos e lagoas não navegáveis nem flutuáveis e pântanos, todos eles circundados por diversos prédios particulares.

1.3.4.2. *Bens reservados e bens de destinação pública*

No âmbito dos bens públicos (isto é, daqueles que se encontram sujeitos a um particular regime de direito público) a doutrina formula a distinção entre *bens reservados* e *bens de destinação pública*.

1.3.4.2.1. *Bens reservados*

Os bens reservados são aqueles que se definem, antes do mais, pela sua inaptidão intrínseca para constituírem objecto de direitos subjectivos reais na titularidade de particulares, dado que se encontram excluídos, originariamente e independentemente da sua concreta destinação, da apropriação privada. É o caso dos bens do domínio marítimo, hídrico, geológico (ou mineiro) e cultural, que pertencem, de forma necessária, a entes públicos territoriais, definindo-se, dessa forma, pelo seu perfil estrutural (ou dominial). O seu traço mais saliente está no facto de o ordenamento jurídico privar qualquer outro sujeito, que não as pessoas colectivas públicas territoriais, da legitimação (necessária) para ser titular de relações jurídicas reais (dominiais) sobre os mesmos.

Esta reserva de propriedade não lhes decorre de uma qualquer predestinação natural, mas de uma expressa determinação legal: basta que uma dada coisa congregue, em si, as características naturais ou "objectuais" definidas por lei em relação aos bens reservados para que lhe seja aplicável, automaticamente (abstraindo, para o efeito, da sua efectiva destinação a um fim de interesse público), a respectiva disciplina normativa. Da mesma forma, da perda ou deterioração ("degradação") das suas qualidades naturais ou objectivas, ou seja, do facto de deixar de obedecer «aos elementos tipológicos» fixados na lei para os bens da categoria, decorre, imediatamente (sem que para tanto seja necessária a prática de um acto expresso, dotado de efeito constitutivo, por parte da Administração), a sua desqualificação (jurídica) enquanto coisa pública.

Na presença de bens reservados, a margem de liberdade constitutiva da Administração aparece diminuída ou está mesmo ausente, já que o estatuto de coisa pública se adquire, a título originário, por força da lei: os actos administrativos pelos quais se procede à classificação ou desclassificação (ou à respectiva delimitação) têm uma eficácia meramente declarativa ou recognitiva, circunscrevendo-se a uma pura verificação da subsistência em concreto numa determinada coisa imóvel das características indicadas pela lei.

1.3.4.2.2. *Bens de destinação pública*

Os *bens de destinação pública* caracterizam-se por constituírem o suporte material indispensável para o exercício de uma função ou serviço públicos. Os bens de destinação pública evidenciam-se, assim, *pela sua efectiva utilização para a satisfação de um escopo de relevante interesse público,* sendo marcados, precisamente, pelo *princípio da efectividade da destinação*, mas também pelo *princípio da indisponibilidade* (que inviabiliza a sua subtracção, salvo expressa disposição legal em contrário, à função ou serviço públicos a que se acham concretamente destinados, ainda que sejam objecto de negócios jurídicos).

1.3.5. *Formação e extinção das coisas públicas*

1.3.5.1. *Formação das coisas públicas*

A *atribuição do carácter público* a uma coisa pode ser efectuada por diversas maneiras, isolada ou conjuntamente (MARCELLO CAETANO):

- definição, geral e abstracta, de toda uma *classe* de coisas bem identificáveis como pertencentes a uma categoria determinada de bens públicos (*qualificação* legal);
- declaração de que certa e *determinada* coisa pertence a essa classe, por possuir os caracteres próprios da mesma (*classificação*);

– destinação efectiva de uma coisa determinada à produção de utilidade pública, o que lhe confere a natureza de determinado bem público *(afectação)*.

Não têm necessariamente de se verificar, de forma cumulativa, estes três requisitos, bastando para a atribuição do carácter público a uma coisa, muitas vezes, a presença de apenas um deles. Por vezes basta a qualificação legal para os bens se integrarem na categoria dos bens públicos (o caso dos bens reservados). Outras coisas apenas pertencem à categoria dos bens públicos após um acto especial de *afectação*, isto é, de aplicação do bem à função de bem comum justificativa da sua consideração como bem público.

A afectação pode revestir várias formas: a abertura ao uso público de uma coisa que se produziu (uma estrada ou uma ponte), o início do funcionamento do serviço público a que a coisa pública se destina (inauguração da linha telegráfica) ou a utilização da coisa para o seu fim especial (pronta uma fortaleza ou um navio de guerra entra neles a respectiva guarnição).

1.3.5.2. *Extinção das coisas públicas*

Uma coisa deixa de poder ser tida como coisa pública quando ocorre um dos processos inversos aos acabados de referir – *desqualificação*, *desclassificação* ou *desafectação* – ou se ocorrer o seu *desaparecimento* por qualquer acidente, natural ou não.

1.3.6. ***A utilização das coisas públicas pelos particulares***

1.3.6.1. *O uso geral*

O *uso geral* (ou comum) de uma coisa pública consiste no modo da sua utilização que é declarado lícito para *todos* ou para *uma categoria* genericamente delimitada de particulares.

Este tipo de uso resulta directamente da lei, podendo ser gratuito (essa será a regra) ou oneroso (através do pagamento de uma taxa, por exemplo as portagens devidas pela utilização de algumas estradas ou pontes ou pelas entradas nos museus), sem que tal mude em nada a sua natureza.

O uso comum pode ser *ordinário* ou *extraordinário*.

O primeiro é aquele que pode ser aproveitado e é acessível por todos independentemente de autorização ou licença (o trânsito numa estrada, a visita a um monumento nacional, etc.); o segundo é o que está sujeito a *autorização*. Por este último tipo de uso se assumir diferente, em *intensidade* ou *perigosidade*, do uso ordinário e por ser mais intensivo ou perigoso, requer uma mais rigorosa regulamentação policial (cortejo numa via pública, pesca num rio, etc.).

A autorização necessária para o uso comum extraordinário limita-se a permitir o exercício da faculdade de uso que a todos pertence e a verificar que o uso extraordinário não prejudica naquele caso concreto as utilizações ordinárias permitindo, consequentemente, que se exerça o poder que ao utente já pertencia.[151]

1.3.6.2. *O uso privativo*

Para além do uso geral, os bens públicos admitem também um *uso privativo*. Este é o modo de utilização do domínio que é consentido apenas a *alguma* ou *algumas pessoas determinadas*, com base num *título jurídico individual*.

O uso privativo pode consubstanciar-se num direito de ocupação individual exclusiva de um determinado bem público, podendo assumir um conteúdo variável:

- meras faculdade de *ocupação* (instalação de uma esplanada no passeio);
- poderes de *transformação* (construção de um hotel na orla marítima);
- direito de extracção e *apropriação* de uma parte da coisa pública para fins particulares (o aproveitamento da água de um rio para rega e das areias de uma duna para construção).

---

[151] Pode acontecer que uma mesma coisa pública seja passível de vários usos comuns, ordinários e extraordinários (por exemplo, um rio navegável permite não só a navegação mas ainda a pesca, a rega de terrenos marginais, uma estrada pode servir para viajar ou para realizar "rallies", etc.). Estes usos comuns simultâneos podem conflituar entre si, devendo, por isso, ser hierarquizados, por forma a que a utilização da coisa se faça sempre sem prejuízo das suas aptidões naturais. Por isso alguns desses usos são *predominantes* e outros são meramente *acessórios*. As utilizações predominantes prevalecem sobre as utilizações acessórias.

Mas a hierarquia também pode ter de se fazer entre usos comuns ordinários (navegação e pesca), entre usos ordinários e extraordinários (circulação normal e circulação em cortejo numa estrada) ou ainda entre usos extraordinários (um cortejo a comemorar uma data histórica e uma prova desportiva). Fundamental é, em cada caso, potenciar ou optimizar as virtualidades dos bens públicos concretamente em causa, procurando conciliar, tanto quanto possível, os vários usos (*princípio da compatibilidade dos usos*).

O uso privativo dos bens públicos pode resultar de acto administrativo ou de contrato administrativo; não é gratuito (os particulares são obrigados ao pagamento de *taxas)* e é sempre temporário e em geral precário.

Os títulos de uso privativo são:

- a *licença* (licença de uso privativo do bem do domínio público): é emitida a *título precário*, tendo por objecto usos privativos que não exijam a realização de investimentos em instalações fixas e indesmontáveis (v.g. instalação na via pública de quiosques, esplanadas, bombas de gasolina, depósitos de materiais para obras e tapumes);
- a *concessão de uso privativo*: visam usos mais duradouros e, logo, tendencialmente mais estáveis (por exemplo, concessão de uma parcela dominial da margem do mar para a construção de um hotel) e podem ser de *aproveitamento imediato* ou de *aproveitamento mediato (para instalação de serviços)*;
- A *concessão de exploração de bens do domínio público*: neste casos a entidade gestora dos bens do domínio público transfere a *administração directa*, ou parte dela, para outras entidades públicas ou privadas, mantendo, contudo, a titularidade da propriedade e os poderes de fiscalização sobre a forma como esses bens são efectivamente administrados.

  Ela visa melhorar, simplificar ou tornar mais eficaz a realização da utilidade pública a que a coisa está destinada, mediante a *transferência dos direitos de gestão* de uma parcela do domínio público, com todos os poderes inerentes.

1.3.7. *Inalienabilidade, imprescritibilidade e autotutela dos bens públicos*

Os aspectos que mais caracteristicamente marcam o regime dos bens do domínio público, permitindo traçar a linha divisória com a disciplina aplicável aos bens em regime de propriedade privada, são a sua inalienabilidade, imprescritibilidade e auto-tutela.

1.3.7.1. *Inalienabilidade*

A inalienabilidade dos bens públicos traduz-se na sua extracomercialidade nos termos do direito comum: apenas assegurando que os bens públicos não podem ser objecto de negócios jurídicos de direito privado entre a Administração e os particulares se garante a sua afectação à realização do bem comum.

Nesta incomerciabilidade dos bens públicos pelos modos de direito privado repousa a impossibilidade quer da sua transmissão (total e definitiva) a terceiros, quer da sua oneração por direitos reais menores privados.

Por isso se devem considerar como nulas as vendas de bens públicos, caso estes não sejam previamente desafectados da destinação pública a que se acham adstritos. São também nulos os negócios jurídicos dirigidos à constituição de direitos reais limitados sobre as dependências dominiais. Também por este motivo os bens públicos não podem ser objecto de penhora (impenhorabilidade).

Hoje em dia já se vem colocando em causa uma interpretação tão exigente desta inalienabilidade, pois ela pode potenciar o sério risco de se hipotecar, em determinadas situações da vida, soluções que se revelam claramente favoráveis à prossecução do interesse público globalmente perspectivado. Actualmente exige-se, assim, conciliar o interesse em tirar o máximo partido em termos económico-financeiros dos bens públicos com o interesse, não menos relevante, de não os subtrair à sua destinação à fruição colectiva.

1.3.7.2. *Imprescritibilidade*

Não obstante esta característica, que torna a posse sobre bens públicos totalmente ineficaz, a doutrina vem considerando irrazoável esta forma de perspectivar a imprescritibilidade, apelando ao prudente critério dos tribunais a apreciação do alcance ou significado a atribuir à conduta omissiva da Administração, sendo certo que, em regra, a subtracção do bem à efectiva ou actual satisfação de um interesse geral deve ser interpretada como uma sua *desafectação tácita*, não repugnando, nessas situações, aceitar a aquisição pelo particular do domínio sobre o mesmo, em virtude de posse prolongada conducente à respectiva usucapião.

1.3.7.3. *Auto-tutela*

A faculdade das autoridades administrativas procederem, em via administrativa, à tutela da integridade jurídica e do gozo material dos bens públicos tem sido identificada como mais uma das notas típicas da propriedade pública.

No entanto, e como vimos a propósito da executoriedade, a coercibilidade por via administrativa não pode, nem tão pouco deve, ao menos hoje, ser tida como uma marca comum a todos os actos administrativos, importando antes configurá-la, contra o seu entendimento tradicional, como um meio perfeitamente excepcional.

Por isso a Administração apenas se pode socorrer de medidas compulsórias destinadas a assegurar a tradução da realidade jurídica em realidade de facto nas hipóteses (nos modos e pelas formas) em que tal faculdade lhe seja expressamente concedida por lei.

2. Aquisição ou utilização de bens particulares por parte da Administração

No que respeita, agora, aos modos pelos quais a Administração se serve ou lança mão de bens alheios, impõe-se distinguir conforme se trate de poderes de *aquisição coactiva* desses bens (*expropriação*), ou de poderes de *utilização dos bens alheios* por motivos de utilidade pública (*requisição*), sem esquecer, obviamente, os poderes que igualmente lhe assistem de introduzir especiais limitações ao uso dos respectivos bens por parte dos administrados em função de um interesse público prevalente (*servidões administrativas* e outras restrições de utilidade pública).

Vejamos cada um deles com mais pormenor.

2.1. A expropriação por utilidade pública

A *expropriação em sentido clássico* significa a privação ou subtracção de um direito e a sua apropriação por um sujeito diferente para a realização de um fim público. Implica, por isso, um momento privativo e um momento apropriativo de um direito e uma relação tripolar entre o expropriado, o beneficiário da expropriação e a entidade expropriante[152].

[152] Do ponto de vista subjectivo, ou seja, das entidades que intervêm num procedimento expropriativo, para além das entidades referidas no texto – *expropriado*, isto é, o sujeito que é privado do bem ou do direito; o *beneficiário da expropriação* (aquele que integra, na sua esfera jurídica, o bem ou o direito objecto de expropriação) e a *entidade expropriante* (aquela que declara a utilidade pública do bem ou do direito para efeitos expropriativos, isto é, a que é dotada do poder expropriativo) – é possível identificar, ainda,

Trata-se, pois, de um procedimento de *aquisição de bens* com vista à prossecução de um interesse público ou um fim de utilidade pública.

Mas o conceito de expropriação ainda pode ser entendido num sentido diferente: como toda e qualquer actividade das entidades públicas que destroem ou limitam uma posição jurídica garantida como propriedade pela Constituição da República Portuguesa. Designam-se estas de *expropriações de sacrifício* e distinguem-se das expropriações em sentido clássico por lhes faltarem os momentos privativo e apropriativo do direito e a relação tripolar antes referidos. Estamos, nestes casos, perante actuações de entidades públicas cuja finalidade não é a aquisição de bens para a realização de um interesse público (não determinando, por isso, a perda da titularidade de um direito), mas que provocam uma limitação de tal forma intensa no direito de propriedade que devem ser qualificadas como expropriativas, dando origem, por isso, a uma obrigação de indemnização (privam apenas algumas faculdades decorrentes do direito de propriedade). Exemplos típicos destas situações no direito do urbanismo são as previstas no artigo 143.º do RJIGT que podem ser designadas de *expropriações do plano*.

O artigo 1.º do Código das Expropriações[153] define, como objecto da expropriação, os *bens imóveis* e os *direitos relativos a bens imóveis*[154].

A expropriação dos *bens imóveis* significa a subtracção dos bens objecto do direito de propriedade (terrenos, edifícios). Por sua vez, a expropriação de *direitos relativos a bens imóveis* significa a expropriação de direitos reais distintos do direito de propriedade (direitos reais limitados de gozo – usufruto, servidões, uso e habitação – e de garantia – hipoteca) e direitos obrigacionais ou de crédito (arrendamento) que incidem sobre aqueles bens.

---

as *entidades procedimental e contenciosamente expropriantes* (as entidades que desencadeiam o procedimento e o processo expropriativos e que, em regra, coincidem com a entidade beneficiária da expropriação, o que, todavia, não sucede necessariamente) e ainda os *demais interessados* (titulares de qualquer direito real ou ónus sobre o bem, que não expropriados) e os arrendatários (em condições especiais – artigo 30.º).

[153] As referências feitas, de ora em diante, a artigos sem expressa indicação do respectivo diploma legal devem considerar-se feitas ao Código das Expropriações.

[154] O objecto da expropriação não se circunscreve apenas aos bens e direitos referidos neste artigo. Devido ao alargamento do conceito de expropriação, este acto ablatório pode ter hoje como objecto quaisquer *direitos privados de carácter patrimonial*. Ficam assim apenas excluídos os direitos subjectivos não patrimoniais e os interesses ou meras expectativas.

O Código das Expropriações de 1999 prevê, aliás, de forma expressa, a possibilidade de expropriação de bens móveis (artigo 91.º).

Quando a expropriação incide sobre o bem imóvel, extinguem-se automaticamente os direitos que o oncravam[155], devendo ser paga uma indemnização ao proprietário e uma indemnização a cada um dos titulares dos outros direitos[156].

Elemento essencial (constitutivo) de qualquer expropriação é o pagamento de uma justa indemnização (cfr. artigo 62.º, n.º 2 do CRP).

2.2. A requisição por utilidade pública

A requisição por utilidade pública é o acto administrativo pelo qual um órgão competente impõe a um particular, verificando-se as circunstâncias previstas na lei (isto é, tratando-se de um caso de necessidade urgente e transitória) e mediante justa indemnização, a obrigação temporária de *colocar os seus bens ao serviço da Administração* (por exemplo, fábricas ou estabelecimentos), de *ceder o uso de coisas móveis ou semoventes* ou de *consentir na utilização pela Administração de quaisquer bens* que sejam necessários à realização do interesse público e que não convenha procurar no mercado.

O traço característico da requisição, que a distingue da expropriação, está em que ela não visa a desapropriação dos bens particulares, mas somente permitir à Administração tê-los temporariamente ao seu serviço ou utilizá-los directamente. Por outro lado, a necessidade pública em causa é de natureza temporária, designadamente em casos de calamidade pública (inundações, incêndios, terramotos, etc.).

A requisição de bens imóveis e de direitos a eles inerentes encontra-se regulada no mesmo diploma que entre nós estabelece o regime jurídico das expropriações: o Código das Expropriações (artigos 80.º e

---

[155] Tal assim é por, como referimos, a expropriação corresponder a uma forma de aquisição originária de direitos, procedendo à extinção de todos aqueles que incidem sobre o bem objecto da expropriação.

[156] Os direitos relativos a bens imóveis podem ser objecto de expropriação independentemente da subtracção do bem a que se referem e que oneram. Tal acontece em duas situações distintas. A primeira verifica-se quando o sujeito que promove a expropriação é já o proprietário do imóvel mas este está onerado com direitos reais limitados ou com um direito obrigacional, como o arrendamento. A segunda acontece quando, por meio da expropriação, se pretendem constituir direitos reais limitados, como uma servidão (artigo 8.º do CE) ou um direito de superfície. Neste último caso, estamos já, porém, quanto a nós, perante uma expropriação de sacrifício.

seguintes). No quadro que a seguir se apresenta, expõem-se as principais diferenças estabelecidas neste código entre estes dois meios de aquisição autoritária de bens.

	Expropriação	Requisição
Causa	Interesse público *normal* (não necessariamente nacional), com a finalidade de providenciar *necessidades duradouras* da Administração	Interesse *público* e *nacional* de carácter *urgente* e *transitório* – art. 79.º, n.º 1 e 2
Efeitos	Eficácia real, translativa da propriedade [a posição jurídica do expropriado traduz-se numa *sujeição* (pati) dos efeitos da *potestas* expropriatória]	Eficácia meramente obrigacional pois impõe ao proprietário do bem o *dever* de entregá-lo à entidade a favor de quem operar a requisição e o *dever* de lhe assegurar o seu gozo temporário dentro dos limites da requisição – art. 84.º, n.º 2
Entidade competente para a fixação do montante da indemnização	A indemnização é fixada por acordo e, na falta deste, por via judicial	A indemnização é fixada por acordo e, na falta deste, pelo ministro responsável pelo sector sob proposta do serviço com atribuições na área – art. 83.º, n.º 4, alínea b).

2.3. As limitações administrativas especiais sobre bens alheios por motivos de utilidade pública

A realização dos fins da Administração pode implicar o estabelecimento de restrições especiais à fruição dos seus bens pelos proprietários por motivos de utilidade pública.

Neste sentido, distinguem-se, no ordenamento jurídico português, as figuras da *servidão administrativa* e da *restrição por utilidade pública.*

Enquanto a primeira se traduz num encargo imposto sobre certos prédios em proveito da utilidade pública de uma coisa, a segunda é considerada como limitação ao direito de propriedade que visa a realização de interesses públicos abstractos, sem que haja, portanto, qualquer relação com outros bens.

Algumas destas servidões e restrições encontram-se directamente ligadas ao desenvolvimento do processo urbanístico, outras visam a protecção específica de bens ou das suas utilidades, e outras, ainda, visam a protecção de certos solos em face dos processos de urbanização e construtivos.

As servidões administrativas são sempre impostas por razões de utilidade pública, podem ser positivas ou negativas, e dão lugar a indemnização nos termos do art.º 8.º do Código das Expropriações. Nos termos deste artigo, as servidões dão lugar a indemnização quando inviabilizem a utilização que vinha sendo dada ao bem, considerado globalmente; quando inviabilizem qualquer utilização do bem, nos casos em que este não esteja a ser utilizado; ou quando anulem completamente o seu valor económico. Para além disso, quando exijam um acto definidor da Administração, só são impostas após a audiência prévia dos interessados, sendo ainda inalienáveis e imprescritíveis.

Exemplos de servidões administrativas são as impostas pela instalação de cabos e fios eléctricos, teleféricos e telefónicos; as servidões de faróis; as servidões de monumentos e edifícios nacionais; as servidões *non aedificandi* (proibições de edificação) das faixas de terrenos situados junto à plataforma das estradas nacionais, das auto-estradas e dos terrenos adjacentes às vias ferroviárias, etc.

No que concerne a exemplos de restrições de utilidade pública, atente-se, designadamente, nas proibições no domínio do regime de uso, ocupação e transformação dos solos incluídos na Reserva Agrícola Nacional e na Reserva Ecológica Nacional.

Capítulo II

O pessoal da Administração Pública e a relação jurídica de emprego público

1. O "pessoal" da Administração Pública

Como vimos, a Administração Pública é constituída, no seu núcleo mais relevante, por pessoas colectivas de direito público, as quais são criadas e existem para assegurar o desenvolvimento ou desempenho de um conjunto de funções e actividades necessárias à satisfação do interesse público que lhes cabe prosseguir.

E, sendo aquelas entidades organizações permanentes, torna-se necessário assegurar a estabilidade da sua estrutura e a continuidade do seu funcionamento, o que passa pela existência de um grupo, maior ou menor, de pessoas físicas que, com o seu trabalho, garantam a realização dos seus fins.

Estas pessoas integram o conceito de *Função Pública* que tinha, tradicionalmente, inscrito no seu ADN "...*um regime de direito público e um conjunto particular de trabalhadores – os funcionários e agentes*".[157]

Este regime foi, contudo, nos últimos anos, objecto de reformulação, que "laboralizou" ou *privatizou* a *relação jurídica de emprego público* por razões de eficiência da actuação administrativa (em ligação com os novos modelos de gestão pública) e de poupança de recursos com o seu pessoal. Em virtude desta reformulação, não se fala já, actualmente, em funcionários ou agentes administrativos, mas em *trabalhadores da Administração Pública*.

Para alguns, a generalização de um "... *regime de vinculação que tem por substrato maioritário o regime laboral de direito privado, conduz*

---

[157] Cfr. Paulo Veiga e Moura e Cátia Arrimar, *Os Novos Regimes de Vinculação, de Carreiras e de Remunerações da Administração Pública. Comentário à Lei n.º 12-A/2009, de 27 de Fevereiro*, 2.ª Edição, Coimbra, Coimbra Editora/Wolters Kluwer, 2010, p. 50.

ao esvaziamento de uma realidade constitucionalmente protegida – a Função Pública e o seu regime jurídico – e à eliminação por via legislativa de uma classe particular de trabalhadores com expressa previsão constitucional – os funcionários e agentes". Nesta perspectiva, afirmam a duvidosa constitucionalidade das soluções legais que têm vindo a ser adoptadas em matéria de contratação dos trabalhadores da Administração Pública, já que, ainda que no regime destes contratos confluam normas de direito administrativo com normas de direito laboral apenas "*em situações excepcionais, devidamente justificadas e alicerçadas na defesa de outros valores e interesses constitucionalmente protegidos, poderá o legislador ordinário afastar o regime regra de direito público e substituí-lo por um regime assente no direito laboral*".[158]

Dada a extensão e profundidade das alterações introduzidas a partir de 2009, afirma-se, mesmo, que a clássica relação de emprego público morreu, pelo menos em aspectos essenciais do seu regime, exigindo, do ponto de vista dogmático, a invenção de uma nova terminologia jurídica: em vez do *Direito da Função Pública* fala-se hoje em *Direito Administrativo do Emprego Público*.[159]

2. A relação de emprego público até 2009

O marco legislativo que enquadra o regime jurídico a que se encontram submetidos todos aqueles que mantêm com a Administração uma relação jurídica de emprego público consta, actualmente, no seu essencial, da Lei n.º 12-A/2008, de 27 de Fevereiro (que estabelece o regime de vinculação, de carreiras e de remunerações dos trabalhadores que exercem funções públicas)[160], da Lei n.º 59/2008, de 11 de Setembro (que aprovou o regime de contrato de trabalho em funções públicas), da Lei n.º 58/ /2008, de 9 de Setembro (que define o estatuto disciplinar dos trabalhadores que exercem funções públicas) e da Portaria n.º 83-A/2009, de 22 de Janeiro (que regula a tramitação do procedimento concursal na Administração Pública).

[158] Idem, *ibidem*.

[159] Cfr. Licínio Lopes Martins, "O Contrato de Prestação de Serviços na Lei n.º 12-A/ /2008, de 27 de Fevereiro: um regime contrário à Constituição e ao Direito Comunitário", *Revista de Direito Público e Regulação*, n.º 1, Maio, 2009, p. 17 (disponível no endereço http://www.fd.uc.pt/cedipre/revista/index.html).

[160] Objecto da Declaração de rectificação n.º 22-A/2008, de 24 de Abril.

Procedeu-se, com este quadro legal e regulamentar, à reformulação de um regime que era anteriormente enquadrado pelos Decretos-Lei n.os 184/89, de 2 de Junho (princípios gerais em matéria de emprego público) e 427/89, de 7 de Dezembro (regime da constituição, modificação e extinção da relação jurídica de emprego na Administração Pública[161]) – que estabeleciam os tipos de vínculos jurídicos (por tempo indeterminado ou temporário) com a Administração Pública e a sua regulamentação –, completados pela Lei n.º 23/2004, de 22 de Junho, que veio definir o regime jurídico do contrato individual de trabalho, uma vez que, já então, o contrato individual de trabalho figurava expressamente como uma forma de constituição de relações de emprego público com intuitos de flexibilização da gestão de pessoal.

Destes diplomas, conjugadamente com o Decreto-Lei n.º 204/98, de 11 de Junho, resultava que a constituição de uma relação jurídica de emprego público pressupunha o recrutamento e selecção de pessoal para os quadros da Administração Pública assente *num procedimento concursal* (externo, se aberto a todos os indivíduos, ou interno, se apenas reservado àqueles que já detinham a qualidade de funcionário ou agente) e era concretizada por um acto administrativo de *nomeação* ou por um *contrato de pessoal*, o qual, por sua vez, podia assumir a modalidade de *contrato administrativo de provimento*, de contrato de trabalho celebrado nos termos do regime especial da Lei n.º 23/2004 ou de contrato de trabalho celebrado nos termos do regime geral da legislação laboral.

Quer a *nomeação* quer o *contrato administrativo de provimento* apresentavam-se como formas jurídico-públicas de constituição da relação de emprego público, ao contrário das restantes modalidades contratuais que se constituíam como formas jus-privatísticas de constituição deste tipo de relações.

A *nomeação* titulava relações de emprego público que visavam satisfazer, de forma estável e contínua, necessidades de serviço permanentes. O trabalhador provido por nomeação (acto unilateral dependente de aceitação) adquiria a qualidade de funcionário público: trabalhador que desempenhava, a título profissional, o exercício de funções públicas, passando a integrar os lugares do quadro.

A relação criada por via de nomeação tinha natureza estatutária, já que inculcava um conjunto legalmente pré-definido e indissociável de direitos e obrigações ao funcionário. Mais, o trabalhador provido por nomeação

---

[161] Alterado sucessivamente pelos Decretos-Lei n.os 407/91, de 17 de Outubro, 175/95, de 21 de Junho, 102/96, de 31 de Julho e 218/98, de 17 de Julho.

ingressava numa carreira (vertical ou horizontal) e numa categoria que determinava a função a exercer, aplicando-se-lhe, com as devidas adaptações, as regras de direito do trabalho (protecção da maternidade e da paternidade, comissões de trabalhadores, estatuto de trabalhador estudante, etc.).

Por sua vez, o *contrato administrativo de provimento* titulava o exercício de uma actividade subordinada na Administração Pública, em situações específicas definidas na lei, com sujeição ao regime jurídico da função pública (exercício de internato médico, exercício de funções docentes, em serviços em regime de instalação, etc.). Não se destinava a preencher lugares do quadro, sendo o contrato celebrado pelo prazo de um ano, findo o qual caducava (com pré-aviso) ou se renovava de forma tácita e sucessiva até ao seu limite máximo de duração. A relação jurídica que era constituída por seu intermédio era, em parte, estatutária, sem, no entanto, a garantia de emprego e carreira, podendo ser objecto de negociação e não adquirindo o trabalhador a qualidade de funcionário, mas de agente da Administração.

O *contrato de trabalho a termo* servia de título à prestação de trabalho subordinado e temporário ditado por necessidades transitórias a termo certo ou incerto. Tinha carácter excepcional, só podendo ser celebrado em situações taxativas, sob pena de nulidade. O regime aplicável era o do Código do Trabalho, com especificidades: a celebração dependia de um procedimento público selectivo; a renovação não era automática (tinha de ser expressa e autorizada ao nível ministerial); nunca se convertia em contrato de trabalho por tempo indeterminado, por chocar com a regra do concurso no acesso à função pública.

O *contrato de trabalho sem termo (ou por tempo indeterminado)* que foi sendo inscrito em legislação especial como modo normal de contratação, veio a ser reconhecido em geral pela Lei n.º 23/2004, de 23 de Junho, passando a vigorar como alternativa à nomeação como forma de constituição de uma relação jurídica de emprego público, sempre que a função não implicasse o exercício directo de poderes de autoridade ou soberania. O regime aplicável era o do Código do Trabalho, com especificidades (o procedimento pré-contratual integrava momentos de regime administrativo, designadamente por imposição de princípios gerais da actividade administrativa como os da igualdade no acesso à função pública, da transparência, etc.).[162]

---

[162] Entendia-se haver compatibilidade destas relações de trabalho regidas pelo direito privado com a conformação constitucional do exercício das relações de trabalho na Administração Pública por estarem garantidos os princípios da dedicação exclusiva ao interesse

Com a introdução desta nova forma de constituição da relação jurídica de emprego público – a qual passou a ser definida como aquela *"mediante a qual um indivíduo se obriga para com uma pessoa colectiva pública, mediante retribuição, a prestar a sua actividade intelectual ou laboral, sob a direcção e autoridade dos órgãos daquela e cujo regime jurídico, podendo ser jus-administrativista ou jus-privatista, compreende um mínimo denominador comum de regime jus-publicista"*[163] – a utilização do regime jurídico da função pública passou a apresentar-se como excepcional, tendo de ser fundamentada.

Para além das formas específicas de constituição da relação de emprego público, o regime da Função Pública assentava ainda num *regime de carreiras e categorias*, composto por diferentes escalões, aos quais se faziam corresponder distintos índices salariais.

Os funcionários detinham o *direito de progredir na carreira* (quer verticalmente, através de concursos internos para as categorias superiores, quer horizontalmente, por progressão temporal nos escalões de cada categoria) com repercussões no respectivo regime salarial.[164]

Existia ainda um conjunto de outras especificidades do regime da Função Pública, como o *estatuto remuneratório dos funcionários* (Decreto-Lei n.º 353-A/89, de 16 de Outubro[165]); o regime *de férias, faltas e licenças* (Decreto-Lei n.º 100/99, de 31 de Março[166]); e o *estatuto disciplinar* (Decreto-Lei n.º 24/84, de 16 de Janeiro).

---

público e do recrutamento selectivo e aberto, com cumprimento dos princípios da publicidade dos empregos a prover; da divulgação atempada do sistema de avaliação, regras e critérios objectivos a utilizar; da fundamentação das decisões tomadas e da garantia da audiência prévia e de comunicação da decisão.

[163] Ana Fernanda Neves, "O Contrato de Trabalho na Administração Pública", in: *Estudos em Homenagem ao Prof. Doutor Marcello Caetano*, Vol. I, Coimbra Editora, 2006, p. 81 e ss.

O conceito tradicional de emprego público pode ser definido do seguinte modo: *"relação em que, mediante retribuição, um indivíduo se obriga a prestar a sua actividade, de forma continuada e profissional, a uma entidade da Administração Pública, colocando-se, voluntariamente, sob a autoridade e direcção dos órgãos competentes daquela."* Cfr. *Recursos Humanos das Autarquias Locais e o Novo Regime Jurídico do Emprego Público*, CEDOUA, FDUC, IGAL, Coimbra, Almedina, 2008.

[164] Cfr. Decreto-Lei n.º 404/98, de 18 de Dezembro.

[165] Alterado pelos Decretos-Lei n.os 393/90, de 11 de Dezembro, 404-A/98, de 18 de Dezembro e 70-B/2000, de 5 de Maio.

[166] Alterado pela Lei n.º 117/99, de 11 de Agosto e pelos Decretos-Lei n.os 503/99, de 20 de Novembro e 70-A/2000, de 5 de Maio.

3. A relação de emprego público depois de 2009

3.1. As modalidades de constituição da relação de emprego público

Com a Lei n.º 12-A/2008, as relações de emprego público passam a ser constituídas por via de *nomeação*, de *comissão de serviço* ou de *contrato de trabalho em funções públicas*, este nas modalidades de *contrato por tempo indeterminado* e *de contrato a termo resolutivo* (certo ou incerto).[167]

3.1.1. *A nomeação*

De acordo com o novo regime, a *nomeação*, que dantes constituía a regra, assume agora um papel residual na constituição de relações de emprego público, sendo reservada para trabalhadores que exercem funções de autoridade nas áreas funcionais tipificadamente identificadas no artigo 10.º, embora não confira actualmente ao trabalhador o estatuto de funcionário público.[168]

A nomeação pode ser *definitiva* (constituindo, neste caso, uma relação ou um vínculo de emprego público por tempo indeterminado), ou *transitória* (constituindo um vínculo por tempo determinado ou determinável, mediante a aposição, no respectivo acto, de um termo resolutivo, certo ou incerto). A área de recrutamento para a nomeação transitória é constituída pelos trabalhadores que não tenham ou não pretendam conservar a qualidade de sujeitos de relações jurídicas de emprego público constituídas por tempo indeterminado, bem como por aqueles que se encontrem em situação de mobilidade especial.[169]

---

[167] De acordo com o artigo 117.º, n.º 2, alínea b) da Lei n.º 12-A/2008, o contrato individual de trabalho consistiu no modo normal de constituição de relações de emprego público até 1 de Janeiro de 2009, altura da entrada em vigor do regime jurídico do contrato de trabalho em funções públicas, tendo, desde essa altura, os contratados por aquela via transitado para os contratos de trabalho em funções públicas.

[168] Nos termos do disposto no artigo 10.º da Lei n.º 12-A/2008, a nomeação está reservada para os trabalhadores a quem compete, em função da sua integração nas carreiras adequadas para o efeito, o cumprimento ou a execução de atribuições, competências e actividades relativas a missões genéricas e específicas das Forças Armadas em quadros permanentes; representação externa do Estado; informações de segurança; investigação criminal; segurança pública (quer em meio livre quer em meio institucional); e inspecção.

[169] Para Paulo Veiga e Moura e Cátia Arrimar, a criação de uma figura de nomeação transitória apresenta-se como contraditória já que, se por força do artigo 10.º, n.º 1,

No entanto, mesmo a *nomeação definitiva* encontra-se, agora, sujeita a um período experimental (em substituição do anterior estágio das carreiras técnica e técnica superior) destinado a avaliar as competências do trabalhador em função do posto de trabalho que vai ocupar

Por sua vez, a *nomeação transitória*, muito embora corresponda a um acto administrativo (logo unilateral) de constituição de uma relação de emprego público, é contratualizada quanto ao seu regime substantivo, aplicando-se-lhe o regime do contrato a termo previsto na Lei n.º 59/2008, que define o regime do contrato de trabalho em funções públicas.[170]

---

apenas podem ser nomeados os trabalhadores que sejam integrados em carreiras (das áreas funcionais ali mencionadas), então é desprovido de sentido permitir-se a nomeação transitória de quem não é integrado em nenhuma carreira (pois, por força do artigo 40.º, apenas os nomeados definitivamente são integrados em carreiras), o que significa que, na prática, o legislador prevê uma espécie (a nomeação transitória) para quem não possui o género (não pode ser nomeado por não estar na carreira).

Mais, afirmam não existir qualquer vantagem nem utilidade em permitir que funções que contendem com a autoridade e a soberania do Estado sejam exercidas por pessoas sem vínculo definitivo com a Administração.

Consideram, por isso, que a nomeação transitória constitui-se, fundamentalmente, como um meio para a Administração encontrar temporariamente *substitutos* para o seu pessoal nomeado definitivamente ou para fazer face a aumentos temporários de serviços nas áreas de actividades mencionadas no artigo 10.º. Cfr. Paulo Veiga e Moura e Cátia Arrimar, *Os Novos Regimes de Vinculação, de Carreiras e de Remunerações da Administração Pública, cit.*, p. 58-59.

[170] À nomeação transitória são aplicáveis os pressupostos legais e fácticos da celebração do contrato a termo resolutivo, certo ou incerto, os quais se apresentam como condição de legalidade do acto de nomeação (artigos 93.º e 106.º da Lei n.º 59/2008, conforme se trate, respectivamente, de nomeação a termo certo ou de nomeação a termo incerto).

Mais, o regime dos contratos de trabalho em funções públicas aplica-se, ainda, à nomeação transitória quanto à *realização do período experimental* (artigo 77.º, da Lei n.º 59/2008); à *duração da nomeação* [artigos 93.º, n.º 4, 103.º e 105.º da Lei n.º 59/2008 (duração da nomeação a termo certo); artigo 107.º (duração da nomeação a termo incerto)]; à *renovação da nomeação* (artigos 93.º, n.º 4, 104.º e 105.º, n.º 2, da Lei n.º 59/2008: renovação da nomeação a termo certo); à *impossibilidade de conversão da nomeação transitória em nomeação definitiva* e sanção em caso de violação (artigo 92.º da Lei n.º 59/ /2008); à *cessação da nomeação* (artigo 32.º, n.º 4, conjugado com o artigo 279.º, n.º 1, da Lei n.º 59/2008, que manda aplicar as regras gerais de cessação do contrato de trabalho em funções públicas ao contrato a termo certo); e à *cessação da nomeação por aplicação de pena disciplinar expulsiva* [artigo 32.º, n.º 2, alínea d)].

3.1.2. *Comissão de serviço*

À nomeação, enquanto modalidade de constituição da relação de emprego público, acresce a *comissão de serviço*: acto unilateral da Administração que designa um indivíduo para ocupar um cargo dirigente ou para a frequência de uma formação, estando a respectiva eficácia dependente da aceitação (posse) do designado.

Verifica-se a este propósito, comparativamente com o regime anterior, uma sintomática mudança terminológica de "*nomeação em comissão de serviço*" para, simplesmente, "*comissão de serviço*": muito embora o título jurídico constitutivo continue a ser um acto unilateral (um acto administrativo), há uma flexibilização do regime da comissão de serviço que deixou de integrar o *género* que é a nomeação.

A comissão de serviço é aplicável num número muito limitado de situações laborais: quando se trate do *exercício de cargos não inseridos em carreiras* (por exemplo, cargos dirigentes[171]) – alínea a) do n.º 4 do artigo 9.º; ou quando esteja em causa a frequência de cursos de formação específica ou a aquisição de certo grau académico ou de certo título profissional antes do período experimental com que se inicia a nomeação ou o contrato, para o exercício de funções integrado em carreira (por exemplo, a realização do internato médico[172]), mas apenas para os que sejam titulares de uma relação de emprego público previamente constituída, sendo que para os restantes está previsto o contrato a termo resolutivo incerto – alínea b) do n.º 4 do artigo 9.º.[173]

O vínculo criado com a comissão de serviço é inerentemente *transitório* (a termo certo ou incerto), sendo que a regra é, na ausência de

[171] Cfr. Lei n.º 2/2004, de 15 de Janeiro, com a redacção que lhe foi dada pela Lei n.º 51/2005, de 30 de Agosto, adaptada à Administração local pelo Decreto-Lei n.º 104//2006, de 7 de Junho.

[172] Cfr. Decreto-Lei n.º 203/2004, de 18 de Agosto, com a redacção que lhe foi dada pelo Decreto-Lei n.º 45/2009, de 13 de Fevereiro.

[173] São exemplos de cursos de formação referidos na alínea b) do n.º 4 do artigo 9.º, o Curso de Estudos Avançados em Gestão Pública (CEAGP) do INA, como condição de acesso a cargos de direcção na Administração do Estado (Portaria n.º 213/2009, de 24 de Fevereiro); o Curso de Estudos e Formação para Altos Dirigentes da Administração Local (CEFADAL) do CEFA (Portaria n.º 117/2006, de 9 de Fevereiro); o Curso de Licenciatura em Ciências Policiais da Escola Superior de Polícia. Sobre o sentido da alínea b) do n.º 4 do artigo 9.º da Lei n.º 12-A/2008 cfr. Paulo Veiga e Moura e Cátia Arrimar, *Os Novos Regimes de Vinculação, de Carreiras e de Remunerações da Administração Pública, cit.*, p. 53-56.

soluções especiais, a limitação da comissão de serviços a três anos, sucessivamente renovável (artigo 23.º).

Nos termos do n.º 4 do artigo 24.º da Lei n.º 12-A/2008, aplica-se à comissão de serviço o regime da nomeação quanto à forma do acto (artigo 14.º), à forma da aceitação (artigo 15.º, n.ºs 2 e 3), ao prazo para a aceitação (artigo 17.º), aos efeitos da aceitação (artigo 18.º, n.º 1) e aos efeitos da falta de aceitação (artigo 19.º).[174]

3.1.3. *Contrato de trabalho em funções públicas*

O *contrato de trabalho em funções públicas* é um acto bilateral, celebrado entre uma entidade empregadora pública e um particular, nos termos do qual se constitui uma relação de trabalho subordinado.

Embora se trate de um contrato administrativo, a sua regulação está excluída do âmbito de aplicação do Código dos Contratos Públicos (cfr. artigo 12.º da Lei n.º 59/2008, de 11 de Setembro, que alterou o artigo 4.º daquele Código), tendo uma regulamentação própria.

O *contrato de trabalho em funções públicas* passa, agora, a ser o modo normal de constituição da relação de emprego público (artigo 20.º da Lei n.º 12-A/2008), abrangendo, assim, a maior parte dos recursos humanos da Administração Pública.

Este contrato pode ser celebrado *por tempo indeterminado* ou *a termo resolutivo,* que tanto pode ser certo como incerto. Os contratos a termo apenas podem, contudo, ser utilizados para situações transitórias e previstas na lei (cfr artigo 93.º da Lei n.º 59/2009).[175]

Pode, por isso, afirmar-se existir uma preferência legal pela celebração de contratos de trabalho em funções públicas por tempo indeterminado, não só porque, como acabámos de referir, o legislador tipificou ou definiu as hipóteses de recurso legítimo aos contratos a termo, como, também, porque aliou efeitos negativos à sua celebração: cfr. o regime previsto no artigo 96.º (segundo o qual a cessação, por motivo não imputável ao trabalhador, de contrato a termo impede nova admissão a termo para o mesmo posto de trabalho, antes de decorrido um período de tempo equi-

---

[174] Para uma crítica à autonomização da comissão de serviço em face da figura da nomeação vide Paulo Veiga e Moura e Cátia Arrimar, *Os Novos Regimes de Vinculação, de Carreiras e de Remunerações da Administração Pública, cit.*, p. 52.

[175] O regime desta modalidade de contrato encontra-se fixado nos artigos 91.º a 107.º da Lei n.º 59/2008.

valente a um terço da duração do contrato, incluindo as suas renovações) e a taxa social única, que pode ser aumentada em função do número de trabalhadores contratados a termo no órgão ou serviço (artigo 102.º).

O regime jurídico deste tipo de contratos consta da Lei n.º 59/2008, a qual consagra o conjunto de normas que regulam a relação laboral entre os trabalhadores da Administração Pública e esta, nela se regulando questões relativas aos *sujeitos*; à *formação do contrato*; ao seu *objecto*; à respectiva *invalidade*; aos *direitos, deveres e garantias das partes*; à *prestação do trabalho* (que inclui a regulamentação relativa ao local de trabalho e à duração e organização do tempo de trabalho); às *remunerações e outras atribuições patrimoniais*; à *segurança, higiene e saúde no trabalho*; às *vicissitudes contratuais* (como a redução da actividade e a suspensão do contrato, designadamente por intermédio de licenças); ao *incumprimento do contrato*; à sua *cessação* (designadamente por intermédio de caducidade; de revogação; de cessação por iniciativa da entidade empregadora pública; de cessação por iniciativa do trabalhador); e ao *direito colectivo* (incluindo as estruturas de representação colectiva dos trabalhadores; os instrumentos de regulamentação colectiva de trabalho; o acordo colectivo de trabalho, o acordo de adesão e o regulamento de extensão; os conflitos colectivos; a resolução de conflitos colectivos e a greve).

3.2. **O procedimento concursal**

A constituição de uma relação jurídica de emprego público pelas vias acabadas de referir pressupõe o recrutamento e selecção de pessoal assente *num procedimento concursal.* Este, tal como regulado na Lei n.º 12-A/2008 (artigos 50.º e ss.), está especialmente talhado para a admissão de *pessoal por tempo indeterminado* (ocupação de postos de trabalho previstos nos *mapas de pessoal*, ou seja, para o exercício de funções destinadas a satisfazer necessidades permanentes dos serviços[176]), muito embora, por força do n.º 2 do artigo 39.º, se aplique também ao *recrutamento de pessoal para o exercício de funções transitórias*.

A matéria relativa ao procedimento concursal, enquanto procedimento adequado para o recrutamento de pessoal, consta, desde logo, da Lei n.º 12-A/

[176] Sobre os mapas de pessoal e a gestão dos recursos humanos em função destes, cfr. artigos 4.º a 7.º da Lei n.º 12-A/2008.

/2008, que estabelece o regime dos níveis habilitacionais (artigo 51.º) e demais requisitos de recrutamento (artigo 52.º), os métodos de selecção (artigo 53.º), a tramitação do procedimento (artigo 54.º), a determinação do montante remuneratório (artigo 55.º) e o período de formação (artigo 57.º).

Nos termos desta Lei, os procedimentos concursais podem ser de *ingresso nas carreiras* – sempre que visem o preenchimento de lugares de categorias de base de determinada carreira –, ou de *acesso às carreiras* – quando tenham em vista o preenchimento das categorias intermédias ou superiores da mesma carreira (carreiras pluricategoriais), isto é, a promoção na própria carreira.

Por sua vez, os procedimentos concursais (para ingresso ou acesso às carreiras) podem ser *internos* (quando estejam reservados a pessoas que tenham uma relação de emprego com a Administração) ou *externos* (quando também puderem candidatar-se pessoas que não têm relação de emprego com ela).

O procedimento concursal de *acesso às carreiras* (categorias intermédias ou superiores de uma carreira) é, em regra, na falta de uma previsão esclarecedora da lei, *interno* e *geral* (artigo 6.º da Lei n.º 12-A/2008) sendo também deste tipo o procedimento concursal para ingresso (categoria de base de uma carreira): quando se destine à constituição de relações de emprego público por tempo indeterminado, começa sempre de entre trabalhadores que sejam titulares de uma relação jurídica de emprego público indeterminado previamente estabelecida (artigo 6.º, n.º 4, da Lei n.º 12-A/2008); e quando se destine à constituição de relações de emprego público por tempo determinado ou determinável, inicia-se sempre de entre trabalhadores que sejam titulares de uma relação jurídica de emprego público por tempo indeterminado previamente estabelecida e que não pretendam conservar essa qualidade ou trabalhadores que se encontrem em situação de mobilidade especial (artigo 6.º, n.º 5, daquela Lei).

Excepcionalmente, porém, é permitida a promoção de um concurso externo, que depende da verificação de requisitos específicos, que acrescem aos requisitos gerais (artigo 6.º, n.º 6, da Lei n.º 12-A/2008): (1) impossibilidade de ocupação de todos ou alguns postos de trabalho através de concurso interno e (2) parecer favorável dos membros responsáveis pelas finanças e pela Administração Pública. Nesse caso, pode proceder-se ao recrutamento de trabalhadores que sejam titulares de uma relação jurídica de emprego público por tempo determinado ou determinável (ainda concurso interno e geral) mas, também, de trabalhadores sem relação de emprego previamente estabelecida (concurso externo e geral).

Para além do regime constante dos artigos 50.º e ss. da Lei n.º 12-A/ /2008, o procedimento concursal (especificamente a sua tramitação, embora não apenas esta) encontra-se regulado na Portaria n.º 83-A/2009, do Ministério das Finanças e da Administração Pública, de 22 de Janeiro.[177]

Nos termos desta Portaria, o procedimento pode ser *comum* – para ocupação de postos de trabalho previstos e não ocupados, nos mapas de pessoal dos órgãos ou serviços (artigos 19.º a 39.º) – ou para a constituição de reservas de recrutamento – isto é, constituição de reservas de pessoal para satisfação de necessidades futuras da entidade empregadora pública ou de um conjunto de entidades empregadoras públicas (artigos 40.º a 48.º).

A tramitação do procedimento concursal comum encontra-se devidamente identificada nos artigos 19.º e ss., passando por várias fases: (1) abertura do procedimento e respectiva publicitação; (2) apresentação e apreciação das candidaturas; (3) análise, avaliação e selecção dos candidatos; (4) elaboração da lista unitária de ordenação final dos candidatos; (5) audiência prévia; (6) elaboração da lista final unitária de ordenação final; (7) homologação e subsequente publicitação.

Nos termos do artigo 54.º, n.º 1 da Lei n.º 12-A/2008, numa lógica de aceleração e simplificação inerente ao programa "simplex", este procedimento "*...é simplificado e urgente*".

3.3. **As carreiras**

Não obstante a Lei n.º 12-A/2008 não contenha uma noção de carreira, esta pode ser definida como o conjunto de funções, de idêntica natureza, próprias de uma profissão, que os trabalhadores nela integrados estão vinculados a executar, independentemente da existência de alguma graduação e concreta diferenciação ao nível do conteúdo funcional.[178]

O regime de carreiras está, no novo quadro legal, reservado aos trabalhadores titulares de relações de emprego público constituídas por tempo

---

[177] Excluem-se do âmbito de aplicação desta Portaria os recrutamentos para posto de trabalho que deva ser ocupado por trabalhador integrado em carreira especial (quando, nos termos do artigo 54.º, n.º 2 da Lei n.º 12-A/2008, exista regulamentação própria para a tramitação do respectivo procedimento concursal) e os recrutamentos para cargos dirigentes (artigo 1.º).

[178] Definição avançada por Paulo Veiga e Moura e Cátia Arrimar, *Os Novos Regimes de Vinculação, de Carreiras e de Remunerações da Administração Pública, cit.*, p. 117.

indeterminado, isto é, aos nomeados definitivamente ou contratados por tempo indeterminado (artigo 40.º daquela Lei). Tal não significa, contudo, que outros trabalhadores (nomeados, contratados por período transitório ou objecto de cedência) não possam exercer funções próprias de uma dada carreira.

Por sua vez, procede-se à extinção da clássica bipartição anteriormente existente entre carreiras verticais e carreiras horizontais, passando a existir *carreiras gerais* – aquelas cujos conteúdos funcionais caracterizam os postos de trabalho de que a generalidade dos órgãos ou serviços carece para o desenvolvimento das respectivas actividades, as quais passam a ser a *carreira de técnico superior*, a *carreira de assistente técnico* e a *carreira de assistente operacional* – e de *carreiras especiais* – aquelas cujos conteúdos funcionais caracterizam postos de trabalho de que apenas um ou alguns órgãos ou serviços carecem para o desenvolvimento das respectivas actividades.[179]

Trata-se de uma classificação que tem por base o critério do conteúdo funcional dos postos de trabalho.

Já com base no critério do número de categorias que integram uma dada carreira, a Lei n.º 12-A/2008 distingue entre as *carreiras unicategoriais* – carreiras a que corresponde uma única categoria (artigo 42.º, n.º 2)[180] – e as *carreiras pluricategoriais* – as que se desdobram em mais do que uma categoria, embora apenas possam ser criadas quando a cada uma das categorias da carreira corresponde um conteúdo funcional distinto do das restantes. De referir que o conteúdo funcional das categorias superiores integra o das que lhe sejam inferiores (artigo 42.º, n.ºs 3, 4 e 5).

Procede, também, a Lei n.º 12-A/2008 à classificação das carreiras em função do (seu) grau de complexidade (artigo 44.º).[181] Assim, em função

---

179 Nos termos do n.º 3 do artigo 41.º da Lei n.º 12-A/2008, apenas podem ser criadas carreiras especiais quando, cumulativamente, os respectivos conteúdos funcionais não possam ser absorvidos pelos conteúdos funcionais das carreiras gerais; quando os respectivos trabalhadores se devam encontrar sujeitos a deveres funcionais mais exigentes que os previstos para os das carreiras gerais; e quando para integração em tais carreiras, e em qualquer das categorias em que se desdobrem, seja exigida, em regra, a aprovação em curso de formação específico de duração não inferior a seis meses ou a aquisição de certo grau académico ou de certo título profissional.

180 De acordo com o Anexo à Lei n.º 12-A/2008, para o qual remete o artigo 49.º, n.º 2, é unicategorial a carreira geral de técnico superior. Assim, hoje, a designada carreira geral de técnico superior é apenas uma categoria.

181 Os diplomas legais que instituam cada carreira devem mencionar o respectivo grau de complexidade funcional, sendo que as carreiras pluricategoriais podem apresentar

da titularidade do nível habilitacional exigida para a integração em cada carreira, estas classificam-se em *carreiras de grau 1* (quando se exija a titularidade da escolaridade obrigatória, ainda que acrescida de formação profissional adequada[182]); em *carreira de grau 2* (quando se exija a titularidade do 12.º ano de escolaridade ou de curso que lhe seja equiparado[183]); e em *carreiras de grau 3* (quando se exija a titularidade de licenciatura ou de grau académico superior a esta[184]).

A cada carreira ou a cada categoria em que aquela se desdobre corresponde um conteúdo funcional legalmente descrito (cfr. artigo 43.º e Anexo à Lei n.º 12-A/2008). No entanto, a descrição do conteúdo funcional não pode, em caso algum, e sem prejuízo do disposto no n.º 3 do artigo 271.º da Constituição, constituir fundamento para o não cumprimento do dever de obediência e não prejudica a atribuição ao trabalhador de funções, não expressamente mencionadas, que lhe sejam afins ou funcionalmente ligadas e para as quais o trabalhador detenha a qualificação profissional adequada (o *ius variandi*): cfr. artigo 43.º, n.º 3, da Lei n.º 12-A/ /2008, e artigo 113.º da Lei n.º 59/2008.

Nos termos da Lei n.º 12-A/2008, que procedeu à eliminação dos tradicionais escalões, a cada categoria correspondem *posições remuneratórias* e a cada uma destas *níveis remuneratórios*, aos quais, por sua vez, corresponde um *certo montante pecuniário*.

Nas carreiras unicategoriais, a respectiva categoria tem, no mínimo, 8 posições remuneratórias. Nos termos do Anexo à Lei n.º 12-A/2008 a carreira de técnico superior dispõe na respectiva categoria – categoria de técnico superior – de 14 posições remuneratórias.

O número de posições remuneratórias de cada categoria nas carreiras pluricategoriais encontra-se ordenado por ordem decrescente a contar das categorias inferiores, nos seguintes termos: (1) à categoria inferior corresponde o mínimo de oito posições remuneratórias; (2) a cada uma das categorias sucessivamente superiores corresponde um número proporcionalmente decrescente de posições remuneratórias por forma que: (i)

---

mais do que um grau de complexidade, cada um deles referenciado a categorias, quando a integração nestas dependa, em regra, da titularidade de níveis habilitacionais diferentes.

[182] É de grau 1 a carreira de assistente operacional, que se subdivide nas categorias de assistente operacional, encarregado operacional e de encarregado geral operacional.

[183] É de grau 2 a carreira de assistente técnico, que se subdivide nas categorias de assistente técnico e de coordenador técnico.

[184] Integra a carreira de grau 3 a carreira de técnico superior.

estando a carreira desdobrada em duas categorias, seja de quatro o número mínimo das posições remuneratórias da categoria superior; (ii) estando a carreira desdobrada em três categorias, seja de cinco e de duas o número mínimo das posições remuneratórias das categorias sucessivamente superiores; (iii) estando a carreira desdobrada em quatro categorias, seja de seis, quatro e duas o número mínimo das posições remuneratórias das categorias sucessivamente superiores.

No que concerne aos níveis remuneratórios correspondentes às posições remuneratórias (artigos 68.º e 69.º da Lei n.º 12-A/2008), a sua identificação consta do Decreto Regulamentar n.º 14/2008, de 31 de Julho. Este diploma estabelece ainda uma tabela de posições remuneratórias complementares para as carreiras de assistente técnico e de assistente operacional.

No que concerne à *alteração do posicionamento remuneratório* dos trabalhadores registe-se a eliminação da clássica progressão (automática) nas categorias, inexistindo qualquer garantia legal de melhoria da posição remuneratória. Efectivamente, nos termos do n.º 3 do artigo 7.º, os trabalhadores não têm, em geral, qualquer garantia de mudarem de posição remuneratória e, por essa via, obterem um impulso salarial diferente daquele que eventualmente resultará da actualização anual dos montantes pecuniários correspondentes a cada nível remuneratório, ainda que exista verba orçamentada para suportar os encargos previstos nas alíneas b) e c) do n.º 1 do artigo 7.º.

A alteração da posição remuneratória apresenta-se, assim, como uma decisão de gestão, concretizada na afectação de verbas: cfr. artigo 46.º, n.º 1 da Lei n.º 12-A/2008, de acordo com o qual "*o dirigente máximo do órgão ou serviço decide se, e em que medida, este se propõe suportar encargos decorrentes de alterações do posicionamento remuneratório na categoria dos trabalhadores do órgão ou serviço*".

Verifica-se, ainda, para este efeito, a regra geral da irrelevância da avaliação do desempenho[185]: mesmo que os trabalhadores obtenham menções máximas na avaliação do desempenho, podem não ver melhorada a sua posição remuneratória, dado a mesma depender de uma decisão de gestão. Apenas na situação prevista no n.º 6 do artigo 47.º da Lei n.º 12-A/ /2008 – quando o trabalhador tiver acumulado 10 pontos nas avaliações de desempenho – é obrigatória a alteração do posicionamento remuneratório.

[185] Lei n.º 66-B/2007, de 28 de Dezembro e Portaria n.º 1633/2007, do Ministério das Finanças e da Administração Pública, de 31 de Dezembro.

Refira-se, por fim, que as carreiras e categorias passam a ser integradas em *mapas de pessoal*, substituindo-se os tradicionais quadros de pessoal, dotados de estabilidade: toda a gestão do pessoal, incluindo alterações que anualmente se façam aos mapas de pessoal (aumentando-os ou reduzindo-os), passa a depender mais dos recursos financeiros que sejam disponibilizados e da política de emprego público superiormente definida do que de outros critérios.[186]

Verifica-se, assim, a debilitação das garantias de estabilidade e de segurança da relação de emprego público, predominando uma lógica orçamental que determina uma permanente precariedade deste tipo de relações.

3.4. **Mobilidade**

A Lei n.º 12-A/2008 prevê dois grandes instrumentos de *mobilidade geral dos trabalhadores*, determinada por razões de interesse público: a *mobilidade externa* (artigo 58.º) e a *mobilidade interna* (artigos 59.º a 65.º).

Quer uma quer outra, pela sua própria natureza, finalidades e regime, devem ter uma aplicação limitada às relações jurídicas constituídas por tempo indeterminado.

3.4.1. ***Mobilidade externa***

A mobilidade externa ocorre quando os trabalhadores de uma entidade abrangida pela Lei n.º 12-A/2008 podem passar a exercer funções numa outra entidade não abrangida pelo seu âmbito de aplicação. Esta forma de mobilidade opera-se por *acordo de cedência de interesse público* que assume a natureza de um contrato administrativo.

Com o acordo de cedência suspende-se a relação de emprego público originária, salvo disposição em contrário (artigo 58.º, n.º 2, *in fine*). O trabalhador cedido pode optar por manter o estatuto que detinha no seu lugar de origem, mas passará a exercer as suas funções sob orientação e autoridade do órgão cessionário (o qual passa a deter o poder disciplinar sobre o trabalhador, excepto no que concerne às penas disciplinares de natureza

---

[186] Paulo Veiga e Moura e Cátia Arrimar, *Os Novos Regimes de Vinculação, de Carreiras e de Remunerações da Administração Pública, cit.*, 17.

expulsiva, que são aplicadas pela entidade patronal da sua proveniência). Note-se, porém, que o procedimento disciplinar que apure as infracções disciplinares deve respeitar o estatuto disciplinar de origem.

O trabalhador cedido tem direito à contagem, na categoria de origem, do tempo de serviço prestado em regime de cedência; a optar pela manutenção do regime de protecção social da sua proveniência, incidindo os descontos sobre o montante da remuneração que lhe competiria na categoria de origem; e a candidatar-se, durante o período de mobilidade, a outro posto de trabalho no órgão, serviço ou entidade de origem ou em outro órgão ou serviço, caducando, neste último caso, o acordo de cedência de interesse público com a ocupação do novo posto de trabalho.

A duração da mobilidade externa varia consoante ela se processe para o interior da Administração ou para o exterior dela.

Na primeira situação, a cedência do trabalhador só pode durar no máximo um ano, excepto quando o acordo tenha sido celebrado para o exercício de um cargo ou esteja em causa órgão ou serviço, designadamente temporário, que não possa constituir relações jurídicas de emprego público por tempo indeterminado, casos em que a sua duração é indeterminada, salvo se tal prazo for expressamente clausulado.

O acordo de cedência pode ser feito cessar a todo o tempo, por iniciativa de qualquer das partes, não podendo haver lugar, durante o prazo de um ano, a cedência de interesse público para o mesmo órgão ou serviço ou para a mesma entidade de trabalhador que se tenha encontrado cedido e tenha regressado à situação jurídico-funcional de origem.

3.4.2. *Mobilidade interna*

A mobilidade interna (que se processa no interior da Administração e que se apresenta como o resultado do *ius variandi* no domínio do emprego público[187]) pode ser uma mobilidade na categoria ou inter-carreiras/inter-categorias.

A *mobilidade interna na (própria) categoria*, noutro ou no mesmo serviço, permite manter o conteúdo funcional da respectiva categoria, embora dedicado a uma concreta actividade diferente daquela que até aí vinha exercendo (v.g., o técnico superior jurista que está no departamento de obras passa a exercer funções no mesmo ou noutro órgão, no departamento de contra-ordenações).

---

[187] Neste sentido vide Paulo Veiga e MOURA, *A Privatização da Administração Pública*, Coimbra, Almedina 2004, p. 74, nota 202.

Já na *mobilidade interna inter-carreiras ou (entre) categorias* o trabalhador passa a exercer funções diferentes das que correspondem à categoria funcional da categoria ou carreira em que está provido, estando tal mobilidade dependente da titularidade de habilitação adequada, não podendo, no entanto, modificar substancialmente a posição do trabalhador (v.g., um assistente operacional passa a exercer funções no mesmo órgão ou serviço ou em outro órgão ou serviço como assistente técnico).

Em regra, a mobilidade interna depende do acordo do trabalhador e dos órgãos ou serviços de origem e de destino, sendo, no entanto, dispensado o acordo do trabalhador quando ocorram as situações previstas no n.º 2 do artigo 61.º (sem prejuízo do n.º 3 desse normativo). O acordo do trabalhador nunca é dispensado quando a mobilidade interna se opere para categoria inferior da mesma carreira ou para carreira de grau de complexidade funcional inferior ao da carreira em que se encontra integrado ou ao da categoria de que é titular.

Por sua vez é dispensado o acordo do serviço de origem para efeitos de mobilidade interna, em qualquer das suas modalidades, quando se opere para serviço ou unidade orgânica situados fora das áreas metropolitanas de Lisboa e do Porto ou por iniciativa do trabalhador, desde que se verifique fundado interesse do serviço de destino, reconhecido por despacho do respectivo membro do Governo.

A mobilidade interna só pode perdurar por 18 meses, excepto nas situações identificadas nas alíneas a) e c) do n.º 1 do artigo 63.º. Mais, o trabalhador que se tenha encontrado em mobilidade interna e tenha regressado à situação jurídico-funcional de origem não pode, durante o prazo de um ano, ser sujeito a nova mobilidade interna para o mesmo órgão, serviço ou unidade orgânica.

A lei admite, em determinadas situações (artigo 64.º), a conversão de uma relação transitória (de mobilidade) numa relação definitiva, por decisão unilateral do dirigente máximo do serviço, mesmo sem o acordo do trabalhador.

Refira-se, por fim, que a menção obtida na avaliação do desempenho, bem como o tempo de exercício de funções em carreira e categoria decorrentes de mobilidade interna do trabalhador reportam-se, em alternativa, à sua situação jurídico-funcional de origem ou à correspondente à mobilidade interna em que se encontrou, conforme, entretanto, o trabalhador não venha ou venha, respectivamente, a constituir uma relação jurídica de emprego público por tempo indeterminado, sem interrupção de funções, na última situação jurídico-funcional.

4. O CONCEITO DE EMPREGO PÚBLICO APÓS A LEI N.º 12-A/2008

4.1. Elementos constitutivos

Tendo em consideração o novo regime que foi delineado a partir de 2008 – designadamente em termos das modalidades de constituição da relação de emprego público e respectivos vínculos, do regime de carreiras e respectivo posicionamento remuneratório e sua modificação e de mobilidade –, podemos definir a relação jurídica de emprego público a partir de alguns elementos característicos fundamentais.

Antes de mais, está em causa uma *relação de trabalho subordinado*, em que um dos sujeitos presta o seu trabalho sob autoridade, direcção e disciplina de outro.

Precisamente por lhe faltar esta subordinação, não integram a relação de emprego público aquelas relações que são tituladas por *contratos de prestação de serviço* (de avença ou de tarefa[188]) – muito embora tenham regulamentação na Lei n.º 12-A/2008; os acordos de actividade ocupacional ("contrato emprego-inserção" e "contrato-inserção")[189]; nem os contratos que têm por objecto a realização de estágios profissionais[190].

---

[188] São pressupostos para a celebração de um contrato de prestação de serviços: que se trate de execução de trabalho não subordinado, para a qual se revele inconveniente o recurso a qualquer modalidade da relação jurídica de emprego público; que o trabalho seja realizado, em regra, por uma pessoa colectiva (cfr. a excepção do n.º 4); que seja observado o regime legal da aquisição de serviços; e que o contratado comprove ter regularizadas as suas obrigações fiscais e com a segurança social.

O traço distintivo da prestação de serviços relativamente aos vínculos de emprego público reside, precisamente, na ausência de subordinação jurídica (não sujeição à disciplina e direcção da entidade pública), sendo prestado com autonomia e sem cumprimento de horário de trabalho.

O contrato de prestação de serviços é um contrato administrativo por expressa qualificação legal – artigos 6.º e 450.º e ss. do Código dos Contratos Públicos (CCP), sendo este diploma aplicável com as adaptações exigidas pela Lei n.º 12-A/2008.

Sobre as questões decorrentes da exigência de o contrato de prestação de serviços ser celebrado com pessoas colectivas, *vide* Licínio Lopes MARTINS, "O Contrato de Prestação de Serviços na Lei 12-A/3008, de 27 de Fevereiro: um regime contrário à Constituição e ao Direito Comunitário", *cit.*

[189] Cfr. Decreto-Lei n.º 132/99, de 21 de Abril, Decreto-Lei n.º 220/2006, de 3 de Novembro e Portaria n.º 128/2009, do Ministério do Trabalho e da Solidariedade Social, de 30 de Janeiro. Os acordos de actividade ocupacional são celebrados com pessoas

Em segundo lugar, a entidade pública contratante pode ser uma entidade de direito público ou de direito privado (entidades administrativas de direito privado) – nos termos do âmbito de aplicação da Lei n.º 12-A/ /2008 – podendo a entidade empregadora ter, ou não, personalidade jurídica (artigo 9.º, n.º 3).

Trata-se, ainda, de uma *relação fundada em acto administrativo ou em contrato administrativo,* integrando-se esta relação no conceito de relação jurídico-administrativa (artigo 212.º, n.º 3, da CRP e artigo 1.º, n.º 3 do ETAF), sendo os seus litígios subordinados à jurisdição dos Tribunais Administrativos (artigo 10.º da Lei n.º 59/2008, que altera o artigo 4.º, n.º 3, do ETAF).

Ocorre, porém, neste domínio, uma "administrativização" do direito privado (presente, por exemplo, no regime dos contratos de trabalho em funções públicas) e uma "laboralização" do direito administrativo (presente na nomeação, designadamente na nomeação transitória). Por isso a doutrina afirma que a relação jurídica de emprego público se apresenta como uma relação jurídica laboral típica, ainda que com especificidades decorrentes do direito administrativo. [191]

4.2. **Os princípios da relação de emprego público**

A relação de emprego público, tal como definida anteriormente, tem na sua base um conjunto de princípios que a conformam. Referimo-los, de seguida, de uma forma necessariamente sintética.

---

desempregadas beneficiárias de subsídio de desemprego ou subsídio social de desemprego e de rendimento social de inserção, com vista ao desenvolvimento de trabalho socialmente necessário. Nestes contratos não há remuneração, apenas o auferimento de um subsídio ocupacional.

[190] Cfr. o Decreto-Lei n.º 326/99, de 18 de Abril e o Decreto-Lei n.º 94/2009 de 29 de Maio. Neste caso, trata-se de contratos de formação com jovens à procura do primeiro emprego, não havendo poder de direcção, nem o auferimento de uma remuneração. A relação existente é de tutoria e de orientação, recebendo o jovem uma bolsa de formação.

[191] Cfr, Suzana Tavares da Silva, *Um Novo Direito Administrativo?*, cit., p. 54.

Princípio do serviço público	O exercício de funções públicas, seja de autoridade ou de cariz técnico, impõe aos trabalhadores que exerçam as suas prestações laborais de forma a assegurar a promoção do interesse público. Este princípio reflecte-se no estatuto de que gozam estes trabalhadores e no modo de ingresso, em regra precedido de procedimento concursal, através do qual deve ser assegurada a contratação do pessoal mais qualificado para a actividade/função a exercer.
Princípio do acesso	O acesso à função pública, em condições de liberdade e de igualdade, constitui um direito fundamental, consagrado no artigo 47.º, n.º 2 da CRP, e a sua conformação só pode ser efectuada por via de lei, em aplicação do disposto no artigo 165.º n.º 1, alínea b) da Constituição.[192]
Princípio da justiça e imparcialidade	O princípio da imparcialidade encontra-se intimamente ligado aos princípios da transparência e da concorrência, impondo, desde logo, a publicitação dos procedimentos, em regra concursais, e do seu desfecho. Os próprios critérios eleitos e o desenrolar da relação jurídica de emprego público devem igualmente ser presididos por este princípio, aliado ao da boa-fé. A imparcialidade não é apenas um *dever da Administração*, mas também uma *obrigação do trabalhador*. Deste modo, os trabalhadores da Administração Pública devem, no exercício da sua actividade, tratar de forma justa e imparcial todos os cidadãos, actuando segundo rigorosos princípios de neutralidade.
Princípio da legalidade	Os funcionários devem actuar em conformidade com os princípios constitucionais e de acordo com a lei e o direito.
Princípio da igualdade	Este princípio vale não só no que se refere ao acesso à função pública, mas enforma toda a subsistência da relação de emprego público. Integram este princípio, como seus subprincípios, o da proibição do arbítrio e o da proibição de discriminação, muito embora situações existam que impõem, por exigências de igualdade, uma obrigação de diferenciação (v.g. o Decreto-Lei n.º 29/2001, de 3 de Fevereiro, estabelece o sistema de quotas de emprego para pessoas com deficiência, com um grau de incapacidade funcional igual ou superior a 60%, em todos os serviços e organismos da administração

[192] Segundo Gomes Canotilho e Vital Moreira (*Constituição da República Portuguesa Anotada*, vol. I, 4.ª ed. revista, p. 660) integram este principio o direito de não se ser proibido de aceder à função pública em geral, ou a uma determinada função pública em particular (liberdade de candidatura); o poder de se candidatar aos lugares postos a concurso, desde que preenchidos os requisitos necessários; e o direito de não se ser preterido por outrem com condições inferiores.

	central, regional autónoma e local).[193] Mais, de acordo com este princípio, o pessoal da Administração não pode beneficiar ou prejudicar qualquer cidadão em função da sua ascendência, sexo, raça, língua, convicções políticas, ideológicas ou religiosas, situação económica ou condição social.
Princípio da proporcionalidade	Os funcionários, no exercício da sua actividade, só podem exigir aos cidadãos o indispensável à realização da actividade administrativa.
Princípio da colaboração e da boa fé	Os funcionários, no exercício da sua actividade, devem colaborar com os cidadãos, segundo o princípio da boa fé, tendo

[193] O artigo 55.º da Lei n.º 12-A/2008 prevê que o posicionamento do trabalhador recrutado ao abrigo de contrato em funções públicas, numa das posições remuneratórias da categoria, pode ser objecto de negociação com a entidade empregadora. Foi alegado que esta norma violaria o princípio de que a trabalho igual deve corresponder salário igual, uma vez que o interessado poderia auferir remuneração mais elevada que os trabalhadores mais antigos da mesma categoria que se encontrem em exercício de funções ou que têm mais qualificações.

Sobre esta questão o Acórdão do Tribunal Constitucional n.º 620/2007, de 14 de Janeiro de 2008 considerou que este procedimento salvaguarda a aplicação de alguns critérios de equidade e transparência: a negociação é efectuada após o termo do procedimento concursal e pela ordem em que os candidatos figurem na lista de graduação final [n.os 1, alínea a), e 3]; a negociação efectua-se por escrito e o acordo (ou a proposta de adesão, quando for o caso) é fundamentado (n.os 3 e 5); a falta de acordo com um determinado candidato implica que se inicie a negociação com o que se lhe siga na ordenação, ao qual não poderá ser proposto um posicionamento remuneratório superior ao máximo que tenha sido proposto, e não aceite, por um qualquer dos candidatos que o anteceda naquela ordenação (n.º 6); após encerramento do processo negocial, a respectiva documentação é pública e de livre acesso (n.º 7). Aí se afirmou: "*Vê-se assim que a determinação do posicionamento remuneratório tem em consideração a posição relativa dos candidatos na lista de graduação do concurso e, embora haja alguma margem de liberdade decisória na fixação dos termos do acordo – como é próprio de qualquer processo negocial –, a entidade empregadora está, em todo o caso, impedida de formular uma proposta mais vantajosa em relação a um candidato que se encontre na lista de graduação em posição relativa inferior a outro, o que faz supor que a definição negociada dos escalões remuneratórios tem por base o mérito relativo dos candidatos revelado nas provas do concurso*". Nestes moldes, o princípio constitucional implica a inadmissibilidade de um tratamento salarial diferenciado pelo sexo ou por outros factores discriminatórios, mas já comporta a individualização de salários com base no mérito ou no rendimento, desde que sejam apurados mediante critérios e métodos objectivos e explícitos. A diferenciação de salários relativamente a trabalhadores que detêm a mesma categoria profissional poderá assim resultar não só da diversa espécie ou natureza das tarefas desempenhadas, mas também da qualidade ou valor útil da prestação, assim devendo entender-se a referência do texto constitucional à qualidade do trabalho.

	em vista a realização do interesse da comunidade e devem fomentar a sua participação na realização da actividade administrativa.
Princípio da informação e qualidade	Os funcionários devem prestar informações e/ou esclarecimentos de forma clara, simples, cortês e rápida.
Princípio da lealdade	Os funcionários, no exercício da sua actividade, devem agir de forma leal, solidária e cooperante.
Princípio da integridade	Os funcionários regem-se segundo critérios de honestidade pessoal e de integridade de carácter.
Princípio da competência e responsabilidade	Os funcionários agem de forma responsável e competente, dedicada e crítica, empenhando-se na valorização profissional.

Uma leitura atenta de todos estes princípios é elucidativa dos deveres que são impostos a todos aqueles que mantêm com a Administração uma relação de emprego público, deveres esses que integram o seu estatuto específico, objecto de regulamentação própria.

Vejamo-lo a terminar esta matéria.

5. Estatuto dos trabalhadores que exercem funções públicas

A Lei n.º 58/2008, de 9 de Setembro, aprovou o estatuto disciplinar dos trabalhadores que exercem funções públicas, que consta em anexo à mesma, o qual se aplica a todos os trabalhadores, independentemente da modalidade de constituição da relação jurídica de emprego público (artigo 1.º). Ficam de fora os trabalhadores abrangidos por um estatuto especial, como os militares das forças armadas e os juízes e magistrados do ministério público.

O artigo 3.º, n.º 2 identifica aqueles que são os deveres gerais dos trabalhadores: o *dever de prossecução do interesse público* (objectivo que deve presidir a todas as actuações do trabalhador); o *dever de isenção* (de não retirar vantagens pessoais); o *dever de imparcialidade* (de não tratar favorável ou desfavoravelmente os destinatários da sua acção); o *dever de informação* (de prestar as informações solicitadas nos termos legais); o *dever de zelo* (de conhecimento dos termos em que deve cumprir as suas funções e do exercício destas de acordo com os objectivos fixados e utilizando as competências adequadas); o *dever de obediência* (de acatar as ordens de legítimos superiores hierárquicos, dadas em objecto de serviço e com forma legal); o *dever de lealdade* (subordinação aos objectivos do órgão ou serviço);

o *dever de correcção* (tratar os demais com respeito); e os *deveres de assiduidade* e de *pontualidade* (comparecer ao serviço nos tempos devidos).

O comportamento por intermédio do qual o trabalhador, por acção ou omissão, viole estes deveres gerais ou os deveres especiais inerentes à função que exerce, corresponde a uma *infracção disciplinar* (artigo 3.º, n.º 1). Tal comportamento não tem de ser doloso, intencional, podendo ser meramente negligente [quando o trabalhador não previu, como devia, a ocorrência da infracção (negligência inconsciente) ou, tendo-a previsto, confiou que não teria lugar (negligência consciente)].

Acresce que o início de uma relação jurídica de emprego público implica a responsabilidade disciplinar perante os superiores hierárquicos (artigo 4.º), podendo esta responsabilidade prolongar-se para lá da cessação daquela relação (artigo 12.º).

A lei n.º 58/2008 regula ainda o *procedimento disciplinar* (artigos 27.º e ss.), o qual pode vir a culminar, caso se conclua ter sido cometida uma infracção disciplinar, numa pena: *repreensão escrita* (mero reparo da irregularidade, aplicável a infracções leves de serviço: artigo 15.º); *multa* (pagamento de uma quantia certa, aplicável a casos de negligência ou má compreensão dos deveres funcionais nos termos do artigo 16.º); *suspensão* (cessação dos efeitos da relação de emprego público, designadamente do vencimento, da obrigação de exercício de funções e da contabilização do tempo para efeitos de antiguidade, excepto as prestações do regime de protecção social, aplicável em casos de grave negligência ou com grave desinteresse pelo cumprimento de deveres funcionais ou de atentados graves contra a dignidade e prestígio da função, conforme o disposto no artigo 17.º); e *demissão ou despedimento* (afastamento definitivo do trabalhador do órgão ou do serviço, fazendo cessar a relação jurídica de emprego público e implicando a perda de todos os direitos, excepto quanto à aposentação e reforma por velhice, embora impossibilitem o trabalhador de voltar a exercer funções públicas, desde que não requeiram similares condições de confiança e dignidade; é aplicável quando a infracção cometida, nos termos do artigo 18.º, inviabilize a manutenção da relação funcional).

Também a *cessação da comissão de serviço* se apresenta como uma pena aplicável, a título principal, aos titulares de cargos dirigentes e equiparados, impossibilitando o exercício de qualquer cargo dirigente ou equiparado durante o período de três anos (artigo 19.º).

No mesmo processo, mesmo que haja várias infracções, só pode ser aplicada uma pena, ainda que o número e tipo de infracções possam ser tomados em consideração para graduar a medida da pena.

Bibliografia

Introdução

1. Noções gerais

- Rogério Ehrhardt Soares, *Direito administrativo*, Universidade Católica, policop., p. 1-12
- Vieira de Andrade, *Introdução ao Direito Administrativo, Sumários das Lições de Direito Administrativo I* (1.ª Turma), Coimbra – 2009/ /2010, policop, p. 2-8;

2. Evolução histórica da Administração Pública

- Rogério Soares, *Direito administrativo*, Univ. Católica, p. 12-33
- Vieira de Andrade, *Introdução ao Direito Administrativo, cit.*, p. 9-20.

Em especial sobre o direito administrativo actual:

- Pedro Gonçalves *Entidades Privadas com Poderes Públicos*, Almedina, Coimbra, 2005, p. 151 ss.;
- Pedro Gonçalves, "O acto administrativo informático (o direito administrativo português face à aplicação da informática na decisão administrativa)", *Scientia Iuridica*, n.º 267, 1997, p. 47-95,
- Sabino Cassese, *La Globalización Jurídica*, Instituto Nacional de Administración Pública, Marcial Pons, Madrid/Barcelona, 2006;
- Sabino Cassese, "Le trasformazioni del diritto amministrativo dal XIX al XXI secolo", *Rivista trimestrale di diritto publico,* 2002, n.º 1, p. 27-40 (p. 34).
- Suzana Tavares da Silva, *Um Novo Direito Administrativo?*, Imprensa da Universidade de Coimbra, Coimbra, 2010.

3. O princípio da separação de poderes

- Rogério Soares, *Direito administrativo*, Univ. Católica, p. 24-28

4. A separação material das funções do Estado

- Rogério Soares, *Direito administrativo*, Univ. Católica, p. 34-44

- Vieira de Andrade, *Introdução ao Direito Administrativo, cit.*, p. 20-26
- Afonso Queiró, "A função administrativa", *Revista de Direito e Estudos Sociais*, ano XIV, p. 1 e segs.

5. Os sistemas administrativos

- Freitas do Amaral, *Curso de Direito Administrativo*, I, 3ª ed., 2006, pp. 99-130

Parte I – Organização administrativa

Bibliografia geral

- Freitas do Amaral, *Curso de Direito Administrativo*, I, 3ª ed., 2006, pp. 749-790; 838-871; 873-894; 895-906;
- Rogério Soares, *Direito Administrativo*, II, p. 237-263.
- Vieira de Andrade, *Introdução ao Direito Administrativo, cit.*, p. 67 e ss.

A – Estrutura orgânica da Administração Pública

- Vital Moreira, *Administração Autónoma e Associações Públicas*, Coimbra, 1997, p. 257-275; 306-317

B – Os sectores da organização administrativa

- Vital Moreira, cit., p. 104-42; 167-180 e 194-205; 380-408
- Vital Moreira, *Organização Administrativa (Programa, Conteúdo e Métodos de Ensino)*, Coimbra, Coimbra Editora, 2001

C – Tipos de relações funcionais interorgânicas

- Vital Moreira, cit., p. 206-219
- Esteves de Oliveira/Pedro Gonçalves/Pacheco Amorim, *Código do Procedimento Administrativo Anotado*, 2ª Ed., Coimbra, 1997, anotações aos artigos 35.º e ss.

D – O modelo constitucional

- Vital Moreira, cit., p. 142-159

Parte II – A Administração e o Direito

1. A Administração Pública e o direito privado

- Rogério Soares, *Direito administrativo*, Univ. Católica, p. 57-59

- Vieira de Andrade, *Introdução ao Direito Administrativo, cit.*, p. 61-66
- Sérvulo Correia, *Legalidade e Autonomia Contratual nos Contratos Administrativos*, Coimbra, 1987, p. 388-390
- Paulo Otero, "Coordenadas jurídicas da privatização da Administração Pública", in *Os caminhos da privatização da Administração Pública*, 2001, p. 31 e ss.

2. O princípio da legalidade da administração

- Rogério Soares, *Direito administrativo*, Univ. Católica, p. 28-31, 57, 59-64 e 86-95
- Rogério Soares, "Princípio da legalidade e Administração constitutiva", *in Boletim da Faculdade de Direito de Coimbra*, LVII (1981), p. 169 e ss;
- Vieira de Andrade, "O Ordenamento Jurídico-Administrativo Português", in: *Contencioso Administrativo*, Livraria Cruz, Braga, 1986, p. 35-41 e 53-57

Em especial sobre o novo entendimento do princípio da legalidade

- Paulo Otero, *Direito Administrativo. Relatório de uma Disciplina apresentado no Concurso para Professor Associado na Faculdade de Direito da Universidade de Lisboa,* Lisboa, 1998;
- Paulo Otero, *Legalidade e Administração Pública. O Sentido da Vinculação Administrativa à Juridicidade,* Coimbra, Almedina, 2003, pp. 147 e ss.

3. A discricionaridade administrativa

- Rogério Soares, *Direito administrativo*, Univ. Católica, p. 64-86
- Vieira de Andrade, *Introdução ao Direito Administrativo, cit.*, p. 34 e ss.
- Vieira de Andrade, "O Ordenamento Jurídico-Administrativo Português", cit., p. 41-48
- Freitas do Amaral, *Direito administrativo, Curso de direito administrativo,* vol. II, 2001, Almedina, Coimbra, p. 73-116

Parte III – A actividade administrativa

Capítulo I – Os regulamentos administrativos

- Afonso Queiró, "Teoria dos Regulamentos", in *Revista de Direito e Estudos Sociais*, XXVII, (1ª Série), p. 1 e ss., e ano 1.º (2ª Série), p. 5 e ss.

- Vieira de Andrade, "O Ordenamento Jurídico Administrativo Português", cit., p. 58-68;
- Vieira de Andrade, *As Formas Principais da Actividade Administrativa: Regulamento, Acto e Contrato Administrativo*. Sumários das Lições de Direito Administrativo II (1.ª Turma), Ano Lectivo de 2009-2010, p. 6 e ss.
- Gomes Canotilho/Vital Moreira, *Constituição da República Portuguesa Anotada*, 3ª ed., 1993, anotações XVIII a XXIX ao artigo 115.º

Capítulo II – O acto administrativo

1. O conceito de acto administrativo

- Rogério Soares, *Direito administrativo*, Coimbra, p. 51-101
- Rogério Soares, "O acto administrativo", in *Scientia Iuridica*, 1990, t. XXXIX, p. 25 e ss;
- Vieira de Andrade, *As Formas Principais da Actividade Administrativa: Regulamento, Acto e Contrato Administrativo, cit.*, p. 18 e ss
- Vieira de Andrade, "Algumas reflexões a propósito da sobrevivência do conceito de "acto administrativo" no nosso tempo", in *Estudos em Homenagem ao Prof. Doutor Rogério Soares*, 2001, p. 1189 e ss,
- Freitas do Amaral, *Curso de Direito Administrativo*, vol. II, p. 203 e ss;
- Esteves de Oliveira/Pedro Gonçalves/Pacheco de Amorim, *cit.*, p. 547-567

2. Funções do acto administrativo formal

- Vieira de Andrade, *As Formas Principais da Actividade Administrativa: Regulamento, Acto e Contrato Administrativo, cit.*, p. 21-22
- Esteves de Oliveira/Pedro Gonçalves/ Pacheco de Amorim, cit., p. 540-542

4. A definitividade do acto administrativo

- Rogério Soares, *Direito administrativo*, Coimbra, cit., p. 58-66 e 73-76;
- Vieira De Andrade, "Em defesa do recurso hierárquico – Anotação ao Acórdão n.º 499/96 do Tribunal Constitucional", *Cadernos de Justiça Administrativa*, n.º 0, Novembro/Dezembro 1996, p. 13 e ss

5. Classificação dos actos administrativos

- Vieira de Andrade, *As Formas Principais da Actividade Administrativa: Regulamento, Acto e Contrato Administrativo, cit.*, p. 29 e ss
- Rogério Soares, *Direito administrativo*, Coimbra, p. 101-129;

- VIEIRA DE ANDRADE, *A "revisão" dos actos administrativos no direito português*, 1994;
- PEDRO GONÇALVES, "Revogação (de actos administrativos)", in *Dicionário Jurídico da Administração Pública*, Vol. VII, p. 303 a 325

6. O procedimento administrativo

- ROGÉRIO SOARES, *Direito administrativo*, Coimbra, p. 141-180 (sobre os pareceres, p. 136-138)
- ROGÉRIO SOARES, "A Administração Pública e o procedimento administrativo", in *Scientia Ivridica*, 1992, t. XLI, p. 195 e ss;
- VIEIRA DE ANDRADE, *As Formas Principais da Actividade Administrativa: Regulamento, Acto e Contrato Administrativo, cit.*, p. 33 e ss
- FREITAS DO AMARAL, *Curso de Direito Administrativo*, vol. II, 2001, p. 288-341;
- PEDRO GONÇALVES, *As regras do procedimento*, CEFA, 1993, p. 59 e ss;
- PEDRO GONÇALVES, "Poderá o parecer vinculante ser um acto recorrível?", *Cadernos de Justiça Administrativa*, n º 0.
- MARTA PORTOCARRERO, *Modelos de simplificação administrativa*, 2002, p. 43-51;
- M. ESTEVES DE OLIVEIRA/PEDRO GONÇALVES/J. PACHECO DE AMORIM, *Código do Procedimento Administrativo, anotado*, p. 321-326; p. 448-466.
- FILIPA URBANO CALVÃO, "O Procedimento Administrativo como Instrumento de Coordenação de Competências. Comentário ao Acórdão do Supremo Tribunal Administrativo de 13 de Fevereiro de 2001, P. 46 923", *in Cadernos de Justiça Administrativa,* n.º 32, Março Abril de 2002, p. 41 e ss

7. Eficácia do acto administrativo

- ROGÉRIO SOARES, *Direito administrativo*, Coimbra, p. 180-191
- VIEIRA DE ANDRADE, *As Formas Principais da Actividade Administrativa: Regulamento, Acto e Contrato Administrativo, cit.*, p. 29 e ss
- PEDRO GONÇALVES, "Notificação dos actos administrativos", in *Ab Vno Ad Omnes*, 1998, p. 1091 e ss.

8. Força jurídica do acto administrativo

- ROGÉRIO SOARES, *Direito administrativo*, Coimbra, p.191-219
- RUI MACHETE, "Privilégio de Execução Prévia", in *Dicionário Jurídico da Administração Pública*, vol. VI, p. 448-470
- ALVES CORREIA, "Executoriedade", in *Alguns Conceitos de direito administrativo,* Coimbra, Almedina, 1998, p. 37-42

9. Validade do acto administrativo

- Vieira de Andrade, "Validade"(do acto administrativo), in *Dicionário Jurídico da Administração Pública*, vol. VII, p. 581 a 592
- Esteves de Oliveira/Pedro Gonçalves/Pacheco Amorim, cit., Anotação ao artigo 133.º

10. Estrutura e vícios do acto administrativo – a proposta de Rogério Soares

- Rogério soares, *Direito administrativo*, Coimbra, p. 229-237

11. A estrutura do acto administrativo

- Rogério Soares, *Direito administrativo*, Coimbra, p. 237-309
- Vieira de Andrade, *As Formas Principais da Actividade Administrativa: Regulamento, Acto e Contrato Administrativo, cit.*, p. 48 e ss

12. Os vícios do acto administrativo e as suas consequências

- Rogério Soares, *Direito administrativo*, Coimbra, p. 237-309
- Vieira de Andrade, *As Formas Principais da Actividade Administrativa: Regulamento, Acto e Contrato Administrativo, cit.*, p. 58 e ss

Capítulo III – O contrato administrativo

- Pedro Gonçalves, *O Contrato Administrativo – Uma Instituição do direito administrativo do Nosso Tempo*, Coimbra, Almedina, 2003
- Pedro Gonçalves, *Direito dos contratos públicos* (guia de Estudo), Coimbra, Faculdade de Direito da Universidade de Coimbra, policopiado, 2008
- Vieira de Andrade, *As Formas Principais da Actividade Administrativa: Regulamento, Acto e Contrato administrativo,* cit., p. 80-125.
- Marcelo Rebelo de Sousa, André Salgado Matos, *Direito Administrativo Geral, Tomo III, Contratos Públicos,* 2ª edição, D. Quixote, Lisboa, 2009.
- *Estudos da Contratação Pública* – I, Coimbra, Coimbra Editora, 2008 (coordenação Pedro Gonçalves)
- *Estudos de Contratação Pública – II*, Coimbra, Coimbra Editora, 2010 (coordenação Pedro Gonçalves)

Parte IV – As garantias dos Administrados perante a Administração

- Vieira de Andrade, *As Formas Principais da Actividade Administrativa: Regulamento, Acto e Contrato Administrativo, cit.*, p. 75-76.

- Paulo Otero, "As Garantias dos Particulares no Código do Procedimento Administrativo", in *Scientia Iuridica*, Tomo XLI, 1992, p. 49 e ss;
- Esteves de Oliveira e outros, *Código do Procedimento Administrativo*, 2 ª ed., Almedina, Coimbra, 1997, p. 743 a 804.

Parte V – Os meios da Actividade Administrativa

Capítulo I – Os bens como meio da actividade administrativa

- Marcello Caetano, *Manual de Direito Administrativo*, Vol. II, 10ª ed., p. 879.
- Bernardo Azevedo, "Domínio Privado da Administração", in *Tratado de Direito Administrativo Especial* – Volume III (coord. Paulo Otero, Pedro Gonçalves), Coimbra, Almedina, 2010
- José Eduardo Figueiredo Dias, "Os Contratos de Locação e Aquisição de Bens e Serviços e de Alienação de Bens", in: *Estudos de Contratação Pública*, vol. I, cedipre, Coimbra Editora, 2008, p. 431-479
- José Pedro Fernandes, "Domínio privado" e "Domínio público", *Dicionário Jurídico da Administração Pública*, vol. IV

Capítulo II – O pessoal da Administração Pública e a relação jurídica de emprego público

- Ana Fernanda Neves, "O Contrato de Trabalho na Administração Pública", *Estudos em Homenagem ao Prof. Doutor Marcello Caetano*, Vol. I, Coimbra Editora, 2006, p. 81 e ss.)
- Licínio Lopes Martins, "O Contrato de Prestação de Serviços na Lei 12-A/3008, de 27 de Fevereiro: um regime contrário à Constituição e ao Direito Comunitário", *Revista de Direito Público e Regulação*, N.º 1, Maio, 2009, p. 17 e ss. Disponível no endereço http://www.fd.uc.pt/cedipre/revista/index.html
- Paulo Veiga e Moura, *A Privatização da Administração Pública*, Coimbra, Almedina 2004
- Paulo Veiga e Moura e Cátia Arrimar, *Os Novos Regimes de Vinculação, de Carreiras e de Remunerações da Administração Pública. Comentário à Lei n.º 12-A/2009, de 27 de Fevereiro*, 2.ª Edição, Coimbra, Coimbra Editora/Wolters Kluwer, 2010,
- Suzana Tavares da Silva, *Um Novo Direito Administrativo?*, Imprensa da Universidade de Coimbra, Coimbra, 2010.
- *Recursos Humanos das Autarquias Locais e o Novo Regime Jurídico do Emprego Público*, CEDOUA, FDUC, IGAL, Coimbra, Almedina, 2008

Índice

PARTE I
Organização Administrativa

Parte II
A Administração e o Direito

Parte III
A actividade da Administração

Capítulo I
Os regulamentos administrativos

Capítulo II
O acto administrativo

Capítulo III
O contrato administrativo

PARTE IV
As garantias dos Administrados perante a Administração

PARTE V
Os meios da Actividade Administrativa

CAPÍTULO I
OS BENS COMO MEIO DA ACTIVIDADE ADMINISTRATIVA

Capítulo II

O pessoal da Administração publica e a relação jurídica de emprego público